U0726784

人一生要读的经典

董洪杰　主编

红旗出版社

图书在版编目（CIP）数据

人一生要读的经典 / 董洪杰主编.
—北京：红旗出版社，2017.3
ISBN 978-7-5051-4088-2
Ⅰ.①人… Ⅱ.①董… Ⅲ.①推荐书目－世界 Ⅳ.①Z835

中国版本图书馆 CIP 数据核字（2017）第 047214 号

书　　名　人一生要读的经典
主　　编　董洪杰
出 品 人　李仁国　　　　责任编辑　于鹏飞
总 监 制　高海浩　　　　封面设计　子　时
出版发行　红旗出版社　　地　　址　北京市朝阳区化工路 18 号
邮政编码　100727　　　　编 辑 部　010-51274617
E－mail　hongqi1608@126.com
发 行 部　010-57270296
印　　刷　北京中创彩色印刷有限公司
成品尺寸　720 毫米 ×1020 毫米　1/16
字　　数　481 千字　　　印　　张　20
版　　次　2017 年 5 月第 1 版　　2017 年 5 月第 1 次印刷
书　　号　ISBN 978-7-5051-4088-2　　定　　价　56.00 元

欢迎品牌畅销图书项目合作　　联系电话：010-57274627
凡购本书，如有缺页、倒页、脱页，本社发行部负责调换

前言 PREFACE

阅读的广度，可以改变心灵历程的长短；阅读的深度，可以决定思想境界的高低。生命的质量需要锻铸，阅读是锻铸的重要一环。读书可以经世致用，也可以修身怡心，而经典带来的影响，不只是停留在某个时代，而是会穿越时空渗透到我们的灵魂中去。真正的经典都有一种强大的精神力量，指引我们的人生。正如“读一部好书，就是和许多高尚的人谈话”一样，读名家名作就是和大师的心灵在晤谈。一个人在其一生中，阅读一些立意深远、具有丰富哲学思考的作品，不仅可以开阔视野，重新认识历史、社会、人生和自然，获得思想上的盎然新意和艺术上的濡染熏陶，而且还可以学习中外名家高超而成熟的创作技巧。

然而时光匆匆，一个人要想在短暂的一生中，皓首穷经式地遍阅大师们的所有佳作，既不现实，也不经济。在一切讲求快节奏的今天，每个人都希望能在短的时间内获得多的知识，为了帮助广大读者朋友寻找到一种省时而且有效的方式，去阅读那些能经受住时间考验的、许多人都从中得到过特别启迪的作品，我们在参考诸多名家推荐的必读书目的基础上，组织编写了本书，收录了中外经典散文、诗歌、杂文及演讲词近200篇。本书选文多为名家名作，思想性、艺术性俱佳。这些经典之作曾经是一代又一代人的路标，了解并阅读这些经典作品，也必将给现在的每一位读者以智慧的启迪。值得一提的是，为了尊重作者原文和保持原文风貌，一些作者在20世纪二三十年代写作或翻译的作品，有个别用字、语法运用与现代汉语不统一的地方，我们都没有做改动。

在体例编排上，本书通过“入选理由”、“作者简介”、“作品赏析”等栏目多角度解析名作，引导读者准确、透彻地把握作品的思想内涵，从中汲取丰富的人生营养。“入选理由”点明每篇作品的独特之处，让读者在阅读前对其有个初步的认识。“作者简介”以简练的文字对作者的生平、求学经历、文学成就和影响等作了扼要的介绍，使读者对作者有一个清晰概括的了解。“作品赏析”以凝练的文字，对作品的语言特色、创作技巧、思想哲理等进行精当到位的解析，使读者从深层次上去咀嚼原文，以达到曲终韵留之效。为了让读者深入、具象地了解作品，我们还为每篇作品选配了同内容相契合的精美图片，图文联袂，相得益彰，与极具艺术美感的版式设计有机结合，在给读者以视觉上的愉悦享受的同时，也给读者带来丰富的想象空间。

英国著名诗人拜伦曾经说过：“一滴墨水可以引发千万人的思考。一本好书可以改变无数人的命运。”选择一本好书，不仅可以品味一时，更可以受益一生。本书不仅具有较高的阅读欣赏价值，还可以收藏，或作为礼物馈赠亲朋好友，是一本能让读者获益良多的读物。我们诚挚地期望，通过本书，能够引领读者登堂入室，管中窥豹，领略中外散文、诗歌、杂文和演讲词的真貌，同时启迪心智，陶冶性情，提高个人的审美意识、文学素养、写作水平、鉴赏能力、人生品位，为自己的人生添上光彩亮丽的一笔。

目录 CONTENTS

·经典散文·

·精美诗歌·

·犀利杂文·

·精彩演讲词·

经典散文

入选理由

解读鲁迅真实的自然情感和审美气质的契机

冷峻凄美的笔调

近现代知识分子精神世界的真实写照

雪

/鲁迅

暖国的雨，向来没有变过冰冷的坚硬的灿烂的雪花。博识的人们觉得他单调，他自己也以为不幸否耶？江南的雪，可是滋润美艳之至了；那是还在隐约着的青春的消息，是极壮健的处子的皮肤。雪野中有血红的宝珠山茶，白中隐青的单瓣梅花，深黄的磬口的蜡梅花；雪下面还有冷绿的杂草。蝴蝶确乎没有；蜜蜂是否来采山茶花和梅花的蜜，我可记不真切了。但我的眼前仿佛看见冬花开在雪野中，有许多蜜蜂们忙碌地飞着，也听得他们嗡嗡地闹着。

孩子们呵着冻得通红，像紫芽姜一般的小手，七八个一齐来塑雪罗汉。因为不成功，谁的父亲也来帮忙了。罗汉就塑得比孩子们高得多，虽然不过是上小下大的一堆，终于分不清是壶卢还是罗汉；然而很洁白，很明艳，以自身的滋润相粘结，整个地闪闪地生光。孩子们用龙眼核给他做眼珠，又从谁的母亲的脂粉奁中偷得胭脂来涂在嘴唇上。这回确是一个大阿罗汉了。他也就目光灼灼地嘴唇通红地坐在雪地里。

第二天还有几个孩子来访问他；对了他拍手，点头，嘻笑。但他终于独自坐着了。晴天又来消释他的皮肤，寒夜又使他结一层冰，化作不透明的水晶模样；连续的晴天又使他成为不知道算什么，而嘴上的胭脂也褪尽了。

但是，朔方的雪花在纷飞之后，却永远如粉，如沙，他们决不粘连，撒在屋上，地上，枯草上，就是这样。屋上的雪是早已就有消化了的，因为屋里居人的火的温热。别的，在晴天之下，旋风忽来，

作者简介

鲁迅（1881 ~ 1936），中国文学家、思想家和革命家。原名周树人，字豫才，浙江绍兴人。出身于破落封建家庭。青年时代受进化论、尼采超人哲学和托尔斯泰博爱思想的影响。1902 年去日本留学，原在仙台医学院学医，后从事文艺工作，力图用以改变国民精神。1909 年，回国任教。1918 年 5 月，首次用“鲁迅”的笔名，发表中国现代文学史上第一篇白话小说《狂人日记》，奠定了新文学运动的基石。1919 年，成为五四新文化运动的主将。1921 年 12 月发表的中篇小说《阿 Q 正传》，是中国现代文学史上的不朽杰作。1930 年起，先后参加中国自由运动大同盟、中国左翼作家联盟和中国民权保障同盟，反抗国民党政府的独裁统治和政治迫害。1936 年 10 月 19 日因肺结核病逝于上海，葬于虹桥万国公墓。

鲁迅像

便蓬勃地奋飞，在日光中灿灿地生光，如包藏火焰的大雾，旋转而且升腾，弥漫太空，使太空旋转而且升腾地闪烁。

在无边的旷野上，在凛冽的天宇下，闪闪地旋转升腾着的是雨的精魂……

是的，那是孤独的雪，是死掉的雨，是雨的精魂。

一九二五年一月十八日。

作品赏析

在中国现代文学史上，鲁迅是一位以最激烈的方式向黑暗蒙昧开战的先锋人物。他的气质冷峻、忧郁，但是这些并不妨碍鲁迅在文学作品中对世界保持自然情感和审美体验的真实流露。

《雪》中写了家乡江南和朔方的雪。江南的雪是作者所钟爱的，但最后也只会是孤独地在一片喧嚣中独自消逝。那么，即使亲切、明艳如故乡，雪依然难以挽留，身为异乡的“朔方”又能如何？雪不过如粉如沙一样“弥散太空”罢了。鲁迅在这篇短小的文字里，充分融入了自己的精神体验和对宇宙人生的感悟。孤独、无常、凄美是文中“雪”特有的审美的特征。所以，鲁迅笔下的雪，既是写实的，又是写意的；既是真实的描绘，又是高度的象征。它是一种无着无落，无所依傍的生存现象的幻化，是人类精神世界深度孤独和寒冷体验的写照。它几乎反映了鲁迅当时的灵魂世界。

从百草园到三味书屋/鲁迅

入选理由

鲁迅的散文代表作之一

中国现代文学史上描写童年趣事的典范之作

入选中学语文教材

我家的后面有一个很大的园，相传叫作百草园。现在是早已并屋子一起卖给朱文公的子孙了，连那最末次的相见也已经隔了七八年，其中似乎确凿只有一些野草；但那时却是我的乐园。

不必说碧绿的菜畦，光滑的石井栏，高大的皂荚树，紫红的桑椹；也不必说鸣蝉在树叶里长吟，肥胖的黄蜂伏在菜花上，轻捷的叫天子（云雀）忽然从草间直窜向云霄里去了。单是周围的短短的泥墙根一带，就有无限趣味。油蛉在这里低唱，蟋蟀们在这里弹琴。翻开断砖来，有时会遇见蜈蚣；还有斑蝥，倘若用手指按住它的脊梁，便会拍的一声，从后窍喷出一阵烟雾。何首乌藤和木莲藤缠络着，木莲有莲房一般的果实，何首乌有臃肿的根。有人说，何首乌根是有像人形的，吃了便可以成仙，我于是常常拔它起来，牵连不断地拔起来，也曾因此弄坏了泥墙，却从来没有见过有一块根像人样。如果不怕刺，还可以摘到覆盆子，像小珊瑚珠攒成的小球，又酸又甜，色味都比桑椹要好得远。

长的草里是不去的，因为相传这园里有一条很大的赤练蛇。

浙江绍兴的三味书屋旧址。鲁迅12至17岁时在这里读书。

长妈妈曾经讲给我一个故事听：先

前，有一个读书人住在古庙里用功，晚间，在院子里纳凉的时候，突然听到有人在叫他。答应着，四面看时，却见一个美女的脸露在墙头上，向他一笑，隐去了。他很高兴；但竟给那走来夜谈的老和尚识破了机关。说他脸上有些妖气，一定遇见“美女蛇”了；这是人首蛇身的怪物，能唤人名，倘一答应，夜间便要来吃这人的肉的。他自然吓得要死，而那老和尚却道无妨，给他一个小盒子，说只要放在枕边，便可高枕而卧。他虽然照样办，却总是睡不着——当然睡不着的。到半夜，果然来了，沙沙沙！门外像是风雨声。他正抖作一团时，却听得豁的一声，一道金光从枕边飞出，外面便什么声音也没有了，那金光也就飞回来，敛在盒子里。后来呢？后来，老和尚说，这是飞蜈蚣，它能吸蛇的脑髓，美女蛇就被它治死了。

结末的教训是：所以倘有陌生的声音叫你的名字，你万不可答应他。

这故事很使我觉得做人之险，夏夜乘凉，往往有些担心，不敢去看墙上，而且极想得到一盒老和尚那样的飞蜈蚣。走到百草园的草丛旁边时，也常常这样想。但直到现在，总还是没有得到，但也没有遇见过赤练蛇和美女蛇。叫我名字的陌生声音自然是常有的，然而都不是美女蛇。

冬天的百草园比较的无味；雪一下，可就两样了。拍雪人（将自己的全形印在雪上）和塑雪罗汉需要人们鉴赏，这是荒园，人迹罕至，所以不相宜，只好来捕鸟。薄薄的雪，是不行的；总须积雪盖了地面一两天，鸟雀们久已无处觅食的时候才好。扫开一块雪，露出地面，用一支短棒支起一面大的竹筛来，下面撒些秕谷，棒上系一条长绳，人远远地牵着，看鸟雀下来啄食，走到竹筛底下的时候，将绳子一拉，便罩住了。但所得的是麻雀居多，也有白颊的“张飞鸟”，性子很躁，养不过夜的。

这是闰土的父亲所传授的方法，我却不大能用。明明见它们进去了，拉了绳，跑去一看，却什么都没有，费了半天力，捉住的不过三四只。闰土的父亲是小半天便能捕获几十只，装在叉袋里叫着撞着的。我曾经问他得失的缘由，他只静静地笑道：你太性急，来不及等它走到中间去。

我不知道为什么家里的人要将我送进书塾里去了，而且还是全城中称为最严厉的书塾。也许是因为拔何首乌毁了泥墙罢，也许是因为将砖头抛到间壁的梁家去了罢，也许是因为站在石井栏上跳了下来罢……都无从知道。总而言之：我将不能常到百草园了。Ade，我的蟋蟀们！ Ade，我的覆盆子们和木莲们！……

出门向东，不上半里，走过一道石桥，便是我的先生的家了。从一扇黑油的竹门进去，第三间是书房。中间挂着一块匾道：三味书屋；匾下面是一幅画，画着一只很肥大的梅花鹿伏在古树下。没有孔子牌位，我们便对着那匾和鹿行礼。第一次算是拜孔子，第二次算是拜先生。第二次行礼时，先生便和蔼地在一旁答礼。他是一个高而瘦的老人，须发都花白了，还戴着大眼镜。我对他很恭敬，因为我早听到，他是本城中极方正，质朴，博学的人。

鲁迅故居 绍兴

这是一所明清民居，鲁迅的童年就是在这里度过的。鲁迅故居是典型的江南宅子，共有三进，每一进都宽阔有余。故居右侧是鲁迅纪念馆，馆名为郭沫若题写。

不知从那里听来的，东方朔也很渊博，他认识一种虫，名曰“怪哉”，冤气所化，用酒一浇，就消释了。我很想详细地知道这故事，但阿长是不知道的，因为她毕竟不渊博。现在得到机会了，可以问先生。

“先生，‘怪哉’这虫，是怎么一回事？……”我上了生书，将要退下来的时候，赶忙问。

“不知道！”他似乎很不高兴，脸上还有怒色了。

我才知道做学生是不应该问这些事的，只要读书，因为他是渊博的宿儒，决不至于不知道，所谓不知道者，乃是不愿意说。年纪比我大的人，往往如此，我遇见过好几回了。

我就只读书，正午习字，晚上对课。先生最初这几天对我很严厉，后来却好起来了，不过给我读的书渐渐加多，对课也渐渐地加上字去，从三言到五言，终于到七言。

三味书屋后面也有一个园，虽然小，但在那里也可以爬上花坛去折腊梅花，在地上或桂花树上寻蝉蜕。最好的工作是捉了苍蝇喂蚂蚁，静悄悄地没有声音。然而同窗们到园里的太多，太久，可就不行了，先生在书房里便大叫起来：

“人都到那里去了？！”

人们便一个一个陆续走回去；一同回去，也不行的。他有一条戒尺，但是不常用，也有罚跪的规则，但也不常用，普通总不过瞪几眼，大声道：

“读书！”

于是大家放开喉咙读一阵书，真是人声鼎沸。有念“仁远乎哉我欲仁斯仁至矣”的，有念“笑人齿缺曰狗窦大开”的，有念“上九潜龙勿用”的，有念“厥土下上上错厥贡苞茅橘柚”的……先生自己也念书。后来，我们的声音便低下去，静下去了，只有他还大声朗读着：

“铁如意，指挥倜傥，一座皆惊呢～～；金叵罗，颠倒淋漓噫，千杯未醉嗬～～……”

我疑心这是极好的文章，因为读到这里，他总是微笑起来，而且将头仰起，摇着，向后面拗过去，拗过去。

先生读书入神的时候，于我们是很相宜的。有几个便用纸糊的盔甲套在指甲上做戏。我是画画儿，用一种叫作“荆川纸”的，蒙在小说的绣像上一个个描下来，像习字时候的影写一样。读的书多起来，画的画也多起来；书没有读成，画的成绩却不少了，最成片段的是《荡寇志》和《西游记》的绣像，都有一大本。后来，因为要钱用，卖给一个有钱的同窗了。他的父亲是开锡箔店的；听说现在自己已经做了店主，而且快要升到绅士的地位了。这东西早已没有了罢。

作品赏析

《从百草园到三味书屋》写于1926年，后收入《朝花夕拾》。这是一篇追忆作者童年时代妙趣生活的文章。全文描述了色调不同、情韵各异的两大场景：百草园和三味书屋。作者写百草园，以“乐”为中心，采用白描手法，以简约生动的文字，描绘了一个奇趣无穷的儿童乐园，其间穿插“美女蛇”的传说和冬天雪地捕鸟的故事，动静结合，详略得当，趣味无穷。三味书屋则是一个完全不同的世界。作者逼真地写出了三味书屋的陈腐味，说它是“全城最严厉的书塾”，儿童在那里受到规矩的束缚。但作者并未将三味书屋写得死气沉沉，而是通过课间学生溜到后园嬉耍、老私塾先生在课堂上入神读书学生乘机偷乐两个小故事的叙述，使三味书屋充满了谐趣，表现了儿童不可压抑的快乐天性。

故乡的野菜/周作人

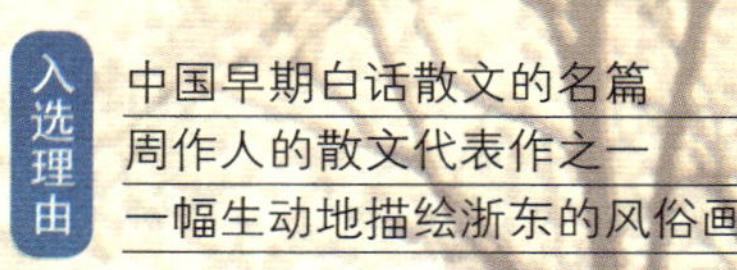

我的故乡不止一个，凡我住过的地方都是故乡。故乡对于我并没有什么特别的情分，只因钓于斯游于斯的关系，朝夕会面，遂成相识，正如乡村里的邻舍一样，虽然不是亲属，别后有时也要想念到他。我在浙东住过十几年，南京东京都住过六年，这都是我的故乡；现在住在北京，于是北京就成了我的家乡了。

日前我的妻往西单市场买菜回来，说起有荠菜在那里卖着，我便想起浙东的事来。荠菜是浙东人

作者简介

周作人像

周作人（1885 ~ 1967），原名櫆寿，字星杓，后改名奎绶，自号起孟、启明（又作岂明）、知堂等，笔名仲密、药堂、周遐寿等。祖籍浙江绍兴，鲁迅之弟。中国现代散文家、诗人、文学翻译家。1901 年秋考入江南水师学堂。1906 年赴日本，先后入东京政法大学、立教大学文科学习。曾与鲁迅共同翻译《域外小说集》。1911 年回国后在绍兴任中学英文教员。1917 年任北京大学文科教授。1920 年参加新潮社，被推选为该社主任编辑，并负责主持北京大学歌谣研究会。1921 年参与发起成立文学研究会并起草宣言。“五四”前后除继续翻译介绍外国作品外，还发表大量白话诗文，成为新文化运动的骨干之一。

“五四”以后，周作人作为《语丝》周刊的主编和主要撰稿人之一，写了大量散文，风格平和冲淡，清隽幽雅。在他的影响下，20 世纪 20 年代形成了包括俞平伯、废名等作家在内的散文创作流派。

春天常吃的野菜，乡间不必说，就是城里只要有后园的人家都可以随时采食，妇女小儿各拿一把剪刀一只“苗篮”，蹲在地上搜寻，是一种有趣味的游戏的工作。那时小孩们唱道：“荠菜马兰头，姊姊嫁在后门头。”后来马兰头有乡人拿来进城售卖了，但荠菜还是一种野菜，须得自家去采。关于荠菜向来颇有风雅的传说，不过这似乎以吴地为主。《西湖游览志》云：“三月三日男女皆戴荠菜花。谚云，三春戴荠菜花，桃李羞繁华。”顾禄的《清嘉录》上亦说：“荠菜花俗呼野菜花，因谚有三月三蚂蚁上灶山之语，三日人家皆以野菜花置灶陉上，以厌虫蚁。清晨村童叫卖不绝。或妇女簪髻上以祈清目，俗号眼亮花。”但浙东人却不很理会这些事情，只是挑来做菜或炒年糕吃罢了。

黄花麦果通称鼠曲草，系菊科植物，叶小微圆互生，表面有白毛，花黄色，簇生梢头。春天采嫩叶，捣烂去汁，和粉作糕，称黄花麦果糕。小孩们有歌赞美之云：

黄花麦果韧结结，
关得大门自要吃：
半块拿弗出，一块自要吃。

清明前后扫墓时，有些人家——大约是保存古风的人家——用黄花麦果作供，但不作饼状，做成小颗如指顶大，或细条如小指，以五六个作一攒，名曰茧果，不知是什么意思，或因蚕上山时设祭，也用这种食品，故有是称，亦未可知。自从十二三岁时外出不参与外祖家扫墓以后，不复见过茧果，近来住在北京，也不再见黄花麦果的影子了。日本称作“御形”，与荠菜同为春天的七草之一，也采来做点心用，状如艾饺，名曰“草饼”，春分前后多食之，在北京也有，但是吃去总是日本风味，不

复是儿时的黄花麦果糕了。

扫墓时候所常吃的还有一种野菜，俗称草紫，通称紫云英。农人在收获后，播种田内，用作肥料，是一种很被贱视的植物，但采取嫩茎瀹食，味颇鲜美，似豌豆苗。花紫红色，数十亩接连不断，一片锦绣，如铺着华美的地毯，非常好看，而且花朵状若蝴蝶，又如鸡雏，尤为小孩所喜。间有白色的花，相传可以治痢，很是珍重，但不易得。日本《俳句大辞典》云："此草与蒲公英同是习见的东西，从幼年时代便已熟识。在女人里边，不曾采过紫云英的人，恐未必有罢。"中国古来没有花环，但紫云英的花球却是小孩常玩的东西，这一层我还替那些小人们欣幸的。浙东扫墓用鼓吹，所以少年们常随了乐音去看"上坟船里的姣姣"；没有钱的人家虽没有鼓吹，但是船头上篷窗下总露出些紫云英和杜鹃的花束，这也就是上坟船的确实的证据了。

作品赏析

《故乡的野菜》于1924年4月5日发表于《晨报副刊》上，后收入散文集《雨天的书》(1925年北新书局出版)。

在这篇散文里，作者以浓郁的怀旧情绪，介绍其故乡常见的野菜：荠菜、马兰头、鼠曲草、紫云英等，它们的形状、颜色与用途，以及与其相关的浙东民俗。作者引经据典，并以日本习俗同中国习俗相比照，将浙东民俗置于一个横的文化比较剖面上和深厚的文化背景里。周作人的散文，语言质朴平淡，风格从容平和，但富于哲理、情趣，《故乡的野菜》即是一个印证。

我的母亲 /胡适

胡适的散文代表作
中国散文史上追思母亲的散文名篇
文笔流畅，脉络清晰，感人至深

我小时候身体弱，不能跟着野蛮的孩子们一块儿玩。我母亲也不准我和他们乱跑乱跳。小时不曾养成活泼游戏习惯，无论在什么地方，我总是文绉绉地。所以家乡老辈都说我"像个先生样子"，遂叫我做"穈先生"。这个绰号叫出去之后，人都知道三先生的小儿子叫作穈先生了。即有"先生"之名，我不能不装出点"先生"样子，更不能跟着顽童们"野"了。有一天，我在我家八字门口和一班孩子"掷铜钱"，一位老辈走过，见了我，笑道："穈先生也掷铜钱吗？"我听了羞愧的面红耳热，觉得太失了"先生"身份！

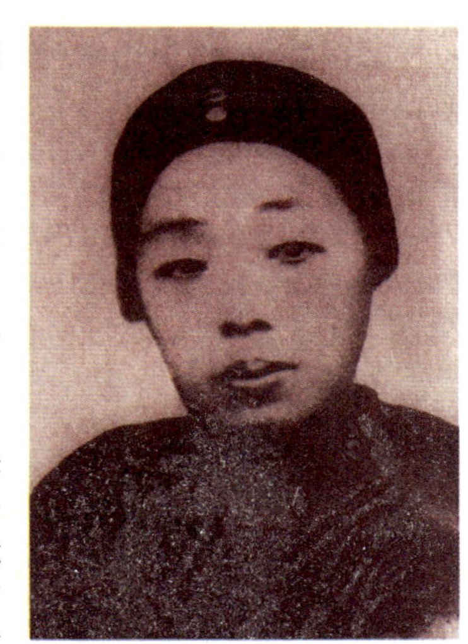
胡适的母亲冯顺弟像

大人们鼓励我装先生样子，我也没有嬉戏的能力和习惯，又因为我确是喜欢看书，故我一生可算是不曾享过儿童游戏的生活。每年秋天，我的庶祖母同我到田里去"监割"（顶好的田，水旱无忧，收成最好，佃户每约田主来监割，打下谷子，两家平分），我总是坐在小树下看小说。十一二岁时，我稍活泼一点，居然和一群同学组织了一个戏剧班，做了一些木刀竹枪，借得了几副假胡须，就在村口田里做戏。我做的往往是诸葛亮，刘备一类的文角儿；只有一次我做史文恭，被花荣一箭从椅子上射倒下去，这算是我最活泼的玩艺儿了。

作者简介

胡适（1891 ~ 1962），字适之，安徽绩溪人，中国现代著名学者、文学家。1910 年起先后在美国康奈尔大学、哥伦比亚大学求学。1917 年回国后任北京大学教授，以倡导五四新文化运动而著名。1928 年后历任中国公学校长、北京大学文学院院长、北京大学校长。1948 年赴美，后迁居台湾。1957 年任台湾“中央研究院”院长。主要作品有诗集《尝试集》，论著《中国哲学史大纲》、《白话文学史》。

胡适像

我在这九年（一八九五至一九〇四）之中，只学得了读书写字两件事。在文字和思想的方面，不能不算是打了一点底子。但别的方面都没有发展的机会。有一次我们村“当朋”（八都凡五村，称为“五朋”，每年一村轮着做太子会，名为“当朋”）筹备太子会，有人提议要派我加入前村的昆腔队里学习吹笙或吹笛。族里长辈反对，说我年纪太小，不能跟着太子会走遍五朋。于是我便失掉了学习音乐的唯一机会。三十年来，我不曾拿过乐器，也全不懂音乐；究竟我有没有一点学音乐的天资，我至今不知道。至于学图画，更是不可能的事。我常常用竹纸蒙在小说书的石印绘像上，摹画书上的英雄美人。有一天，被先生看见了，挨了一顿大骂，抽屉里的图画都被搜出撕毁了。于是我又失掉了学做画家的机会。

但这九年的生活，除了读书看书之外，究竟给了我一点做人的训练。在这一点上，我的恩师便是我的慈母。

每天天刚亮时，我母亲便把我喊醒，叫我披衣坐起。我从不知道她醒来坐了多久了。她看我清醒了，便对我说昨天我做错了什么事，说错了什么话，要我认错，要我用功读书。有时候她对我说父亲的种种好处，她说：“你总要踏上你老子的脚步。我一生只晓得这一个完全的人，你要学他，不要跌他的股。”（跌股便是丢脸出丑。）她说到伤心处，往往掉下泪来。到天大明时，她才把我的衣服穿好，催我去上早学。学堂门上的锁匙放在先生家里；我先到学堂门口一望，便跑到先生家里去敲门。先生家里有人把锁匙从门缝里递出来，我拿了跑回去，开了门，坐下念生书，十天之中，总有八九天我是第一个去开学堂门的。等到先生来了，我背了生书，才回家吃早饭。

我母亲管束我最严，她是慈母兼任严父。但她从来不在别人面前骂我一句，打我一下，我做错了事，她只对我一望，我看见了她的严厉眼光，便吓住了。犯的事小，她等到第二天早晨我眠醒时才教训我。犯的事大，她等到晚上人静时，关了房门，先责备我，然后行罚，或罚跪，或拧我的肉。无论怎样重罚，总不许我哭出声音来，她教训儿子不是借此出气叫别人听的。

有一个初秋的傍晚，我吃了晚饭，在门口玩，身上只穿着一件单背心。这时候我母亲的妹子玉英姨母在我家住，她怕我冷了，拿了一件小衫出来叫我穿上。我不肯穿，她说：“穿上吧，凉了。”我随口回答：“娘（凉）什么！老子都不老子呀。”我刚说了这句话，一抬头，看见母亲从家里走出，我赶快把小衫穿上。但她已听见这句轻薄的话了。晚上人静后，她罚我跪下，重重的责罚了一顿。她说：“你没了老子，是多么得意的事！好用来说嘴！”她气得坐着发抖，也不许我上床去睡。我跪着哭，用手擦眼泪，不知擦进了什么微菌，后来足足害了一年多的翳病。医来医去，总医不好。我母亲心里又悔又急，听说眼翳可以用舌头舔去，有一夜她把我叫醒，她真用舌头舔我的病眼。这是我的严师，我的慈母。

我母亲二十三岁做了寡妇，又是当家的后母。这种生活的痛苦，我的笨笔写不出一万分之一二。家中财政本不宽裕，全靠二哥在上海经营调度。大哥从小便是败子，吸鸦片烟、赌博，钱到手就光，光了便回家打主意，见了香炉便拿出去卖，捞着锡茶壶便拿出押。我母亲几次邀了本家长辈来，给他定下每月用费的数目。但他总不够用，到处都欠下烟债赌债。每年除夕我家中总有一大群讨债的，每人一盏灯笼，坐在大厅上不肯去。大哥早已避出去了。大厅的两排椅子上满满的都是灯笼和债主。我母亲走进走出，料理年夜饭，谢灶神，压岁钱等事，只当做不曾看见这一群人。到了近半夜，快要“封门”了，我母亲才走后门出去，央一位邻居本家到我家来，每一家债户开发一点钱。做好做歹的，这一群讨债的才一个一个提着灯笼走出去。一会儿，大哥敲门回来了。我母亲从不骂他一句。并且因为是新年，她脸上从不露出一点怒色。这样的过年，我过了六七次。

大嫂是个最无能而又最不懂事的人，二嫂是个能干而气量很窄小的人。她们常常闹意见，只因为我母亲的和气榜样，她们还不曾有公然相骂相打的事。她们闹气时，只是不说话，不答话，把脸放下来，叫人难看；二嫂生气时，脸色变青，更是怕人。她们对我母亲闹气时，也是如此，我起初全不懂得这一套，后来也渐渐懂得看人的脸色了。我渐渐明白，世间最可厌恶的事莫如一张生气的脸；世间最下流的事莫如把生气的脸摆给旁人看，这比打骂还难受。

我母亲的气量大，性子好，又因为做了后母后婆，她更事事留心，事事格外容忍。大哥的女儿比我只小一岁，她的饮食衣服总是和我的一样。我和她有小争执，总是我吃亏，母亲总是责备我，要我事事让她。后来大嫂二嫂都生了儿子了，她们生气时便打骂孩子来出气，一面打，一面用尖刻有刺的话骂给别人听。我母亲只装做不听见。有时候，她实在忍不住了，便悄悄走出门去，或到左邻立大嫂家去坐一会，或走后门到后邻度嫂家去闲谈。她从不和两个嫂子吵一句嘴。

每个嫂子一生气，往往十天半个月不歇，天天走进走出，板着脸，咬着嘴，打骂小孩子出气。我母亲只忍耐着，到实在不可再忍的一天，她也有她的法子。这一天的天明时，她便不起床，轻轻的哭一场。她不骂一个人，只哭她的丈夫，哭她自己苦命，留不住她丈夫来照管她。她先哭时，声音很低，渐渐哭出声来。我醒了起来劝她，她不肯住。这时候，我总听得见前堂（二嫂住前堂东房）或后堂（大嫂住后堂西房）有一扇房门开了，一个嫂子走出房向厨房走去。不多一会，那位嫂子来敲我们的房门了。我开了房门，她走进来，捧着一碗热茶，送到我母亲床前，劝她止哭，请她喝口热茶。我母亲慢慢停住哭声，伸手接了茶碗。那位嫂子站着劝一会，才退出去。没有一句话提到什么人，也没有一个字提到这十天半个月来的气脸，然而各人心里明白，泡茶进来的嫂子总是那十天半个月来闹气的人。奇怪的很，这一哭之后，至少有一两个月的太平清静日子。

我母亲待人最仁慈，最温和，从来没有一句伤人感情的话；但她有时候也很有刚气，不受一点人格上的侮辱。我家五叔是个无正业的浪人，有一天在烟馆里发牢骚，说我母亲家中有事总请某人帮忙，大概总有什么好处给他。这句话传到了我母亲耳朵里，她气得大哭，请了几位本家来，把五叔喊来，她当面质问他，她给了某人什么好处。直到五叔当众认错赔罪，她才罢休。

我在我母亲的教训之下住了九年，受了她的极大极深的影响。我十四岁（其实只有十二零两三个月）便离开她了，在这广漠的人海里独自混了二十多年，没有一个人管束过我。如果我学得了一丝一毫的好脾气，如果我学得了一点点待人接物的和气，如果我能宽恕人，体谅人——我都得感谢我的慈母。

作品赏析

胡适幼年丧父，其母23岁时就守寡，承担起操持家庭和抚育子女的重担。这篇文章写的就是胡适与其母亲相依为命的童年经历。作者在开篇并未直接写母亲，而是写自己童年九年中的几件小事，看似无意，实则是为下文写母亲作铺垫。接着作者顺势转入正题，选取几个与母亲有关的重点事例作陈述，以委婉平实的语言叙述了母亲的爱子情深、教子有方、气量大、性子好、待人仁慈、温和又不失刚气的情怀与个性，将一个中国传统的农村社会中典型的寡妇形象生动地展现在读者面前。篇末点明母亲是影响自己的性格及人生道路的第一人。全文脉络清晰，层次分明，文笔流畅，文字明白如话，娓娓道来，感人至深。

银杏

/郭沫若

郭沫若的散文代表作之一

形象刻画了中华民族自强不息、从不屈服的精神风貌

笔调亲切，语言明朗，富于诗意

银杏，我思念你，我不知道你为什么又叫公孙树。但一般人叫你是白果，那是容易了解的。

我知道，你的特征并不专在乎你有这和杏相仿的果实，核皮是纯白如银，核仁是富于营养——这不用说已经就足以为你的特征了。

但一般人并不知道你是有花植物中最古的先进，你的花粉和胚珠具有着动物般的性态，你是完全由人力保存了下来的奇珍。

自然界中已经是不能有你的存在了，但你依然挺立着，在太空中高唱着人间胜利的凯歌。你这东方的圣者，你这中国人文的有生命的纪念塔，你是只有中国才有呀，一般人似乎也并不知道。

我到过日本，日本也有你，但你分明是日本的华侨，你侨居在日本大约已有中国的文化侨居在日本的那样久远了吧。

你是真应该称为中国的国树的呀，我是喜欢你，我特别的喜欢你。

但也并不是因为你是中国的特产，我才是特别的喜欢，是因为你美，你真，你善。

你的株干是多么的端直，你的枝条是多么的蓬勃，你那折扇形的叶片是多么的青翠，多么的莹洁，多么的精巧呀！

在暑天你为多少的庙宇戴上了巍峨的云冠，你也为多少的劳苦人撑出了清凉的华盖。

梧桐虽有你的端直而没有你的坚牢；白杨虽有你的葱茏而没有你的庄重。

熏风会媚妩你，群鸟时来为你欢歌；上帝百神——假如是有上帝百神，我相信每当皓月流空，他们会在你脚下来聚会。

秋天到来，蝴蝶已经死了的时候，你的碧叶要翻成金黄，而且又会飞出满园的蝴蝶。

你不是一位巧妙的魔术师吗？但你丝毫也没有令人掩鼻的那种的江湖气息。

当你那解脱了一切，你那槎桠的枝干挺撑在太空中的时候，你对于寒风霜雪毫不避易。

那是多么的嶙峋而又洒脱呀，恐怕自有佛法以来再也不曾产生过像你这样的高僧。

你没有丝毫依阿取容的姿态，但你也并不荒伧；你的美德像音乐一样洋溢八荒，但你也并不骄傲；你的名讳似乎就是“超然”，你超在乎一切的草木之上，你超在乎一切之上，但你并不隐遁。

你的果实不是可以滋养人，你的木质不是坚实的器材，就是你的落叶不也是绝好的引火的燃料吗？

作者简介

郭沫若（1892 ~ 1978），原名郭开贞，四川乐山人，中国现代诗人、剧作家、历史学家、考古学家、古文字学家。1914 年留学日本。1921 年出版第一本诗集《女神》，以崭新的内容和形式，开一代诗风，成为中国新诗的奠基人。同年与成仿吾等人发起成立创造社，是创造社的骨干成员。后又发表诗集《星空》、《恢复》等。抗战期间写了《屈原》、《虎符》、《棠棣之花》等历史剧及大量诗文。1949 年后，郭沫若历任中国科学院院长、中国科学院哲学社会科学部主任、历史研究所第一所所长等职。先后出版诗集《新华颂》、《潮汐集》、《东风集》等，历史剧《蔡文姬》、《武则天》等，学术专著《石鼓文研究》等。

在文学的各种体裁、翻译、史学、文字学等各方面郭沫若都有建树，是少有的全能型文人。

郭沫若像

可是我真有点奇怪了:奇怪的是中国人似乎大家都忘记了你,而且忘记得很久远,似乎是从古以来。

我在中国的经典中找不出你的名字，我很少看到中国的诗人咏赞你的诗，也很少看到中国的画家描写你的画。

这究竟是怎么一回事呀，你是随中国文化以俱来的亘古的证人，你不也是以为奇怪吗?

银杏,中国人是忘记了你呀,大家虽然都在吃你的白果,都喜欢吃你的白果,但的确是忘记了你呀。

世间上也尽有不辨菽麦的人，但把你忘记得这样普遍，这样久远的例子，从来也不曾有过。

真的啦，陪都不是首善之区吗？但我就很少看见你的影子；为什么遍街都是洋槐，满园都是幽加里树呢?

我是怎样的思念你呀，银杏！我可希望你不要把中国忘记吧。

这事情是有点危险的，我怕你一不高兴，会从中国的地面上隐遁下去。

在中国的领空中会永远听不着你赞美生命的欢歌。

银杏，我真希望呀，希望中国人单为能更多吃你的白果，总有能更加爱慕你的一天。

作品赏析

这是一篇托物言志的散文。文章综合运用赋、比、兴、拟人、象征手法，赋予银杏一种特殊的象征意义，即象征着整个中华民族自强不息、从不屈服的精神风貌。文章以饱含诗意的笔调讴歌了银杏的“真”、“善”、“美”，赞颂它是“东方的圣者”，“中国人文的有生命的纪念塔”，含蓄地抒发了作者坚信抗战必胜的信念，鞭挞了国民党倒行逆施的抗战举措，激励人们要像银杏一样不畏强暴、刚直不阿，争取抗战的胜利。文章大量运用短小段落，笔调亲切，热情洋溢，语言明朗洗练，富于激情和诗意。

落花生/许地山

许地山的散文代表作

中国现代散文史上短小精悍的散文代表作之一

平淡中蕴蓄着深刻的哲理

我们屋后有半亩隙地。母亲说:“让它荒芜着怪可惜,既然你们那么爱吃花生,就辟来做花生园吧。”我们几姊弟和几个小丫头都很喜欢——买种的买种，动土的动土，灌园的灌园；过不了几个月，居然收获了！

妈妈说：“今晚我们可以做一个收获节，也请你们爹爹来尝尝我们的新花生，如何？”我们都答应了。母亲把花生做成好几样的食品，还吩咐这节期要在园里的茅亭举行。

那晚上的天色不大好，可是爹爹也到来，实在很难得！爹爹说：“你们爱吃花生么？”

我们都争着答应：“爱！”

“谁能把花生的好处说出来？”

姊姊说：“花生的气味很美。”

哥哥说：“花生可以制油。”

我说：“无论何等人都可以用贱价买它来吃；都喜欢吃它。这就是它的好处。”

爹爹说:“花生的用处固然很多;但有一样是很可贵的。这小小的豆不像那好看的苹果、桃子、石榴，把它们的果实悬在枝上，鲜红嫩绿的颜色，令人一望而发生羡慕的心。它只把果子埋在地底，等到成熟，才容人把它挖出来。你们偶然看见一棵花生瑟缩地长在地上，不能立刻辨出它有没有果实，非得等到你接触它才能知道。”

我们都说："是的。"母亲也点点头。爹爹接下去说："所以你们要像花生，因为它是有用的，不是伟大、好看的东西。"我说："那么，人要做有用的人，不要做伟大、体面的人了。"爹爹说："这是我对于你们的希望。"

我们谈到夜阑才散，所有花生食品虽然没有了，然而父亲的话现在还印在我的心版上。

作品赏析

《落花生》是一篇托物言志的写实散文。文章乍看平淡无奇，但平淡中却蕴蓄一番深刻的哲理。作者从种花生写起，接着写收花生、吃花生、议花生，层层推进，最后由物及人，说明做人应像花生那样，不事张扬，默默奉献，"要做有用的人，不要做伟大、体面的人"。作者没有写花生园的景物、种花生的艰辛、收花生的喜悦，而是重点详写议花生的场面，详略得当，结构严谨，语言浅白凝练，文笔清新流畅，于平淡之中抒发了作者不求闻达、踏实做人、切实益世的人生态度。读来令人备感亲切，回味绵长。这一切使得这篇不足千字的小品文得以成为一篇脍炙人口、广为流传，并将一直流传下去的绝妙美文。

作者简介

许地山像

许地山（1893 ~ 1941），笔名落华生，中国现代作家。生于台湾，后定居福建漳州。1917 年入燕京大学学习。1921 年与茅盾等人发起成立文学研究会。1923 年起先后在美国哥伦比亚大学、英国牛津大学研究宗教学。1927 年回国后先后在燕京大学、北京大学、清华大学、香港大学执教。抗日战争开始后，任中华全国文艺界抗敌协会香港分会常务理事，为抗日救国事业奔走呼号，展开各项组织和教育工作。后终因劳累过度而病逝。

许地山于 1921 年发表第一篇小说《命命鸟》，接着又发表了前期代表作小说《缀网劳蛛》和散文名篇《落花生》。他的早期小说取材独特，情节奇特，想象丰富，充满浪漫气息，呈现出浓郁的南国风味和异域情调。20 世纪 20 年代末以后他所写的小说，转向对群众切实的描写和对黑暗现实的批判。他的创作并不丰硕，但在文坛上却独树一帜。小说诗歌文学作品结集出版的有短篇小说集《缀网劳蛛》、《危巢坠简》，散文集《空山灵雨》，小说、剧本集《解放者》、《杂感集》，论著《印度文学》、《道教史》（上），以及《许地山选集》、《许地山文集》等。

五月卅一日急雨中

/叶圣陶

叶圣陶的散文代表作之一
怒斥帝国主义罪行的战斗檄文
文章结构紧凑，文字铿锵有力

从车上跨下，急雨如恶魔的乱箭，立刻湿了我的长衫。满腔的愤怒，头颅似乎戴着紧紧的铁箍，我走，我奋疾地走。路人少极了，店铺里仿佛也很少见人影。那里去了！那里去了！怕听昨天那样的排枪声，怕吃昨天那样的急射弹，所以如小鼠如蜗牛般，蜷伏在家里，躲藏在柜台底下么？这有什么用！你蜷伏，你躲藏，枪声会来找你的耳朵，子弹会来找你的肉体，你看有什么用？

猛兽似的张着巨眼的汽车冲驰而过，水泥溅污我的衣服，也溅及我的项颈，我满腔的愤怒。

一口气赶到"老闸捕房"的门前，我想参拜我们的伙伴的血迹，我想用舌头舐尽所有的血迹，咽入肚里。但是，没有了，一点儿没有了！已给仇人的水机冲得光光，已给腐心的人们践得光光，更给恶魔的乱箭似的急雨洗得光光！

不要紧，我想。血总是曾经淌在这地方的，总有渗入这块土的吧。那就行了。这块土是血的土，血是我们的伙伴的血，还不够是一课严重的功课么？血灌溉着，血湿润着，将会见血的花开在这里，血的果结在这里。

我注视这块土，全神地注视着，其余什么都不见了，仿佛已把整个儿躯体融化在里头。

抬起眼睛，那边站着两个巡捕；手枪在他们的腰间；泛红的脸肉，深深的纹刻在嘴围，黄的睫毛下闪着绿光，似乎在那里狞笑。

手枪，是你么？似乎在那里狞笑的，是你么？

是的，是的，什么都是，你便怎样！我仿佛看见无量数的手枪点头，听见无量数的狞笑的开口。

我吻着嘴唇咽下去，把看见的听见的一齐咽下去，如同咽一块糙石，一块热铁。我满腔的愤怒。

雨越来越急，风吹着把我的身体卷住，全身湿透了，伞全然不中用。我回身走才来的路，路上有人了。三四个，六七个，显然可见是青布大袖的队伍，虽然中间也有穿洋服的，也有穿各色衫子的断发的女子。他们有的张着伞，大部分却直任狂雨乱淋。

我开始惊异于他们的脸，从来没有看见过，这么严肃的脸，有如昆仑的耸峙，这么郁怒的脸，有如雷电之将作；青年的柔秀的颜色退隐了，换上了壮士的北地人的苍劲。他们的眼睛冒得出焚烧掉一切的火。吻紧的嘴唇里藏着咬得死生物的牙齿，鼻头不怕闻血腥与死人的尸臭，耳朵不怕听大炮与猛兽的咆哮，而皮肤简直是百炼的铁甲。

佩弦的诗道，"笑将不复在我们唇上！"用以歌咏这许多的脸，正是适合。他们不复笑，永远不复笑！他们有的是严肃与郁怒，永远是严肃与郁怒！

似乎店铺里人脸多起来了，从家里才跑来呢，从柜台底下才探出来呢，我没有工夫想。这些人脸而且露出在店门首了，他们惊讶地望着路上那些严肃的郁怒的脸。

青布大袖的队伍便纷纷投入各家店铺，我也跟着一队跨进一家，记得是布匹庄。我听见他们开口了，

作者简介

叶圣陶像

叶圣陶（1894 ~ 1988），原名叶绍钧，生于江苏苏州。1907 年考入草桥中学，毕业后任小学当教员。1914 年被排挤出学校，开始在《礼拜六》等杂志上发表文言小说。1915 年秋到上海商务印书馆附设的尚公学校教国文，并为商务印书馆编小学国文课本。1917 年应聘到吴县、直县立第五高等小学任教。1919 年参加北京大学学生组织的新潮社，并在《新潮》上发表小说和论文。1921 年与郑振铎、茅盾等人组织发起文学研究会，并在《小说月报》和《文学旬刊》上发表作品。1923 ~ 1930 年，在上海商务印书馆当编辑。1927 年 5 月开始主编《小说月报》。1930 年中转到开明书店当编辑。抗日战争期间举家内迁，曾在乐山任武汉大学中文系教授。后到成都主持开明书店编务。1946 年返回上海。新中国成立后，曾任出版总署署长、教育部副部长兼人民教育出版社社长、中央文史研究馆馆长、全国政协副主席等。

差不多掬示整个的心，涌起满腔的血，这样真挚地热烈地讲说着。他们讲及民族的命运，他们讲及群众的力量，他们讲及反抗的必要；他们不惮郑重叮咛的是“咱们一伙儿”！我感动，我心酸，酸得痛快。

店伙的脸比较地严肃了；没有说话，暗暗点头。

我跨出布匹庄，“中国人不会齐心呀！如果齐心，吓，怕什么！”这句带有尖刺的话传来，我回头去看。

是一个三十左右的男子，粗布的短衫露着胸，苍黯的肤色标记他是露天出卖劳力的，眼睛里放射出英雄的光。

不错呀，我想。露胸的朋友，你喊出这样简要精炼的话来，你伟大！你刚强！你是具有解放的优先权者！我虔敬地向他点头。

但是，恍惚有蓝袍玄褂小髭须的影子在我眼前晃过，玩世地微笑，又仿佛鼻子里发出轻轻的一声“嗤”。接着又晃过一个袖手的，漂亮的嘴脸，漂亮的衣着，在那里低吟，依稀是“可怜无补费精神”！袖手的幻灭了，抖抖地，显现一个瘠瘦的中年人，如鼠的觳觫的眼睛，如兔的颤动的嘴，含在喉际，欲吐又不敢吐的是一声“怕……”

我倒楣，我如受奇辱，看见这样等等的魔影！我愤怒地张大眼睛，什么魔影都没有了，只见满街恶魔的乱箭似的急雨。

微笑的魔影，漂亮的魔影，惶恐的魔影，我咒诅你们：你们灭绝！你们销亡！你们是拦路的荆棘！你们是伙伴的牵累！你们灭绝，你们销亡，永远不存一丝儿痕迹，永远不存一丝儿痕迹于这块土！

有淌在路上的血，有严肃的郁怒的脸，有露胸朋友那样的意思，“咱们一伙儿”，有救，一定有救——岂但有救而已！

我满腔的愤怒。再有露胸朋友那样的话在路上吧？我向前走去。

依然是满街恶魔的乱箭似的急雨。

作品赏析

1925 年 5 月 30 日，英国士兵在上海租界枪杀中国工人，制造了震惊中外的“五卅”惨案。当时正在商务印书馆做编辑的叶圣陶闻讯后，怒不可遏，次日挥笔写下了《五月卅一日急雨中》一文。这篇文章一反叶圣陶平日平和、严谨的行文风格，以慷慨激昂的笔调，怒斥了帝国主义制造“五卅”惨案的罪行。文中运用大量的比喻句，一而再、再而三地表露出作者“满腔的愤怒”。其核心的比喻是“急雨”，它是“恶魔”，象征着制造惨案的帝国主义，也是“乱箭”，暗示着惨案对大众心灵的伤害。文章结构紧凑，句句铿锵有力，一气呵成，读后令人义愤填膺，在心底产生强烈的震撼。

风景谈

/茅盾

前夜看了《塞上风云》的预告片，便又回忆起猩猩峡外的沙漠来了。那还不能被称为“戈壁”，那在普通地图上，还不过是无名的小点，但是人类的肉眼已经不能望到它的边际，如果在中午阳光正射的时候，那单纯而强烈的返光会使你的眼睛不舒服？没有隆起的沙丘，也不见有半间泥房，四顾只是茫茫一片，那样的平坦，连一个“坎儿井”也找不到；那样的纯然一色，即使偶尔有些驼马的枯骨，它那微小的白光，也早溶入了周围的苍茫，又是那样的寂静，似乎只有热空气在作哄哄的火响。然而，你不能说，这里就没有“风景”。当地平线上出现了第一个黑点，当更多的黑点成为线，成为队，而且当微风把铃铛的柔声，丁当，丁当，送到你的耳鼓，而最后，当那些昂然高步的骆驼，排成整齐的方阵，安详然而坚定地愈行愈近，当骆驼队中领队驼所掌的那一杆长方形猩红大旗耀入你眼帘，而且大小丁当的谐和的合奏充满了你耳管——这时间，也许你不出声，但是你的心里会涌上了这样的感想的：多么庄严，多么妩媚呀！这里是大自然的最单调最平板的一面，然而加上了人的活动，就完全改观，难道这不是“风景”吗？自然是伟大的，然而人类更伟大。

于是我又回忆起另一个画面，这就在所谓“黄土高原”！那边的山多数是秃顶的，然而层层的梯田，将秃顶装扮成稀稀落落有些黄毛的癞头，特别是那些高秆植物颀长而整齐，等待检阅的队伍似的，在晚风中摇曳，别有一种惹人怜爱的姿态。可是更妙的是三五月明之夜，天是那样的蓝，几乎透明似的，月亮离山顶，似乎不过几尺，远看山顶的谷子丛密挺立，宛如人头上的怒发，这时候忽然从山脊上长出两支牛角来，随即牛的全身也出现，掮着犁的人形也出现，并不多，只有三两个，也许还跟着个小孩，他们姗姗而下，在蓝的天，黑的山，银色的月光的背景上，成就了一幅剪影，如果给田园诗人见了，必将赞叹为绝妙的题材。可是没有完。这几位晚归的种地人，还把他们那粗朴的短歌，用愉快的旋律，从山顶上飘下来，直到他们没入了山坳，依旧只有蓝天明月黑魆魆的山，歌声可是缭绕不散。

另一个时间。另一个场面。夕阳在山，干坼的黄土正吐出它在一天内所吸收的热，河水汤汤急流，似乎能把浅浅河床中的鹅卵石都冲走了似的。这时候，沿河的山坳里有一队人，从“生产”归来，兴奋的谈话中，至少有七八种不同的方音。忽然间，他们又用同一的音调，唱起雄壮的歌曲来了，他们的爽朗的笑声，落到水上，使得河水也似在笑。看他们的手，这是惯拿调色板的，那是昨天还拉着提琴的弓子伴奏着《生产曲》的，这是经常不离木刻刀的，那又是洋洋洒洒下笔如有神的，但现在，一律都被锄锹的木柄磨起了老茧了。他们在山坡下，被另一群所迎住。这里正燃起熊熊的野火，多少曾调朱弄粉的手儿，已经将金黄的小米饭，翠绿的油菜，准备齐全。这时候，太阳已经下山，却将它的余辉幻成了满天的彩霞，河水喧哗得更响了，跌在石上的便喷出了雪白的泡沫，人们把沾着黄土的脚伸在水里，任它冲刷，或者掬起水来，洗一把脸。在背山面水这样一个所在，静穆的自然和弥满着生命力的人，就织成了美妙的图画。

在这里，蓝天明月，秃顶的山，单调的黄土，浅濑的水，似乎都是最恰当不过的背景，无可更换。自然是伟大的，人类是伟大的，然而充满了崇高精神的人类的活动，乃是伟大中之尤其伟大者！

我们都曾见过西装革履烫发旗袍高跟鞋的一对儿，在公园的角落，绿荫下长椅上，悄悄儿说话，但是试想一想，如果在一个下雨天，你经过一边是黄褐色的浊水，一边是怪石峭壁的崖岸，马蹄很小心地探入泥浆里，有时还不免打了一下跌撞，四面是静寂灰黄，没有一般所谓的生动鲜艳，然而，你忽然抬头看见高高的山壁上有几个天然的石洞，三层楼的亭子间似的，一对人儿促膝而坐，只凭剪发式样的不同，你方能辨认出一个是女的，他们被雨赶到了那里，大概聊天也聊够了，现在是摊开着一本札记簿，头凑在一处，一同在看——试想一想，这样一个场面到了你眼前时，总该和在什么公园里看见了长椅上有一对儿在偎倚低语，颇有点味儿不同罢！如果在公园时你一眼瞥见，首先第一会是“这里有一对恋人”，那么，此时此际，倒是先感到那样一个沉闷的雨天，寂寞的荒山，原始的石洞，安上这么两个人，是一个“奇迹”，使大自然顿时生色！他们之是否恋人，落在问题之外。你所见的，是两个生命力旺盛的人，是两个清楚明白生活意义的人，在任何情形之下，他们不倦怠，也不会百无聊赖，更不至于从胡闹中求刺激，他们能够在任何情况之下，拿出他们那一套来，怡然自得。但是什么能使他们这样呢？

不过仍旧回到“风景”罢；在这里，人依然是“风景”的构成者，没有了人，还有什么可以称道的？再者，如果不是内生活极其充满的人作为这里的主宰，那又有什么值得怀念？

再有一个例子：如果你同意，二三十棵桃树可以称为林，那么这里要说的，正是这样一个桃林。花时已过，现在绿叶满株，却没有一个桃子。半爿旧石磨，是最漂亮的圆桌面，几尺断碑，或是一截旧阶石，那又是难得的几案。现成的大小石块作为凳子——而这样的石凳也还是以奢侈品的姿态出现。这些怪样的家具之所以成为必要，是因为这里有一个茶社。桃林前面，有老百姓种的荞麦，也有大麻和玉米这一类高秆植物。荞麦正当开花，远望去就像一张粉红色的地毯，大麻和玉米就像是屏风，靠着地毯的边缘。太阳光从树叶的空隙落下来，在泥地上，石家具上，一抹一抹的金黄色。偶尔也听得有草虫在叫，带住在林边树上的马儿伸长了脖子就树干搔痒，也许是乐了，便长嘶起来。“这就不坏！”你也许要这样说。可不是，这里是有一般所谓“风景”的一些条件的！然而，未必尽然。在高原的强烈阳光下，人们喜欢把这一片树荫作为户外的休息地点，因而添上了什么茶社，这是这个“风景区”成立的因缘，但如果把那二三十棵桃树，半爿磨石，几尺断碣，还有荞麦和大麻玉米，这些其实到处可遇的东西，看成了此所谓风景区的主要条件，那或者是会贻笑大方的。中国之大，比这美得多的所谓风景区，数也数不完，这个值得什么？所以应当从另一方面去看。现在请你坐下，来一杯清茶，两毛钱的枣子，也作一次桃园的茶客罢。如果你愿意先看女的，好，那边就有三四个，大概其中有一位刚接到家里寄给她的一点钱，今天来请请同伴。那边又有几位，也围着一个石桌子，但只把随身带来的书籍代替了枣子和茶了。更有两位虎头虎脑的青年，他们走过“天下最难走的路”，现在却静静地坐着，

作者简介

茅盾（1896～1981），原名沈德鸿，字雁冰，浙江桐乡人，中国现代作家。1916年毕业于北京大学预科班。1916年后历任上海商务印务馆编辑、《小说月报》主编、《民国日报》主编，为文学研究会发起人之一。1928年赴日本，1930年回国，加入左翼作家联盟。新中国成立后历任文化部部长、中国作协主席等职。主要作品有长篇小说《子夜》，中篇小说《蚀》（三部曲），短篇小说《春蚕》、《林家铺子》等。

温雅得和闺女一般。男女混合的一群，有坐的，也有蹲的，争论着一个哲学上的问题，时时哗然大笑，就在他们近边，长石条上躺着一位，一本书掩住了脸。这就够了，不用再多看。总之，这里有特别的氛围，但并不古怪。人们来这里，只为恢复工作后的疲劳，随便喝点，要是袋里有钱；或不喝，随便谈谈天；在有闲的只想找一点什么来消磨时间的人们看来，这里坐的不舒服，吃的喝的也太粗糙简单，也没有什么可以供赏玩，至多来一次，第二次保管厌倦。但是不知道消磨时间为何物的人们却把这一片简陋的绿荫看得很可爱，因此，这桃林就很出名了。

因此，这里的“风景”也就值得留恋，人类的高贵精神的辐射，填补了自然界的贫乏，增添了景色，形式的和内容的。人创造了第二自然！

最后一段回忆是五月的北国。清晨，窗纸微微透白，万籁俱静，嘹亮的喇叭声，破空而来。我忽然想起了白天在一本贴照簿上所见的第一张，银白色的背景前一个淡黑的侧影，一个号兵举起了喇叭在吹，严肃、坚决、勇敢和高度的警觉，都表现在小号兵的挺直的胸膛和高高的眉棱上边。我赞美这摄影家的艺术，我回味着，我从当前的喇叭声中也听出了严肃、坚决、勇敢和高度的警觉来，于是我披衣出去，打算看一看。空气非常清冽，朝霞笼住了左面的山，我看见山峰上的小号兵了。霞光射住他，只觉得他的额角异常发亮，然而，使我惊叹叫出声来的，是离他不远有一位荷枪的战士，面向着东方，严肃地站在那里，犹如雕像一般。晨风吹着喇叭的红绸子，只这是动的，战士枪尖的刺刀闪着寒光，在粉红的霞色中，只这是刚性的。我看得呆了，我仿佛看见了民族的精神化身而为他们两个。

如果你也当它是“风景”，那便是真的风景，是伟大中之最伟大者！

作品赏析

《风景谈》是一篇意境优美的散文，文章表达了作者在黄土高原的见闻。文章开篇不凡，从一部抗日影片《塞上风云》谈起，将读者带入抗日战争的氛围。接着作者别具匠心地运用类似电影蒙太奇手法，不断转换角度，一连推出了黄土高原上充满诗情画意的镜头与画面，先是高原“月夜下山”与“生产归来”两幅晚归图，接着是延安“石洞避雨”和“桃园小憩”两幅风情画，最后是照片中“号兵吹号”和自己亲眼所见的“哨兵放哨”两个镜头的叠加。每组画面之间，用“自然是伟大的，然而人类更伟大”这一类似的句子作连缀，使所有的风景构成了一个和谐的有机整体，毫无散漫之感，同时深化了主题：名为“谈风景”，实为“赞人类”，讴歌那些在黄土高原上劳动和战斗着的人们。

故都的秋 /郁达夫

郁达夫的散文代表作之一

一幅形象地描绘旧时代北京秋景的风情画

秋天，无论在什么地方的秋天，总是好的；可是啊，北国的秋，却特别地来得清，来得静，来得悲凉。我的不远千里，要从杭州赶上青岛，更要从青岛赶上北平来的理由，也不过想饱尝一尝这“秋”，这故都的秋味。

江南，秋当然也是有的；但草木凋得慢，空气来得润，天的颜色显得淡，并且又时常多雨而少风；一个人夹在苏州上海杭州，或厦门香港广州的市民中间，浑浑沌沌地过去，只能感到一点点清凉，秋的味，秋的色，秋的意境与姿态，总看不饱，尝不透，赏玩不到十足。秋并不是名花，也并不是美酒，那一种半开，半醉的状态，在领略秋的过程上，是不合适的。

作者简介

郁达夫（1895～1945），原名郁文，浙江富阳人，中国现代作家。1913年赴日留学。1921年与郭沫若等人在日本发起成立创造社。回国后先后在北京大学、武昌大学、中山大学任教，并编辑刊物。1927年定居上海，曾参加“左联”。1933年迁居杭州。抗战期间，在南洋从事抗日救亡活动。1945年被日本宪兵秘密杀害于苏门答腊。主要作品有小说《沉沦》、《她是一个弱女子》，散文集《达夫游记》等。

郁达夫像

不逢北国之秋，已将近十余年了。在南方每年到了秋天，总要想起陶然亭的芦花，钓鱼台的柳影，西山的虫唱，玉泉的夜月，潭柘寺的钟声。在北平即使不出门去罢，就是在皇城人海之中，租人家一椽破屋来住着，早晨起来，泡一碗浓茶，向院子一坐，你也能看得到很高很高的碧绿的天色，听得到青天下驯鸽的飞声。从槐树叶底，朝东细数着一丝一丝漏下来的日光，或在破壁腰中，静对着像喇叭似的牵牛花（朝荣）的蓝朵，自然而然地也能够感觉到十分的秋意。说到了牵牛花，我以为以蓝色或白色者为佳，紫黑色次之，淡红色最下。最好，还要在牵牛花底，教长着几根疏疏落落的尖细且长的秋草，使作陪衬。

北国的槐树，也是一种能使人联想起秋来的点缀。像花而又不是花的那一种落蕊，早晨起来，会铺得满地。脚踏上去，声音也没有，气味也没有，只能感出一点点极微细极柔软的触觉。扫街的在树影下一阵扫后，灰土上留下来的一条条扫帚的丝纹，看起来既觉得细腻，又觉得清闲，潜意识下并且还觉得有点儿落寞，古人所说的梧桐一叶而天下知秋的遥想，大约也就在这些深沉的地方。

秋蝉的衰弱的残声，更是北国的特产；因为北平处处全长着树，屋子又低，所以无论在什么地方，都听得见它们的啼唱。在南方是非要上郊外或山上去才听得到的。这秋蝉的嘶叫，在北平可和蟋蟀耗子一样，简直像是家家户户都养在家里的家虫。

还有秋雨哩，北方的秋雨，也似乎比南方的下得奇，下得有味，下得更像样。

在灰沉沉的天底下，忽而来一阵凉风，便息列索落地下起雨来了。一层雨过，云渐渐地卷向了西去，天又青了，太阳又露出脸来了；著着很厚的青布单衣或夹袄的都市闲人，咬着烟管，在雨后的斜桥影里，上桥头树底下去一立，遇见熟人，便会用了缓慢悠闲的声调，微叹着互答着的说：

“唉，天可真凉了——”（这了字念得很高，拖得很长。）

“可不是么？一层秋雨一层凉了！”

北方人念阵字，总老像是层字，平平仄仄起来，这念错的歧韵，倒来得正好。

北方的果树，到秋来，也是一种奇景。第一是枣子树；屋角，墙头，茅房边上，灶房门口，它都会一株株地长大起来。像橄榄又像鸽蛋似的这枣子颗儿，在小椭圆形的细叶中间，显出淡绿微黄的颜色的时候，正是秋的全盛时期；等枣树叶落，枣子红完，西北风就要起来了，北方便是尘沙

20世纪20年代北京秋景

灰土的世界，只有这枣子、柿子、葡萄，成熟到八九分的七八月之交，是北国的清秋的佳日，是一年之中最好也没有的 Golden Days。

有些批评家说，中国的文人学士，尤其是诗人，都带着很浓厚的颓废色彩，所以中国的诗文里，颂赞秋的文字特别的多。但外国的诗人，又何尝不然？我虽则外国诗文念得不多，也不想开出账来，做一篇秋的诗歌散文钞，但你若去一翻英德法意等诗人的集子，或各国的诗文的 An-thology 来，总能够看到许多关于秋的歌颂与悲啼。各著名的大诗人的长篇田园诗或四季诗里，也总以关于秋的部分，写得最出色而最有味。足见有感觉的动物，有情趣的人类，对于秋，总是一样的能特别引起深沉，幽远，严厉，萧索的感触来的。不单是诗人，就是被关闭在牢狱里的囚犯，到了秋天，我想也一定会感到一种不能自已的深情；秋之于人，何尝有国别，更何尝有人种阶级的区别呢？不过在中国，文字里有一个“秋士”的成语，读本里又有着很普遍的欧阳子的《秋声》与苏东坡的《赤壁赋》等，就觉得中国的文人，与秋的关系特别深了。可是这秋的深味，尤其是中国的秋的深味，非要在北方，才感受得到底。

南国之秋，当然是也有它的特异的地方的，比如廿四桥的明月，钱塘江的秋潮，普陀山的凉雾，荔枝湾的残荷等等，可是色彩不浓，回味不永。比起北国的秋来，正像是黄酒之与白干，稀饭之与馍馍，鲈鱼之与大蟹，黄犬之与骆驼。

秋天，这北国的秋天，若留得住的话，我愿把寿命的三分之二折去，换得一个三分之一的零头。

作品赏析

《故都的秋》写于 1934 年 8 月。郁达夫对北京的秋有一种浓厚的情结，他写作此文时，特地从杭州赶到北京（当时称北平），以饱览一番“特别地来得清，来得静，来得悲凉”的故都北平的秋味。

在《故都的秋》中，作者用一系列富有诗情画意的词语：芦花、柳影、虫唱、夜月、钟声、天色、驯鸽飞声、日光、牵牛花、槐树、秋蝉、秋雨、都市闲人、枣树、枣子、柿子、葡萄等，清晰形象地勾勒出了故都秋的景象、色调、意境和味道。作者交替运用总写、分写，描写、叙述，议论、抒情，直接、间接等手法，淋漓尽致、神韵活现地构织了一幅“故都的秋”的水墨风情画，使人回味无穷，浮想联翩，堪称一篇写秋的千古妙文！

我所知道的康桥/徐志摩

入选理由：徐志摩的散文代表作　一首饱含深情、充满诗情画意的康桥回忆梦幻曲

一

我这一生的周折，大都寻得出感情的线索。不论别的，单说求学。我到英国是为要从罗素。罗素来中国时，我已经在美国。他那不确的死耗传到的时候，我真的出眼泪不够，还做悼诗来了。他没有死，我自然高兴。我摆脱了哥伦比亚大学博士衔的引诱，买船票漂过大西洋，想跟这位二十世纪的福禄泰尔认真念一点书去。谁知一到英国才知道事情变样了：一为他在战时主张和平，二为他离婚，罗素叫康桥给除名了，他原来是 Trinity College 的 Fellow，这一来他的 Fellowship 也给取消了。他回英国后就在伦敦住下，夫妻两人卖文章过日子。因此我也不曾遂我从学的始愿。我在伦敦政治经济学院里混了半年，正感着闷想换路走的时候，我认识了狄更生先生。狄更生——Galsworthy Lowes Dickinson——是一个有名的作者，他的《一个中国人通信》（Letters From John Chinaman）与《一个现代聚餐谈话》（A Modern Symposium）两本小册子早得了我的景仰。我第一次会着他是在伦敦国际联盟协会席上，那天林宗孟先生演说，他做主席；第二次是宗孟寓里吃茶，有他，以后我常到他家里去。他看出我的烦闷，劝我到康桥去，他自己是王家学院（King's College）的 Fellow。我就写信去问两个学院，回信都说学额早满了，随后还是狄更生先生替我去在他的学院里说好了，给我一个特别生的资格，随意选科听讲。从此黑方巾，黑披袍的风光也被我占着了。初起我在离康桥六英里的乡下叫沙士顿地方租了几间小屋住下，同居的有我从前的夫人张幼仪女士与郭虞裳君。每天一早我坐街车（有时骑自行车）上学，到晚回家。这样的生活过了一个春，但我在康桥还只是个陌生人，谁都不认识，康桥的生活，可以说完全不曾尝着，我知道的只是一个图书馆，几个课室，和三两个吃便宜饭的茶食铺子。狄更生常在伦敦或是大陆上，所以也不常见他。那年的秋季我一个人回到康桥，整整有一学年，那时我才有机会接近真正的康桥生活，同时我也慢慢的“发见”了康桥。我不曾知道过更大的愉快。

二

“单独”是一个耐寻味的现象。我有时想它是任何发见的第一个条件。你要发见你的朋友的“真”，你得有与他单独的机会。你要发见你自己的真，你得给你自己一个单独的机会。你要发见一个地方（地方一样有灵性），你也得有单独玩的机会。我们这一辈子，认真说，能认识几个人？能认识几个地方？我们都是太匆忙，太没有单独的机会。说实话，我连我的本乡都没有什么了解。康桥我要算是有相当交情的，再次许只有新认识的翡冷翠了。啊，那些清晨，那些黄昏，我一个人发痴似的在康桥！绝对的单独。

但一个人要写他最心爱的对象，不论是人是地，是多么使他为难的一个工作？你怕，你怕描坏了

作者简介

徐志摩（1896 ~ 1931），浙江海宁人，中国现代著名诗人、散文家。1918 年赴美，先后在克拉克大学、哥伦比亚大学学习。1920 年赴英，次年入剑桥大学学习。1922 年回国后先后在北大、清华、南京中央大学任教。1923 年参与发起成立新月社，为“新月派”主要诗人，先后主编北京《晨报》副刊和上海《新月》月刊。1931 年 11 月 19 日因飞机失事遇难。其主要作品有诗集《志摩的诗》、《翡冷翠的一夜》，散文《翡冷翠山居闲话》、《我所知道的康桥》等。

它，你怕说过分了恼了它，你怕说太谨慎了辜负了它。我现在想写康桥，也正是这样的心理，我不曾写，我就知道这回是写不好的——况且又是临时逼出来的事情。但我却不能不写，上期预告已经出去了。我想勉强分两节写，一是我所知道的康桥的天然景色；一是我所知道的康桥的学生生活。我今晚只能极简的写些，等以后有兴会时再补。

三

康桥的灵性全在一条河上；康河，我敢说，是全世界最秀丽的一条水。河的名字是葛兰大（Granta），也有叫康河（River Cam）的，许有上下流的区别，我不甚清楚。河身多的是曲折，上游是有名的拜伦潭——“Byron's Pool”——当年拜伦常在那里玩的；有一个老村子叫格兰骞斯德，有一个果子园，你可以躺在累累的桃李树荫下吃茶，花果会掉入你的茶杯，小雀子会到你桌上来啄食，那真是别有一番天地。这是上游；下游是从骞斯德顿下去，河面展开，那是春夏间竞舟的场所。上下河分界处有一个坝筑，水流急得很，在星光下听水声，听近村晚钟声，听河畔倦牛刍草声，是我康桥经验中最神秘的一种：大自然的优美，宁静，调谐在这星光与波光的默契中不期然的淹入了你的性灵。

但康河的精华是在它的中游，著名的“Backs”，这两岸是几个最蜚声的学院的建筑。从上面下来是 Pembroke，St. Katharine's，King's，Clare，Trinity，St. John's。最令人留连的一节是克莱亚与王家学院的毗连处，克莱亚的秀丽紧邻着王家教堂（King's Chapel）的宏伟。别的地方尽有更美更庄严的建筑，例如巴黎赛因河的罗浮宫一带，威尼斯的利阿尔多大桥的两岸，翡冷翠维基乌大桥的周遭；但康桥的“Backs”自有它的特长，这不容易用一二个状词来概括，它那脱尽尘埃气的一种清澈秀逸的意境可说是超出了画图而化生了音乐的神味。再没有比这一群建筑更调谐更匀称的了！论画，可比的许只有柯罗（Corot）的田野；论音乐，可比的许只有萧班（Chopin）的夜曲。就这也不能给你依稀的印象，它给你的美感简直是神灵性的一种。

假如你站在王家学院桥边的那棵大椈树荫下眺望，右侧面，隔着一大方浅草坪，是我们的校友居（Fellows Building），那年代并不早，但它的妩媚也是不可掩的，它那苍白的石壁上春夏间满缀着艳色的蔷薇在和风中摇颤，更移左是那教堂，森林似的尖阁不可浼的永远直指着天空；更左是克莱亚，啊！那不可信的玲珑的方庭，谁说这不是圣克莱亚（St. Clare）的化身，哪一块石上不闪耀着她当年圣洁的精神？在克莱亚后背隐约可辨的是康桥最华贵最骄纵的三清学院（Trinity），它那临河的图书楼上坐镇着拜伦神采惊人的雕像。

但这时你的注意早已叫克莱亚的三环洞桥魔术似的摄住。你见过西湖白堤上的西泠断桥不是？（可怜它们早已叫代表近代丑恶精神的汽车公司给踩平了，现在它们跟着苍凉的雷峰永远辞别了人间。）你忘不了那桥上斑驳的苍苔，木栅的古色，与那桥拱下泄露的湖光与山色不是？克莱亚并没有那样体面的衬托，它也不比庐山栖贤寺旁的观音桥，上瞰五老的奇峰，下临深潭与飞瀑；它只是怯伶伶的一座三环洞的小桥，它那桥洞间也只掩映着细纹的波鳞与婆娑的树影，它那桥上栉比的小穿阑与阑节顶上双双的白石球，也只是村姑子头上不夸张的香草与野花一类的装饰；但你凝神的看着，更凝神的看着，你再反省你的心境，看还有一丝屑的俗念沾滞不？只要你审美的本能不曾汩灭时，这是你的机会实现纯粹

剑桥一景

徐志摩在英国剑桥大学留学期间，经常流连于校园的美景中，最终激发了自己的诗人气质，奠定了其作为新月派诗人代表人物的基础。

美感的神奇！

但你还得选你赏鉴的时辰。英国的天时与气候是走极端的。冬天是荒谬的坏，逢着连绵的雾盲天你一定不迟疑的甘愿进地狱本身去试试；春天（英国是几乎没有夏天的）是更荒谬的可爱，尤其是它那四五月间最渐缓最艳丽的黄昏，那才真是寸寸黄金。在康河边上过一个黄昏是一服灵魂的补剂。啊！我那时蜜甜的单独，那时蜜甜的闲暇。一晚又一晚的，只见我出神似的倚在桥阑上向西天凝望：

看一回凝静的桥影，
数一数螺钿的波纹：
我倚暖了石阑的青苔，
青苔凉透了我的心坎；……

还有几句更笨重的怎能仿佛那游丝似轻妙的情景：

难忘七月的黄昏，远树凝寂，
像墨泼的山形，衬出轻柔暝色，
密稠稠，七分鹅黄，三分橘绿，
那妙意只可去秋梦边缘捕捉；……

四

这河身的两岸都是四季常青最葱翠的草坪。从校友居的楼上望去，对岸草场上，不论早晚，永远有十数匹黄牛与白马，胫蹄没在恣蔓的草丛中，从容的在咬嚼，星星的黄花在风中动荡，应和着它们尾鬃的扫拂。桥的两端有斜倚的垂柳与荫护住。水是澈底的清澄，深不足四尺，匀匀的长着长条的水草。这岸边的草坪又是我的爱宠，在清明，在傍晚，我常去这天然的织锦上坐地，有时读书，有时看水；有时仰卧着看天空的行云，有时反仆着搂抱大地的温软。

但河上的风流还不止两岸的秀丽。你得买船去玩。船不止一种：有普通的双桨划船，有轻快的薄皮舟（Canoe），有最别致的长形撑篙船（Punt）。最末的一种是别处不常有的：约莫有二丈长，三尺宽，你站直在船梢上用长竿撑着走的。这撑是一种技术。我手脚太蠢，始终不曾学会。你初起手尝试时，容易把船身横住在河中，东颠西撞的狼狈。英国人是不轻易开口笑人的，但是小心他们不出声的皱眉！也不知有多少次河中本来优闲的秩序叫我这莽撞的外行给搗乱了。我真的始终不曾学会；每回我不服输跑去租船再试的时候，有一个白胡子的船家往往带讥讽的对我说："先生，这撑船费劲，天热累人，还是拿个薄皮舟溜溜吧！"我哪里肯听，长篙子一点就把船撑了开去，结果还是把河身一段段的腰斩了去！

你站在桥上去看人家撑，那多不费劲，多美！尤其在礼拜天有几个专家的女郎，穿一身缟素衣服，裙裾在风前悠悠的飘着，戴一顶宽边的薄纱帽，帽影在水草间颤动，你看她们出桥洞时的姿态，捻起一根竟像没有分量的长竿，只轻轻的，不经心的往波心里一点，身子微微的一蹲，这船身便波的转出了桥影，翠条鱼似的向前滑了去。她们那敏捷，那闲暇，那轻盈，真是值得歌咏的。

在初夏阳光渐暖时你去买一只小船，划去桥边荫下躺着念你的书或是做你的梦，槐花香在水面上飘浮，鱼群的唼喋声在你的耳边挑逗。或是在初秋的黄昏，近着新月的寒光，望上流僻静处远去。爱热闹的少年们携着他们的女友，在船沿上支着双双的东洋彩纸灯，带着话匣子，船心里用软垫铺着，也开向无人迹处去享他们的野福——谁不爱听那水底翻的音乐在静定的河上描写梦意与春光！

住惯城市的人不易知道季候的变迁。看见叶子掉知道是秋，看见叶子绿知道是春；天冷了装炉子，天热了拆炉子；脱下棉袍，换上夹袍，脱下夹袍，穿上单袍，不过如此罢了。天上星斗的消息，地下泥土里的消息，空中风吹的消息，都不关我们的事。忙着哪，这样那样事情多着，谁耐烦管星星的移转，花草的消长，风云的变幻？同时我们抱怨我们的生活，苦痛，烦闷，拘束，枯燥，谁肯承认做人是快乐？谁不多少间咒诅人生？

但不满意的生活大都是由于自取的。我是一个生命的信仰者，我信生活决不是我们大多数人仅仅从自身经验推得的那样暗惨。我们的病根是在“忘本”。人是自然的产儿，就比枝头的花与鸟是自然的产儿；但我们不幸是文明人，入世深似一天，离自然远似一天。离开了泥土的花草，离开了水的鱼，能快活吗？能生存吗？从大自然，我们取得我们的生命；从大自然，我们应分取得我们继续的资养。哪一株婆娑的大木没有盘错的根柢深入在无尽藏的地里？我们是永远不能独立的。有幸福是永远不离母亲抚育的孩子，有健康是永远接近自然的人们。不必一定与鹿豕游，不必一定回“洞府”去；为医治我们当前生活的枯窘，只要“不完全遗忘自然”一张轻淡的药方，我们的病象就有缓和的希望。在青草里打几个滚，到海水里洗几次浴，到高处去看几次朝霞与晚照——你肩背上的负担就会轻松了去的。

这是极肤浅的道理，当然。但我要没有过过康桥的日子，我就不会有这样的自信。我这一辈子就只那一春，说也可怜，算是不曾虚度。就只那一春，我的生活是自然的，是真愉快的！（虽则碰巧那也是我最感受人生痛苦的时期。）我那时有的是闲暇，有的是自由，有的是绝对单独的机会。说也奇怪，竟像是第一次，我辨认了星月的光明，草的青，花的香，流水的殷勤。我能忘记那初春的睥睨吗？曾经有多少个清晨我独自冒着冷薄霜铺地的林子里闲步——为听鸟语，为盼朝阳，为寻泥土里渐次苏醒的花草，为体会最微细最神妙的春信。啊，那是新来的画眉在那边凋不尽的青枝上试它的新声！啊，这是第一朵小雪球花挣出了半冻的地面！啊，这不是新来的潮润沾上了寂寞的柳条？

静极了，这朝来水溶溶的大道，只远处牛奶车的铃声，点缀这周遭的沉默。顺着这大道走去，走到尽头，再转入林子里的小径，往烟雾浓密处走去，头顶是交枝的榆荫，透露着漠楞楞的曙色；再往前走去，走尽这林子，当前是平坦的原野，望见了村舍，初青的麦田，更远三两个馒形的小山掩住了一条通道。天边是雾茫茫的，尖尖的黑影是近村的教寺。听，那晓钟和缓的清音。这一带是此邦中部的平原，地形像是海里的轻波，默沉沉的起伏；山岭是望不见的，有的是常青的草原与沃腴的田壤。登那土阜上望去，康桥只是一带茂林，拥戴着几处娉婷的尖阁。妩媚的康河也望不见踪迹，你只能循着那锦带似的林木想像那一流清浅。村舍与树林是这地盘上的棋子，有村舍处有佳荫，有佳荫处有村舍。这早起是看炊烟的时辰：朝雾渐渐的升起，揭开了这灰苍苍的天幕（最好是微霰后的光景），远近的炊烟，成丝的，成缕的，成卷的，轻快的，迟重的，浓灰的，淡青的，惨白的，在静定的朝气里渐渐的上腾，渐渐的不见，仿佛是朝来人们的祈祷，参差的翳入了天听。朝阳是难得见的，这初春的

剑桥校园

剑桥是徐志摩在国外求学时遇到的“难得的知己”，如果说祖国是诗人永远的故乡，那么剑桥也是诗人永远的故乡——精神之故乡。

天气。但它来时是起早人莫大的愉快。顷刻间这田野添深了颜色，一层轻纱似的金粉糁上了这草，这树，这通道，这庄舍。顷刻间这周遭弥漫了清晨富丽的温柔。顷刻间你的心怀也分润了白天诞生的光荣。“春！”这胜利的晴空仿佛在你的耳边私语。“春！”你那快活的灵魂也仿佛在那里回响。

伺候着河上的风光，这春来一天有一天的消息。关心石上的苔痕，关心败草里的花鲜，关心这水流的缓急，关心水草的滋长，关心天上的云霞，关心新来的鸟语。怯伶伶的小雪球是探春信的小使。铃兰与香草是欢喜的初声。窈窕的莲馨，玲珑的石水仙，爱热闹的克罗克斯，耐辛苦的蒲公英与雏菊——这时候春光已是烂缦在人间，更不须殷勤问讯。

瑰丽的春放。这是你野游的时期。可爱的路政，这里不比中国，哪一处不是坦荡荡的大道？徒步是一个愉快，但骑自转车是一个更大的愉快。在康桥骑车是普遍的技术；妇人，稚子，老翁，一致享受这双轮舞的快乐。（在康桥听说自转车是不怕人偷的，就为人人都自己有车，没人要偷）。任你选一个方向，任你上一条通道，顺着这带草味的和风，放轮远去，保管你这半天的逍遥是你性灵的补剂。这道上有的是清荫与美草，随地都可以供你休憩。你如爱花，这里多的是锦绣似的草原。你如爱鸟，这里多的是巧啭的鸣禽。你如爱儿童，这乡间到处是可亲的稚子。你如爱人情，这里多的是不嫌远客的乡人，你到处可以“挂单”借宿，有酪浆与嫩薯供你饱餐，有夺目的果鲜恣你尝新。你如爱酒，这乡间每“望”都为你储有上好的新酿，黑啤如太浓，苹果酒，姜酒都是供你解渴润肺的。……带一卷书，走十里路，选一块清静地，看天，听鸟，读书，倦了时，和身在草绵绵处寻梦去——你能想像更适情更适性的消遣吗？

陆放翁有一联诗句：“传呼快马迎新月，却上轻舆趁晚凉；”这是做地方官的风流。我在康桥时虽没马骑，没轿子坐，却也有我的风流：我常常在夕阳西晒时骑了车迎着天边扁大的日头直追。日头是追不到的，我没有夸父的荒诞，但晚景的温存却被我这样偷尝了不少。有三两幅画图似的经验至今还是栩栩的留着。只说看夕阳，我们平常只知道登山或是临海，但实际只须辽阔的天际，平地上的晚霞有时也是一样的神奇。有一次我赶到一个地方，手把着一家村庄的篱笆，隔着一大田的麦浪，看西天的变幻。有一次是正冲着一条宽广的大道，过来一大群羊，放草归来的，偌大的太阳在它们后背放射着万缕的金辉，天上却是乌青青的，只剩这不可逼视的威光中的一条大路，一群生物！我心头顿时感着神异性的压迫，我真的跪下了，对着这冉冉渐翳的金光。再有一次是更不可忘的奇景，那是临着一大片望不到头的草原，满开着艳红的罂粟，在青草里亭亭的像是万盏的金灯，阳光从褐色云里斜着过来，幻成一种异样的紫色，透明似的不可逼视，刹那间在我迷眩了的视觉中，这草田变成了……不说也罢，说来你们也是不信的！

一别二年多了，康桥，谁知我这思乡的隐忧？也不想别的，我只要那晚钟撼动的黄昏，没遮拦的田野，独自斜倚在软草里，看第一个大星在天边出现！

……………………………………

作品赏析

康桥（即剑桥）是徐志摩一生中最难忘的地方。1918 年他赴美国克拉克大学攻读社会学。1920 年他到伦敦，次年入英国剑桥大学，住在康桥。康桥美妙的自然风光，成全了徐志摩的诗人气质，奠定了他以后作为一位诗人的文学道路基础。因此，徐志摩对康桥有着特殊的感情、难忘的眷恋，并将这种情绪发之于诗文，佳作迭出。《我所知道的康桥》即是作者初别康桥两年多后的回忆性散文，文章写于 1926 年 1 月。在文章中，作者用诗一般的语言谱写了关于康桥的回忆梦幻曲——富有灵性的康河、堂皇典丽的学院建筑、超凡脱俗的克莱亚三环洞桥、风情万种的康河之春……全文恣肆汪洋，散漫无羁，如同“跑野马”，但形散而神不散，丝毫不显杂乱无章。

匆匆 /朱自清

入选理由 朱自清的散文代表作之一 文字优美，极具哲学意味，发人深思

燕子去了，有再来的时候；杨柳枯了，有再青的时候；桃花谢了，有再开的时候。但是，聪明的，你告诉我，我们的日子为什么一去不复返呢？——是有人偷了他们罢：那是谁？又藏在何处呢？是他们自己逃走了罢：现在又到了哪里呢？

我不知道他们给了我多少日子；但我的手确乎是渐渐空虚了。在默默里算着，八千多日子已经从我手中溜去；像针尖上一滴水滴在大海里，我的日子滴在时间的流里，没有声音，也没有影子。我不禁头涔涔而泪潸潸了。

去的尽管去了，来的尽管来着；去来的中间，又怎样地匆匆呢？早上我起来的时候，小屋里射进两三方斜斜的太阳。太阳他有脚啊，轻轻悄悄地挪移了；我也茫茫然跟着旋转。于是——洗手的时候，日子从水盆里过去；吃饭的时候，日子从饭碗里过去；默默时，便从凝然的双眼前过去。我觉察他去的匆匆了，伸出手遮挽时，他又从遮挽着的手边过去，天黑时，我躺在床上，他便伶伶俐俐地从我身上跨过，从我脚边飞去了。等我睁开眼和太阳再见，这算又溜走了一日。我掩着面叹息。但是新来的日子的影儿又开始在叹息里闪过了。

在逃去如飞的日子里，在千门万户的世界里的我能做些什么呢？只有徘徊罢了，只有匆匆罢了；在八千多日的匆匆里，除徘徊外，又剩些什么呢？过去的日子如轻烟，被微风吹散了，如薄雾，被初阳蒸融了；我留着些什么痕迹呢？我何曾留着像游丝样的痕迹呢？我赤裸裸来到这世界，转

作者简介

朱自清（1898 ~ 1948），字佩弦，江苏扬州人，中国现代作家、学者。原名自华，字佩弦，号秋实，祖籍浙江绍兴，生于江苏扬州。1916 年在北京大学哲学系学习。1922 年，他同俞平伯、叶圣陶等创办《诗》月刊，这是“五四”以来最早的一个诗刊。1931 年到英国留学，并漫游欧洲数国。1932 年回国主持清华大学文学系。在我国现代散文作家中，朱自清的散文结构缜密，脉络清晰，婉转曲折的思绪中有种温柔敦厚的气氛；文字清秀、朴素而又精到，最具有我国散文的传统的美学风范。主要作品有长诗《毁灭》，散文《绿》、《春》、《桨声灯影里的秦淮河》、《荷塘月色》，散文集《欧游杂记》、《伦敦杂记》等。1948 年 6 月，他为抗议美国的扶日政策，在拒绝领取美援面粉宣言上签名，后因胃病复发，医治无效，在贫病中死去。毛泽东赞扬他“表现了我们民族的英雄气概”。

朱自清像

眼间也将赤裸裸的回去罢？但不能平的，为什么偏要白白走这一遭啊？

聪明的，你告诉我，我们的日子为什么一去不复返呢？

作品赏析

《匆匆》写于1922年3月。其时五四运动已转入低潮，作者思想十分苦闷，他徘徊于人生的十字路口，彷徨惆怅，但又不愿虚度年华。《匆匆》抒写的就是作者的这种心境。

在文中，作者先用“燕子”、“杨柳”、“桃花”等一系列物象作比衬，反复咏叹，表达出一种对时光流逝的无限留恋、伤感。接着作者运用比喻、拟人手法，充分展开想象，借“洗手”、“吃饭”、“默想”、“睡觉”等人们习焉不察的生活情景，将抽象的时间物化为一个个形象的具体画面，营造出一种独特的意境，给读者带来一种强烈的情感冲击。最后作者通过一系列的反问，表达了自己不甘虚度年华的心情，使文章在美的意境层面上，上升到理性哲思的高度，发人深思。

背影 /朱自清

入选理由

朱自清的散文代表作之一

中国现代文学史上抒写亲情的典范之作

文字真挚、深沉，具有强烈的感染力

我与父亲不相见已二年余了，我最不能忘记的是他的背影。那年冬天，祖母死了，父亲的差使也交卸了，正是祸不单行的日子，我从北京到徐州，打算跟着父亲奔丧回家。到徐州见着父亲，看见满院狼藉的东西，又想起祖母，不禁簌簌地流下眼泪。父亲说，“事已如此，不必难过，好在天无绝人之路！”

朱自清父亲朱鸿钧，其宽厚仁慈的秉性对朱自清影响很大。

回家变卖典质，父亲还了亏空；又借钱办了丧事。这些日子，家中光景很是惨淡，一半为了丧事，一半为了父亲赋闲。丧事完毕，父亲要到南京谋事，我也要回北京念书，我们便同行。

到南京时，有朋友约去游逛，勾留了一日；第二日上午便须渡江到浦口，下午上车北去。父亲因为事忙，本已说定不送我，叫旅馆里一个熟识的茶房陪我同去。他再三嘱咐茶房，甚是仔细。但他终于不放心，怕茶房不妥帖；颇踌躇了一会。其实我那年已二十岁，北京已来往过两三次，是没有甚么要紧的了。他踌躇了一会，终于决定还是自己送我去。我两三回劝他不必去；他只说，“不要紧，他们去不好！”

我们过了江，进了车站。我买票，他忙着照看行李。行李太多了，得向脚夫行些小费，才可过去。他便又忙着和他们讲价钱。我那时真是聪明过分，总觉他说话不大漂亮，非自己插嘴不可。但他终于讲定了价钱；就送我上车。他给我拣定了靠车门的一张椅子；我将他给我做的紫毛大衣铺好座位。他嘱我路上小心，夜里要警醒些，不要受凉。又嘱托茶房好好照应我。我心里暗笑他的迂；他们只认得钱，托他们直是白托！而且我这样大年纪的人，难道还不能料理自己么？唉，我现在想想，那时真是太聪明了！

我说道，“爸爸，你走吧。”他望车外看了看，说，“我买几个橘子去。你就在此地，不要走动。”我看那边月台的栅栏外有几个卖东西的等着顾客。走到那边月台，须穿过铁道，须跳下去又爬上去。父亲是一个胖子，走过去自然要费事些。我本来要去的，他不肯，只好让他去。我看见他戴着黑布小帽，穿着黑布大马褂，深青布棉袍，蹒跚地走到铁道边，慢慢探身下去，尚不大难。可是他穿过铁道，要爬上那边月台，就不容易了。他用两手攀着上面，两脚再向上缩；他肥胖的身子向左微倾，显出努力的样子。这时我看见他的背影，我的泪很快地流下来了。我赶紧拭干了泪，怕他看见，也怕别人看见。我再向外看时，他已抱了朱红的橘子望回走了。过铁道时，他先将橘子散放在地上，自己慢慢爬下，再抱起橘子走。到这边时，我赶紧去搀他。他和我走到车上，将橘子一股脑儿放在我的皮大衣上。于是扑扑衣上的泥土，心里很轻松似的，过一会说，“我走了；到那边来信！”我望着他走出去。他走了几步，回过头看见我，说，“进去吧，里边没人。”等他的背影混入来来往往的人里，再找不着了，我便进来坐下，我的眼泪又来了。

近几年来，父亲和我都是东奔西走，家中光景是一日不如一日。他少年出外谋生，独力支持，做了许多大事。那知老境却如此颓唐！他触目伤怀，自然情不能自已。情郁于中，自然要发之于外；家庭琐屑便往往触他之怒。他待我渐渐不同往日。但最近两年的不见，他终于忘却我的不好，只是惦记着我，惦记着我的儿子。我北来后，他写了一信给我，信中说道，“我身体平安，惟膀子疼痛利害，举箸提笔，诸多不便，大约大去之期不远矣。”我读到此处，在晶莹的泪光中，又看见那肥胖的，青布棉袍，黑布马褂的背影。唉！我不知何时再能与他相见！

作品赏析

《背影》写于1925年，发表于是年的《文学》第200期上。这是一篇回忆性的抒情散文。文章以背影为“凝聚点”，以父子之间的关爱之情为“内在线”，记叙了多年前父亲在浦口车站送作者乘火车去北京读书的情景，描绘了无微不至的父爱，抒发了拳拳思亲的至情。文章全用白描手法，没有华丽的辞藻，以简练素淡的文字，作恳切自然的叙述，对父亲“背影”的刻画极为成功。文章仅一千余字，但父子之情却写得真挚、缜密、深沉，曲折动人。《背影》发表后，几乎轰动了整个社会，尤其在中下层知识分子中产生了强烈共鸣。文章不但具有强烈的感染力，而且其创作风格对以表现亲情为题材的中国现当代散文作品影响很大，遂使该文成为传世名篇。

渐 / 丰子恺

丰子恺的散文代表作

与朱自清的《匆匆》共同被誉为议谈时间的“散文双璧”

平淡洗炼，入渐知微

使人生圆滑进行的微妙的要素，莫如“渐”;造物主骗人的手段，也莫如“渐”。在不知不觉之中，天真烂漫的孩子“渐渐”变成野心勃勃的青年；慷慨豪侠的青年“渐渐”变成冷酷的成人；血气旺盛的成人“渐渐”变成顽固的老头子。因为其变更是渐进的，一年一年地、一月一月地、一日一日地、一时一时地、一分一分地、一秒一秒地渐进，犹如从斜度极缓的长远的山坡上走下来，使人不察其递降的痕迹，不见其各阶段的境界，而似乎觉得常在同样的地位，恒久不变，又无时不有生的意趣与价值，于是人生就被确实肯定，而圆滑进行了。假使人生的进行不像山坡而像风琴的键板，由do忽然移到re，即如昨夜的孩子今朝忽然变成青年；或者像旋律的“接离进行”地由do忽然跳到mi，即如朝为青年而夕暮忽成老人，人一定要惊讶、感慨、悲伤，或痛感人生的无常，而不乐为人了。故可知

作者简介

丰子恺（1898 ~ 1975），原名丰润，浙江桐乡人，中国现代散文家、画家。早年就读于浙江第一师范学校。后游学日本。1922年归国，先后在上海、浙江等地任教，并开始创作漫画。抗战期间在广西、贵州、重庆等地任教。1949年定居上海。新中国成立后任上海中国画院院长、上海市美协主席、市文联主席等职。主要作品有《缘缘堂随笔》、《缘缘堂再笔》，另有艺术论著、画集多种。

丰子恺像

人生是由"渐"维持的。这在女人恐怕尤为必要：歌剧中，舞台上的如花的少女，就是将来火炉旁边的老婆子，这句话，骤听使人不能相信，少女也不肯承认，实则现在的老婆子都是由如花的少女"渐渐"变成的。

人之能堪受境遇的变衰，也全靠这"渐"的助力。巨富的纨袴子弟因屡次破产而"渐渐"荡尽其家产，变为贫者；贫者只得做佣工，佣工往往变为奴隶，奴隶容易变为无赖，无赖与乞丐相去甚近，乞丐不妨做偷儿……这样的例，在小说中，在实际上，均多得很。因为其变衰是延长为十年二十年而一步一步地"渐渐"地达到的，在本人不感到什么强烈的刺激。故虽到了饥寒病苦刑笞交迫的地步，仍是熙熙然贪恋着目前的生的欢喜。假如一位千金之子忽然变了乞丐或偷儿，这人一定愤不欲生了。

这真是大自然的神秘的原则，造物主的微妙的工夫！阴阳潜移，春秋代序，以及物类的衰荣生杀，无不暗合于这法则。由萌芽的春"渐渐"变成绿荫的夏，由凋零的秋"渐渐"变成枯寂的冬。我们虽已经历数十寒暑，但在围炉拥衾的冬夜仍是难于想像饮冰挥扇的夏日的心情；反之亦然。然而由冬一天一天地、一时一时地、一分一分地、一秒一秒地移向夏，由夏一天一天地、一时一时地、一分一分地、一秒一秒地移向冬，其间实在没有显著的痕迹可寻。昼夜也是如此：傍晚坐在窗下看书，书页上"渐渐"地黑起来，倘不断地看下去（目力能因了光的渐弱而渐渐加强），几乎永远可以认识书页上的字迹，即不觉昼之已变为夜。黎明凭窗，不瞬目地注视东天，也不辨自夜向昼的推移的痕迹。儿女渐渐长大起来，在朝夕相见的父母全不觉得，难得见面的远亲就相见不相识了。往年除夕，我们曾在红蜡烛底下守候水仙花的开放，真是痴态！倘水仙花果真当面开放给我们看，便是大自然的原则的破坏，宇宙的根本的摇动，世界人类的末日临到了！

"渐"的作用，就是用每步相差极微极缓的方法来隐蔽时间的过去与事物的变迁的痕迹，使人误认其为恒久不变。这真是造物主骗人的一大诡计！这有一件比喻的故事：某农夫每天朝晨抱了犊而跳过一沟，到田里去工作，夕暮又抱了它跳过沟回家。每日如此，未尝间断。过了一年，犊已渐大，渐重，差不多变成大牛，但农夫全不觉得，仍是抱了它跳沟。有一天他因事停止工作，次日再就不能抱了这牛而跳沟了。造物的骗人，使人留连于其每日每时的生的欢喜而不觉其变迁与辛苦，就是用这个方法的。人们每日在抱了日重一日的牛而跳沟，不准停止。自己误以为是不变的，其实每日在增加其苦劳！

我觉得时辰钟是人生的最好的象征了。时辰钟的针，平常一看总觉得是"不动"的；其实人造物

中最常动的无过于时辰钟的针了。日常生活中的人生也如此，刻刻觉得我是我，似乎这“我”永远不变，实则与时辰钟的针一样的无常！一息尚存，总觉得我仍是我，我没有变，还是留连着我的生，可怜受尽“渐”的欺骗！

“渐”的本质是“时间”。时间我觉得比空间更为不可思议，犹之时间艺术的音乐比空间艺术的绘画更为神秘。因为空间姑且不追究它如何广大或无限，我们总可以把握其一端，认定其一点。时间则全然无从把握，不可挽留，只有过去与未来在渺茫之中不绝地相追逐而已。性质上既已渺茫不可思议，分量上在人生也似乎太多。因为一般人对于时间的悟性，似乎只够支配搭船乘车的短时间；对于百年的长期间的寿命，他们不能胜任，往往迷于局部而不能顾及全体。试看乘火车的旅客中，常有明达的人，有的宁牺牲暂时的安乐而让其座位于老弱者，以求心的太平（或博暂时的美誉）；有的见众人争先下车，而退在后面，或高呼“勿要轧，总有得下去的！”“大家都要下去的！”然而在乘“社会”或“世界”的大火车的“人生”的长期的旅客中，就少有这样的明达之人。所以我觉得百年的寿命，定得太长。像现在的世界上的人，倘定他们搭船乘车的期间的寿命，也许在人类社会上可减少许多凶险残惨的争斗，而与火车中一样的谦让，和平，也未可知。

然人类中也有几个能胜任百年的或千古的寿命的人。那是“大人格”，“大人生”。他们能不为“渐”所迷，不为造物所欺，而收缩无限的时间并空间于方寸的心中。故佛家能纳须弥于芥子。中国古诗人（白居易）说：“蜗牛角上争何事？石火光中寄此身。”英国诗人（Blake）也说：“一粒沙里见世界，一朵花里见天国；手掌里盛住无限，一刹那便是永劫。”

作品赏析

《渐》是丰子恺的散文集《缘缘堂随笔》的开卷首篇，在所有的丰子恺散文选本中都是必录的首选。就是在这第一篇里，丰子恺为自己平生所作的文章定下了基调，入渐知微，这就是丰子恺全部文字的格调和品貌。

在《渐》中，作者选取生活中人们常见的生活例子，将“渐”这个抽象的概念变得具体化、生活化，认为“渐”的作用，“就是用每步相差极微极缓的方法来隐蔽时间的过去与事物的变迁的痕迹，使人误认其为恒久不变”，“‘渐’的本质是时间……时间则全然无从把握，不可挽留，只有过去与未来在渺茫之中不绝地相追逐而已”。这样就把陌生的事理通俗化了，难释的问题变为切实的生活感受。同是写“时间”，朱自清的《匆匆》一文委婉清丽，而丰子恺的《渐》则平淡洗练，两者可谓有异曲同工之妙。

海燕 /郑振铎

郑振铎的散文代表作

一篇抒写海外游子思念故国之情的散文佳作

情挚意深，笔法细腻，意境优美

乌黑的一身羽毛，光滑漂亮，积伶积俐，加上一双剪刀似的尾巴，一对劲俊轻快的翅膀，凑成了那样可爱的活泼的一只小燕子。当春间二三月，轻飔微微的吹拂着，如毛的细雨无因的由天上洒落着，千条万条的柔柳，齐舒了它们的黄绿的眼，红的白的黄的花，绿的草，绿的树叶，皆如赶赴市集者似的奔聚而来，形成了烂熳无比的春天时，那些小燕子，那么伶俐可爱的小燕子，便也由南方飞来。加入了这个隽妙无比的春景的图画中，为春光平添了许多的生趣。小燕子带了它的双剪似的尾，在微风细雨中，或在阳光满地时，斜飞于旷亮无比的天空之上，唧的一声，已由这里稻田上，飞到了那边的高柳之下了。再几只却隽逸的在粼粼如縠纹的湖面横掠着，小燕子的剪尾或翼尖，偶沾了水面一下，那小圆晕便一圈一圈的荡漾了开去。那边还有飞倦了的几对，闲散的憩息于纤细的电线上，——嫩蓝的春天，几支木杆，几痕细线连于杆与杆之间，线上是停着几个粗而有致的小黑点，那便是燕子，是多么有趣的一幅图画呀！还有一家家的快乐家庭，他们还特为我们的小燕子备了一个两个小巢，放在厅梁的最高处，假如这家有了一个匾额，那匾后便是小燕子最好的安巢之所。第一年，小燕子来住了，第二年，我们的小燕子，就是去年的一对，它们还要来住。

"燕子归来寻旧垒。"

还是去年的主，还是去年的宾，他们宾主间是如何的融融泄泄呀！偶然的有几家，小燕子却不来光顾，那便很使主人忧戚，他们邀召不到那么隽逸的嘉宾，每以为自己运命的蹇劣呢。

这便是我们故乡的小燕子，可爱的活泼的小燕子，曾使几多的孩子们欢呼着，注意着，沉醉着；曾使几多的农人们市民们忧戚着，或舒怀的指点着，且曾平添了几多的春色，几多的生趣于我们的春天的小燕子！

如今，离家是几千里！离国是几千里！托身于浮宅之上，奔驰于万顷海涛之间，不料却见着我们的小燕子。

这小燕子，便是我们故乡的那一对，两对么？便是我们今春在故乡所见的那一对，两对么？

见了它们，游子们能不引起了，至少是轻烟似的，一缕两缕的乡愁么？

海水是皎洁无比的蔚蓝色，海波是平稳得如春晨的西湖一样，偶有微风，只吹起了绝细绝细的千万个粼粼的小皱纹，这更使照晒于初夏之太阳光之下的、金光烂灿的水面显得温秀可喜。我没有见过那么美的海！天上也是皎洁无比的蔚蓝色，只有几片薄纱似的轻云，平贴于空中，就如一个女郎，穿了绝美的蓝色夏衣，而颈间却围绕了一段绝细绝轻的白纱巾。我没有见过那么美的天空！我们倚在青色的船栏上，默默的望着这绝美的海天；我们一点杂念也没有，我们是被沉醉了，我们是被带入晶天中了。

就在这时，我们的小燕子，二只，三只，四只，在海上出现了。它们仍是隽逸的从容的在海面上斜掠着，如在小湖面上一样；海水被它的似剪的尾与翼尖一打，也仍是连漾了好几圈圆晕。小小的燕子，浩莽的大海，飞着飞着，不会觉得倦么？不会遇着暴风疾雨么？我们真替它们担心呢！

小燕子却从容的憩着了。它们展开了双翼，身子一落，落在海面上了，双翼如浮圈似的支持着体重，活是一只乌黑的小水禽，在随波上下的浮着，又安闲，又舒适。海是它们那么安好的家，我们真是想不到。

在故乡，我们还会想像得到我们的小燕子是这样的一个海上英雄么？

海水仍是平贴无波，许多绝小绝小的海鱼，为我们的船所惊动，群向远处窜去；随了它们飞窜着，水面起了一条条的长痕，正如我们当孩子时之用瓦片打水镖在水面所划起的长痕。这小鱼是我们小燕子的粮食么？

小燕子在海面上斜掠着，浮憩着。它们果是我们故乡的小燕子么？

啊，乡愁呀，如轻烟似的乡愁呀！

作者简介

郑振铎（1898～1958），原籍福建长乐，生于浙江永嘉，中国现代作家、文学评论家、考古学家。1917年入北京铁路管理学校学习。五四运动时期参与创办文学研究会。曾任上海商务印书馆编辑、《公理日报》主编及燕京大学、清华大学、暨南大学教授。新中国成立后历任文物局局长、考古研究所所长、文化部副部长等职。1958年10月因飞机失事遇难。主要著作有短篇小说集《家庭的故事》、《桂公塘》，专著《文学大纲》等。

郑振铎像

作品赏析

20世纪20年代末，郑振铎一度旅居巴黎。当时国内政治气氛压抑，远居国外的郑振铎深深地思念着自己的祖国，挥笔写下了《海燕》一文，抒发了自己对故国故土的眷念之情。

文章开篇以细腻的笔调，描绘了一幅“燕子嬉春图”，一下子将读者带入一个如诗如画的意境中，说明了故乡的可爱。接着作者转移视线，将镜头对准自己所处的环境，描述了国外海面上燕子翩翩翻飞的情景。在作者的眼中，异国的燕子仿佛就是从故乡飞来的，它带来了故乡的讯息，引发了作者幽幽的乡愁。文章贯穿着一明一暗两条线索，明写海燕，实抒乡愁，表露了作者爱恋祖国、爱恋故乡的深厚感情。文章情挚意深，节奏舒缓，笔法细腻，意境优美，读来令人心思神驰，回味绵长。

济南的冬天 /老舍

入选理由

老舍的散文代表作之一

一幅诗意盎然、清新淡雅的济南冬天的水墨画

入选小学语文教材

对于一个在北平住惯的人，像我，冬天要是不刮风，便觉得是奇迹；济南的冬天是没有风声的。对于一个刚由伦敦回来的人，像我，冬天要能看得见日光，便觉得是怪事；济南的冬天是响晴的。自然，在热带的地方，日光是永远那么毒，响亮的天气，反有点叫人害怕。可是，在北中国的冬天，而能有温晴的天气，济南真得算个宝地。

设若单单是有阳光，那也算不了出奇。请闭上眼睛想：一个老城，有山有水，全在天底下晒着阳光，暖和安适地睡着，只等春风来把它们唤醒，这是不是个理想的境界？

小山整把济南围了个圈儿，只有北边缺着点口儿。这一圈小山在冬天特别可爱，好像是把济南放在一个小摇篮里，它们安静不动地低声地说：“你们放心吧，这儿准保暖和。”真的，济南的人们在冬天是面上含笑的。他们一看那些小山，心中便觉得有了着落，有了依靠。他们由天上看到山上，便不知不觉地想起：“明天也许就是春天了吧？这样的温暖，今天夜里山草也许就绿起来了吧？”就是这点幻想不能一时实现，他们也并不着急，因为有这样慈善的冬天，干啥还希望别的呢！

最妙的是下点小雪呀。看吧，山上的矮松越发的青黑，树尖上顶着一髻儿白花，好像日本看护妇。山尖全白了，给蓝天镶上一道银边。山坡上，有的地方雪厚点，有的地方草色还露着；这样，一道儿白，一道儿暗黄，给山们穿上一件带水纹的花衣；看着看着，这件花衣好像被风儿吹动，叫你希望看见一

作者简介

老舍（1899 ~ 1966），原名舒庆春，字舍予，满族人，生于北京，中国现代作家。1918 年毕业于北京师范学校。曾任小学校长、中学教员、英国伦敦大学东方学院讲师、山东齐鲁大学和青岛大学教授。1946 年赴美讲学。1949 年回国后历任北京市文联主席、中国作协和中国文联副主席。主要作品有小说《骆驼祥子》、《四世同堂》，话剧《茶馆》，散文《济南的冬天》等。

老舍像

济南七十二名泉之一漱玉泉之雪景

点更美的山的肌肤。等到快日落的时候，微黄的阳光斜射在山腰上，那点薄雪好像忽然害了羞，微微露出点粉色。就是下小雪吧，济南是受不住大雪的，那些小山太秀气！

古老的济南，城里那么狭窄，城外又那么宽敞，山坡上卧着些小村庄，小村庄的房顶上卧着点雪，对，这是张小水墨画，或者是唐代的名手画的吧。

那水呢，不但不结冰，倒反在绿萍上冒着点热气，水藻真绿，把终年贮蓄的绿色全拿出来了。天儿越晴，水藻越绿，就凭这些绿的精神，水也不忍得冻上；况且那些长枝的垂柳还要在水里照个影儿呢！看吧，由澄清的河水慢慢往上看吧，空中，半空中，天上，自上而下全是那么清亮，那么蓝汪汪的，整个的是块空灵的蓝水晶。这块水晶里，包着红屋顶，黄草山，像地毯上的小团花的小灰色树影；这就是冬天的济南。

作品赏析

老舍于 1929 年离英回国，1930 年后先后在济南齐鲁大学和青岛山东大学任教达 7 年之久，对山东有着深厚的感情。《济南的冬天》是作者于 1931 年春在济南齐鲁大学任教时写成的。作者独辟蹊径，选取济南的天气、山、雪、水为描写对象，既有整体的勾勒渲染，又有局部的工笔细描，情景交融，把无风、响晴、温暖的济南的冬天十分传神地展示给了读者。作者运用大量的比喻和拟人手法，用词贴切形象，字字珠玑，赋予济南的山水以人性化，极其形象生动地刻画出了济南山水的情态、意蕴。文章虽不足千字，但却十分精致秀气，读后令人赏心悦目、回味悠长。

小橘灯 /冰心

入选理由

塑造了一位在艰难的生活逆境中渴望光明的善良坚强的少女形象

入选中学语文教材

这是十几年以前的事了。

在一个春节前一天的下午，我到重庆郊外去看一位朋友。她住在那个乡村的乡公所楼上。走上一段阴暗的仄仄的楼梯，进到一间有一张方桌和几张竹凳、墙上装着一架电话的屋子，再进去就是我的朋友的房间，和外间只隔一幅布帘。她不在家，窗前桌上留着一张条子，说是她临时有事出去，叫我等着她。

我在她桌前坐下，随手拿起一张报纸来看，忽然听见外屋板门吱地一声开了。过了一会，又听见有人在挪动那竹凳子。我掀开帘子，看见一个小姑娘，只有八九岁光景，瘦瘦的苍白的脸，冻得发紫的嘴唇，头发很短，穿一身很破旧的衣裤，光脚穿一双草鞋，正在登上竹凳想去摘墙上的听话器，看见我似乎吃了一惊，把手缩了回来。我问她："你要打电话吗？"她一面爬下竹凳，一面点头说："我要 ×× 医院，找胡大夫，我妈妈刚才吐了许多血！"我问："你知道 ×× 医院的电话号码吗？"她摇了摇头说："我正想问电话局……"我赶紧从机旁的电话本子里找到医院的号码，就又问她："找到了大夫，我请他到谁家去呢？"她说："你只要说王春林家里病了，他就会来的。"

我把电话打通了，她感激地谢了我，回头就走。我拉住她问："你的家远吗？"她指着窗外说："就在山窝那棵大黄果树下面，一下子就走到的。"说着就登、登、登地下楼去了。

我又回到里屋去，把报纸前前后后都看完了，又拿起一本《唐诗三百首》来，看了一半，天色越发阴沉了，我的朋友还不回来。我无聊地站了起来，望着窗外浓雾里迷茫的山景，看到那棵黄果树下面的小屋，忽然想去探望那个小姑娘和她生病的妈妈。我下楼在门口买了几个大红橘子，塞在手提袋里，顺着歪斜不平的石板路，走到那小屋的门口。

我轻轻地叩着板门，刚才那个小姑娘出来开了门，抬头看了我，先愣了一下，后来就微笑了，招手叫我进去。这屋子很小很黑，靠墙的板铺上，她的妈妈闭着眼平躺着，大约是睡着了，被头上有斑斑的血痕，她的脸向里侧着，只看见她脸上的乱发，和脑后的一个大髻。门边一个小炭炉，上面放着一个小沙锅，微微地冒着热气。这小姑娘把炉前的小凳子让我坐了，她自己就蹲在我旁边，不住地打量我。我轻轻地问："大夫来过了吗？"她说："来过了，给妈妈打了一针……她现在很好。"她又像安慰我似地说："你放心，大夫明早还要来的。"我问："她吃过东西吗？这锅里是什么？"她笑说："红薯稀饭——我们的年夜饭。"我想起了我带来的橘子，就拿出来放在床边的小矮桌上。她没有作声，只伸手拿过一个最大的橘子来，用小刀削去上面的一段皮，又用两只手把底下的一大半轻轻地揉捏着。

我低声问："你家还有什么人？"她说："现在没有什么人，我爸爸到外面去了……"她没有说下去，只慢慢地从橘皮里掏出一瓤一瓤的橘瓣来，放在她妈妈的枕头边。

炉火的微光，渐渐地暗了下去，外面更黑了。我站起来要走，她拉住我，一面极其敏捷地拿过穿着麻线的大针，把那小橘碗四周相对地穿起来，像一个小筐似的，用一根小竹棍挑着，又从窗台上拿了一段短短的洋蜡头，放在里面点起来，递给我说："天黑了，路滑，这盏小橘灯照你上山吧！"

我赞赏地接过，谢了她，她送我出到门外，我不知道说什么好，她又像安慰我似地说："不久，我爸爸一定会回来的。那时我妈妈就会好了。"她用小手在面前画一个圆圈，最后按到我手上："我们大家也都好了！"显然地，这"大家"也包括我在内。

当代画家为冰心《小橘灯》一文所作的配图

作者简介

冰心（1900～1999），现当代女作家，儿童文学作家。原名谢婉莹，笔名冰心、男士等。1918年入协和女子大学预科，积极参加五四运动。1921年加入文学研究会。1923年毕业于燕京大学文科。同年赴美国威尔斯利女子大学学习英国文学。1926年，获文学硕士学位后回国，执教于燕京大学和清华大学等校。抗日战争期间在昆明、重庆等地从事创作和文化救亡活动。1946年赴日本，曾任东京大学教授。1951年回国，先后任《人民文学》编委、中国作家协会理事、中国文联副主席等职。

冰心像

我提着这灵巧的小橘灯慢慢地在黑暗潮湿的山路上走着。这朦胧的橘红的光，实在照不了多远，但这小姑娘的镇定、勇敢、乐观的精神鼓舞了我，我似乎觉得眼前有无限光明！

我的朋友已经回来了，看见我提着小橘灯，便问我从哪里来。我说："从……从王春林家来。"她惊异地说："王春林，那个木匠，你怎么认得他？去年山下医学院里，有几个学生，被当做共产党抓走了，以后王春林也失踪了，据说他常替那些学生送信……"

当夜，我就离开那山村，再也没有听见那小姑娘和她母亲的消息。

但是从那时起，每逢春节，我就想起那盏小橘灯。十二年过去了，那小姑娘的爸爸一定早回来了。她妈妈也一定好了吧？因为我们"大家"都"好"了！

作品赏析

这是一篇优美的回忆性叙事散文，文章形象地刻画了一位在艰难的生活逆境中渴望光明的善良坚强的农家少女的形象。作者从小处着手，选取了小姑娘打电话、照看妈妈、与"我"攀谈、做小橘灯送"我"这几件平凡的事情，由表及里，由浅入深，层层推进，将一个早熟、坚强、勇敢、乐观、善良、富于内在美的乡村贫苦少女的形象描绘得有血有肉、惟妙惟肖。作者在叙事之后所写的一段抒情文字，是全篇的点睛之笔，它深化了主题，揭示了小橘灯的象征意义——象征着蕴藏在人民心中的希望和火种，象征着光明和胜利之灯。

桨声灯影里的秦淮河

/俞平伯

入选理由

一幅形象地描绘六朝金粉之地秦淮河的水墨画

与朱自清的同名散文一起被誉为描摹秦淮河风光的"散文双璧"

我们消受得秦淮河上的灯影，当圆月犹皎的仲夏之夜。

在茶店里吃了一盘豆腐干丝，两个烧饼之后，以歪歪的脚步趄上夫子庙前停泊着的画舫，就懒洋洋躺到藤椅上去了。好郁蒸的江南，傍晚也还是热的。"快开船罢！"桨声响了。

小的灯舫初次在河中荡漾；于我，情景是颇朦胧，滋味是怪羞涩的。我要错认它作七里的山塘；可是，河房里明窗洞启，映着玲珑入画的曲栏杆，顿然省得身在何处了。佩弦呢，他已是重来，很应当消释一些迷惘的。但看他太频繁地摇着我的黑纸扇。胖子是这个样怯热的吗？

又早是夕阳西下，河上妆成一抹胭脂的薄媚。是被青溪的姊妹们所熏染的吗？还是匀得她们脸上的残脂呢？寂寂的河水，随双桨打它，终是没言语。密匝匝的绮恨逐老去的年华，已都如蜜饧似的融在流波的心窝里，连呜咽也将嫌它多事，更哪里论到哀嘶。心头，宛转的凄怀；口内，徘徊的低唱；留在夜夜的秦淮河上。

在利涉桥边买了一匣烟，荡过东关头，渐荡出大中桥了。船儿悄悄地穿出连环着的三个壮阔的涵洞，青溪夏夜的韶华已如巨幅的画豁然而抖落。哦！凄厉而繁的弦索，颤岔而涩的歌喉，杂着吓哈的笑语声，劈拍的竹牌响，更能把诸楼船上的华灯彩绘，显出火样的鲜明，火样的温煦了。小船儿载着我们，在大船缝里挤着，挨着，抹着走。它忘了自己也是今宵河上的一星灯火。

既踏进所谓“六朝金粉气”的销金锅，谁不笑笑呢！今天的一晚，且默了滔滔的言说，且舒了恻恻的情怀，暂且学着，姑且学着我们平时认为在醉里梦里的他们的憨痴笑语。看！初上的灯儿们一点点掠剪柔腻的波心，梭织地往来，把河水都皴得微明了。纸薄的心旌，我的，尽无休息地跟着它们飘荡，以至于怦怦而内热。这还好说什么的！如此说，诱惑是诚然有的，且于我已留下不易磨灭的印记。至于对榻的那一位先生，自认曾经一度摆脱了纠缠的他，其辩解又在何处？这实在非我所知。

我们，醉不以涩味的酒，以微漾着，轻晕着的夜的风华。不是什么欣悦，不是什么慰藉，只感到一种怪陌生，怪异样的朦胧。朦胧之中似乎胎孕着一个如花的笑——这么淡，那么淡的倩笑。淡到已不可说，已不可拟，且已不可想；但我们终久是眩晕在它离合的神光之下的。我们没法使人信它是有，我们不信它是没有。勉强哲学地说，这或近于佛家的所谓“空”，既不当鲁莽说它是“无”，也不能径直说它是“有”。或者说“有”是有的，只因无可比拟形容那“有”的光景；故从表面看，与“没有”似不生分别。若定要我再说得具体些：譬如东风初劲时，直上高翔的纸鸢，牵线的那人儿自然远得很了，知她是哪一家呢？但凭那鸢尾一缕飘绵的彩线，便容易揣知下面的人寰中，必有微红的一双素手，卷起轻绡的广袖，牢担荷小纸鸢儿的命根的。飘翔岂不是东风的力，又岂不是纸鸢的含德；但其根株却将另有所寄。请问，这和纸鸢的省悟与否有何关系？故我们不能认笑是非有，也不能认朦胧即是笑。

秦淮河畔夫子庙

鼎鼎有名的夫子庙，不是因为它是孔庙、府学，而是因为它地处六朝粉黛之地，与夫子的干系其实稀少，只是与秦淮风气相融，才成了众人娱乐的闹市。

作者简介

俞平伯（1900 ~ 1990），浙江德清人，中国现代诗人、散文家、著名红学家。1919 年毕业于北京大学，次年到杭州第一师范学院执教。"五四"时期先后加入新潮社、文学研究会、语丝社等新文学团体。1922 年与朱自清等人创办《诗》月刊。曾先后任教于上海大学、燕京大学、北京大学。新中国成立后任北大教授。1952 年任中国社会科学院文学研究所研究员。主要著作有诗集《冬夜》,散文集《燕知草》、《杂拌儿》，文学论集《红楼梦研究》等。

我们定应当如此说，朦胧里胎孕着一个如花的幻笑，和朦胧又互相混融着的；因它本来是淡极了，淡极了这么一个。

漫提那些纷烦的话，船儿已将泊在灯火的丛中去了。对岸有盏跳动的汽油灯，佩弦便硬说它远不如微黄的火。我简直没法和他分证那是非。

时有小小的艇子急忙忙打桨，向灯影的密流里横冲直撞。冷静孤独的油灯映见黯淡久的画船头上，秦淮河姑娘们的靓妆。茉莉的香，白兰花的香，脂粉的香，纱衣裳的香……微波泛滥出甜的暗香，随着她们那些船儿荡，随着我们这船儿荡，随着大大小小一切的船儿荡。有的互相笑语，有的默然不响，有的衬着胡琴亮着嗓子唱。一个，三两个，五六七个，比肩坐在船头的两旁，也无非多添些淡薄的影儿葬在我们的心上——太过火了，不至于罢，早消失在我们的眼皮上。谁都是这样急忙忙的打着桨，谁都是这样向灯影的密流里冲着撞；又何况久沉沦的她们，又何况漂泊惯的我们俩。当时浅浅的醉，今朝空空的惆怅；老实说，咱们萍泛的绮思不过如此而已，至多也不过如此而已。你且别讲，你且别想！这无非是梦中的电光，这无非是无明的幻相，这无非是以零星的火种微炎在大欲的根苗上。扮戏的咱们，散了场一个样，然而，上场锣，下场锣，天天忙，人人忙。看！吓！载送女郎的艇子才过去，货郎担的小船不是又来了？一盏小煤油灯，一舱的什物，他也忙得来像手里的摇铃，这样丁冬而郎当。

杨枝绿影下有条华灯璀璨的彩舫在那边停泊。我们那船不禁也依傍短柳的腰肢，欹侧地歇了。游客们的大船，歌女们的艇子，靠着。唱的拉着嗓子；听的歪着头；斜着眼，有的甚至于跳过她们的船头。如那时有严重些的声音，必然说："这哪里是什么旖旎风光！"咱们真是不知道，只模糊地觉着在秦淮河船上板起方正的脸是怪不好意思的。咱们本是在旅馆里，为什么不早早入睡，掂着牙儿，领略那"卧后清宵细细长"；而偏这样急急忙忙跑到河上来无聊浪荡？

还说那时的话，从杨柳枝的乱鬓里所得的境界，照规矩，外带三分风华的。况且今宵此地，动荡着有灯火的明姿。况且今宵此地，又是圆月欲缺未缺，欲上未上的黄昏时候。叮当的小锣，伊轧的胡琴，沉填的大鼓……弦吹声腾沸遍了三里的秦淮河。喳喳嚷嚷的一片，分不出谁是谁，分不出哪儿是哪儿，只有整个的繁喧来把我们包填。仿佛都抢着说笑，这儿夜夜尽是如此的，不过初上城的乡下佬是第一次呢。真是乡下人，真是第一次。

穿花蝴蝶样的小艇子多到不和我们相干。货郎担式的船，曾以一瓶汽水之故而拢近来，这是真的。至于她们呢，即使偶然灯影相偎而切掠过去，也无非瞧见我们微红的脸罢了，不见得有什么别的。可是，夸口早哩！——来了，竟向我们来了！不但是近，且拢着了。船头傍着，船尾也傍着；这不但是拢着，且并着了。厮并着倒还不很要紧，且有人扑冬地跨上我们的船头了。这岂不大吃一惊！幸而来的不是姑娘们，还好。（她们正冷冰冰地在那船头上。）来人年纪并不大，神气倒怪狡猾，把一扣破烂的手折，摊在我们眼前，让细瞧那些戏目，好好儿点个唱。他说："先生，这是小意思。"诸君，读者，怎么办？

好，自命为超然派的来看榜样！两船挨着，灯光愈皎，见佩弦的脸又红起来了。那时的我是否也这样？这当转问他。（我希望我的镜子不要过于给我下不去。）老是红着脸终久不能打发人家走路的，所以想个法子在当时是很必要。说来也好笑，我的老调是一味的默，或干脆说个"不"，或者摇摇头，摆摆手表示"决不"。如今都已使尽了。佩弦便进了一步，他嫌我的方术太冷漠了，又未必中用，摆脱纠缠的正当道路惟有辩解。好吗！听他说："你不知道？这事我们是不能做的。"这是诸辩解中最简洁，最漂亮的一个。可惜他所说的“不知道”来人倒真有些“不知道”！辜负了这二十分聪明的反语。他想得有理由，你们为什么不能做这事呢？因这“为什么”，佩弦又有进一层的曲解。那知道更坏事，竟只博得那些船上人的一哂而去。他们平常虽不以聪明名家，但今晚却又怪聪明，如洞彻我们的肺肝一样的。这故事即我情愿讲给诸君听，怕有人未必愿意哩。“算了罢，就是这样算了罢”，恕我不再写下了，以外的让他自己说。

叙述只是如此，其实那时连翩而来的，我记得至少也有三五次。我们把它们一个一个的打发走路。但走的是走了，来的还正来。我们可以使它们走，我们不能禁止它们来。我们虽不轻被摇撼，但已有一点杌陧了。况且小艇上总载去一半的失望和一半的轻蔑，在桨声里仿佛狠狠地说：“都是呆子，都是吝啬鬼！”还有我们的船家（姑娘们卖个唱，他可以赚几个子的佣金）。眼看她们一个一个的去远了，呆呆的蹲踞着，怪无聊赖似的。碰着了这种外缘，无怒亦无哀，惟有一种情意的紧张，使我们从颓弛中体会出挣扎来。这味道倒许很真切的，只恐怕不易为倦鸦似的人们所喜。

曾游过秦淮河的到底乖些。佩弦告船家：“我们多给你酒钱，把船摇开，别让他们来啰嗦。”自此以后，桨声复响，还我以平静了，我们俩又渐渐无拘无束舒服起来，又滔滔不断地来谈谈方才的经过。今儿是算怎么一回事？我们齐声说，欲的胎动无可疑的。正如水见波痕轻婉已极，与未波时究不相类。微醉的我们，洪醉的他们，深浅虽不同，却同为一醉。接着来了第二问，既自认有欲的微炎，为什么艇子来时又羞涩地躲了呢？在这儿，答语参差着。佩弦说他的是一种暗昧的道德意味，我说是一种似较深沉的眷爱。我只背诵岂君的几句诗给佩弦听，望他曲喻我的心胸。可恨他今天似乎有些发钝，反而追着问我。

昔日的秦淮河之夜，灯火斑斓，水波荡漾，歌语喧哗，繁华绮丽无以言喻，引得无数才子佳人醉游其中，纵情嬉娱。

前面已是复成桥。青溪之东，暗碧的树梢上面微耀着一桁的清光。我们的船就缚在枯柳桩边待月。其时河心里晃荡着的，河岸头歇泊着的各式灯船，望去，少说点也有十廿来只。惟不觉繁喧，只添我们以幽甜。虽同是灯船，虽同是秦淮，虽同是我们；却是灯影淡了，河水静了，我们倦了，——况且月儿将上了。灯影里的昏黄，和月下灯影里的昏黄原是不相似的，又何况入倦的眼中所见的昏黄呢。灯光所以映她的秾姿，月华所以洗她的秀骨，以蓬腾的心焰跳舞，她的盛年，以饧涩的眼波供养她的迟暮。必如此，才会有圆足的醉，圆足的恋，圆足的颓弛，成熟了我们的心田。

犹未下弦，一丸鹅蛋似的月，被纤柔的云丝们簇拥上了一碧的遥天。冉冉地行来，冷冷地照着秦淮。我们已打桨而徐归了。归途的感念，这一个黄昏里，心和境的交萦互染，其繁密殊超我们的言说。主心主物的哲思，依我外行人看，实在把事情说得太嫌简单，太嫌容易，太嫌分明了。实有的只是浑然之感。就论这一次秦淮夜泛罢，从来处来，从去处去，分析其间的成因自然亦是可能；不过求得圆满足尽的解析，使片段的因子们合拢来代替刹那间所体验的实有，这个我觉得有点不可能，至少于现在的我们是如此的。凡上所叙，请读者们只看作我归来后，回忆中所偶然留下的千百分之一二，微薄的残影。若所谓“当时之感”，我决不敢望诸君能在此中窥得。即我自己虽正在这儿执笔构思，实在也无从重新体验出那时的情景。说老实话，我所有的只是忆。我告诸君的只是忆中的秦淮夜泛。至于说到那“当时之感”，这应当去请教当时的我。而他久飞升了，无所存在。

……

凉月凉风之下，我们背着秦淮河走去，悄默是当然的事了。如回头，河中的繁灯想定是依然。我们却早已走得远，“灯火未阑人散”；佩弦，诸君，我记得这就是在南京四日的酣嬉，将分手时的前夜。

作品赏析

1922 年 8 月，俞平伯与朱自清共同畅游了秦淮河，之后两人同以秦淮河为主题，写下了题目相同的两篇散文，风采与风格不同，但内容都很精彩、优美，成为中国现代散文史上的一段佳话。

十里秦淮，曾为六朝金粉之地，当年很是喧闹繁华过一阵子。在这篇文章中，作者以桨声灯影为切入点，作为夜游秦淮、品味秦淮的独特角度，以细腻传神的笔调，为我们展示了秦淮的桨声灯影、旖旎风光、绮靡声色。文章的前半部分描绘了“桨声”中的、喧闹的、歌声笑语的秦淮河，后半部分描绘了“灯影”中的、优雅的、“此时无声胜有声”的秦淮河。“两条”秦淮构架了一个立体的秦淮世界——诗意的、历史的，又是现实的、尘俗的秦淮世界。细腻、洒脱的字里行间，透露出一种空灵朦胧的意境美：水朦胧、灯朦胧、人朦胧、月朦胧、心朦胧。

桃源与沅州 /沈从文

沈从文的散文代表作之一

真实反映了旧时湘西一带挣扎在底层的人们的艰辛生活

全中国的读书人，大概从唐朝以来，命运中注定了应读一篇《桃花源记》，因此把桃源当成一个洞天福地。人人皆知道那地方是武陵渔人发现的，有桃花夹岸，芳草鲜美。远客来到，乡下人就杀鸡温酒，表示欢迎。乡下人都是避秦隐居的遗民，不知有汉朝，更无论魏晋了。千余年来读书人对于桃源的印象，既不怎么改变，所以每当国体衰弱发生变乱时，想做遗民的必多，这文章也就增加了许多人的幻想，增加了许多人的酒量。至于住在那儿的人呢，却无人自以为是遗民或神仙，也从不曾有人遇着遗民或神仙。

桃源洞离桃源县二十五里。从桃源乡坐小船沿沅水上行，船到白马渡时，上南岸走去，忘路之远近乱走一阵，桃花源就在眼前了。那地方桃花虽不如何动人，竹林却很有意思。如椽如柱的大竹子，随处皆可发现前人用小刀刻划留下的诗歌。新派学生不甘自弃，也多刻下英文字母的题名。竹林里间或潜伏一二蓢径壮士，待机会霍地从路旁跃出，仿照《水浒传》上英雄好汉行为，向游客发个利市，使人来个措手不及，不免吃点小惊。桃源县城则与长江中部各小县城差不多，一入城门最触目的是推行印花税与某种公债的布告。城中有棺材铺官药铺，有茶馆酒馆，有米行脚行，有和尚道士，有经纪媒婆。庙宇祠堂多数为军队驻防，门外必有个武装同志站岗。土栈烟馆既照章纳税，就受当地军警保护。代表本地的出产，边街上有几十家玉器作，用珉石染红着绿，琢成酒杯笔架等物，货物品质平平常常，价钱却不轻贱。另外还有个名为“后江”的地方，住下无数公私不分的妓女，很认真经营她们的职业。有些人家在一个菜园平房里，有些却又住在空船上，地方虽脏一点倒富有诗意。这些妇女使用她们的下体，安慰军政各界，且征服了往还沅水流域的烟贩，木商，船主，以及种种因公出差过路人。挖空了每个顾客的钱包，维持许多人生活，促进地方的繁荣。一县之长照例是个读书人，从史籍上早知道这是人类一种最古的职业，没有郡县以前就有了它们，取缔既与“风俗”不合，且影响到若干人生活，因此就很正当的定下一些规章制度，向这些人来抽收一种捐税（并采取了个美丽名词叫作“花捐”），把这笔款项用来补充地方行政，保安，或城乡教育经费。

今日的湘西是一个山清水秀，经济兴旺的美丽地方。但是在新中国成立前，那里却是一个非常闭塞、落后、种族压迫极其严重的穷困地区，沈从文的散文《桃源与沅州》真实地反映了这一事实。

桃源既是个有名地方，每年自然就有许多“风雅”人，心慕古桃源之名，二三月里携了《陶靖节集》与《诗韵集成》等参考资料和文房四宝，来到桃源县访幽探胜。这些人往桃源洞赋诗前后，必尚有机会过后江走走，由朋友或专家引导，这家那家坐坐，烧匣烟，喝杯茶。看中意某一个女人时，问问行市，花个三元五元，便在那龌龊不堪万人用过的花板床上，压着那可怜妇人胸膛放荡一夜。于是纪游诗上多了几首无题艳遇诗，把“巫峡神女”、“汉皋解佩”、“刘阮天台”等等典故，一律被引用到诗上去。看过了桃源洞，这人平常若是很谨慎的，自会觉得应当即早过医生处走走，于是匆匆的回家了。至于接待过这种外路“风雅”人的神女呢，前一夜也许陆续接待过了三个麻阳船水手，后一夜又得陪伴两个贵州省牛皮商人。这些妇人照例说不定还被一个散兵游勇，一个县公署执达吏，一个公安局书记，或一个当地小流氓，长时期包定占有，客来时那人往烟馆过夜，客去后再回到妇人身边来烧烟。

妓女的数目占城中人口比例数不小。因此仿佛有各种原因，她们的年龄都比其他大都市更无限制。有些人年在五十以上，还不甘自弃，同十六七岁孙女辈前来参加这种生活斗争，每日轮流接待水手同军营中火伕。也有年纪不过十四五岁，乳臭尚未脱尽，便在那儿服侍客人过夜的。

她们的技艺是烧烧鸦片烟，唱点流行小曲，若来客是粮子上跑四方人物，还得唱唱军歌党歌，和时下电影明星的新歌，应酬应酬，增加兴趣。她们的收入有些一次可得洋钱二十三十，有些一整夜又只得一块八毛。这些人有病本不算一回事。实在病重了，不能作生意挣饭吃，间或就上街走到西药房去打针，六零六三零三扎那么几下，或

作者简介

沈从文（1902 ~ 1988），原名沈岳焕，湖南凤凰人，中国现当代作家、学者。1918 年小学毕业后随本乡部队到沅水流域各地。1923 年到上海任教。1931 年先后在青岛大学、昆明西南联大、北京大学任教，曾主编《大公报》文艺副刊。新中国成立后任中国社科院历史研究员，从事古代服装和其他史学研究。主要著作有小说《边城》、《长河》，散文集《湘行散记》等。

沈从文像

请走方郎中配副药，朱砂茯苓乱吃一阵，只要支持得下去，总不会坐下来吃白饭。直到病倒了，毫无希望可言了，就叫毛伙用门板抬到那类住在空船中孤身过日子的老妇人身边去，尽她咽最后那一口气。死去时亲人呼天抢地哭一阵，罄所有请和尚安魂念经，再托人赊购副四合头棺木，或借“大加一”买副薄薄板片，土里一埋也就完事了。

桃源地方已有公路，直达号称湘西咽喉的武陵（常德），每日都有八辆十辆新式载客汽车，按照一定时刻在公路上奔驰，距常德约九十里，车票价钱一元零。这公路从常德且直达湖南省会长沙，汽车路程约四小时，车票价约六元。公路通车时，有人说这条公路在湘省经济上具有极大意义，意思是对于黔省出口特货运输可方便不少。这人似乎不知道特货过境每次必三百担五百担，公路上一天不过十几辆汽车来回，若非特货再加以精制，每天能运输特货多少？关于特货的精制，在各省严厉禁烟宣传中，平民谁还有胆量来作这种非法勾当。假若在桃源县某种铺子里，居然有人能够设法购买一点黄色粉末药物，作为谈天口气，随便问问，就会弄明白那货物的来源是有来头的。信不信由你，大股东中大头脑有什么“龄”字辈“子”字辈，还有沿江之督办，上海之闻人。且明白出产地并不是桃源县城，沿江上行六十里，有二十部机器日夜加工，运输出口时或用轮船直往汉口，却不需借公路汽车转运长沙。

真可称为桃源名产值得引人注意却照例不及注意的，是家鸡同鸡卵，街头巷尾无处不可以发现这种冠赤如火庞大庄严的生物，经常有重达一二十斤的。凡过路人初见这地方鸡卵，必以为鸭卵或鹅卵。其次，桃源有一种小划子，轻捷，稳当，干净，在沅水中可称首屈一指。一个外省旅行者，若想从湘西的永绥、乾城、凤凰研究湘边苗族的分布状况，或想从湘西往四川的酉阳、秀山调查桐油的生产，往贵州的铜仁调查朱砂水银的生产，往玉屏调查竹料种类，注意造箫制纸的手工业生产情况，皆可在桃源县魁星阁下边，雇妥那么一只小船，沿沅水溯流而上，直达目的地，到地时取行李上岸落店，毫无何等困难。

一只桃源小划子上只能装载一二客人。照例要个舵手，管理后梢，调动船只左右。张挂风帆，松紧帆索，捕捉河面山谷中的微风。放缆拉船，量渡河面宽窄与河流水势，伸缩竹缆。另外还要个拦头工人，上滩下滩时看水认容口，出事前提醒舵手躲避石头、恶浪与洑流，出事后点篙子需要准确，稳重。这种人还要有胆量，有气力，有经验。张帆落帆都得很敏捷的即时拉桅下绳索。走风船行如箭时，便蹲坐在船头上叫喝呼啸，嘲笑同行落后的船只。自己船只落后被人嘲骂时，还要回骂；人家唱歌也得用歌声作答。两船相碰说理时，不让别人占便宜。动手打架时，先把篙子抽出拿在手上。船只逼入急流乱石中，不问冬夏，都得敏捷而勇敢的脱光衣裤，向急流中跑去，在水里尽肩背之力使船只离开险境。掌舵的因事故不能尽职，就从船顶爬过船尾去，作个临时舵手。船上若有小水手，还应事事照料小水手，指点小水手。更有一份不可推却的职务，便是在一切过失上，应与掌舵的各据小船一头，相互辱宗骂祖，继续使船前进，小船除此两人以外，尚需要个小水手居于杂务地位，淘米，烧饭，切菜，洗碗，无事不作。行船时应荡桨就帮同荡桨，应点篙就帮同持篙。这种小水手大都在学习期间，应处处留心，取得经验同本领。除了学习看水，看风，记石头，使用篙桨以外，也学习挨打挨骂。尽各种古怪稀奇字眼儿成天在耳边反复响着，好好的保留在记忆里，将来长大时再用它来辱骂旁人。上行无风吹，一个人还负了纤板，曳着一段竹缆，在荒凉河岸小路上拉船前进。小船停泊码头边时，又得规规矩矩守船。关于他们的经济情势，舵手多为船家长年雇工，平均算来合八分到一角钱一天。拦头工有长年雇定的，人若年富力强多经验，待遇同掌舵的差不多。若只是短期包来回，上行平均每天可得一毛或一毛五分钱，下行则尽义务吃白饭而已。至于小水手，学习期限看年龄同本事来，有些人每天可得两分钱作零用，有些人在船上三年五载吃白饭。上滩时一个不小心，闪不知被自己手中竹篙弹入乱石激流中，泅水技术又不在行，在水中淹死了，船主方面写得有字据，生死家长不能过问。掌舵的把死者剩余的一点衣服交给亲长说明白落水情形后，烧几百钱纸，手续便清楚了。

一只桃源划子，有了这样三个水手，再加上一个需要赶路，有耐心，不嫌孤独，能花个二十三十的乘客，这船便在一条清明透澈的沅水上下游移动起来了。在这条河里在这种小船上作乘客，最先见于记载的一人，应当是那疯疯癫癫的楚逐臣屈原。在他自己的文章里，他就说道："朝发枉陼兮，夕宿辰阳。"若果他那文章还值得称引，我们尚可以就"沅有芷兮澧有兰"与"乘舲船余上沅兮"这些话，估想他当年或许就坐了这种小船，溯流而上，到过出产香草香花的沅州。沅州上游不远有个白燕溪，小溪谷里生长芷草，到如今还随处可见。这种兰科植物生根在悬崖罅隙间，或蔓延到松树枝桠上，长叶飘拂，花朵下垂成一长串，风致楚楚。花叶形体较建兰柔和，香味较建兰淡远。游白燕溪的可坐小船去，船上人若伸手可及，多随意伸手摘花，顷刻就成一束。若崖石过高，还可以用竹篙将花打下，尽它堕入清溪洄流里，再用手去清溪里把花捞起。除了兰芷以外，还有不少香草香花，在溪边崖下繁殖。那种黛色无际的崖石，那种一丛丛幽香眩目的奇葩，那种小小洄旋的溪流，合成一个如何不可言说迷人心目的圣境！若没有这种地方，屈原便再疯一点，据我想来，他文章未必就能写得那么美丽。

当代画家黄永玉所作的湘西凤凰县风光图

什么人看了我这个记载，若神往于香草香花的沅州，居然从桃源包了小船，过沅州去，希望实地研究解决《楚辞》上几个草木问题。到了沅州南门城边，也许无意中会一眼瞥见城门上有一片触目黑色。因好奇想明白它，一时可无从向谁去询问。他所见到的只是一片新的血迹，并非什么古迹。大约在清党前后，有个晃州姓唐的青年，北京农科大学毕业生，在沅州晃州两县，用党务特派员资格，率领了两万以上四乡农民和一些青年学生，肩持各种农具，上城请愿。守城兵先已得到长官命令，不许请愿群众进城。于是双方自然而然发生了冲突。一面是旗帜，木棒，呼喊与愤怒，一面是居高临下，一尊机关枪同十枝步枪。街道既那么窄，结果站在最前线上的特派员同四十多个青年学生与农民，便全在城门边牺牲了。其余农民一看情形不对，抛下农具四散跑了。那个特派员的尸体，于是被兵士用刺刀钉在城门木板上示众三天，三天过后，便连同其他牺牲者，一齐抛入屈原所称赞的清流里喂鱼吃了。几年来本地人在内战反复中被派捐拉夫，在应付差役中把日子混过去，大致把这件事也慢慢的忘掉了。

桃源小船载到沅州府，舵手把客人行李扛上岸，讨得酒钱回船时，这些水手必乘兴过南门外皮匠街走走。那地方同桃源的后江差不多，住下不少经营最古职业的人物，地方既非商埠，价钱可公道一些。花五角钱关一次门，上船时还可以得一包黄油油的上净烟丝，那是十年前的规矩。照目前百物昂贵情形想来，一切当然已不同了，出钱的花费也许得多一点，收钱的待客也许早已改用"美丽牌"代替"上净丝"了。

或有人在皮匠街蓦然间遇见水手，对水手发问："弄船的，'肥水不落外人田'，家里有的你让别人用，用别人的你还得花钱，这上算吗？"

那水手一定会拍着腰间麂皮抱兜，笑眯眯的回答说："大爷，'羊毛出在羊身上'，这钱不是我桃源人的钱，上算的。"

他回答的只是后半截，前半截却不必提。本人正在沅州，离桃源远过六七百里，桃源那一个他管不着。

便因为这点哲学，水手们的生活，比起"风雅人"来似乎也洒脱多了。

若说话不犯忌讳，无人疑心我“袒护无产阶级”，我还想说，他们的行为，比起那些读了些“子曰”，带了《五百家香艳诗》去桃源寻幽访胜，过后江讨经验的“风雅人”来，也实在还道德的多。

作品赏析

《桃源与沅州》写于1935年，记叙了桃源与沅州地区的景况、人物、出产、风俗与民情等。作者在开篇将陶渊明《桃花源记》中所描述的桃花源与现实中的桃花源相对照，为全文定下基调：“住在那儿的人呢，却无人自以为是遗民或神仙，也从不曾有人遇着遗民或神仙。”接着作者以从桃源坐船沿沅水上游为线索，对那里的风情人物极事铺陈。在作者笔下，那里是一个美丽、封闭、自给的世界，那里的人们卑微、愚浑而纯朴。作者着重描述了桃源妓女和沅水水手这两类人物，反映了妓女们性格中柔弱而坚强的一面，水手们在困境中勇敢、乐观生活的精神，对他们的凄苦悲惨生活寄予了深深的同情，同时对虚伪的“风雅人”进行了辛辣的嘲讽。文章结构舒展，笔调沉郁，在平静的叙述中为人们展示了一幅浪漫中和着严肃、美丽中缠着残忍的桃源沅州风情画。

西湖的雪景 /钟敬文

钟敬文的散文代表作之一

中国散文史上描绘西湖雪景的名篇

独具慧眼，笔调细腻

从来谈论西湖之胜景的，大抵注目于春夏两季；而各地游客，也多于此时翩然来临。——秋季游人已渐少，入冬后，则更形疏落了。这当中自然有以致其然的道理。春夏之间，气温和暖，湖上风物，应时佳胜，或“杂花生树，群莺乱飞”，或“浴晴鸥鹭争飞，拂袂荷风荐爽”，都是要教人眷眷不易忘情的。于此时节，往来湖上，沉醉于柔媚芳馨的情味中，谁说不应该呢？但是春花固可爱，秋月不是也要使人销魂么？四时的烟景不同，而真赏者各能得其佳趣；不过，这未易以论于一般人罢了。高深父先生曾告诉过我们：“若能高朗其怀，旷达其意，超尘脱俗，别具天眼，揽景会心，便得真趣。”我们虽不成材，但对于先贤这种深于体验的话，也忍只当做全无关系的耳边风么？

自宋朝以来，平章西湖风景的，有所谓“西湖十景，钱塘十景”之说，虽里面也曾列入“断桥残雪”，“孤山霁雪”两个名目，但实际上，真的会去赏玩这种清寒不很近情的景致的，怕没有多少人吧。《四时幽赏录》的著者，在“冬时幽赏”门中，言及雪景的，几占十分的七八，其名目有“雪霁策蹇寻梅”，“三茅山顶望江天雪霁”，“西溪道中玩雪”，“扫雪烹茶玩画”，“雪夜煨芋谈禅”，“山窗听雪敲竹”，“雪后镇海楼观晚炊”等。其中大半所述景色，读了不禁移人神思，固不徒文字粹美而已。但他是一位潇洒出尘的名士，所以能够有此独具心眼的幽赏；我们一方面自然佩服他心情的深湛，另方面却也可以

作者简介

钟敬文（1903 ~ 2002），广东海丰人，中国现代散文家、民俗学家。1922 年毕业于陆安师范学院，后到岭南大学、中山大学、浙江大学任教。1934 年到日本早稻田大学学习。两年后回国，在杭州、桂林等地从事教学和研究工作。1940 年在中山大学任教。新中国成立后执教于北京师范大学，曾任中国民间文艺家协会主席、中国民俗学会理事长。著有散文集《荔枝小品》、《西湖漫话》，诗集《海滨的二月》，以及多种民俗研究著作。

证出能领略此中奥味者之所以稀少的必然了。

西湖的雪景，我共玩了两次。第一次是在此间初下雪的第三天。我于午前十点钟时才出去。一个人从校门乘黄包车到湖滨下车，徒步走出钱塘门。经白堤，旋转入孤山路。沿孤山西行，到西泠桥，折由大道回来。此次雪本不大，加以出去时间太迟，山野上盖着的，大都已消去，所以没有什么动人之处。现在我要细述的，是第二次的重游。

那天是一月廿四日。因为在床上感到意外冰冷之故，清晨初醒来时，我便预知昨宵是下了雪。果然，当我打开房门一看时，对面房屋的瓦上全变成白色了，天井中一株木樨花的枝叶上，也粘缀着一小堆一小堆的白粉。详细的看去，觉得比日前两三回所下的都来得大些。因为以前的，虽然也铺盖了屋顶，但有些瓦沟上却仍然是黑色，这天却一色地白着，绝少铺不匀的地方了。并且都厚厚的，约莫有一两寸高的程度。日前的雪，虽然铺满了屋顶，但于木樨花树，却好像全无关系似的，此回它可不免受影响了，这也是雪落得比较大些的明证。

老李照例是起得很迟的，有时我上了两课下来，才看见他在房里穿衣服，预备上办公厅去。这天，我起来跑到他的房里，把他叫醒之后，他犹带着几分睡意的问我："老钟，今天外面有没有下雪？"我回答他说："不但有呢，并且颇大。"他起初怀疑着，直待我把窗内的白布幔拉开，让他望见了屋顶才肯相信。"老钟，我们今天到灵隐去耍子吧？"他很高兴的说。我"哼"的应了一声，便回到自己的房里来了。

我们在校门上车时，大约已九点钟左右了。时小雨霏霏，冷风拂人如泼水。从车帘两旁缺处望出去，路旁高起之地，和所有一切高低不平的屋顶，都撒着白面粉似的，又如铺陈着新打好的棉被一般。街上的已大半变成雪泥，车子在上面碾过，不绝的发出唧唧的声音，与车轮转动时磨擦着中间横木的音响相杂。

我们到了湖滨，便换登汽车。往时这条路线的搭客是颇热闹的，现在却很零落了。同车的不到十个人，为遨游而来的客人还怕没有一半。当车驶过白堤时，我们向车外眺望内外湖风景，但见一片迷蒙的水气弥漫着，对面的山峰，只有

一个几乎辨不清楚的薄影。葛岭、宝石山这边，因为距离比较密迩的缘故，山上的积雪和树木，大略可以看得出来；但地位较高的保俶塔，便陷于朦胧中了。到西泠桥前近时，再回望湖中，见湖心亭四围枯秃的树干，好似怯寒般的在那里呆立着，我不禁联想起《陶庵梦忆》中一段情词俱幽绝的文字来：

崇祯五年十二月，余住西湖。大雪三日，湖中人鸟声俱绝。是日更定矣，余拿一小舟，拥毳衣炉火，独往湖心亭。天与云与水上下一白。湖上影子，惟长堤一痕，湖心亭一点，与余舟一芥，舟中人两三粒而已。到亭上，有两人铺毡对坐，一童子烧酒，炉正沸。见余大喜，曰："湖中焉得更有此人！"拉余同饮，余强饮三大白而别。问其姓氏，是金陵人，客此。及下船，舟子喃喃曰："莫说相公痴，更有痴似相公者！"（《湖心亭看雪》）

不知这时的湖心亭上，尚有此种痴人否？心里不觉漠然了一会。车过西泠桥以后，车暂驶行于两边山岭林木连接着的野道中。所有的山上，都堆积着很厚的雪块，虽然不能如瓦屋上那样铺填得均匀普遍，那一片片清白的光彩，却尽够使我感到宇宙的清寒、壮旷与纯洁！常绿树的枝叶后所堆着的雪，和枯树上的，很有差别。前者因为有叶子衬托着之故，雪上特别堆积得大块点，远远望去，如开满了白的山茶花，或吾乡的水锦花。后者，则只有一小小块的雪片能够在上面粘着不堕落下去，与刚著花的梅李树绝地相似。实在，我初头几乎把那些近在路旁的几株错认了。野上半黄或全赤了的枯草，多压在两三寸厚的雪褥下面；有些枝条软弱的树，也被压抑得欹欹倒倒的。路上行人很稀少。道旁野人的屋里，时见有衣饰破旧而笨重的老人、童子，在围着火炉取暖。看了那种古朴清贫的情况，仿佛令我忘怀了我们所处时代的纷扰、繁遽了。

到了灵隐山门，我们便下车了。一走进去，空气怪清冷的，不但没有游客，往时那些卖念珠、古钱、天竺筷子的小贩子也不见了。石道上铺积着颇深的雪泥。飞来峰疏疏落落的着了许多雪块，清泠亭及其它建筑物的顶面，一例的密盖着纯白色的毡毯。一个拍照的，当我们刚进门时，便紧紧的跟在后面。因为老李的高兴，我们便在清泠亭旁照了两个影。

好奇心打动着我，使我感觉到眼前所看到的之不满足，而更向处境较幽深的韬光庵去。我幽悄地尽移着步向前走，老李也不声张的跟着我。从灵隐寺到韬光庵的这条山径，实际上虽不见怎样的长；但颇深曲而饶于风致。这里的雪，要比城中和湖上各处的都大些。在径上的雪块，大约有半尺来厚，两旁树上的积雪，也比来路上所见的浓重。曾来游玩过的人，该不会忘记的吧，这条路上两旁是怎样的繁植着高高的绿竹。这时，竹枝和竹叶上，大都着满了雪，向下低低地垂着。《四时幽赏录》"山窗听雪敲竹"条云："飞雪有声，惟在竹间最雅。山窗寒夜：时听雪洒竹林；淅

沥萧萧，连翩瑟瑟，声韵悠然，逸我清听。忽尔回风交急，折竹一声，使我寒毡增冷。”这种风味，可惜我没有福分消受。

在冬天，本来是游客冷落的时候，何况这样雨雪清冷的日子呢？所以当我们跑到庵里时，别的游人一个都没有——这在我们上山时看山径上的足迹便可以晓得的——而僧人的眼色里，并且也有一种觉得怪异的表示。我们一直跑上最后的观海亭。那里石阶上下都厚厚地堆满了水沫似的雪，亭前的树上，雪着得很重，在雪的下层并结了冰块。旁边有几株山茶花，正在艳开着粉红色的花朵。那花朵有些堕下来的，半掩在雪花里，红白相映，色彩灿然，使我们感到华而不俗，清而不寒；因而联忆起那“天寒翠袖薄，日暮倚修竹”的美人儿来。

登上这亭，在平日是可以近瞰西湖，远望浙江，甚而至于缥缈的沧海的，可是此刻却不能了。离庵不远的山岭、僧房、竹树，尚勉强可见，稍远则封锁在茫漠的烟雾里了。

空斋蹋壁卧，忽梦溪山好。朝骑秃尾驴，来寻雪中道。石壁引孤松，长空没飞鸟。不见远山横，寒烟起林抄。（《雪中登黄山》）

我倚着亭柱，默默地在咀嚼着王渔洋这首五言诗的清妙；尤其是结尾两句，更道破了雪景的三昧。但说不定许多没有经验的人，要妄笑它是无味的诗句呢。文艺的真赏鉴，本来是件不容易的事，这又何必咄咄见怪？自己解说了一番，心里也就释然了。

本来拟在僧房里吃素面的，不知为什么，竟跑到山门前的酒楼喝酒了。老李不能多喝，我一个人也就无多兴致干杯了。在那里，我把在山径上带下来的一团冷雪，放进在酒杯里混着喝。堂倌看了说：“这是顶上的冰淇淋呢。”

半因为等不到汽车，半因为想多玩一点雪景，我们决意步行到岳坟才叫划子去游湖。一路上，虽然走的是来时汽车经过的故道，但在徒步观赏中，不免觉得更有情味了。我们的革履，踏着一两寸厚的雪泥前进，频频地发出一种清脆的声音。有时路旁树枝上的雪块，忽然掉了下来，着在我们的外套上，正前人所谓“玉堕冰柯，沾衣生湿”的情景。我迟回着我的步履，旷展着我的视域，油然有一脉浓重而灵秘的诗情，浮上我的心头来，使我幽然意远，漠然神凝。郑綮答人家自己的诗思，在灞桥雪中，驴背上，真是怪懂得趣儿的说法！

当我们在岳王庙前登舟时，雪又纷纷的下起来了。湖里除了我们的一只小划子以外，再看不到别的舟楫。平湖漠漠，一切都沉默无哗。舟穿过西泠桥，缓泛里西湖中，孤山和对面诸山及上下的楼亭、房屋，都白了头，在风雪中兀立着。山径上，望不见一个人影；湖面连水鸟都没有踪迹，只有乱飘的雪花堕下时，微起些涟漪而已。柳宗元诗云：“千山鸟飞绝，万径人踪灭。孤舟蓑笠翁，独钓寒江雪。”

我想这时如果有一个渔翁在垂钓，它很可以借来说明眼前的景物呢。

舟将驶近断桥的时候，雪花飞飘得更其凌乱。我们向北一面的外套，差不多大半白而且湿了。风也似乎吹得格外紧劲些，我的脸不能向它吹来的方面望去。因为革履渗进了雪水的缘故，双足尤冰冻得难忍。这时，从来不多开过口的舟子，忽然问我们说："你们觉得此处比较寒冷么？"我们问他什么缘故。据说是宝石山一带的雪山风吹过来的原因。我于是默默的兴想到知识的范围和它的获得等重大的问题上去了。

我们到湖滨登岸时，已是下午三点余钟了。公园中各处都堆满了雪，有些已变成泥泞。除了极少数在待生意的舟子和别的苦力之外，平日朝夕在此间舒舒地来往着的少男少女、老爷太太，此时大都密藏在"销金帐中，低斟浅酌，饮羊羔美酒"——至少也靠在腾着血焰的火炉旁，陪伴家人或挚友，无忧虑地在大谈其闲天——以享乐着他们幸福的时光，再不愿来风狂雪乱的水涯，消受贫穷人所应受的寒冷了！这次的薄游，虽然也给了我些牢骚和别的苦味，但我要用良心做担保的说，它所给予我的心灵深处的欢悦，是无穷地深远的！可惜我的诗笔是钝秃了。否则，我将如何超越了一切古诗人的狂热地歌咏了它呢！

好吧，容我在这儿诚心沥情地说一声，谢谢雪的西湖，谢谢西湖的雪！

作品赏析

文章以游踪为线索，采取移步换景的手法，从白堤、西泠桥，到灵隐寺、韬光庵，最后泛舟过断桥，直至登岸，从不同的角度，以多变的笔法细致地勾勒出各个景点雪景的不同情态，将西湖的雪景写得气象万千、丰富多彩。作者独具慧眼，以细腻的笔调挖掘出远处的、眼前的、树上的、湖面的、漫飘的、堆积的等形态各异的雪景，惟妙惟肖地刻画出了西湖雪的色彩之美、朦胧之美，使人仿佛身临其境，如同亲临现场"幽赏"一般。文中多处引用了古诗文佳句，使文章平添许多光彩。

雅舍

/梁实秋

梁实秋的散文代表作
体现了困境中的旷达淡泊、乐观宽容的人生襟怀
匠心独具，语言淡雅、风趣

到四川来，觉得此地人建造房屋最是经济。火烧过的砖，常常用来做柱子，孤零零的砌起四根砖柱，上面盖上一个木头架子，看上去瘦骨嶙嶙，单薄得可怜；但是顶上铺了瓦，四面编了竹篦墙，墙上敷了泥灰，远远的看过去，没有人能说不像是座房子。我现在住的“雅舍”正是这样一座典型的房子。不消说，这房子有砖柱，有竹篦墙，一切特点都应有尽有。讲到住房，我的经验不算少，什么“上支下摘”，“前廊后厦”，“一楼一底”，“三上三下”，“亭子间”，“茆草棚”，“琼楼玉宇”和“摩天大厦”，各式各样，我都尝试过。我不论住在那里，只要住得稍久，对那房子便发生感情，非不得已我还舍不得搬。这“雅舍”，我初来时仅求其能蔽风雨，并不敢存奢望，现在住了两个多月，我的好感油然而生。虽然我已渐渐感觉它是并不能蔽风雨，因为有窗而无玻璃，风来则洞若凉亭；有瓦而空隙不少，雨来则渗如滴漏。纵然不能蔽风雨，“雅舍”还是自有它的个性。有个性就可爱。

“雅舍”的位置在半山腰，下距马路约有七八十层的土阶。前面是阡陌螺旋的稻田。再远望过去是几抹葱翠的远山，旁边有高粱地，有竹林，有水池，有粪坑，后面是荒僻的榛莽未除的土山坡。若说地点荒凉，则月明之夕，或风雨之日，亦常有客到，大抵好友不嫌路远，路远乃见情谊。客来则先爬几十级的土阶，进得屋来仍须上坡，因为屋内地板乃依山势而铺，一面高，一面低，坡度甚大，客来无不惊叹，我则久而安之，每日由书房走到饭厅是上坡，饭后鼓腹而出是下坡，亦不觉有大不便处。

“雅舍”共是六间，我居其二。篦墙不固，门窗不严，故我与邻人彼此均可互通声息。邻人轰饮作乐，咿唔诗章，喁喁细语，以及鼾声，喷嚏声，吮汤声，撕纸声，脱皮鞋声，均随时由门窗户壁的隙处荡漾而来，破我岑寂。入夜则鼠子瞰灯，才一合眼，鼠子便自由行动，或搬核桃在地板上顺坡而下，或吸灯油而推翻烛台，或攀援而上帐顶，或在门框桌脚上磨牙，使人不得安枕。但是对于鼠子，我很惭愧的承认，我“没有法子”。“没有法子”一语是被外国人常常引用着的，以为这话最足代表中国人的懒惰隐忍的态度。其实我的对付鼠子并不懒惰。窗上糊纸，纸一戳就破；门户关紧，而相鼠有牙，一阵咬便是一个洞洞。试问还有什么法子？洋鬼子住到“雅舍”里，不也是“没有法子”？比鼠子更骚扰的是蚊子。“雅舍”的蚊风之盛，是我前所未见的。“聚蚊成雷”真有其事！每当黄昏的时候，满屋里磕头碰脑的全是蚊子，又黑又大，骨骼都像是硬的。在别处蚊子早已肃清的时候，在“雅舍”则格外猖獗，来客偶不留心，则两腿伤处累累隆起如玉蜀黍，但是我仍安之。冬天一到，蚊子自然绝迹，明年夏天——谁知道我还是住在“雅舍”！

“雅舍”最宜月夜——地势较高，得月较先。看山头吐月，红盘乍涌，一霎间，清光四射，天空皎洁，四野无声，微闻犬吠，坐客无不悄然！舍前有两株梨树，等到月升中天，清光从树间筛洒而下，地下阴影斑斓，此时尤为幽绝。直到兴阑人散，归房就寝，月光仍然逼进窗来，助我凄凉。细雨

作者简介

梁实秋（1903～1987），原名梁治华，字秋实，一度以秋郎、子佳为笔名。祖籍浙江杭县，生于北京。1923年留学美国。1926年回国，任教于东南大学，并主编《新月》等刊物。1949年迁居台湾。著作甚丰，主要有文学评论集《浪漫的与古典的》、《秋室杂文》，散文集《雅舍小品》，译著《莎士比亚全集》，百万言著作《英国文学史》等。

梁实秋像

抗战时期梁实秋在重庆北碚居住的“雅舍”

蒙蒙之际，“雅舍”亦复有趣。推窗展望，俨然米氏章法，若云若雾，一片弥漫。但若大雨滂沱，我就又惶悚不安了，屋顶湿印到处都有，起初如碗大，俄而扩大如盆，继则滴水乃不绝，终乃屋顶灰泥突然崩裂，如奇葩初绽，砉然一声而泥水下注，此刻满室狼藉，抢救无及。此种经验，已数见不鲜。

“雅舍”之陈设，只当得简朴二字，但洒扫拂拭，不使有纤尘。我非显要，故名公巨卿之照片不得入我室；我非牙医，故无博士文凭张挂壁间；我不业理发，故丝织西湖十景以及电影明星之照片亦均不能张我四壁。我有一几一椅一榻，酣睡写读，均已有着，我亦不复他求。但是陈设虽简，我却喜欢翻新布置。西人常常讥笑妇人喜欢变更桌椅位置，以为这是妇人天性喜变之一征。诬否且不论，我是喜欢改变的，中国旧式家庭，陈设千篇一律，正厅上是一条案，前面一张八仙桌，一边一把靠椅，两旁是两把靠椅夹一只茶几。我以为陈设宜求疏落参差之致，最忌排偶。“雅舍”所有，毫无新奇，但一物一事之安排布置惧不从俗。人入我室，即知此是我室。笠翁闲情偶寄之所论，正合我意。

“雅舍”非我所有，我仅是房客之一。但思“天地者万物之逆旅”，人生本来如寄，我住“雅舍”一日，“雅舍”即一日为我所有。即使此一日亦不能算是我有，至少此一日“雅舍”所能给予之苦辣酸甜，我实躬受亲尝。刘克庄词：“客里似家家似寄。”我此时此刻卜居“雅舍”，“雅舍”即似我家。其实似家似寄，我亦分辨不深。

长日无俚，写作自遣，随想随写，不拘篇章，冠以“雅舍小品”四字，以示写作所在，且志因缘。

作品赏析

《雅舍》主要描写了作者抗战期间在四川乡间“雅舍”里生活的种种情状，抒发了作者躬身亲尝种种酸甜苦辣的情趣。“雅舍”是一种幽默的称谓，它实际上是一间简陋破败的四川土房。统观全文，作者写的几乎都是雅舍的“敝”、“陋”、“噪”，对雅舍的“雅”、“美”很少着笔。但在字里行间，人们并不感到雅舍的丑陋，反觉得其极可爱、可亲，这显示了作者独特的艺术匠心。在淡雅、简练、风趣的语言叙述中，透射着作者在任何环境中都能甘于淡泊、怡然自乐的处世态度和人生襟怀。

风雨中忆萧红 / 丁玲

丁玲的散文代表作之一

中国现代散文史上忆念萧红的优秀散文

文章跌宕起伏、情真意切

本来就没有什么地方可去，一下雨便更觉得闷在窑洞里的日子太长。要是有更大的风雨也好，要是有更汹涌的河水也好，可是仿佛要来一阵骇人的风雨似的，那么一块肮脏的云成天盖在头上，而水声也是那么不断地哗啦哗啦在耳旁响，微微地下着一点看不见的细雨，打湿了地面，那轻柔的柳絮和蒲公英都飘舞不起而沾在泥土上了。这会使人有遐想，想到随风而倒的桃李，和在风雨中更迅速迸出

作者简介

丁玲（1904 ~ 1984），现当代女作家，原名蒋冰之，湖南临澧人。1927 年毕业于上海大学中文系，同年发表小说《莎菲女士的日记》。1930 年参加中国左翼作家联盟，主编“左联”机关刊物《北斗》月刊。这时期她创作了《水》、《母亲》等多个作品，是其走向文学创作道路的丰收时期。1936 年去陕北，在解放区写的小说分别收录在《一颗未出膛的子弹》、《我在霞村的时候》等集子中。1948 年写成了她创作道路上具有里程碑意义的长篇小说《太阳照在桑干河上》。

的苞芽。即使是很小的风雨和浪潮，都更能显出百物的凋谢和生长，丑陋和美丽。

世界上什么是最可怕的呢，决不是艰难险阻，决不是洪水猛兽，也决不是荒凉寂寞。而难于忍耐的却是阴沉和絮聒；人的伟大也不是能乘风而起，青云直上，也不只是能抵抗横逆之来，而是能在阴霾的气压下，打开局面，指示光明。

时代已经非复少年时代了，谁还有悠闲的心情在闷人的风雨中煮酒烹茶与琴诗为侣呢？或者是温习着一些细腻的情致，重读着那些曾经被迷醉过被感动过的小说，或者低徊冥思那些天涯的故人，流着一点温柔的泪？那些天真、那些纯洁、那些无疵的赤子之心，那些轻微的感伤，那些精神上的享受都飞逝了，早已飞逝得找不到影子了。这个飞逝得很好，但现在是什么呢？是听着不断的水的絮聒，看着脏布也似的云块，痛感着阴霾，连寂寞的宁静也没有，然而却需要阿底拉斯的力背负着宇宙的时代所给予的创伤，毫不动摇的存在着，存在便是一种大声疾呼，便是一种骄傲，便是给絮聒以回答。

然而我决不会麻木的，我的头成天膨胀着要爆炸，它装得太多，需要呕吐。于是我写着，在白天，在夜晚，有关节炎的手臂因为放在桌子上太久而疼痛，患沙眼的眼睛因为在微小的灯光下而模糊。但幸好并没有激动，也没有感慨，我决不缺乏冷静，而且很富有宽恕，我很愉快，因为我感到我身体内有东西在冲撞；它支持了我的疲倦，它使我会看到将来，它使我跨过现在，它会使我更冷静，它包括了真理和智慧，它是我生命中的力量，比少年时代的那种无愁的青春更可爱呵！

但我仍会想起天涯的故人的，那些死去的或是正受着难的。前天我想起了雪峰，在我的知友中他

萧红故居

是最没有自己的了。他工作着，他一切为了党，他受埋怨过，然而他没有感伤过，他对于名誉和地位是那样的无睹，那样不会趋炎附势，培植党羽，装腔作势，投机取巧。昨天我又苦苦地想起秋白，在政治生活中过了那么久，却还不能彻底地变更自己，他那种二重的生活使他在临死时还不能免于有所申诉。我常常责怪他申诉的"多余"，然而当我去体味他内心的战斗历史时，却也不能不感动，哪怕那在整体中，是很渺小的。今天我想起了刚逝世不久的萧红，明天，我也许会想到更多的谁，人人都与这社会有关系，因为这社会，我更不能忘怀于一切了。

萧红和我认识的时候，是在一九三八年春初。那时山西还很冷，很久生活在军旅之中，习惯于粗犷的我，骤睹着她的苍白的脸，紧紧闭着的嘴唇，敏捷的动作和神经质的笑声，使我觉得很特别，而唤起许多回忆，但她的说话是很自然而真率的。我很奇怪作为一个作家的她，为什么会那样少于世故，大概女人都容易保有纯洁和幻想，或者也就同时显得有些稚嫩和软弱的缘故吧。但我们都很亲切，彼此并不感觉到有什么孤僻的性格。我们都尽情地在一块儿唱歌，每夜谈到很晚才睡觉。当然我们之中在思想上，在情感上，在性格上都不是没有差异，然而彼此都能理解，并不会因为不同意见或不同嗜好而争吵，而揶揄。接着是她随同我们一道去西安，我们在西安住完了一个春天，我们也痛饮过，我们也同度过风雨之夕，我们也互相倾诉。然而现在想来，我们谈得是多么地少啊！我们似乎从没有一次谈到过自己，尤其是我。然而我却以为她从没有一句话之中是失去了自己的，因为我们实在都太真实，太爱在朋友的面前赤裸自己的精神，因为我们又实在觉得是很亲近的。但我仍会觉得我们是谈得太少的，因为，像这样的能无妨嫌、无拘束、不需警惕着谈话的对手是太少了啊！

那时候我很希望她能来延安，平静地住一时期之后而致全力于著作。抗战开始后，短时期的劳累奔波似乎使她感到不知在什么地方能安排生活。她或许比我适于幽美平静。延安虽不够作为一个写作的百年长计之处，然在抗战中，的确可以使一个人少顾虑于日常琐碎，而策划于较远大的。并且这里有一种朝气，或者会使她能更健康些。但萧红却南去了。至今我还很后悔那时我对于她生活方式所参与的意见是太少了，这或许由于我们相交太浅，和我的生活方式离她太远的缘故，但徒劳的热情虽然常常于事无补，然在个人仍可得到一种心安。

我们分手后，就没有通过一封信。端木曾来过几次信，在最后的一封信上（香港失陷约一星期前收到）告诉我，萧红因病始由皇后医院迁出。不知为什么我就有一种预感，觉得有种可怕的东西会来似的。有一次我同白朗说："萧红决不会长寿的。"当我说这话的时候，我是曾把眼睛扫遍了中国我所认识的或知道的女性朋友，而感到一种无言的寂寞，能够耐苦的，不依赖于别的力量，有才智、有气节而从事于写作的女友，是如此其寥寥呵！

不幸的是我的杞忧竟成了现实，当我昂头望着天的那边，或低头细数脚底的泥沙，我都不能压制我丧去一个真实的同伴的叹息。在这样的世界中生活下去，多一个真实的同伴，便多一份力量，我们的责任还不只于打开局面，指示光明，而还是创造光明和美丽；人的灵魂假如只能拘泥于个体的偏狭之中，便只能陶醉于自我的小小成就。我们要使所有的人，连仇敌也在内都能有崇高的享受，和为这享受而做出伟大牺牲。

生在现在的这个世界上，活着固然能给整个事业添一份力量，而死对于自己也是莫大的损失。因为这世界上有的是戮尸的遗法，从此你的话语和文学将更被歪曲，被侮辱；听说连未死的胡风都有人证明他是汉奸，那么对于已死的人，当然更不必贿买这种无耻的人证了。鲁迅先生的"阿 Q"曾被那批御用的文人歪曲地诠释，那么《生死场》的命运也就难免于这种灾难。在活着的时候，你不能不被逼走到香港；死去，却还有各种污蔑在等着，而你还不会知道；那些与你一起的脱险回国的朋友们还将有被监视或被处分的前途。我完全不懂得到底要把这批人逼到什么地步才算够？猫在吃老鼠之前，必先玩弄它以娱乐自己的得意。这种残酷是比一切屠戮都更恶毒，更需要毁灭的。

只要我活着，朋友的死耗一定将陆续地压住我沉闷的呼吸。尤其是在这风雨的日子里，我会更感到我的重荷。我的工作已经够消磨我的一生，何况再加上你们的屈死，和你们未完的事业，但我一定可以支持下去的。我要借这风雨，寄语你们，死去的，未死的朋友们，我将压榨我生命所有的余剩，为着你们的安慰和光荣。哪怕就仅仅为着你们也好，因为你们是受苦难的劳动者，你们的理想就是真理。

风雨已停，朦胧的月亮浮在西边的山头上，明天将有一个晴天。我为着明天的胜利而微笑，为着永生而休息。我吹熄了灯，平静地躺到床上。

作品赏析

《风雨中忆萧红》写于1942年4月，距萧红在香港去世约3个月。当时在延安工作的丁玲受到了不公正的批判，她心情极为烦闷，于是思念故友，发而为文，以遣释心中的愁绪。在本文中，丁玲怀着痛惜之情，追忆了自己与萧红的一段短暂的交往。作者以四月延安的雨夜为背景，追忆了萧红的为人处世、自然直率的性格和悲惨的结局。文章写得跌宕起伏、情真意切，在准确刻画了萧红的音容笑貌的同时，也真实描摹了作者的内心世界，给人以良多的感慨和回味。

海上的日出 /巴金

巴金的散文代表作之一
文章绮丽流畅，短小精悍，景物描写惟妙惟肖
入选中学语文教材

为了看日出，我常常早起。那时天还没有大亮，周围非常清静，船上只有机器的响声。

天空还是一片浅蓝，颜色很浅。转眼间天边出现了一道红霞，慢慢地在扩大它的范围，加强它的亮光。我知道太阳要从天边升起来了，便不转眼地望着那里。

果然过了一会儿，在那个地方出现了太阳的小半边脸，红是真红，却没有亮光。这个太阳好像负着重荷似地一步一步、慢慢地努力上升，到了最后，终于冲破了云霞，完全跳出了海面，颜色红得非常可爱。一刹那间，这个深红的圆东西，忽然发出了夺目的亮光，射得人眼睛发痛，它旁边的云片也突然有了光彩。

有时太阳走进了云堆中，它的光线却从云里射下来，直射到水面上。这时候要分辨出哪里是水，哪里是天，倒也不容易，因为我就只看见一片灿烂的亮光。

作者简介

巴金（1904～2005），现当代作家。原名李尧棠、字芾甘，笔名佩竿、余一、王文慧等。四川成都人。1920年入成都外国语专门学校。1923年从封建家庭出走，就读于上海和南京的中学。1927年初赴法国留学，写成了处女作长篇小说《灭亡》，发表时始用巴金的笔名。1928年底回到上海，从事创作和翻译。从1929年到1937年中，任文化生活出版社总编辑，主编有《文季月刊》等刊物和《文学丛刊》等丛书。

抗日战争爆发后，巴金在各地致力于抗日救亡文化活动，编辑《呐喊》、《救亡日报》等报刊。在抗战后期和抗战结束后，巴金创作转向对国统区黑暗现实的批判，对行将崩溃的旧制度做出有力的控诉和抨击。

中华人民共和国成立后，巴金曾任全国文联副主席、中国作家协会主席、中国笔会中心主席、全国政协副主席等职，并主编《收获》杂志。他热情关注和支持旨在繁荣文学创作的各项活动，多次出国参加国际文学交流活动，首倡建立中国现代文学馆。

有时天边有黑云，而且云片很厚，太阳出来，人眼还看不见。然而太阳在黑云里放射的光芒，透过黑云的重围，替黑云镶了一道发光的金边。后来太阳才慢慢地冲出重围，出现在天空，甚至把黑云也染成了紫色或者红色。这时候发亮的不仅是太阳、云和海水，连我自己也成了明亮的了。

这不是很伟大的奇观么？

作品赏析

《海上的日出》是一篇优美的写景散文。文章写于 1927 年 1 月，后收入《海行杂记》。

作者通过细致入微的观察，从不同的角度准确传神地勾画了海上日出的壮观景象。作者在文中用“浅蓝”、“红霞”、“亮光”、“小半边脸”、“一步一步、慢慢地努力上升”、“冲破了云霞”、“跳出了海面”、“深红的圆东西”等一系列形象的词语，生动地描摹了海上日出的全过程。文章巧用拟人手法，“负”、“冲”、“跳”、“走”、“镶”、“染”等充满人性化词语的运用，使文章充满生气而富于诗情画意，笼罩着动态的意境美。读者读着文章，恍若身临其境，随同作者一同在海边观赏日出，全身心都融入美丽的自然风光里。文章绮丽流畅，短小精悍，区区 500 余字将海上日出描绘得惟妙惟肖，显示了作者得心应手的驾驭文字的功力。

囚绿记

/陆蠡

入选理由

陆蠡的散文代表作之一

托物言志的精品

构思精巧，文笔清新

这是去年夏间的事情。

我住在北平的一家公寓里。我占据着高广不过一丈的小房间，砖铺的潮湿的地面，纸糊的墙壁和天花板，两扇木格子嵌玻璃的窗，窗上有很灵巧的纸卷帘，这在南方是少见的。

窗是朝东的。北方的夏季天亮得快，早晨五点钟左右太阳便照进我的小屋，把可畏的光线射个满室，直到十一点半才退出，令人感到炎热。这公寓里还有几间空房子，我原有选择的自由的，但我终于选定了这朝东房间，我怀着喜悦而满足的心情占有它，那是有一个小小理由。

这房间靠南的墙壁上，有一个小圆窗，直径一尺左右。窗是圆的，却嵌着一块六角形的玻璃，并且左下角是打碎了，留下一个大孔隙，手可以随意伸进伸出。圆窗外面长着常春藤。当太阳照过它繁密的枝叶，透到我房里来的时候，便有一片绿影。我便是欢喜这片绿影才选定这房间的。当公寓里的伙计替我提了随身小提箱，领我到这房间来的时候，我瞥见这绿影，感觉到一种喜悦，便毫不犹疑地决定下来，这样了截爽直使公寓里伙计都惊奇了。

绿色是多宝贵的啊！它是生命，它是希望，它是慰安，它是快乐。我怀念着绿色把我的心等焦了。我欢喜看水白，我欢喜看草绿。我疲累于灰暗的都市的天空和黄漠的平原，我怀念着绿色，如同涸辙

作者简介

陆蠡（1908 ~ 1942），笔名陆敏、六角等，浙江天台人，中国现代散文家、翻译家。早年毕业于上海劳动大学，后在杭州中学等校任教。1932 年起任上海文化生活出版社编辑。1938 年创办《少年读物》杂志。抗战期间，留守上海坚持工作。1942 年惨遭日军杀害。主要作品有散文集《海星》、《竹刀》、《囚绿记》等，另有译著多部。

的鱼盼等着雨水！我急不暇择的心情即使一枝之绿也视同至宝。当我在这小房中安顿下来，我移徙小台子到圆窗下，让我的面朝墙壁和小窗。门虽是常开着，可没人来打扰我，因为在这古城中我是孤独而陌生。但我并不感到孤独。我忘记了困倦的旅程和已往的许多不快的记忆。我望着这小圆洞，绿叶和我对语。我了解自然无声的语言，正如它了解我的语言一样。

我快活地坐在我的窗前。度过了一个月，两个月，我留恋于这片绿色。我开始了解渡越沙漠者望见绿洲的欢喜，我开始了解航海的冒险家望见海面飘来花草的茎叶的欢喜。人是在自然中生长的，绿是自然的颜色。

我天天望着窗口常春藤的生长。看它怎样伸开柔软的卷须，攀住一根缘引它的绳索，或一茎枯枝；看它怎样舒开折叠着的嫩叶，渐渐变青，渐渐变老，我细细观赏它纤细的脉络，嫩芽，我以揠苗助长的心情，巴不得它长得快，长得茂绿。下雨的时候，我爱它淅沥的声音，婆娑的摆舞。

忽然有一种自私的念头触动了我。我从破碎的窗口伸出手去，把两枝浆液丰富的柔条牵进我的屋子里来，教它伸长到我的书案上，让绿色和我更接近，更亲密。我拿绿色来装饰我这简陋的房间，装饰我过于抑郁的心情。我要借绿色来比喻葱茏的爱和幸福，我要借绿色来比喻猗郁的年华。我囚住这绿色如同幽囚一只小鸟，要它为我作无声的歌唱。

绿的枝条悬垂在我的案前了，它依旧伸长，依旧攀缘，依旧舒放，并且比在外边长得更快。我好像发现了一种“生的欢喜”，超过了任何种的喜悦。从前我有个时候，住在乡间的一所草屋里，地面是新铺的泥土，未除净的草根在我的床下茁出嫩绿的芽苗，蕈菌在地角上生长，我不忍加以剪除。后来一个友人一边说一边笑，替我拔去这些野草，我心里还引为可惜，倒怪他多事似的。

可是每天早晨，我起来观看这被幽囚的“绿友”时，它的尖端总朝着窗外的方向。甚至于一枚细叶，一茎卷须，都朝原来的方向。植物是多固执啊！它不了解我对它的爱抚，我对它的善意。我为了这永远向着阳光生长的植物不快，因为它损害了我的自尊心。可是我囚系住它，仍旧让柔弱的枝叶垂在我的案前。

它渐渐失去了青苍的颜色，变得柔绿，变成嫩黄；枝条变成细瘦，变成娇弱，好像病了的孩子。我渐渐不能原谅我自己的过失，把天空底下的植物移锁到暗黑的室内；我渐渐为这病损的枝叶可怜，虽则我恼怒它的固执，无亲热，我仍旧不放走它。魔念在我心中生长了。

我原是打算七月尾就回南方去的。我计算着我的归期，计算这“绿囚”出牢的日子。在我离开的时候，便是它恢复自由的时候。

卢沟桥事件发生了。担心我的朋友电催我赶速南归。我不得不变更我的计划，在七月中旬，不能再留连于烽烟四逼中的旧都，火车已经断了数天，我每日须得留心开车的消息。终于在一天早晨候到了。临行时我珍重地开释了这永不屈服于黑暗的囚人。我把瘦黄的枝叶放在原来的位置上，向它致诚意的祝福，愿它繁茂苍绿。

离开北平一年了。我怀念着我的圆窗和绿友。有一天，得重和它们见面的时候，会和我面生么？

作品赏析

《囚绿记》作于1938年，当时正是外族侵凌，“祖国蒙受极大耻辱的时候”（陆蠡语）。作者困居“孤岛”上海，怀念起一年前住在北平公寓的生活，借公寓窗外的一株常春藤，抒发自己热爱自由、向往光明、仇恨敌寇的感情。作者在文中以“绿”为主题，以“恋绿—囚绿—释绿—念绿”为线索行文，描绘了常春藤在自由生长时的活脱可爱和被幽囚后的倔强不屈，委婉、含蓄地抒发了自己对生活的热爱和对光明的追求，赞美永不屈服的民族精神。文章运用象征和拟人手法，构思精巧，文笔清新流丽，充满诗意的韵律美。

西湖漫笔

/宗璞

宗璞的成名作、代表作

中国现代散文史上描绘西湖风光的优秀作品之一

发表后被广为传诵

平生最喜欢游山逛水。这几年来，很改了不少闲情逸致，只在这山水上头，却还依旧。那五百里滇池粼粼的水波，那兴安岭上起伏不断的绿沉沉的林海，那开满了各色无名的花儿的广阔的呼伦贝尔草原，以及那举手可以接天的险峻的华山……曾给人多少有趣的思想，曾激发起多少变幻的感情。一到这些名山大川异地胜景，总会有一种奇怪的力量震荡着我，几乎忍不住要呼喊起来："这是我的伟大的、亲爱的祖国——"

然而在足迹所到的地方，也有经过很长久的时间，我才能理解、欣赏的。正像看达·芬奇的名画《永远的微笑》，我曾看过多少遍，看不出她美在哪里；在看过多少遍之后，一次又拿来把玩，忽然发现那温柔的微笑，那嘴角的线条，那手的表情，是这样无以名状的美，只觉得眼泪直涌上来。山水，也是这样的，去上一次两次，可能不会了解它的性情，直到去过三次四次，才恍然有所悟。

我要说的地方，是多少人说过写过的杭州。六月间，我第四次去到西子湖畔，距第一次来，已经有九年了。这九年间，我竟没有说过西湖一句好话。发议论说，论秀媚，西湖比不上长湖，天真自然，楚楚有致；论宏伟，比不上太湖，烟霞万顷，气象万千。好在到过的名湖不多，不然，不知还有多少谬论。

奇怪得很，这次却有着迥乎不同的印象。六月，并不是好时候，没有花，没有雪，没有春光，也没有秋意。那几天，有的是满湖烟雨，山光水色，俱是一片迷蒙。西湖，仿佛在半醒半睡。空气中，弥漫着经了雨的栀子花的甜香。记起东坡诗句："水光潋滟晴方好，山色空濛雨亦奇。"便想，东坡自是最了解西湖的人，实在应该仔细观赏、领略才是。

正像每次一样，匆匆地来，又匆匆地去。几天中我领略了两个字，一个是"绿"，只凭这一点，已使我留连忘返。雨中去访灵隐，一下车，只觉得绿意扑眼而来。道旁古木参天，苍翠欲滴，似乎飘着的雨丝儿也都是绿的，飞来峰上层层叠叠的树木，有的绿得发黑，深极了，浓极了；有的绿得发蓝，浅极了，亮极了。峰下蜿蜒的小径，布满青苔，直绿到了石头缝里。在冷泉亭上小坐，直觉得遍体生凉，心旷神怡。亭旁溪水铮琮，说是溪水，其实表达不出那奔流的气势，平稳处也是碧澄澄的，流得急了，水花飞溅，如飞珠滚玉一般，在这一片绿色的影中显得分外好看。

西湖胜景很多，各处有不同的好处，即便一个绿色，也各有不同。黄龙洞绿得幽，屏风山绿得野，九曲十八涧绿得闲……不能一一去说。漫步苏堤，两边都是湖水，远水如烟，近水着了微雨，也泛起一层银灰的颜色。走着走着，忽见路旁的树十分古怪，一棵棵树身虽然离得较远，却给人一种莽莽苍苍的感觉，似乎是从树梢一直绿到了地下。走近看时，原来是树身上布满了绿茸茸的青苔，那样鲜嫩，那样可爱，使得绿荫荫的苏堤，更加绿了几分。有的青苔，形状也很有趣，如耕牛，如牧人，如树木，如云霞；有的整片看来，布局宛然，如同一幅青绿山水。这种绿苔，给我的印象是坚忍不拔，不知当

作者简介

宗璞（1928～　），原名冯钟璞，河南唐河人，生于北京，中国当代女作家。1951年毕业于清华大学外文系。历任政务院宗教事务处、中国文联干部，《文艺报》、《世界文学》编辑部编辑。之后调中国社会科学院外国文学研究所工作，1988年退休。她勤于文学创作，尤以散文见长。主要作品有短篇小说《红豆》、《我是谁》，长篇小说《南渡记》，散文《西湖漫笔》等。

宗璞像

初苏公对它们印象怎样。

在花港观鱼，看到了又一种绿。那是满池的新荷，圆圆的绿叶，或亭亭立于水上，或宛转靠在水面，只觉得一种蓬勃的生机，跳跃满池。绿色，本来是生命的颜色。我最爱看初春的杨柳嫩枝，那样鲜，那样亮，柳枝儿一摆，似乎蹬着脚告诉你，春天来了。荷叶，则要持重一些，初夏，则更成熟一些，但那透过活泼的绿色表现出来的茁壮的生命力，是一样的。再加上叶面上的水珠儿滴溜溜滚着，简直好像满池荷叶都要裙袂飞扬，翩然起舞了。

从花港乘船而回，雨已停了。远山青中带紫，如同凝住了一段云霞。波平如镜，船儿在水面上滑行，只有桨声欸乃，愈增加了一湖幽静。一会儿摇船的姑娘歇了桨，喝了杯茶，靠在船舷，只见她向水中一摸，顺手便带上一条欢蹦乱跳的大鲤鱼。她自己只微笑着，一声不出，把鱼甩在船板上，同船的朋友看得入迷，连连说，这怎么可能！上岸时，又回头看那在浓重暮色中变得无边无际的白茫茫的湖水，惊叹道："真是个神奇的湖！"

我们整个的国家，不是也可以说是神奇的么？我这次来领略到的另一个字，就是"变"。和全国任何地方一样，隔些时候去，总会看到变化，变得快，变得好，变得神奇。都锦生织锦厂在我印象中，是一个窄狭的旧式的厂子。这次去，走进一个花木葱茏的大院子，我还以为找错了地方。技术上、管理上的改进和发展就不用说了。我看到织就的西湖风景，当然羡慕其织工精细，但却想，怎么可能把祖国的锦绣河山织出来呢？不可能的。因为河山在变，在飞跃！最初到花港时，印象中只是个小巧曲折的园子，四周是一片荒芜。这次却见变得开展了，加上好几处绿草坪，种了许多叫不上名字来的花和树，顿觉天地广阔了许多，丰富了许多。那在新鲜的活水中游来游去的金鱼们，一定会知道得更清楚吧。据说，这一处观赏地带原来只有二亩，现在已有二百一十亩。我和数字是没有什么缘分的，可是这次我却深深地记住了。这种修葺，是建设中极次要的一部分，从它，可以看出更多的东西……

更何况西湖连性情也变得活泼热闹了，星期天，游人泛舟湖上，真是满湖的笑，满湖的歌！西湖的度量，原也是容得了活泼热闹的。两三人寻幽访韵固然好，许多人畅谈畅游也极佳。见公共汽车往来运载游人，忽又想起东坡在密州出猎时写的一首《江城子》："老夫聊发少年狂。左牵黄，右擎苍。

绿树葱茏、湖水碧透的西湖景色

锦帽貂裘，千骑卷平冈。”形容他在密州出猎时的景象。想来他在杭州兴修水利，吟诗问禅之余，当有更盛的情景吧？那时是“倾城随太守”，这时是每个人在公余之暇，来休息身心，享山水之乐。这热闹，不更千百倍地有意思么？

希腊画家亚伯尔曾把自己的画放在街上，自己躲在画后，听取意见。有个鞋匠说人物的鞋子画得不对，他马上改了。这鞋匠又批评别的部分，他忍不住从画后跑出来说，你还是只谈鞋子好了。因为对西湖的印象究竟只是浮光掠影，这篇小文，很可能是鞋匠的议论，然而心到神知，想西湖不会怪我唐突吧？

作品赏析

《西湖漫笔》写于 1961 年，是宗璞的散文成名作。这篇散文发表后受到广泛赞誉，使宗璞第一次在散文界获得了承认，从此享誉文坛。

文中最主要的部分，是六月烟雨中西湖的“绿”，这也是文中最精彩的部分。作者运用直接的写实手法，描绘了西湖丰富多姿的“绿”：道旁古木苍翠欲滴；飞来峰上层叠的树木，有的绿得发黑，有的绿得发蓝；蜿蜒的小径布满青苔，直绿到石头缝里；黄龙洞绿得幽，屏风山绿得野，九曲十八涧绿得闲……将人们带进一个铺天盖地的绿色世界中。文章层次丰富，描摹真切，文字极为简约，却传神尽意，且富于韵律感，显示了作者非凡的才分和细致入微的观察力。

听听那冷雨 /余光中

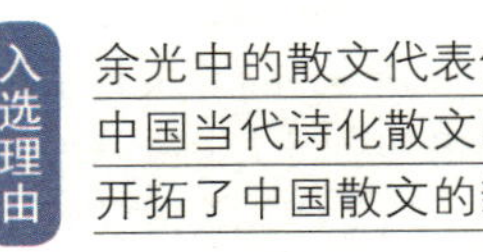

惊蛰一过，春寒加剧。先是料料峭峭，继而雨季开始，时而淋淋漓漓，时而淅淅沥沥，天潮潮地湿湿，即使在梦里，也似乎把伞撑着。而就凭一把伞，躲过一阵潇潇的冷雨，也躲不过整个雨季。连思想也都是潮润润的。每天回家，曲折穿过金门街到厦门街迷宫式的长巷短巷，雨里风里，走入霏霏令人更想入非非。想这样子的台北凄凄切切完全是黑白片的味道，想整个中国整部中国的历史无非是一张黑白片子，片头到片尾，一直是这样下着雨的。这种感觉，不知道是不是从安东尼奥尼那里来的。不过那一块土地是久违了，二十五年，四分之一的世纪，即使有雨，也隔着千山万水，千伞万伞。二十五年，一切都断了，只有气候，只有气象报告还牵连在一起。大寒流从那块土地上弥天卷来，这种酷冷吾与古大陆分担。不能扑进她怀里，被她的裙边扫一扫吧，也算是安慰孺慕之情。

这样想时，严寒里竟有一点温暖的感觉了。这样想时，他希望这些狭长的巷子永远延伸下去，他的思路也可以延伸下去，不是金门街到厦门街，而是金门到厦门。他是厦门人，至少是广义的厦门人，二十年来，不住在厦门，住在厦门街，算是嘲弄吧，也算是安慰。不过说到广义，他同样也是广义的江南人，常州人，南京人，川娃儿，五陵少年。杏花春雨江南，那是他的少年时代了。再过半个月就是清明。安东尼奥尼的镜头摇过去，摇过去又摇过来。残山剩水犹如是。皇天后土犹如是。纭纭黔首纷纷黎民从北到南犹如是。那里面是中国吗？那里面当然还是中国永远是中国。只是杏花春雨已不再，牧童遥指已不再，剑门细雨渭城轻尘也都已不再。然则他日思夜梦的那片土地，究竟在哪里呢？

在报纸的头条标题里吗？还是香港的谣言里？还是傅聪的黑键白键、马思聪的跳弓拨弦？还是安东尼奥尼的镜底勒马洲的望中？还是呢，故宫博物院的壁头和玻璃橱内，京戏的锣鼓声中，太白和东坡的韵里？

杏花。春雨。江南。六个方块字，或许那片土就在那里面。而无论赤县也好神州也好中国也好，

作者简介

余光中（1928～　），中国台湾当代诗人，祖籍福建永春，生于南京。1947年后就读于金陵大学、厦门大学。1949年后在台湾大学求学。1956年到东吴大学、台湾师范大学兼课，并主编《蓝星》诗刊。之后赴美进修，获硕士学位。返台后相继任台湾师范大学副教授、教授，台湾政治大学西语系主任。1974年任香港中文大学教授，后兼任中文大学联合书院中文系主任。余光中一生从事诗歌、散文、评论、翻译创作，自称为自己写作的“四度空间”。他的散文具有汪洋恣肆、突兀峥嵘的想象力和排山倒海、阅兵方阵般驾驭文字的能力，既雄健豪放，又不乏柔丽之情。主要著作有诗集《舟子的悲歌》、《五陵少年》、《天国的夜市》、《敲打案》、《在冷战的年代》等，散文集《左手的缪斯》、《逍遥游》、《焚鹤人》、《青青边愁》等，评论集有《掌上雨》等。

余光中像

变来变去，只要仓颉的灵感不灭、美丽的中文不老，那形象，那磁石一般的向心力当必然长在。因为一个方块字是一个天地。太初有字，于是汉族的心灵、祖先的回忆和希望便有了寄托。譬如凭空写一个“雨”字，点点滴滴，滂滂沱沱，淅沥淅沥淅沥，一切云情雨意，就宛然其中了。视觉上的这种美感，岂是什么 rain 也好 pluie 也好所能满足？翻开一部《辞源》或《辞海》，金木水火土，各成世界，而一入“雨”部，古神州的天颜千变万化，便悉在望中，美丽的霜雪云霞，骇人的雷电霹雹，展露的无非是神的好脾气与坏脾气，气象台百读不厌、门外汉百思不解的百科全书。

听听，那冷雨。看看，那冷雨。嗅嗅闻闻，那冷雨。舔舔吧，那冷雨。雨在他的伞上、这城市百万人的伞上、雨衣上、屋上、天线上。雨下在基隆港、在防波堤、在海峡的船上，清明这季雨。雨是女性，应该最富于感性。雨气空濛而迷幻，细细嗅嗅，清清爽爽新新，有一点点薄荷的香味，浓的时候，竟发出草和树沐发后特有的淡淡土腥气，也许那竟是蚯蚓和蜗牛的腥气吧，毕竟是惊蛰了啊。也许地上的地下的生命、也许古中国层层叠叠的记忆皆蠢蠢而蠕，也许是植物的潜意识和梦吧，那腥气。

第三次去美国，在高高的丹佛他山居了两年。美国的西部，多山多沙漠，千里干旱。天，蓝似

位于安徽省贵池县城西郊的杏花村。唐代诗人杜牧任池州刺史时，曾写下一首脍炙人口的诗：“清明时节雨纷纷，路上行人欲断魂。借问酒家何处有，牧童遥指杏花村。”诗中所说的“杏花村”指的就是这个地方，从此杏花村扬名海内，成为千古名村。

江南雨天的屋瓦，细雨敲在鳞鳞千瓣的瓦上，轻轻重重，淅淅沥沥，夹着一股股的细流沿瓦槽与屋檐潺潺泻下，各种敲击音与滑音密织成网，如同一曲柔婉动听的合奏。

安格罗·萨克逊人的眼睛；地，红如印地安人的肌肤；云，却是罕见的白鸟。落基山簇簇耀目的雪峰上，很少飘云牵雾。一来高，二来干，三来森林线以上，杉柏也止步，中国诗词里“荡胸生层云”，或是“商略黄昏雨”的意趣，是落基山上难睹的景象。落基山岭之胜，在石，在雪。那些奇岩怪石，相叠互倚，砌一场惊心动魄的雕塑展览，给太阳和千里的风看。那雪，白得虚虚幻幻，冷得清清醒醒，那股皑皑不绝一仰难尽的气势，压得人呼吸困难，心寒眸酸。不过要领略“白云回望合，青霭入看无”的境界，仍须回来中国。台湾湿度很高，最饶云气氤氲雨意迷离的情调。两度夜宿溪头，树香沁鼻，宵寒袭肘，枕着润碧湿翠、苍苍交叠的山影和万籁都歇的岑寂，仙人一样睡去。山中一夜饱雨，次晨醒来，在旭日未升的原始幽静中，冲着隔夜的寒气，踏着满地的断柯折枝和仍在流泻的细股雨水，一径探入森林的秘密，曲曲弯弯，步上山去。溪头的山，树密雾浓，蓊郁的水气从谷底冉冉升起，时稠时稀，蒸腾多姿，幻化无定，只能从雾破云开的空处，窥见乍现即隐的一峰半壑，要纵览全貌，几乎是不可能的。至少入山两次，只能在白茫茫里和溪头诸峰玩捉迷藏的游戏，回到台北，世人问起，除了笑而不答心自闲，故作神秘之外，实际的印象，也无非山在虚无之间罢了。云缭烟绕，山隐水迢的中国风景，由来予人宋画的韵味。那天下也许是赵家的天下，那山水却是米家的山水。而究竟，是米氏父子下笔像中国的山水，还是中国的山水上纸像宋画。恐怕是谁也说不清楚了吧？

雨不但可嗅，可观，更可以听。听听那冷雨。听雨，只要不是石破天惊的台风暴雨，在听觉上总是一种美感，大陆上的秋天，无论是疏雨滴梧桐，或是骤雨打荷叶，听去总有一点凄凉，凄清，凄楚。于今在岛上回味，则在凄楚之外，更笼上一层凄迷了。饶你多少豪情侠气，怕也经不起三番五次的风吹雨打。一打少年听雨，红烛昏沉。二打中年听雨，客舟中，江阔云低。三打白头听雨在僧庐下，这便是亡宋之痛，一颗敏感心灵的一生：楼上，江上，庙里，用冷冷的雨珠子串成。十年前，他曾在一场摧心折骨的鬼雨中迷失了自己。雨，该是一滴湿漓漓的灵魂，在窗外喊谁。

雨打在树上和瓦上，韵律都清脆可听。尤其是铿铿敲在屋瓦上，那古老的音乐，属于中国。王禹偁在黄冈，破如椽的大竹为屋瓦。据说住在竹楼上面，急雨声如瀑布，密雪声比碎玉。而无论鼓琴，咏诗，下棋，投壶，共鸣的效果都特别好。这样岂不像住在竹筒里面，任何细脆的声响，怕都会加倍夸大，反而令人耳朵过敏吧。

雨天的屋瓦，浮漾湿湿的流光，灰而温柔，迎光则微明，背光则幽黯，对于视觉，是一种低觉的安慰。至于雨敲在鳞鳞千瓣的瓦上，由远而近，轻轻重重轻轻，夹着一股股的细流沿瓦槽与屋檐潺潺泻下，各种敲击音与滑音密织成网，谁的千指百指在按摩耳轮。“下雨了”，温柔的灰美人来了，她冰冰的纤手在屋顶拂弄着无数的黑键啊灰键，把晌午一下子奏成了黄昏。

在古老的大陆上，千屋万户是如此。二十多年前，初来这岛上，日式的瓦屋亦是如此。先是天黯了下来，城市像罩在一块巨幅的毛玻璃里，阴影在户内延长复加深。然后凉凉的水意弥漫在空间，风自每一个角落里旋起，感觉得到，每一个屋顶上呼吸沉重都覆着灰云。雨来了，最轻的敲打乐敲打这城市，苍茫的屋顶，远远近近，一张张敲过去，古老的琴，那细细密密的节奏，单调里自有一种柔婉与亲切，滴滴点点滴滴，似幻似真，若孩时在摇篮里，一曲耳熟的童谣摇摇欲睡，母亲吟哦鼻音与喉音。

或是在江南的泽国水乡，一大筐绿油油的桑叶被啮于千百头蚕，细细琐琐屑屑，口器与口器咀咀嚼嚼。雨来了，雨来的时候瓦这么说，一片瓦说千亿片瓦说，说轻轻地奏吧沉沉地弹，徐徐地叩吧挞挞地打，间间歇歇敲一个雨季，即兴演奏从惊蛰到清明，在零落的坟上冷冷奏挽歌，一片瓦吟千亿片瓦吟。

在日式的古屋里听雨，听四月，霏霏不绝的黄梅雨，朝夕不断，旬月绵延，湿粘粘的苔藓从石阶下一直侵到他舌底，心底。到七月，听台风台雨在古屋顶上一夜盲奏，千寻海底的热浪沸沸被狂风挟来，掀翻整个太平洋只为向他的矮屋檐重重压下，整个海在他的蜗壳上哗哗泻过。不然便是雷雨夜，白烟一般的纱帐里听羯鼓一通又一通，滔天的暴雨滂滂沛沛扑来，强劲的电琵琶忐忐忑忑忐忑忑，弹动屋瓦的惊悸腾腾欲掀起。不然便是斜斜的西北雨斜斜，刷在窗玻璃上，鞭在墙上打在阔大的芭蕉叶上，一阵寒濑泻过，秋意便弥漫日式的庭院了。

在日式的古屋里听雨，春雨绵绵听到秋雨潇潇，从少年听到中年，听听那冷雨。雨是一种单调而耐听的音乐是室内乐是室外乐，户内听听，户外听听，冷冷，那音乐。雨是一种回忆的音乐，听听那冷雨，回忆江南的雨下得满地是江湖下在桥上和船上，也下在四川在秧田和蛙塘，下肥了嘉陵江下湿布谷咕咕的啼声。雨是潮潮润润的音乐下在渴望的唇上舔舔那冷雨。

因为雨是最最原始的敲打乐从记忆的彼端敲起。瓦是最最低沉的乐器灰蒙蒙的温柔覆盖着听雨的人，瓦是音乐的雨伞撑起。但不久公寓的时代来临，台北，你怎么一下子长高了，瓦的音乐竟成了绝响。千片万片的瓦翩翩，美丽的灰蝴蝶纷纷飞走，飞入历史的记忆。现在雨下下来，下在水泥的屋顶和墙上，没有音韵的雨季。树也砍光了，那月桂，那枫树，柳树和擎天的巨椰，雨来的时候不再有丛叶嘈嘈切切，闪动湿湿的绿光迎接。鸟声减了啾啾，蛙声沉了阁阁，秋天的虫吟也减了唧唧。七十年代的台北不需要这些，一个乐队接一个乐队便遣散尽了。要听鸡叫，只有去《诗经》的韵里寻找。现在只剩下一张黑白片，黑白的默片。

正如马车的时代去后，三轮车的时代也去了。曾经在雨夜，三轮车的油布篷挂起，送她回家的途中，篷里的世界小得多可爱，而且躲在警察的辖区以外。雨衣的口袋越大越好，盛得下他的一只手里握一只纤纤的手。台湾的雨季这么长，该有人发明一种宽宽的双人雨衣，一人分穿一只袖子，此外的部分就不必分得太苛。而无论工业如何发达，一时似乎还废不了雨伞。只要雨不倾盆，风不横吹，撑一把伞在雨中仍不失古典的韵味。任雨点敲在黑布伞或是透明的塑胶伞上，将骨柄一旋，雨珠向四方喷溅，伞缘便旋成了一圈飞檐。跟女友共一把雨伞，该是一种美丽的合作吧。最好是初恋，有点兴奋，更有点不好意思，若即若离之间，雨不妨下大一点。真正初恋，恐怕是兴奋得不需要伞的，手牵手在雨中狂奔而去，把年轻的长发和肌肤交给漫天的淋淋漓漓，然后向对方的唇上颊上尝凉凉甜甜的雨水。不过那要非常年轻且激情，同时，也只能发生在法国的新潮片里吧。

大多数的雨伞想不会为约会张开。上班下班，上学放学，菜市来回的途中，现实的伞，灰色的星期三。握着雨伞，他听那冷雨打在伞上。索性更冷一些就好了，他想。索性把湿湿的灰雨冻成干干爽爽的白雨，六角形的结晶体在无风的空中回回旋旋地降下来，等须眉和肩头白尽时，伸手一拂就落了。二十五年，没有受故乡白雨的祝福，或许发上下一点白霜是一种变相的自我补偿吧。一位英雄，经得起多少次雨季？他的额头是水成岩削成还是火成岩？他的心底究竟有多厚的苔藓？厦门街的雨巷走了二十年与记忆等长，一座无瓦的公寓在巷底等他，一盏灯在楼上的雨窗子里，等他回去，向晚餐后的沉思冥想去整理青苔深深的记忆。前尘隔海。古屋不再。听听那冷雨。

作品赏析

余光中是一位享誉海峡两岸的“乡愁”诗人，他的散文创作也极为丰富，是诗文双绝的作家。余光中1949年随父母去台湾定居，直到1992年他才回访大陆。《听听那冷雨》写于1974年春，此时离作者离开大陆已经整整25年了。

在文中，作者出色地运用了移步换景的手法，不断变换视角，描摹了不同地点听冷雨的意境、情趣、感受，并创造性地展示了丰富而又奇特的感觉，将雨描绘成糅合了听觉、触觉、嗅觉、视觉、味觉的一种全方位的感性存在，这种感性存在蕴含了人物交互感应所产生的全部情感类型——乡情、友情、爱情、亲情，从而给读者带来了多维的审美体验。文章意象博大深沉，结构舒缓而不散漫，叠词叠句交错运用，极富音乐美。古诗文典故的巧妙运用，使文章的意境得到了拓展。

梦里花落知多少

/三毛

入选理由

三毛的散文代表作之一

体现了平凡人平凡爱情的质朴美

受中国广大青年读者喜爱的三毛散文名篇之一

那一年的冬天，我们正要从丹娜丽芙岛搬家回到大加那利岛自己的房子里去。

一年的工作已经结束，美丽无比的人造海滩引进了澄蓝平静的海水。

荷西与我坐在完工的堤边，看也看不厌地面对着那份成绩欣赏，静观工程的快乐是不同凡响的。

我们自黄昏一直在海边坐到子夜，正是除夕，一朵朵怒放的烟火，在漆黑的天空里如梦如幻地亮灭在我们仰着的脸上。

滨海大道上挤满着快乐的人群。钟敲十二响的时候，荷西将我抱在手臂里，说："快许十二个愿望。"我便在心里重复着十二句同样的话："但愿人长久，但愿人长久，但愿人长久，但愿人长久——"送走了去年，新的一年来了。

荷西由堤防上先跳下了地，伸手接过跳落在他手臂中的我。

我们十指交缠，面对面地凝望了一会儿，在烟火起落的五色光影下，微笑着说："新年快乐！"然后轻轻一吻。

我突然有些泪湿，赖在他的怀里不肯举步。

新年总是使人惆怅，这一年又更是来得如真如幻。许了愿的下一句对夫妻来说并不太吉利，说完了才回过意来，竟是心慌。

"你许了什么愿。"我轻轻问他。

"不能说出来的，说了就不灵了。"

我勾住他的脖子不放手，荷西知我怕冷，将我卷进他的大夹克里去。我再看他，他的眸光炯炯如星，里面反映着我的脸。

"好啦！回去装行李，明天清早回家去啰！"

他轻拍了我一下背，我失声喊起来："但愿永远这样下去，不要有明天了！"

"当然要永远下去，可是我们得先回家，来，不要这个样子。"

一路上走回租来的公寓去，我们的手紧紧交握着，好像要将彼此的生命握进永恒。

作者简介

三毛（1944 ~ 1991），原名陈平，祖籍浙江定海，生于重庆，中国台湾当代女作家。幼年随父母到台湾。12 岁入台北第一女子中学，但只读了一年半，之后在家闭门独居 7 年。20 岁入台湾文化大学学习。两年后到西班牙、德国、美国学习。后回台任教。之后赴撒哈拉，与西班牙人荷西结婚。6 年后荷西溺水身亡。三毛返台任教于文化大学。主要作品有散文集《雨季不再来》、《撒哈拉的故事》及多部剧本、译作等。

三毛像

而我的心，却是悲伤的，在一个新年刚刚来临的第一个时辰里，因为幸福满溢，我怕得悲伤。

不肯在租来的地方多留一分一秒，收拾了零杂东西，塞满了一车子。清晨六时的码头上，一辆小白车在等渡轮。

新年没有旅行的人，可是我们急着要回到自己的房子里去。

关了一年的家，野草齐膝，灰尘满室，对着那片荒凉，竟是焦急心痛，顾不得新年不新年，两人马上动手清扫起来。

不过静了两个多月的家居生活，那日上午在院中给花洒水，送电报的朋友在木栅门外喊着："Echo，一封给荷西的电报呢！"

我匆匆跑过去，心里扑扑地乱跳起来，不要是马德里的家人出了什么事吧！电报总使人心慌意乱。

"乱撕什么嘛！先给签个字。"朋友在摩托车上说。

我胡乱签了个名，一面回身喊车房内的荷西。

"你先不要怕嘛！给我看。"荷西一把抢了过去。

原来是新工作来了，要他火速去拉芭玛岛报到。

只不过几小时的光景，我从机场一个人回来，荷西走了。

离岛不算远，螺旋桨飞机过去也得四十五分钟，那儿正在建新机场、新港口。只因没有什么人去那最外的荒寂之岛，大的渡轮也就不去那边了。

虽然知道荷西能够照顾自己的衣食起居，看他每一度提着小箱子离家，仍然使我不舍而辛酸。

家里失了荷西便失了生命，再好也是枉然。

过了一星期漫长的等待，那边电报来了。

"租不到房子，你先来，我们住旅馆。"

刚刚整理的家又给锁了起来，邻居们一再地对我建议："你住家里，荷西周末回来一天半，他那边住单身宿舍，不是经济些嘛！"

我怎么能肯。匆忙去打听货船的航道，将杂物、一笼金丝雀和汽车托运过去，自己推着一只衣箱上机走了。

当飞机着陆在静静小小的荒凉机场时，又看见了重沉沉的大火山，那两座黑里带火蓝的大山。

我的喉咙突然卡住了，心里一阵郁闷，说不出的闷，压倒了重聚的欢乐和期待。

荷西一只手提着箱子，另一只手搭在我的肩上向机场外面走去。

"这个岛不对劲！"我闷闷地说。

"上次我们来玩的时候你不是很喜欢的吗？"

"不晓得，心里怪怪的，看见它，一阵想哭似的感觉。"我的手拉住他皮带上的绊扣不放。

"不要乱想，风景好的地方太多了，刚刚赶上看杏花呢！"他轻轻摸了一下我的头发又安慰似的亲了我一下。

只有两万人居住的小城里租不到房子。我们搬进了一房一厅连一小厨房的公寓旅馆。收入的一大半付给了这份固执相守。

安置好新家的第三日，家中已经开始请客了，婚后几年来，荷西第一回做了小组长，这里另外四个同事没有带家眷，有两个还依然单身。我们的家，伙食总比外边的好些，为着荷西爱朋友的真心，为着他热切期望将他温馨的家让朋友分享，我晓得，在他内心深处，亦是因为有了我而骄傲，这份感激当然是全心全意地在家事上回报了他。

三毛与荷西结婚初的合影

岛上的日子岁月悠长，我们看不到外地的报纸，本岛的那份又编得有若乡情。久而久之，世外的消息对我们已不很重要，只是守着海，守着家，守着彼此。每听见荷西下工回来时那急促的脚步声上楼，我的心便是欢喜。

六年了，回家时的他，怎么仍是一样跑着来的，不能慢慢地走吗？六年一瞬，结婚好似昨天的事情，而两人已共过了多少悲欢岁月。

小地方人情温暖，住上不久，便是深山里农家讨杯水喝，拿出来的必是自酿的葡萄酒，再送一满怀的鲜花。

我们也是记恩的人，马铃薯成熟的季节，星期天的田里，总有两人的身影弯腰帮忙收获。做热了，跳进蓄水池里游个泳，趴在荷西的肩上浮沉，大喊大叫，就是不肯松手。

作品赏析

三毛旅居撒哈拉期间，与西班牙人荷西结婚，两人度过了一段快乐幸福的时光。不幸的是，不久荷西溺水而亡，三毛孤身一人回到台湾。之后她写下一组深切悼念荷西的文章《梦里花落知多少》，本文为其中的首篇。

本文叙述了在一次迁居中三毛与荷西从分手到重聚的事情。作者着眼于生活中的平凡琐事，以个人的情感为线索，抒写了自己与荷西之间亲密无间、情深似海的夫妻之情。文章语言朴素、纯净，直抒胸臆，毫无雕饰之感，任性俏皮的三毛与诚实钟情的荷西形象跃然纸上。文中洋溢着一种至清至纯的人性美、人情美，真情写实之句俯拾皆是，读后给人以一种甜美、温馨、轻松的享受。

三毛性格率真，敢爱敢恨。她曾说过："我不求深刻，但求简单。"三毛的文章风格，一如她的为人，单纯明澈、坦率真挚。

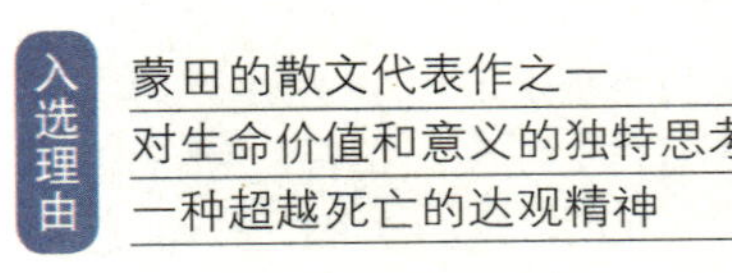

热爱生命 /［法国］蒙田

我对某些词语赋予特殊的含义，拿“度日”来说吧，天色不佳，令人不快的时候，我将“度日”看做是“消磨光阴”，而风和日丽的时候，我却不愿意去“度”，这时我是在慢慢赏玩、领略美好的时光。坏日子，要飞快去“度”，好日子，要停下来细细品尝。“度日”、“消磨时光”的常用语令人想起那些“哲人”的习气。他们以为生命的利用不外乎在于将它打发、消磨，并且尽量回避它，无视它的存在，仿佛这是一件苦事、一件贱物似的。至于我，我却认为生命不是这个样的，我觉得它值得称颂，富有乐趣，即便我自己到了垂暮之年也还是如此。我们的生命受到自然的厚赐，它是优越无比的，如果我们觉得不堪生之重压或是白白虚度此生，那也只能怪我们自己。

“糊涂人的一生枯燥无味，躁动不安，却将全部希望寄托于来世。”

不过，我却随时准备告别人生，毫不惋惜。这倒不是因生之艰辛或苦恼所致，而是由于生之本质在于死。因此只有乐于生的人才能真正不感到死之苦恼。享受生活要讲究方法。我比别人多享受到一倍的生活，因为生活乐趣的大小是随我们对生活的关心程度而定的。尤其在此刻，我眼看生命的时光无多，我就愈想增加生命的分量。我想靠迅速抓紧时间，去留住稍纵即逝的日子；我想凭时间的有效利用去弥补狡猾流逝的光阴。剩下的生命愈是短暂，我愈要使之过得丰盈饱满。

作者简介

蒙田像

蒙田（1533 ~ 1592），欧洲文艺复兴时期法国著名的思想家、散文家。出身贵族家庭。早年学习拉丁文，在波尔多市念中学。后在相当长的时期内深居简出，闭门读书思考。之后担任过法院顾问、波尔多市市长等职，曾游历瑞士、意大利等地。主要作品有《随笔集》3卷。书的卷首写道“我本人就是这部书的材料”，它介绍了作者的思想和生活，结构松散自然，又彼此连贯。蒙田把渊博的知识和丰富的个人经验结合起来，形成了独特的思想意境和艺术风格。书中的思想是趋于中庸的，他对当时的迷信、偏见、巫术和破坏进行否定，认为绝对的真理无法认识，只能探索部分的寻常真理。他在政治上又是保守的，尊重现存社会和秩序。《随笔集》行文旁征博引，语言平易流畅，对弗兰西斯·培根及17、18世纪欧洲一些思想家、文学家影响很大。

作品赏析

《热爱生命》是一篇短小精悍的散文，文章表达了作者对生命价值和意义的独特思考。文章开首从截然相反的两种“度日”方式写起，接着以“哲人”对待生命的消极方法为反衬，指出人的生命是大自然的厚赐，具有无与伦比的优越性，因此人们应当珍惜生命，不能虚度光阴。接着作者话锋一转，指出生命虽然可贵，但死亡亦不可避免，“生之本质在于死”，人应有一种超越死亡的达观精神，既乐生又不惧死。所以人们要珍惜生活，享受生活，并采用适当的方法享受生活，“因为生活乐趣的大小是随我们对生活的关心程度而定的”。文章虽仅五百余字，却将一种极其智慧和达观的生命态度，表达得淋漓透彻，鲜活自然，发人深思。

论求知

/［英国］培根

培根的散文代表作之一

文字洗练，层次分明，不事铺张，说理透彻

文章充满名言警句，给人启迪，催人奋进

求知可以作为消遣，可以作为装饰，也可以增长才干。

当你孤独寂寞时，阅读可以消遣。当你高谈阔论时，知识可供装饰。当你处世行事时，正确运用知识意味着力量。懂得事物因果的人是幸福的。有实际经验的人虽能够办理个别性的事务，但若要综观整体，运筹全局，却惟有掌握知识方能办到。

求知太慢会弛惰，为装潢而求知是自欺欺人，完全照书本条条办事会变成偏执的书呆子。

求知可以改进人的天性，而实验又可以改进知识本身。人的天性犹如野生的花草，求知学习好比修剪移栽。实习尝试则可检验修正知识本身的真伪。

狡诈者轻鄙学问，愚鲁者羡慕学问，唯聪明者善于运用学问。知识本身并没有告诉人怎样运用它，运用的方法乃在书本之外。这是一门技艺，不经实验就不能学到。不可专为挑剔辩驳去读书，但也不可轻易相信书本。求知的目的不是为了吹嘘炫耀，而应该是为了寻找真理，启迪智慧。

有的知识只须浅尝，有的知识只要粗知。只有少数专门知识需要深入钻研，仔细揣摩。所以，有的书只要读其中一部分，有的书只须知其中梗概即可，而对于少数好书，则要精读，细读，反复地读。有的书可以请人代读，然后看他的笔记摘要就行了。但这只限于质量粗劣的书。否则一本好书将像已被蒸馏过的水，变得淡而无味了！

培根像

作者简介

培根（1561 ~ 1652），17 世纪英国著名的政治家、哲学家、科学家、史学家。出身于伦敦一个高级官员家庭。12 岁入剑桥大学“三一学院”学习。1576 年毕业后出使法国。1579 年回国后任女王的法律顾问。曾任司法部次长、法务部长、掌玺大臣、大法官等职。1621 年被控受贿免职。

读书使人的头脑充实，讨论使人明辨是非，做笔记则能使知识精确。

因此，如果一个人不愿做笔记，他的记忆力就必须强而可靠。如果一个人只愿孤独探索，他的头脑就必须格外锐利。如果有人不读书又想冒充博学多知，他就必定很狡黠，才能掩饰他的无知。

读史使人明智，读诗使人聪慧，演算使人精密，哲理使人深刻，伦理学使人有修养，逻辑修辞使人善辩。总之，“知识能塑造人的性格”。

不仅如此，精神上的各种缺陷，都可以通过求知来改善——正如身体上的缺陷，可以通过运动来改善一样。例如打球有利于腰肾，射箭可扩胸利肺，散步则有助于消化，骑术使人反应敏捷，等等。同样，一个思维不集中的人，他可以研习数学，因为数学稍不仔细就会出错。缺乏分析判断力的人，他可以研习经院哲学，因为这门学问最讲究烦琐辩证。不善于推理的人，可以研习法律学，如此等等。这种种头脑上的缺陷，可都以通过求知来疗治。

作品赏析

《论求知》是培根散文集《论人生》中众多脍炙人口的篇什之一。本文集中论述了科学的求知方法。全文分三大部分。第一部分论述求知的正确目的。作者开首连用三个排比句，提出了三种不同类型的求知目的，接着对其展开具体论述。第二部分论述了求知的正确方法，指出对好书、一般的书、粗糙的书应采取不同的读法，提倡多读、讨论、做笔记。第三部分论述知识的作用，认为知识能塑造人的性格和弥补人精神上的各种缺陷，鼓励人们去求知。文章文字洗练，层次分明，不事铺张，说理透彻，排比、比喻修辞手法的运用，使文章语气贯通，生动晓畅，节奏和谐。文章充满名言警句，给人启迪，催人奋进。

生活在大自然的怀抱里

/［法国］卢梭

入选理由

卢梭的散文代表作之一

体现了人类心灵深处摆脱尘世干扰、追求自然纯净境界的永恒意念

为了到花园里看日出，我比太阳起得更早；如果这是一个晴天，我最殷切的期望是不要有信件或来访扰乱这一天的清宁。我用上午的时间做各种杂事。每件事都是我乐意完成的，因为这都不是非立即处理不可的急事，然后我匆忙用膳，为的是躲避那些不受欢迎的来访者，并且使自己有一个充裕的下午。即使最炎热的日子，在中午一时前我就顶着烈日带着芳夏特出发了。由于担心不速之

作者简介

卢梭(1712～1778),18世纪法国著名的启蒙思想家、文学家。早年丧母，未受过正规教育。14岁时外出谋生，当过学徒、仆人、家庭教师、乐谱抄写员等。30岁时到巴黎，为《百科全书》撰稿。后受法国当局通缉，流亡瑞士等地。晚年独居巴黎。主要著作有《社会契约论》、《爱弥儿》、《忏悔录》等。在这些著作中他提出了天赋人权、自由平等、主权在民等思想，对法国大革命产生了深远的影响。

卢梭像

客会使我不能脱身，我加紧了步伐。可是，一旦绕过一个拐角，我觉得自己得救了，就激动而愉快地松了口气，自言自语说：“今天下午我是自己的主宰了！”从此，我迈着平静的步伐，到树林中去寻觅一个荒野的角落，一个人迹不至因而没有任何奴役和统治印记的荒野的角落，一个我相信在我之前从未有人到过的幽静的角落，那儿不会有令人厌恶的第三者跑来横隔在大自然和我之间。那儿，大自然在我眼前展开一幅永远清新的华丽的图景。金色的燃料木、紫红的欧石南非常繁茂，给我深刻的印象，使我欣悦；我头上树木的宏伟、我四周灌木的纤丽、我脚下花草的惊人的纷繁使我目不暇给，不知道应该观赏还是赞叹；这么多美好的东西争相吸引我的注意力，使我眼花缭乱，使我在每件东西面前留连，从而助长我懒惰和爱空想的习气，使我常常想：“不，全身辉煌的所罗门也无法同它们当中任何一个相比。”

我的想象不会让如此美好的土地长久渺无人烟。我按自己的意愿在那儿立即安排了居民，我把舆论、偏见和所有虚假的感情远远驱走，使那些配享受如此佳境的人迁进这大自然的乐园。我将把他们组成一个亲切的社会，而我相信自己并非其中不相称的成员。我按照自己的喜好建造一个黄金的世纪，并用那些我经历过的给我留下甜美记忆的情景和我的心灵还在憧憬的情境充实这美好的生活，我多么神往人类真正的快乐，如此甜美、如此纯洁、但如今已经远离人类的快乐。甚至每当念及此，我的眼泪就夺眶而出！啊！这个时刻，如果有关巴黎、我的世纪、我这个作家的卑微的虚荣心的念头来扰乱我的遐想，我就怀着无比的轻蔑立即将它们赶走，使我能够专心陶醉于这些充溢我心灵的美妙的感情！然而，在遐想中，我承认，我幻想的虚无有时会突然使我的心灵感到痛苦。甚至即使我所有的梦想变成现实，我也不会感到满足：我还会有新的梦想、新的期望、新的憧憬。我觉得我身上有一种没有什么东西能够填满的无法解释的空虚，有一种虽然我无法阐明、但我感到需要的对某种其他快乐的向往。然而，先生，甚至这种向往也是一种快乐，因为我从而充满一种强烈的感情和一种迷人的感伤——而这都是我不愿意舍弃的东西。

我立即将我的思想从低处升高，转向自然界所有的生命，转向事物普遍的体系，转向主宰一切的不可思议的上帝。此刻我的心灵迷失在大千世界里，我停止思维，我停止冥想，我停止哲学的推理；我怀着快感，感到肩负着宇宙的重压，我陶醉于这些伟大观念的混杂，我喜欢任由我的想像在空间驰骋；我禁锢在生命的疆界内的心灵感到这儿过分狭窄，我在天地间感到窒息，我希望投身到一个无限的世界中去。我相信，如果我能够洞悉大自然所有的奥秘，我也许不会体会这种令人惊异的心醉神迷，而处在一种没有那么甜美的状态里；我的心灵所沉湎的这种出神入化的佳境使我在亢奋激动中有时高声呼唤："啊，伟大的上帝呀！啊，伟大的上帝呀！"但除此之外，我不能讲出也不能思考任何别的东西。遗忘，但他们肯定不会把我忘却；不过，这又有什么关系？反正他们没有任何办法来搅乱我的安宁。摆脱了纷繁的社会生活所形成的种种尘世的情欲，我的灵魂就经常神游于这一氛围之上，提前跟天使们亲切交谈，并希望不久就将进入这一行列。我知道，人们将竭力避免把这样一处甘美的退隐之所交还给我，他们早就不愿让我呆在那里。但是他们却阻止不了我每天振想象之翼飞到那里，一连几个小时重尝我住在那里时的喜悦。我还可以做一件更美妙的事，那就是我可以尽情想象。假如我设想我现在就在岛上，我不是同样可以遐想吗？我甚至还可以更进一步，在抽象的、单调的遐想的魅力之外，再添上一些可爱的形象，使得这一遐想更为生动活泼。在我心醉神迷时这些形象所代表的究竟是什么，连我的感官也时常是不甚清楚的；现在遐想越来越深入，它们也就被勾画得越来越清晰了。跟我当年真在那里时相比，我现在时常是更融洽地生活在这些形象之中，心情也更加舒畅。不幸的是，随着想像力的衰退，这些形象也就越来越难以映上脑际，而且也不能长时间地停留。唉！正在一个人开始摆脱他的躯壳时，他的视线却被他的躯壳阻挡得最厉害！

作品赏析

《生活在大自然的怀抱里》是一篇意境优美的散文。文章表达了作者热爱自然、崇尚个性、蔑视世俗观念的思想。文章一开始用简洁的笔调表述了自己在一天里如何摆脱来访者，接着又饱含激情地描述了他所看到的自然极其清新华丽、生机无限。置身于自然这个甜美、纯洁的世外桃源，卢梭陶醉了，忘却了尘世的纷繁、偏见，充满了梦想、憧憬。

文章采用内心独白式的表述方式，亲切自然，感情真挚，全文流畅隽永，情景交融，充满诗情画意，熔人文精神与理性精神于一炉，给读者以深刻的艺术享受。

悼念乔治·桑

/［法国］雨果

雨果的散文代表作之一
悼念乔治·桑的名篇佳作
文字凝练隽永，铿锵有力，富于韵律美

我哀悼一位逝去的女性，向一位不朽的女子致敬。

我以往热爱她，赞赏她，尊敬她；今天，在死亡的宁静肃穆中，我瞻仰她。

我称赞她，因为她的创造是伟大的，而且我感谢她，因为她的创造是美好的。我记忆犹新，有一天，我曾经给她写信说："我感谢您心灵如此伟大。"

难道我们失去她了吗？

没有。

高大的形象不见了，但是并没有销声匿迹。远非如此；几乎可以说，这些形象发展了。它们变成了无形，却在另一种形式下变得清晰可见。这是崇高的变形。

人形有隐蔽作用，它遮住了真正神圣的面孔，这面孔就是思想。乔治·桑是一种思想；这思想如今离开了肉体，获得了自由；她辞世了，而思想却活着。

乔治·桑在我们的时代享有独一无二的位置。其他伟人都是男人，她却是伟大的女性。

本世纪以完成法国革命和开始人类革命为其法则；在这个世纪里，由于性别的平等属于人类平等的范围内，因此一个伟大的女性是必不可少的。妇女必须证明，她可以拥有我们男性的所有禀赋，而又不失去女性天使般的品质；强大有力而又始终温柔可爱。

乔治·桑就是这种证明。

既然有那么多的人给法国蒙上耻辱，就必须有人给它带来荣耀。乔治·桑将是我们的世纪和法国值得骄傲的人物之一。这个誉满全球的女性完美无缺。她像巴尔贝斯一样有一颗伟大的心灵，像巴尔扎克一样有伟大的头脑，像拉马丁一样有崇高的心胸。她身上有诗才。在加里波第创造了奇迹的时代，她写出了杰作。

用不着一一列举这些杰作。何必把大家记得的事再鹦鹉学舌一遍呢？

作者简介

雨果（1802 ~ 1885），19 世纪法国著名的资产阶级民主作家、积极浪漫主义文学运动领袖。生于法国东部贝藏松，父亲是拿破仑手下的一个将军。幼年时曾随父亲行军到意大利等地，11 岁时随母亲返回巴黎。他热情支持法国大革命，在法国复辟王朝时期被迫流亡 19 年。1827 年发表诗剧《克伦威尔》，在序言中提出浪漫主义的文学，主张美丑对比等原则，从此成为法国浪漫主义文学运动的领袖。1830 年剧本《欧那尼》上演成功，标志着浪漫主义对古典主义的胜利。他的小说主要有长篇小说《巴黎圣母院》、《悲惨世界》、《海上劳工》、《笑面人》和《九三年》等，还著有《新颂歌集》、《东方吟》、《秋叶集》、《心声集》、《凶年集》、《惩罚集》等诗集，剧本还有历史剧《城堡里的公爵》、《逍遥王》、《昂杰罗》等。这些作品的基本主题是歌颂真善美，鞭挞黑暗、丑恶和残暴，充满丰富的想象力和巧妙的音乐性，具有优雅精美、雄伟朴实的艺术风格。雨果是法国浪漫主义文学运动的领袖，他长达 60 年的创作生涯，见证了 19 世纪法国的历史进程和文学进程。

雨果像

乔治·桑是19世纪法国著名的批判现实主义女作家，她以独特的思想和创作技巧享誉世界文坛，受到世人的尊敬和推崇。

标志这些杰作力量所在之特点的，是善良。乔治·桑是善良的。因此，她受到憎恨。受人赞美有个替身，就是遭人嫉恨，热情有一个反面，就是侮辱。嫉恨和侮辱既是表明赞成，又想表明反对。后人会将嘲骂看作得到荣耀的喧闹声。凡是戴上桂冠的人都要受到抨击。这是一个规律,侮辱的卑劣要以欢呼的大小作为测度。

像乔治·桑那样的人都是为公众谋福利的。他们进去了，他们一旦逝去，在他们本来那个显得空荡荡的位置上，便可以看到实现了新的进步。

每当这样一个杰出人物去世，我们便仿佛听到翅膀拍击的巨大响声；既有东西逝去，就有别的东西继续存在。

大地像天空一样，也有隐没的时候;但是，人间像上天一样，重新显现，跟随在消失之后：一个男人或者一个女人，就像火炬一样以这种形式熄灭了，却以思想的形式重新放光。于是人们看到，原来以为熄灭的东西是无法熄灭的。这支火炬越发光芒四射；从此以后，它属于文明的一部分；它进入了人类广大的光明之中；它增加了光明；因为把假光熄灭了的神秘的气息，给真正的光提供了燃料。

劳动者离开了，可是他的劳动成果留了下来。

埃德加·基内去世了，但是从他的坟墓里冒出了至高无上的哲学，而他又从坟墓的上方给人们提出劝告。米什莱谢世了，但是在他身后耸立着一部历史，勾画出未来的历程。乔治·桑长辞了，但是她给我们留下妇女展露女性天才的权利。变化就是这样完成的。让我们哭悼死者吧，但是要看到接踵而至的现象；留存下来的是确定无疑的事实；由于有了这些令人自豪的思想先驱，一切真理和一切正义都迎我们而来，而这正是我们所听到的翅膀拍击的声音。

请接受我们逝去的名人在离开我们的时候，给予我们的东西吧。让我们面向未来，平静而充满沉思，向伟人的离去给我们预示的光辉前景的到来致敬吧。

作品赏析

《悼念乔治·桑》是雨果为悼念法国著名的现实主义小说家乔治·桑而写的悼文。乔治·桑逝于1876年6月8日，10日法国诺昂举行的葬礼上宣读了雨果撰写的这篇悼文。文章开篇点题，直抒胸臆，同时说明悼念乔治·桑的原因。接着作者不从正面去描写乔治·桑，而是采用比衬的方法，以男人、名人作比照，以对手的憎恨、攻击作反衬，以火炬做比喻，突出了乔治·桑的形象伟大、思想崇高、心灵善良。最后作者劝告人们要化悲痛为力量，“面向未来，去迎接光辉的前景”，使文章的主题得到了升华。综观全文，激情多于感伤，气势磅礴，热情洋溢，文字凝练隽永，铿锵有力，富于韵律美，充分展示了一代浪漫主义文豪雨果的语言风格。

作者简介

乔治·桑（1804 ~ 1876），19 世纪法国著名的批判现实主义女作家。生于巴黎，幼年丧父，由祖母抚养，18 岁时嫁给杜德望男爵，但她对婚姻并不满意，1831 年到巴黎，开始独立生活，从事文学创作。她的小说创作大致可分四阶段：早期作品称为激情小说，代表作有《安蒂亚娜》、《华伦蒂娜》等，描写爱情上不幸的女性不懈地追求独立与自由，充满了青春的热情与反抗的意志。第二阶段作品是空想社会主义小说，代表作有《木工小史》、《康素爱萝》等，提出了资本主义社会中妇女的命运问题，攻击资本主义的财产制度和婚姻制度，进而提出空想社会主义的理想。第三阶段作品为田园小说，代表作有《魔沼》、《弃儿弗朗索瓦》等，以抒情见长，善于描绘绮丽的自然风光，渲染农村的静谧气氛，具有浓郁的浪漫色彩。第四阶段作品为传奇小说，代表作为《金色树林的美男子》。乔治·桑是最早反映工人和农民生活的欧洲作家之一。

冬天之美

/［法国］乔治·桑

入选理由

乔治·桑的散文名篇

一幅美丽真切的19世纪法国的乡村冬景图

文章短小精悍、文笔细腻雅致

我从来热爱乡村的冬天。我无法理解富翁们的情趣，他们在一年当中最不适于举行舞会、讲究穿着和奢侈挥霍的季节，将巴黎当作狂欢的场所。大自然在冬天邀请我们到火炉边去享受天伦之乐，而且正是在乡村才能领略这个季节罕见的明朗的阳光。在我国的大都市里，臭气熏天和冻结的烂泥几乎永无干燥之日，看见就令人恶心。在乡下，一片阳光或者刮几小时风就使空气变得清新，使地面干爽。可怜的城市工人对此十分了解，他们滞留在这个垃圾场里，实在是由于无可奈何。我们的富翁们所过的人为的、悖谬的生活，违背大自然的安排，结果毫无生气。英国人比较明智，他们到乡下别墅里去过冬。

乔治·桑生活过的地方和她的遗物

在巴黎，人们想像大自然有六个月毫无生机，可是小麦从秋天就开始发芽，而冬天惨淡的阳光——大家惯于这样描写它——是一年之中最灿烂、最辉煌的。当太阳拨开云雾，当它在严冬傍晚披上闪烁发光的紫红色长袍坠落时，人们几乎无法忍受它那令人眩目的光芒。即使在我们严寒却偏偏不恰当地称为温带的国家里，自然界万物永远不会除掉盛装和失去盎然的生机，广阔的麦田铺上了鲜艳的地毯，而天际低矮的太阳在上面投下了绿宝石的光辉。地面披上了美丽的苔藓。华丽的常春藤涂上了大理石般的鲜红和金色的斑纹。报春花、紫罗兰和孟加拉玫瑰躲在雪层下面微笑。由于地势的起伏，由于偶然的机缘，还有其他几种花儿躲过严寒幸存下来，而随时使你感到意想不到的欢愉。虽然百灵鸟不见踪影，但有多少喧闹而美丽的鸟儿路过这儿，在河边栖息和休憩！当地面的白雪像璀璨的钻石在阳光下闪闪发光，或者当挂在树梢的冰凌组成神奇的连拱和无法描绘的水晶的花彩时，有什么东西比白雪更加美丽呢？在乡村的漫漫长夜里，大家亲切地聚集一堂，甚至时间似乎也听从我们使唤。由于人们能够沉静下来思索，精神生活变得异常丰富。这样的夜晚，同家人围炉而坐，难道不是极大的乐事吗？

作品赏析

《冬天之美》是一篇短小精悍、优美雅致的写景抒情散文。文章以细腻的笔调，勾勒出一个静谧、和谐、清丽、幽雅的法国冬天农村的自然风光。作者开篇点题，直抒胸臆，抒发了自己热爱自然、向往乡村生活的情思。接着别出心裁，宕开一笔，描述巴黎冬天的不美，突出其脏乱、浮靡悖谬的生活，并以空气“清新”、“地面干爽”的乡村生活与之相对照，以此反衬乡村的美丽。接着作者以浓墨重彩之笔，运用比喻、拟人手法，倾力描绘乡村的冬景，将原本普通平常的景物渲染得有声有色，生机盎然。文章既流露了作者热爱自然、憧憬乡村生活的思想感情，也嘲讽了上流社会的奢侈生活，表达了对下层人民的同情，反映了作者厌恶“城市化”工业文明、崇尚回归自然的生活态度。

乡村 /［俄国］屠格涅夫

屠格涅夫的散文代表作之一
以诗的语言勾勒了19世纪俄罗斯的乡村美景
语言清新，结构精妙，情景交融

六月里最后的一天。周围是俄罗斯千里幅员——亲爱的家乡。

整个天空一片蔚蓝。天上只有一朵云彩，似乎是在飘动，似乎是在消散。没有风，天气暖和……空气里仿佛弥漫着鲜牛奶似的东西！

云雀在鸣啭，大脖子鸽群咕咕叫着，燕子无声地飞翔，马儿打着响鼻、嚼着草，狗儿没有吠叫，温驯地摇尾站着。

空气里蒸腾着一种烟味，还有草香，并且混杂一点儿松焦油和皮革的气味。大麻已经长得很茂盛，散发出它那浓郁的、好闻的气味。

一条坡度和缓的深谷。山谷两侧各栽植数行柳树，它们的树冠连成一片，下面的树干已经龟裂。一条小溪在山谷中流淌。透过清澈的涟漪，溪底的碎石子仿佛在颤动。远处，天地相交的地方，依稀可见一条大河的碧波。

沿着山谷，一侧是整齐的小粮库、紧闭门户的小仓房；另一侧，散落着五六家薄板屋顶的松木农舍。家家屋顶上，竖着一根装上椋鸟巢的长竿子；家家门檐上，饰着一匹铁铸的扬鬃奔马。粗糙不平的窗玻璃，辉映出彩虹的颜色。护窗板上，涂画着插有花束的陶罐。家家农舍前，端端正正摆着一条结实的长凳。猫儿警惕地竖起透明的耳朵，在土台上蜷缩成一团。高高的门槛后面，清凉的前室里一片幽暗。

我把毛毯铺开，躺在山谷的边缘。周围是整堆整堆刚刚割下、香得使人困倦的干草。机灵的农民，把干草铺散在木屋前面：只要再稍稍晒干一点，就可藏到

作者简介

屠格涅夫（1818 ~ 1883），19 世纪俄国批判现实主义作家。早年就读于莫斯科大学、彼得堡大学，后到德国柏林大学学习。1843 年发表叙事长诗《巴拉莎》，开始文学生涯。19 世纪 60 年代后，大部分时间在西欧度过，曾参加巴黎国际文学大会，被选为副主席。主要作品有特写集《猎人笔记》，长篇小说《罗亭》、《贵族之家》、《父与子》，中篇小说《阿霞》、《彼士什科夫》，散文诗集《散文诗》等。

屠格涅夫像

草棚里去！这样，将来睡在上面有多舒服！

孩子们长着卷发的小脑袋，从每一堆干草后面钻出来。母鸡晃着鸡冠，在干草里寻觅种种小虫。白唇的小狗，在乱草堆里翻滚。

留着淡褐色卷发的小伙子们，穿着下摆束上腰带的干净衬衣，登着沉重的镶边皮靴，胸脯靠在卸掉了牲口的牛车上，彼此兴致勃勃地谈天、逗笑。

圆脸的少妇从窗子里探出身来。不知是由于听到了小伙子们说的话，还是因为看到了干草堆上孩子们的嬉闹，她笑了。

另一个少妇伸出粗壮的胳膊，从井里提上一只湿淋淋的大桶……水桶在绳子上抖动着、摇晃着，滴下一滴滴闪光的水珠。

我面前站着一个年老的农妇，她穿着新的方格子布裙子，登着新鞋子。

在她黝黑、精瘦的脖子上，绕着三圈空心的大串珠。花白头发上系着一条带小红点儿的黄头巾，头巾一直遮到已失去神采的眼睛上面。

但老人的眼睛有礼貌地笑着，布满皱纹的脸上也堆着笑意。也许，老妇已有六十多岁年纪了……就是现在也可以看得出来：当年她可是个美人呵！

她张开晒黑的右手五指，托着一罐刚从地窖里拿出来的、没有脱脂的冷牛奶，罐壁上蒙着许多玻璃珠子似的水汽；左手掌心里，老妇拿给我一大块还冒着热气的面包。她说："为了健康，吃吧，远方来的客人！"

雄鸡忽然啼鸣起来，忙碌地拍打着翅膀；拴在圈里的小牛犊和它呼应着，不慌不忙地发出哞哞的叫声。

"瞧这片燕麦！"传来我的马车夫的声音。

啊，俄罗斯自由之乡的满足，安逸，富饶！啊，宁静和美好！

于是我想到：皇城里圣索菲娅教堂圆顶上的十字架以及我们城里人正孜孜以求的一切，算得了什么？

作品赏析

《乡村》一文是屠格涅夫晚年的作品散文诗集《散文诗》中脍炙人口的名篇，文章以诗一般的语言勾画了一幅美丽如画的俄罗斯乡村风光。文章开篇以寥寥数语即将乡村天空的景象描绘得惟妙惟肖。接着作者以浓墨重彩之笔描绘乡村静谧和平的生活和淳朴善良的村民，那里有坡度和缓的山谷、成行的柳树、汩汩流淌的小溪、整齐的小粮库、薄板屋顶的松木农舍、香得使人困倦的干草，农民在晾草、孩子们在嬉耍，小伙子们在谈天、少妇们在打水，年老的农妇拿面包招待客人……在作者平静清新的叙述中，人们仿佛随着作者一道走进了19世纪中叶的俄罗斯乡村，领略它那安逸富饶的生活和宁静美丽的风光。文章语言清新，结构精妙，色彩瑰丽，动静结合，情景交融，具有很强的感染力。

海边幻想

/［美国］惠特曼

入选理由

惠特曼的散文代表作之一

文章气势雄浑奔放、粗犷不羁、意境宏阔、文笔流丽，熔思想性与文学性一炉

我小时候就有过幻想，有过希望，想写点什么，也许是一首诗吧，写海岸——那使人产生联想和起划分作用的一条线，那接合点，那汇合处，固态与液态紧紧相连之处——那奇妙而潜伏的某种东西(每一客观形态最后无疑都要适合主观精神的)。虽然浩瀚，却比第一眼看它时更加意味深长，将真实与理想合而为一，真实里有理想，理想里有真实。我年轻时和刚成年时在长岛，常常去罗卡威的海边和康尼岛的海边，或是往东远至汉普顿和蒙托克，一去就是几个钟头，几天。有一次，去了汉普顿和蒙托克（是在一座灯塔旁边，就目所能及，一眼望去，四周一无所有，只有大海的动荡）。我记得很清楚，有朝一日一定要写一本描绘这关于液态的、奥妙的主题。结果呢？我记得不是什么特别的抒情诗、史诗、文学方面的愿望，而竟是这海岸成了我写作的一种看不见的影响，一种作用广泛的尺度和符契。(我在这里向年轻的作家们提供一点线索。我也说不准，不过，除了海和岸之外，我也不知不觉地按这同样的标准对待其他的自然力量——避免追求用诗去写它们；太伟大，不宜按一定的格式去处理——如果我能间接地表现我同它们相遇而且相融了，即便只有一次也已足够，我就非常心满意足了——我和它们是真正地互相吸收了，互相了解了。)

作者简介

惠特曼（1819 ~ 1892），19 世纪美国著名诗人。生于长岛。5 岁时全家迁至布鲁克林。由于家庭贫困，惠特曼只读了 5 年小学。之后他当过信差、木匠、乡村教师、排字工人。1838 年惠特曼主编《长岛人》，传播民主思想，与此同时开始诗歌创作，1855 年出版《草叶集》，收诗 383 首。以“草叶”命名诗集体现了诗人的民主思想，因为它赋予最普通的遭人践踏的小东西以崇高的地位与尊严。草叶也是包括诗人在内的具有强大生命力的美国“新人”形象，它象征独特的美国精神和性格。其中著名的诗歌有《船长啊，我的船长！》、《自己之歌》等。这部诗集的自由体，豪迈奔放而又不失其音乐美感，在英语诗歌中独树一帜，从根本上动摇了传统格律诗几世纪以来的垄断地位，开了英诗自由体在 20 世纪迅猛发展的先河，并对中国五四运动以后的新诗创作产生了很大影响。

惠特曼像

多年来，一种梦想，也可以说是一种图景时时（有时是间或，不过到时候总会再来）悄悄地出现在我眼前。尽管这是想像，但我确实相信这梦想已大部分进入了我的实际生活——当然也进入了我的作品，使我的作品成形，给了我的作品以色彩。那不是别的，正是这一片无垠的白黄白黄的沙地；它坚硬，平坦，宽阔；气势雄伟的大海永远不停地向它滚滚打来，缓缓冲激，哗啦作响，溅起泡沫，像低音鼓吟声阵阵。这情景，这画面，多年来一直在我眼前浮现。我有时在夜晚醒来，也能清楚地听见它，看见它。

作品赏析

《海边幻想》是惠特曼的散文名篇。作者想象奇诡，将海岸线比做一道分界线，分界线的一边是代表固体的、生硬的、短暂的物质世界的大陆，另一边是代表液体的、流动的、永恒的精神世界；前者是客观形式，是现实，后者是主观精神，是理想，客观形式要和主观精神相符合。接着作者重点论述了自己文学创作的理念：现实——坚硬、平坦、宽阔的沙地，要与理想——气势雄伟的大海相融合，经受大海的“冲激”，才能产生奇迹。文章气势雄浑奔放、粗犷不羁、意境宏阔、文笔流丽，熔思想性与文学性一炉，既给人以艺术的享受，也给人以理性的思考。

贝多芬百年祭

/［英国］萧伯纳

萧伯纳的散文代表作之一
既是一篇纪念性散文，也是一篇音乐评论
语言精练，行文自如，论述精辟，富于感染力

一百年前，一位虽还听得见雷声但已聋得听不见大型交响乐队演奏自己的乐曲的五十七岁的倔强的单身老人最后一次举拳向着咆哮的天空，然后逝去了，还是和他生前一直那样地唐突神灵，蔑视天地。他是反抗性的化身；他甚至在街上遇上一位大公和他的随从时也总不免把帽子向下按得紧紧地，然后从他们正中间大踏步地直穿而过。他有一架不听话的蒸汽轧路机的风度（大多数轧路机还恭顺地听使唤和不那么调皮呢）；他穿衣服之不讲究尤甚于田间的稻草人：事实上有一次他竟被当做流浪汉给抓了起来，因为警察不肯相信穿得这样破破烂烂的人竟会是一位大作曲家，更不能相信这副躯体竟能容得下纯音响世界最奔腾澎湃的灵魂。他的灵魂是伟大的；但是如果我使用了最伟大的这种字眼，那就是说比汉德尔的灵魂还要伟大，贝多芬自己就会责怪我；而且谁又能自负为灵魂比巴哈的还伟大呢？但是说贝多芬的灵魂是最奔腾澎湃的那可没有一点问题。他的狂风怒涛一般的力量他自己能很容易控制住，可是常常并不愿去控制，这个和他狂呼大笑的滑稽诙谐之处是在别的作曲家作品里都找不到的。毛头小伙子们现在一提起切分音就好像是一种使音乐节奏成为最强而有力的新方法；但是在听过贝多芬的第三里昂诺拉前奏曲之后，最狂热的爵士乐听起来也像“少女的祈祷”那样温和了，可以肯定地说我听的任何黑人的集体狂欢都不会像贝多芬的第七交响乐最后的乐章那样可以引起最黑最黑的舞蹈家拼了命地跳下去，而也没有另外哪一个作曲家可以先以他的乐曲的阴柔之美使得听众完全溶化在缠绵悱恻的境界里，而后突然以铜号的猛烈声音吹向他们，带着嘲讽似地使他们觉得自己是真傻。除了贝多芬之外谁也管不住贝多芬；而疯劲上来之后，他总有意不去管住自己，于是也就成为管不住的了。

这样奔腾澎湃，这种有意的散乱无章，这种嘲讽，这样无顾忌的骄纵的不理睬传统的风尚——这些就是使得贝多芬不同于十七和十八世纪谨守法度的其他音乐天才的地方。他是造成法国革命的精神风暴中的一个巨浪。他不认任何人为师，他同行里的先辈莫扎特从小起就是梳洗干净，穿着华丽，在

作者简介

萧伯纳（1856 ~ 1950），19世纪末20世纪上半叶英国著名剧作家、散文家、社会活动家。生于都柏林。14岁中学毕业后因家境贫困辍学。1876年移居伦敦。1879年开始文学创作。1884年加入费边社，为该社的重要成员。1925年获诺贝尔文学奖。一生著作甚丰，代表作有《鳏夫的房产》、《华伦夫人的职业》、《巴巴拉少校》，此外还有音乐、美术评论，文学和社会、政治论著多种。

萧伯纳像

王公贵族面前举止大方的。莫扎特小时候曾为了彭巴杜夫人发脾气说："这个女人是谁，也不来亲亲我，连皇后都亲亲我呢。"这种事在贝多芬是不可想象的，因为甚至在他已老到像一头苍熊时，他仍然是一只未经驯服的熊崽子。莫扎特天性文雅，与当时的传统和社会很合拍，但也有灵魂的孤独。莫扎特和格鲁克之文雅就犹如路易十四宫廷之文雅。海顿之文雅就犹如他同时的最有教养的乡绅之文雅。和他们比起来，从社会地位上说贝多芬就是个不羁的艺术家，一个不穿紧腿裤的激进共和主义者。海顿从不知道什么是嫉妒，曾称赞比他年青的莫扎特是有史以来最伟大的作曲家，可他就是吃不消贝多芬。莫扎特是更有远见的，他听了贝多芬的演奏后说："有一天他是要出名的，"但是即使莫扎特活得长些，这两个人恐也难以相处下去。贝多芬对莫扎特有一种出于道德原因的恐怖。莫扎特在他的音乐中给贵族中的浪子唐璜加上了一圈迷人的圣光，然后像一个天生的戏剧家那样运用道德的灵活性又回过来给莎拉斯特罗加上了神人的光辉，给他口中的歌词谱上了前所未有的就是出自上帝口中都不会显得不相称的乐调。

贝多芬不是戏剧家；赋予道德以灵活性对他来说就是一种可厌恶的玩世不恭。他仍然认为莫扎特是大师中的大师（这不是一顶空洞的高帽子，它的的确确就是说莫扎特是个为作曲家们欣赏的作曲家，而远远不是流行作曲家）；可是他是穿紧腿裤的宫廷侍从，而贝多芬却是个穿散腿裤的激进共和主义者；同样地海顿也是穿传统制服的侍从。在贝多芬和他们之间隔着一场法国大革命，划分开了十八世纪和十九世纪。但对贝多芬来说莫扎特可不如海顿，因为他把道德当儿戏，用迷人的音乐把罪恶谱成了像德行那样奇妙。如同每一个真正激进共和主义者都具有的，贝多芬身上的清教徒性格使他反对莫扎特，固然莫扎特曾向他启示了十九世纪音乐的各种创新的可能。因此贝多芬上溯到汉德尔，一位和贝多芬同样倔强的老单身汉，把他做为英雄。汉德尔瞧不上莫扎特崇拜的英雄格鲁克，虽然在汉德尔的《弥赛亚》里的田园乐是极为接近格鲁克在他的歌剧《奥菲阿》里那些向我们展示出天堂的原野的各个场面的。

贝多芬去世前不久，他的朋友赠送给他的钢琴。

因为有了无线电广播，成百万对音乐还接触不多的人在他百年祭的今年将第一次听到贝多芬的音乐。充满着照例不加选择地加在大音乐家身上的颂扬话的成百篇的纪念文章将使人们抱有通常少有的期望。像贝多芬同时的人一样，虽然他们可以懂得格鲁克和海顿和莫扎特，但从贝多芬那里得到的不但是一种使他们困惑不解的意想不到的音乐，而且有时候简直是听不出是音乐的由管弦乐器发出来的杂乱音响。要解释这也不难。十八世纪的音乐都是舞蹈音乐。舞蹈是由动作起来令人愉快的步子组成的对称样式：舞蹈音乐是不跳舞也听起来令人愉快的由声音组成的对称的样式。因此这些乐式虽然起初不过是像棋盘那样简单，但被展开了，复杂化了，用和声丰富起来了，最后变得类似波斯地毯；而设计像波斯地毯那种乐式的作曲家也就不再期望人们跟着这种音乐跳舞了。要有神巫打旋子的本领才能跟着莫扎特的交响乐跳舞。有一回我还真请了两位训练有素的青年舞蹈家跟着莫扎特的一阕前奏曲跳了一次，结果差点没把他们累垮。就是音乐上原来使用的有关舞蹈的名词也慢慢地不用了，人们不再使用包括萨拉班德舞，巴万宫廷舞，加伏特舞和快步舞等等在内的组曲形式，而把自己的音乐创作表现为奏鸣曲和交响乐，里面所包含的各部分也干脆叫作乐章，每一章都用意大利文记上速度，如快板、柔板、谐谑曲板、急板等等。但在任何时候，从巴哈的序曲到莫扎特的《天神交响乐》，音乐总呈现出一种对称的音响样式给我们以一种舞蹈的乐趣来作为乐曲的形式和基础。

创作中的贝多芬

可是音乐的作用并不止于创造悦耳的乐式。它还能表达感情。你能去津津有味地欣赏一张波斯地毯或者听一曲巴哈的序曲，但乐趣只止于此；可是你听了《唐璜》前奏曲之后却不可能不发生一种复杂的心情，它使你心理有准备去面对将淹没那种精致但又是魔鬼式的欢乐的一场可怖的末日悲剧。听莫扎特的《天神交响乐》最后一章时你会觉得那和贝多芬的第七交响乐的最后乐章一样，都是狂欢的音乐；它用响亮的鼓声奏出如醉如狂的旋律，而从头到尾又交织着一开始就有的具有一种不寻常的悲伤之美的乐调，因之更加沁人心脾。莫扎特的这一乐章又自始至终是乐式设计的杰作。

但是贝多芬所做到了的一点，也是使得某些与他同时的伟人不得不把他当做一个疯人，有时清醒就出些洋相或者显示出格调不高的一点，在于他把音乐完全用做了表现心情的手段，并且完全不把设

贝多芬从少年时就显出杰出的音乐才能。莫扎特非常推崇贝多芬的音乐才华，他听了贝多芬的演奏后说："有一天他是要出名的。"

计乐式本身作为目的。不错，他一生非常保守地（顺便说一句，这也是激进共和主义者的特点）使用着旧的乐式；但是他加给它们以惊人的活力和激情，包括产生于思想高度的那种最高的激情，使得产生于感觉的激情显得仅仅是感官上的享受，于是他不仅打乱了旧乐式的对称，而且常常使人听不出在感情的风暴之下竟还有什么样式存在着了。他的《英雄交响乐》一开始使用了一个乐式（这是从莫扎特幼年时一个前奏曲里借来的），跟着又用了另外几个很漂亮的乐式；这些乐式被赋予了巨大的内在力量，所以到了乐章的中段，这些乐式就全被不客气的打散了；于是，从只追求乐式的音乐家看来，贝多芬是发了疯了，他抛出了同时使用音阶上所有单音的可怖的和弦。他这么做只是因为他觉得非如此不可，而且还要求你也觉得非如此不可呢。

以上就是贝多芬之谜的全部。他有能力设计最好的乐式；他能写出使你终身享受不尽的美丽的乐曲；他能挑出那些最干燥无味的旋律，把他们展开得那样迷人，使你听上一百次也每回都能发现新东西：一句话，你可以拿所有用来形容以乐式见长的作曲家的话来形容他；但是他的病征，也就是不同于别人之处在于他那激动人的品质，他能使我们激动，并把他那奔放的感情笼罩着我们。当贝里奥滋听到一位法国作曲家因为贝多芬的音乐使他听了很不舒服而说“我爱听能使我入睡的音乐”时，他非常生气。贝多芬的音乐是使你清醒的音乐；而当你想独自一个静一会儿的时候，你就怕听他的音乐。

懂了这个，你就从十八世纪前进了一步，也从旧式的跳舞乐队前进了一步（爵士乐，附带说一句，就是贝多芬化了的老式跳舞乐队），不但能懂得贝多芬的音乐而且也能懂得贝多芬以后的最有深度的音乐了。

作品赏析

《贝多芬百年祭》是英国大文豪萧伯纳为纪念德国古典音乐大师贝多芬而写的一篇纪念性散文，也是一篇音乐评论。在文中，萧伯纳凭借自己细腻入微的洞察力和深湛的艺术修养，对贝多芬的个性、音乐创作进行了入木三分的分析和切实中肯的评价。文章没有对贝多芬坎坷的一生作全面铺陈，只是从贝多芬的临终时刻和一件最足表现其性格的逸事写起，简练而含蓄地刻画出贝多芬蔑视权贵、睥睨世俗、桀骜不驯的张扬个性。接着作者将贝多芬与莫扎特、海顿放在一起比较，从多方面展示了贝多芬音乐创作思想和音乐作品的风格。文章语言精练，行文自如，纵横捭阖，论述精辟，读后给人以一气呵成、畅酣淋漓之感，富于感染力，充分显示了萧伯纳精湛的语言功力。

泰戈尔的散文代表作之一
以优美隽永的语言阐明了科学看待美的态度
风格质朴，节奏和谐，深蕴哲理

美 /［印度］泰戈尔

夕阳坠入地平线，西天燃烧着鲜红的霞光，一片宁静轻轻落在梵学书院娑罗树的枝梢上，晚风的吹拂也便弛缓起来。一种博大的美悄然充溢我的心头。对我来说，此时此刻，已失落其界限。今日的黄昏延伸着，延伸着，融入无数时代前的邈远的一个黄昏。在印度的历史上，那时确实存在隐士的修道院，每日喷薄而出的旭日，唤醒一座座净修林中的鸟啼和《娑摩吠陀》的颂歌。白日流逝，晚霞鲜艳的恬静的黄昏，召唤终年为祭火提供酥油的牛群，从芳草萋萋的河滨和山麓归返牛棚。在印度那纯朴的生活，肃穆修行的时光，在今日静谧的暮天清晰地映现。

我忽然想起，我们的雅利安祖先，一天也不曾忽视一望无际的恒河平原上日出和日落的壮丽景象。他们从未冷漠地送别晨夕和晚祷。每位瑜珈行者和每家的主人，都在心中热烈欢迎迷人的景色。他们

作者简介

泰戈尔（1861 ~ 1941），印度现代著名诗人、散文家。出身加尔各答市的望族，没有受过正规的学校教育，但在父兄的教导下，掌握了丰富的历史、文学知识。14 岁时就有诗作发表。1878 年赴英留学，学习英国文学和西方音乐。1880 年回国后专门从事文学活动。1913 年获诺贝尔文学奖，此后出访了欧洲很多国家及中国、日本和苏联等。他在诗歌方面的主要作品有抒情诗集《暮歌》、《晨歌》、《金帆船》、《缤纷集》、《园丁集》、《收获集》、《渡口》、《吉檀迦利》和哲理短诗集《微思集》、《故事诗集》等。在小说方面的代表作有长篇小说《沉船》、《戈拉》、《家庭与世界》，中篇小说《两姊妹》、《四个人》，短篇小说《河边的台阶》、《饥饿的石头》等。另外，还有戏剧《国王》、《邮局》等。

泰戈尔像

把自然之美迎进了祭神的庙宇，以虔诚的目光注望美中涌溢的欢乐。他们抑制着激动，稳定着心绪，将朝霞和暮色溶入他们无限的遐想。我认为，他们在河流的交汇处，在海滩，在山峰上欣赏自然美景的地方，不曾营造自己享受的乐园；在他们开辟的圣地和留下的名胜古迹中，人与神浑然一体。

暮空中萦绕着我内心的祈祷：愿我以纯洁的目光瞻仰这美的伟大形象，不以享乐思想去黯淡和去贬低世界的美，要学会以虔诚使之愈加真切和神圣。换句话说，要弃绝占有它的妄想，心中油然萌发为它献身的决心。

我又觉得，认识到真实是美，美是崇伟，不是件容易的事。我们摈弃许多东西，把厌烦的许多东西推得远远的，对许多矛盾视而不见，在合乎心意的狭小范围内，把美当做时髦的奢侈品。我们妄图让世界艺术女神沦为女婢，羞辱她，失去了她，同时也丧失了我们的福祉。

撇开人的好恶去观察，世界本性并不复杂，很容易窥见其中的美和神灵。将察看局部发现的矛盾和形变，掺入整体之中，就不难看到一种恢宏的和谐。

然而，我们不能像对待自然那样对人。周围的每个人离我们太近，我们以特别挑剔的目光夸大地看待他的小疵。他短时的微不足道的缺点，在我们的感情中往往变成非常严重的过错。贪欲、愤怒、恐惧妨碍我们全面地看人，而让我们在他人的小毛病中摇摆不定。所以我们很容易在寥廓的暮空发现美，而在俗人的世界却不容易发现。

今日黄昏，不费一点力气，我们见到了宇宙的美妙形象。宇宙的拥有者亲手把完整的美捧到我们的眼前。如果我们仔细剖析，进入它的内部，扑面而来的是数不清的奇迹。此刻，无垠的暮空的繁星

间飞驰着火焰的风暴，若容我们目睹其一部分，必定目瞪口呆。用显微镜观察我们前面那株姿态优美的斜倚星空的大树，我们能看清许多脉络，许多虬须，树皮的层层褶皱，枝桠的某些部位干枯，腐烂，成了虫豸的巢穴。站在暮空俯瞰人世，映入眼帘的一切，都有不完美和不正常之处。然而，不扬弃一切，广收博纳，卑微的，受挫的，变态的，全部拥抱着，世界坦荡地展示自己的美。整体即美，美不是荆棘包围的窄圈里的东西，造物主能在静寂的夜空毫不费力地向世人昭示。

强大的自然力的游戏惊心动魄，可我们在暮空却看到它是那样宁静，那样绚丽。同样，伟人一生经受的巨大痛苦，在我们眼里也是美好的，高尚的，我们在完满的真实中看到的痛苦，其实不是痛苦，而是欢乐。

我曾说过，认识美需要克制和艰苦的探索，空虚的欲望宣扬的美，是海市蜃楼。

当我们完美地认识真理时，我们才真正地懂得美。完美地认识了真理，人的目光才纯净，心灵才圣洁，才能不受阻挠地看见世界各地蕴藏的欢乐。

作品赏析

《美》一文通过对黄昏美景的描绘，表达了作者对美的犀利而辩证的看法。作者运用类似中国古文中“兴”的写作手法，开篇为人们描绘了一幅壮观静谧的黄昏美景图，然而作者的本意不在赞扬黄昏日落之美，而是借此表达自己对美的真正内涵的看法。作者指出，美即真实、崇伟、整体，但认识美又不是件容易的事，现实生活中许多人只凭自己的好恶、感情，片面挑剔地看待世界和人，因而难以窥见世界和人身上的“美和神灵”。作者由此进一步指出，世间的人和事都有不完美和不正常之处，应“扬弃一切，广收博纳”，才能形成真正的“整体”美。文章风格质朴，清新自然，节奏和谐，深蕴哲理，读后给人以莫大的精神享受和思想启示。

远处的青山

/［英国］高尔斯华绥

高尔斯华绥的散文代表作之一

一篇反对战争、礼赞和平的优美散文

运笔轻灵，语言明净含蓄

不仅仅是在这刚刚过去的三月里（但已恍同隔世），在一个充满痛苦的日子——德国发动它最后一次总攻后的那个星期天，我还登上过这座青山吗？正是那个阳光和煦的美好天气，南坡上的野茴香浓郁扑鼻，远处的海面一片金黄。我俯身草上，暖着面颊，一边因为那新的恐怖而寻找安慰，这进攻发生在连续四年的战祸之后，益发显得酷烈出奇。

“但愿这一切快些结束吧！”我自言自语道，“那时我就又能到这里来，到一切我熟悉的可爱的地方来，而不致这么伤神揪心，不致随着我的表针的每下滴答，就又有一批生灵惨遭涂炭。啊，但愿我又能——难道这事便永无完结了吗？”

现在总算有了完结，于是我又一次登上了这座青山，头顶上沐浴着十二月的阳光，远处的海面一片金黄。这时心头不再感到痉挛，身上也不再有毒氛侵袭。和平了！仍然有些难以相信。不过再不用过度紧张地去谛听那永无休止的隆隆炮火，或去观看那倒毙的人们，张裂的伤口与死亡。和平了，真是和平了！战争继续了这么长久，我们不少人似乎已经忘记了一九一四年八月战争全面爆发之初的那种盛怒与惊愕之感。但是我却没有，而且永远不会。

在我们一些人中——我以为实际在相当多的人中，只不过他们表达不出罢了——这场战争主要会给他们留下这种感觉：“但愿我能找到这样一个国家，那里人们所关心的不再是我们一向所关心的那些，而是美，是自然，是彼此仁爱相待。但愿我能找到那座远处的青山！”关于忒俄克里托斯的诗篇，关于圣弗兰西斯的高风，在当今的各个国家里，正如东风里草上的露珠那样，早已渺不可见。即或过去我们的想法不同，现在我们的幻想也已破灭。不过和平终归已经到来，那些新近被屠杀掉的人们的幽魂总不致再随着我们的呼吸而充塞在我们的胸臆。

和平之感在我们思想上正一天天变得愈益真实和愈益与幸福相连。此刻我已能在这座青山之上为自己还能活在这样一个美好的世界而赞美造物。我能在这温暖阳光的覆盖之下安然睡去，而不会醒后又是过去的那种恹恹欲绝。我甚至能心情欢快地去做梦，不致醒后好梦打破，而且即使做了恶梦，睁开眼睛后也就一切消失。我可以抬头仰望那碧蓝的晴空而不会突然瞥见那里拖曳着一长串狰狞可怖的幻想，或者人对人所干出的种种伤天害理的惨景。我终于能够一动不动地凝视着晴空，那么澄澈而蔚蓝，而不会时刻受着悲愁的拘牵，或者俯视那光滟的远海，而不至担心波面上再会浮起屠杀的血污。

天空中各种禽鸟的飞翔，海鸥、白嘴鸭以及那往来徘徊于白垩坑边的棕色小东西对我都是欣慰，它们是那样自由自在，不受拘束。一只画眉正鸣啭在黑莓丛中，那里叶间还晨露未干。轻如蝉翼的新月依然隐浮在天际；远方不时传来熟悉的声籁；而阳光正暖着我的脸颊。这一切都是多么愉快。这里见不到凶猛可怕的苍鹰飞扑而下，把那快乐的小鸟攫去。这里不再有歉仄不安的良心把我从这逸乐之中唤走。到处都是无限欢欣，完美无瑕。这时张目四望，不管你看看眼前的蜗牛甲壳，雕镂刻画得那般精致，恍如童话里小精灵头上的细角，而且角端作蔷薇色；还是俯瞰从此处至海上的一带平芜，它浮游于午后阳光的微笑之下，几乎活了起来，这里没有树篱，一片空旷，但有许多炯炯有神的树木，还有那银白的海鸥，翱翔在色如蘑菇的耕地或青葱翠绿的田野之间；不管你凝视的是这株小小的粉红雏菊，而且慨叹它的生不适时，还是注目那棕红灰褐的满谷林木，上面乳白色的流云低低悬垂，暗影浮动——一切都是那么美好，这是只有大自然在一个风和日丽的天气，而且那观赏大自然的人的心情也分外悠闲的时候，才能见得到的。

在这座青山之上，我对战争与和平的区别也认识得比往常更加透彻。在我们的一般生活当中，一切几乎没有发生多大改变——我们并没有领得更多的奶油或更多的汽油，战争的外衣与装备还笼罩着我们，报刊杂志上还充溢着敌意仇恨；但是在精神情绪上我们确已感到了巨大差别，那久病之后逐渐死去还是逐渐恢复的巨大差别。

据说，此次战争爆发之初，曾有一位艺术家闭门不出，把自己关在家中和花园里面，不订报纸，不会宾客，耳不闻杀伐之声，目不睹战争之形，每日惟以作画赏花自娱——只不知他这样继续了多久。难道他这样做法便是聪明，还是他所感受到的痛苦比那些不知躲避的人更加厉害？难道一个人连自己头顶上的苍穹也能躲得开吗？连自己同类的普遍灾难也能无动于衷吗？

作者简介

高尔斯华绥（1867～1933），英国现代著名作家。生于律师家庭。1890年毕业于牛津大学法律系，获律师资格。1891～1893年游历欧洲，1895年开始创作，早年受屠格涅夫影响较大。1906年发表的长篇小说《有产业的人》和第一个剧本《银盒》确立了他在文坛上的地位。他一生共创作了17部小说、26个剧本及短篇小说、散文等若干。主要作品有长篇小说《福尔赛世家》三部曲：《有产业的人》、《骑虎》、《出租》；《现代喜剧》三部曲：《白猿》、《钥匙》、《天鹅之歌》；以及戏剧作品：《银盒》、《鸽子》和《忠诚》等。他的小说在真实的描绘中透露作者的褒贬，注意塑造典型性格，文笔自然流畅，故事情节跌宕有致。1932年“为其描述的卓越艺术……这种艺术在《福尔赛世家》中达到高峰”，获诺贝尔文学奖。

整个世界的逐渐恢复——生命这株伟大花朵的慢慢重放——在人的感觉与印象上的确是再美不过的事了。我把手掌狠狠地压在草叶上面，然后把手拿开，再看那草叶慢慢直了过来，脱去它的损伤。我们自己的情形也正是如此，而且永远如此。战争的创伤已深深侵入我们的身心，正如严霜侵入土地那样。在为了杀人流血这桩事情而在战斗、护理、宣传、文字、工事，以及计数不清的各个方面而竭尽努力的人们当中，很少人是出于对战争的真正热忱才去做的。但是，说来奇怪，这四年来写得最优美的一篇诗歌，亦即朱利安·克伦菲尔的《投入战斗！》竟是纵情讴歌战争之作！但是如果我们能把自那第一声战斗号角之后一切男女对战争所发出的深切诅咒全部聚集起来，那些哀歌之多恐怕连笼罩地面的高空也盛装不下。

然而那美与仁爱所在的“青山”离开我们还很遥远。什么时候它会更近一些？人们甚至在我所偃卧的这座青山也打过仗。根据在这里白垩与草地上的工事的痕迹，这里还曾宿过士兵。白昼与夜晚的美好，云雀的欢歌，香花与芳草，健美的欢畅，空气的澄鲜，星辰的庄严，阳光的和煦，还有那清歌与曼舞，淳朴的友情，这一切都是人们渴求不餍的。但是我们却偏偏要去追逐那浊流一般的命运。所以战争能永远终止吗？……

这是四年零四个月以来我再没有领略过的快乐，现在我躺在草上，听任思想自由飞翔，那安详如海面上轻轻袭来的和风，那幸福如这座青山上的晴光。

作品赏析

《远处的青山》一文叙述了作者在历时四年之久的第一次世界大战之后，重登一座青山上的见闻和感受，抒发了作者憎恶战争，热爱和平、自然和生命的感情。作者以远处的一座青山为落笔点，纵情放飞自己的想象之鸟。战争期间作者曾登上这座青山，那时他是“为那新的恐怖而寻找安慰”，等战争结束后作者再次登上青山，心境自然大为不同，在作者眼中，青山是美、仁爱、和平的化身，这里的一切都无限欢欣、完美无瑕。随着作者的情绪流动，我们仿佛与作者一道，来到那美丽壮阔的远处的青山，亲身享受洋溢四野的和平之光。文章运笔轻灵，语言明净含蓄，感性而细腻，全文浸透着作者深刻的生命体验、丰厚的人生蕴含和浓浓的人道主义情怀，读来让人赏心悦目、回味悠长。

海燕

/［苏联］高尔基

高尔基的散文代表作

塑造了一个搏击风雨雷电的勇敢无畏的革命者形象

短小精悍，饱含激情，脍炙人口

在苍茫的大海上，狂风卷集着乌云。在乌云和大海之间，海燕像黑色的闪电，在高傲地飞翔。

一会儿翅膀碰着波浪，一会儿箭一般地直冲向乌云，它叫喊着——就在这鸟儿勇敢的叫喊声里，乌云听出了欢乐。

在这叫喊声里——充满着对暴风雨的渴望！在这叫喊声里，乌云感到了愤怒的力量、热情的火焰和胜利的信心。

海鸥在暴风雨来临之前呻吟着——呻吟着，在大海上面飞窜，想把自己对暴风雨的恐惧，掩藏到大海深处。

海鸭也呻吟着——这些海鸭呀，享受不了生活的战斗的欢乐：轰隆隆的雷声就把它们吓坏了。

蠢笨的企鹅，胆怯地把肥胖的身体躲藏在悬崖底下……只有那高傲的海燕，勇敢地，自由自在地，在泛起白沫的大海上面飞翔！

作者简介

高尔基（1868 ~ 1936），苏联无产阶级作家、社会主义现实文学的奠基人。父亲是一个木匠，幼年丧父，11 岁就开始走上社会，做过报童、搬运工、跑堂等。1884 年起定居喀山，同时开始参加革命活动。他依靠自学开始文学创作，早期作品如《伊吉尔老婆子》、《鹰之歌》等有浪漫主义特色，但一些以流浪汉为题材的小说也很成功，如《玛莉娃》等。1899 年发表的长篇小说《福马·高尔杰耶夫》标志着他的现实主义创作进入了成熟阶段。此后至十月革命前，他的主要作品是《母亲》、自传体三部曲的前两部《童年》、《在人间》，还有剧本《底层》、《小市民》等。苏维埃时期，他一方面主持了很多社会活动，一方面坚持创作，长篇小说《阿尔达莫诺夫家的事业》通过阿尔达莫诺夫一家三代的兴衰变化，概括了俄国资产阶级的命运。1934 年，高尔基主持了第一次全苏联作家代表大会，并担任作家协会第一任主席，为苏维埃文学事业的发展起了十分重要的推动作用。著名作家巴乌斯托夫斯基曾这样评价高尔基："在高尔基身上体现着俄罗斯。如同没有伏尔加河我不能想象俄罗斯一样，我也不能想象没有高尔基。"

乌云越来越暗，越来越低，向海面压下来，而波浪一边歌唱，一边冲向高空，去迎接那雷声。

雷声轰隆，波浪在愤怒的飞沫中呼叫着，跟狂风争吼。看吧，狂风紧紧抱起一层层巨浪，恶狠狠地将它们甩到悬崖上，把这些大块的翡翠摔成尘雾和碎沫。

海燕在叫喊着，飞翔着，像黑色的闪电，箭一般地穿过乌云，翅膀掠起波浪的飞沫。

看吧，它飞舞着，像个精灵——高傲的、黑色的暴风雨的精灵——它一边大笑，它一边号叫……它笑那些乌云，它为欢乐而号叫！

从雷声的震怒里——这个敏感的精灵——它早就听出了困乏，它深信，乌云遮不住太阳——是的，遮不住的！

狂风吼叫……雷声轰轰……

一堆堆乌云，像青色的火焰，在无底的大海上燃烧。大海抓住闪电的箭光，把它们熄灭在自己的深渊里。闪电的影子，这些像一条条火蛇，在大海里蜿蜒游动，一晃就消失了。

"暴风雨！暴风雨就要来啦！"

这是勇敢的海燕在怒吼的大海上，在闪电中间，高傲地飞翔；这是胜利的预言家在叫喊：

"让暴风雨来得更猛烈些吧！"

作品赏析

《海燕》写于1901 年，为高尔基的短篇小说《春天的旋律》的末尾一章。这是一篇饱含激情、短小精悍、脍炙人口的散文诗。作者运用象征手法，赋予海燕（象征无产阶级革命者）、大海（象征俄国广大革命群众）、暴风雨（象征俄国人民的革命斗争）、风云雷电（象征沙皇统治势力）、海鸥、海鸭、企鹅（象征俄国资产阶级政客）等特定的象征意义，并综合运用比喻、拟人、排比、对比、烘托、反复等手法，生动刻画出了海燕在暴风雨来临前矫健、迅疾、勇敢无畏地飞行于云里浪尖的英姿，塑造了一个大智大勇的革命者形象，抒发了自己对于革命的强烈期盼及乐观浪漫的政治热情。《海燕》发表后，在当时的俄国产生了巨大的社会影响，文章曾受到列宁的热情称赞。

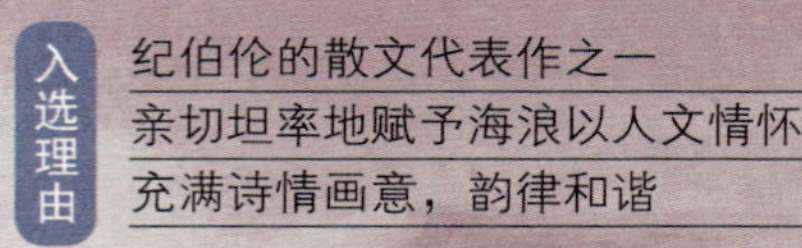

浪之歌

/［黎巴嫩］纪伯伦

我同海岸是一对情人。爱情让我们相亲相近，空气却使我们相离相分。我随着碧海丹霞来到这里，为的是将我这似银的泡沫与金沙铺就的海岸合为一体；我用自己的津液让它的心冷却一些，别那么过分炽热。

清晨，我在情人的耳边发出海誓山盟，于是他把我紧紧抱在怀中；傍晚，我把爱恋的祷词歌吟，于是他将我亲吻。

我生性执拗，急躁；我的情人却坚忍而有耐心。

潮水涨来时，我拥抱着他；潮水退去时，我扑倒在他的脚下。

曾有多少次，当美人鱼从海底钻出海面，坐在礁石上欣赏星空时，我围绕着她们跳过舞；曾有多少次，当有情人向俊俏的少女倾诉着自己为爱情所苦时，我陪伴他长吁短叹，帮助他将衷情吐露；曾有多少次，我与礁石同席对饮，它竟纹丝不动，我同它嘻嘻哈哈，它竟面无笑容。我曾从海中托起过多少人的躯体，使他们死里逃生；我又从海底偷出多少珍珠，作为向美女丽人的馈赠。

夜阑人静，万物都在梦乡里沉睡，唯有我彻夜不寐；时而歌唱，时而叹息。呜呼！彻夜不眠让我形容憔悴。纵使我满腹爱情，而爱情的真谛就是清醒。

这就是我的生活；这就是我终身的工作。

作品赏析

《浪之歌》选自纪伯伦的散文诗集《泪与笑》，文章以诗意的笔调对海浪进行了讴歌，是一曲动人的海浪赞歌。作者运用拟人的手法，赋予海浪以人性的情怀。海浪是多情的，她与海岸是一对情人，“清晨，我在情人的耳边发出海誓山盟；傍晚，我把爱恋的祷词歌吟”；海浪是执着的，“我生性执拗，急躁”；海浪是活泼、乐观的，“我围绕着她们（美人鱼）跳过舞”；“与礁石同席对饮……同它嘻嘻哈哈”；海浪是善良、慈爱的，她陪伴为爱情所苦的少男长吁短叹，“从海中托起过多少人的躯体，使他们死里逃生”。文章虽不足500字，却写得精彩四溢。采用第一人称写法，读来令人感到亲切坦率，拟人、比喻、排比、象征等修辞手法及短句的交错运用，使文章充满诗情画意、韵律和谐、深蕴哲理；这些都充分体现了纪伯伦散文创作的风格。

作者简介

纪伯伦（1883 ~ 1931），黎巴嫩现代著名诗人、散文家，旅美派代表作家。出生在黎巴嫩北部，12岁时随母亲去美国，两年后回国学习，1908年因发表小说《叛逆的灵魂》激怒当局，再次前往美国，后到法国学习。1912年起定居纽约，从事文艺创作活动。他的早期创作以小说为主，主要有短篇集《音乐》、《草原的新娘》和中篇小说《折断的翅膀》等，具有强烈的叛逆精神，矛头直指封建暴政，同时形成了情节淡化的散文诗化的风格。定居美国后，以散文和散文诗创作为主，用阿拉伯文发表了散文诗集《泪与笑》，长诗《行列》等，用英文发表了散文诗集《先驱者》、《先知》等。尤其《先知》，通过一位东方智者的“讲说”，谈到了爱、婚姻等26个方面的问题，用诗般的语言讲述哲理，充满了诗化的智慧和诗意的美，是诗人融合东西方文学传统革新之作。

精美诗歌

教我如何不想她

/刘半农

入选理由

刘半农的成名作

一首传唱海内外的怀乡思亲之曲

著名学者赵元任为之谱曲

天上飘着些微云，
地上吹着些微风。
啊！
微风吹动了我头发，
教我如何不想她？

月光恋爱着海洋，
海洋恋爱着月光。
啊！
这般蜜也似的银夜，
教我如何不想她？

水面落花慢慢流，
水底鱼儿慢慢游。
啊！
燕子你说些什么话？
教我如何不想她？

枯树在冷风里摇，
野火在暮色中烧。
啊！
西天还有些儿残霞，
教我如何不想她？

刘半农在国外留学时与其妻子的合影

作者简介

刘半农（1891 ~ 1934），江苏江阴人，中国新文化运动的健将。出身贫苦，上中学时因向往辛亥革命辍学参军，后到上海做编辑工作。1918 年和钱玄同合作演双簧戏，争辩关于白话文的问题，有力地推进了白话文运动。另外他还一度参加《新青年》的编辑工作。1920 年赴英入伦敦大学学习，1921 年转入法国巴黎大学专攻语音学，获文学博士学位，并被巴黎语言学会推为会员。1925 年秋回国，任北京大学国文系教授。1926 年主编《世界日报》副刊，并任中法大学国文系主任。同年诗人将自己多年来在诗歌创作上的成果结集出版，分别是《瓦釜集》（诗集中对民歌形式的利用做了有益的探索）、《扬鞭集》。1929 年起历任北京大学国文系教授、北平大学女子文学院院长、辅仁大学教务长等职。1934 年，诗人英年早逝。

作品赏析

这首诗作于1920年诗人留学欧洲期间。也许是情人不在身边，也许是对祖国的想念，伴着那景色，诗人唱出了心底潜藏的最纯真的爱情和热切的思念之情。诗名开始时叫《情歌》，不久诗人将名字改成《教我如何不想她》。那时的诗人远离祖国故土，心中时时生出对故国的依恋，而那时的中国更是千疮百孔，其时诗人对故国的关心程度是可想而知的。

天空明净，大地宽阔。云儿在天空中飘着，微风轻吹，吹乱了诗人的头发，也唤起了诗人心中思念故土和亲人的感情，接着诗人一声感叹："教我如何不想她？"反问加强了那感情和思念的程度。

在夜里，银色的月光照在宽阔的海面上。在这"蜜也似的银夜"，诗人却不能和恋人相伴，不能和心中的恋人在一起。这月光和海洋契合无间、依傍难分的情景在诗人的心中激起了怎样的感情呀？"教我如何不想她"？

水上落花，水底游鱼，燕子飞舞。这花因为燕子可有着"落花有意，流水无情"的担心？这游鱼因为燕子的出现可有着被水抛弃的担心？也许，燕子送来了家乡的信息，让诗人的心里有着更深的触动，更深的思念，"教我如何不想她"？

枯树在冷风中摇动，残霞映红了半边天，如野火在烧。这冷的风和天边的残霞形成了强烈的对比，更加衬出了诗人远离故国的失落和热切的思念之情。思念之余，诗人看到的还是一片冷冷的暮色——残霞。这是一种强烈的反差，在诗人最冷的心灵感受中，暗藏着对祖国深深的爱。

刘半农的诗歌代表了中国新诗早期的风格，他也是早期新诗的作者中创作路子比较宽的一个。他一方面吸收歌谣的散体或者外国的诗歌特点，另一方面继承了中国传统诗歌的特点和手法——重视意境的营造、比兴等。如这首诗中，每一段的开头渲染了不同的景色，以引起感情的抒发；每一段都营造了优美的诗歌意境，实感的景色引起人们无穷的想象。同时，诗人采用了西方抒情诗的一些特点，反复吟唱，用生活中的白话来抒发心中强烈的感情。这首诗无论是在意境的营造上，还是在抒情方式的表现技巧上，都是后来中国白话新诗的楷模，对中国的新诗产生了启发式的影响。

天上的街市 / 郭沫若

中国白话新诗的经典之一

郭沫若的代表作之一

一曲具有童话和神话色彩的恬静秀美的憧憬之歌

远远的街灯明了，
好像闪着无数的明星。
天上的明星现了，
好像点着无数的街灯。

我想那缥缈的空中，
定然有美丽的街市。
街市上陈列的一些物品，
定然是世上没有的珍奇。

你看，那浅浅的天河，
定然是不甚宽广。
那隔河的牛郎织女，
定能够骑着牛儿来往。

我想他们此刻，
定然在天街闲游。
不信，请看那朵流星，
那怕是他们提着灯笼在走。

作品赏析

郭沫若的诗一向以强烈情感宣泄著称，他的《凤凰涅槃》热情雄浑；他的《天狗》带着消灭一切的气势；他的《晨安》、《炉中煤》曾经让我们的心跳动不止。但这首诗却恬淡平和，意境优美，清新素朴。诗人作这首诗时正在日本留学，和那时的很多中国留学生一样，他心中有着对祖国的怀念，有对理想、未来的迷茫。诗人要借助大自然来思索这些，经常在海边彷徨。在一个夜晚，诗人走在海边，仰望美丽的天空、闪闪的星光，心情变得开朗起来。诗人似乎找到了自己的理想，于是他在诗中将这种理想写了出来——那似乎是天国乐园的景象。

诗人将明星比做街灯。点点明星散缀在天幕上，那遥远的世界引起人们无限的遐想。街灯则是平常的景象，离我们很近，几乎随处可见。诗人将远远的街灯比喻为天上的明星，又将天上的明星说成是人间的街灯。是诗人的幻觉，还是诗人想把我们引入"那缥缈的空中"？在诗人的心中，人间天上是一体的。

那缥缈的空中有一个街市，繁华美丽的街市。那儿陈列着很多的物品，这些物品都是人间的珍宝。诗人并没有具体写出这些珍奇，留给了我们很大的想象空间，我们可以将它们作为我们需要的东西，带给我们心灵宁静、舒适的东西。

那不仅是一个街市，更是一个生活的场景。那被浅浅的天河分隔的对爱情生死不渝的牛郎、织女，在过着怎样的生活？还在守着银河只能远远相望吗？"定然骑着牛儿来往"，诗人这样说。在那美丽的夜里，他们一定在那珍奇琳琅满目的街市上闲游。那流星，就是他们手中提着的灯笼。简简单单的几句话，就颠覆了流传千年的神话，化解了那悲剧和人们叹息了千年的相思和哀愁。

这首诗风格恬淡，用自然清新的语言、整齐的短句、和谐优美的韵律，表达了诗人纯真的理想。那意境都是平常的，那节奏也是缓慢的，如细流，如涟漪。但就是这平淡的意境带给了我们丰富的想象，让我们的心灵随着诗歌在遥远的天空中漫游，尽情驰骋美好的梦想。

再别康桥 /徐志摩

入选理由

中国新月诗的代表作

一首让康桥蜚声中外的赞美诗

完美体现了新月诗的风格

轻轻的我走了，
　正如我轻轻的来；
我轻轻的招手，
　作别西天的云彩。

那河畔的金柳，
　是夕阳中的新娘；
波光里的艳影，
　在我的心头荡漾。

徐志摩笔下的康桥风光

软泥上的青荇，
　油油的在水底招摇；
在康河的柔波里，
　我甘心做一条水草！

那榆荫下的一潭，
　不是清泉，是天上虹
揉碎在浮藻间，
　沉淀着彩虹似的梦。

寻梦？撑一支长篙，
　向青草更青处漫溯，
满载一船星辉，
　在星辉斑斓里放歌。

但我不能放歌，
　悄悄是别离的笙箫；
夏虫也为我沉默，
　沉默是今晚的康桥！

悄悄的我走了，
　正如我悄悄的来；
我挥一挥衣袖，
　不带走一片云彩。

作品赏析

这首诗写于1928年诗人第三次漫游欧洲的归途中，写的是那年一个夏日的感想。那是一个明媚的夏日，诗人怀着莫名的激情，瞒着接待他的大哲学家罗素，一个人悄悄地来到康桥（即剑桥大学所在地，今统译剑桥）——诗人曾学习过、生活过的地方，想寻找他在那儿的朋友。但是，友人都不在家，诗人就在美丽的校园里徘徊，在那一木一花之中寻觅当年的欢声笑语，那洒落其间的青春年华。这些感想在诗人的心中酝酿了几个月，最后形成了这首诗。

诗的开头就弥漫着一种怀旧的情绪和宁静的氛围。诗人的来和走都是轻轻的，没有任何的声响，没有什么烦躁和吵闹；但诗人毕竟要和那华美的云彩告别了，毕竟那段美好的时光已经逝去了。那阳光下柔柔的柳枝，映在轻轻荡漾的波光里，幻出点点的金鳞，照在了诗人的眼中，同样也拨动着诗人的心。当年的友人的音容笑貌、爱人的窃窃私语在诗人的眼前浮现，耳畔回响。那清澈的水中水草绿油油的，在水底摇曳，那清凉和优美都是诗人所羡慕的。

诗人的想象不再受控制。在诗人眼中，那潭水就是天上的彩虹，它被揉碎了，最后沉淀在潭底的浮藻间，聚合为诗人的梦。寻梦？诗人随即就有了追忆的沉思。撑一支长篙，向青草的深处追寻，直到星光点点还乐不思归，在美丽的月夜放歌。

然而那段美好的时光不会再现了，昔日的好友也杳无踪影。诗人感到无限地惆怅。诗人的怅然情绪也感染了虫子，它们知趣似地沉默着，不再鸣叫。诗人要离去了，悄悄地离去，诗人不想惊动那美丽的场景，那美丽的回忆。

这首诗是中国新月诗的代表作。四行一节，每节押韵，诗行的排列错落有致，参差变化中有整齐的韵律。诗的整体有着强烈的音节波动和韵律感；首节和尾节前后呼应，使诗的形式完整。用词上讲究音节的和谐与轻盈，“轻轻”、“悄悄”等叠字的使用更是恰如其分。这些都完美表现了新月派诗歌的特征：完整的形式，和谐优美的旋律，诗句的紧密节奏等。

繁星 /冰心

入选理由
中国白话新诗中短诗的典范
体现了冰心纯真、高尚的“爱”的哲学
形式短小，思想纯真，含有丰富的诗意

一

繁星闪烁着——
深蓝的太空，
何曾听得见他们对语？
沉默中
微光里
他们深深的互相颂赞了。

一三一

大海呵！
哪一颗星没有光？
哪一朵花没有香？
哪一次我的思潮里
没有你波涛的清响？

1929年夏，新婚不久的冰心、吴文藻夫妇回上海省亲，与冰心父母共享天伦之乐。

作品赏析

中国的新诗，在经过早期的过分散文化探索之后，开始回归诗的本身。东方的诗歌进入了中国诗人的视野，那就是郑振铎翻译的泰戈尔的《飞鸟集》和周作人翻译的日本的俳句。冰心的新诗于1922年在报纸上连载，1923年结集出版的诗集《繁星》、《春水》就是她那个时期的创作实绩。

在冰心的人生历程中，有两点对诗人的思想产生了决定性的影响。一是诗人的童年是在山东烟台度过的；在这个海边城市中，诗人整日面对着变幻不息的海面，整日在天水之间体味那份空阔和悠远。二是冰心早年就读于一所教会学校；基督教的泛爱思想深深影响了诗人的“爱”的哲学。

第一首诗，表现了人类应互敬互爱的“爱”的哲学思想。在夜里，天空高远而深邃，透着深深的蓝色；繁星在闪烁着，很是灵动，显示着生命的迹象。诗人面对着这样的星空，展开了极为丰富的想象力。那繁星似乎是在互相默默地对语，似乎在这样的夜里彼此心心相印了。它们又是如何在对语呢？在默契中，在微光里，“他们深深的互相颂赞了”。那是一个和谐、充满爱的世界，更何况人的世界呢？

第二首诗，是冰心对大海的感受，是对大海的颂歌，也是诗人心灵的颂歌。诗人由波澜壮阔的大海想到了浩瀚的宇宙，点点群星；想到了繁华的世界，香气四溢的花朵。诗人再由这繁华而广阔的自然想到了诗人自己的胸怀，想到人类的博大和宽广。诗采用了排比句，用连续的反问加强了抒情的效果，深化了诗歌的意境。

冰心的小诗形体短小，思想纯真，含有丰富的诗意。如这两首诗，三言五语就塑造出一个生动的意境，用典型的情景表达了诗人内心深处的诗意感兴，启人深思。诗人的一刹那的思考就足以让我们领悟世间的哲理。

你是人间的四月天

/林徽因

入选理由

林徽因诗歌的代表
意境优美，内容纯净
形式纯熟，语言华美

我说你是人间的四月天；
笑响点亮了四面风；轻灵
在春的光艳中交舞着变。

你是四月早天里的云烟，
黄昏吹着风的软，星子在
无意中闪，细雨点洒在花前。

那轻，那娉婷，你是，鲜妍。
百花的冠冕你戴着，你是
天真，庄严，你是夜夜的月圆。

雪化后那片鹅黄，你像；新鲜
初放芽的绿，你是；柔嫩喜悦
水光浮动着你梦期待中白莲。

你是一树一树的花开，是燕
在梁间呢喃，——你是爱，是暖，
是希望，你是人间的四月天！

作者简介

林徽因（1904 ~ 1955），中国现代著名诗人、建筑学家。生于浙江杭州的一个书香世家。1920 年随父赴英读中学，后考入伦敦圣玛莉学院。同年与徐志摩相识并结为挚友。1924 年和梁思成同往美国留学，习建筑学。1927 年转入耶鲁大学戏剧学院学舞美。1928 年与梁思成在加拿大结婚，后回国任东北大学建筑系教授。1931 年到北京香山双清别墅养病，期间写下了大量的诗歌，不久到中国营造学社供职，经常随丈夫赴外地考察古建筑。1933 年与闻一多等创办《学文》月刊。1937 年任朱光潜主编的《文学杂志》编委。抗战期间辗转昆明、重庆等地。新中国成立后参与国徽和人民英雄纪念碑的设计工作，先后任清华大学建筑系教授、北京市都市计划委员会委员兼工程师、建筑学会理事。1955 年 4 月病逝于北京。

作品赏析

这首诗发表于1934年的《学文》上，具体的写作时间不详。关于这首诗，有两种说法：一说是为悼念徐志摩而作，借以表示对挚友的怀念；一说是为儿子梁从诫的出生而作，以表达心中对儿子的希望和儿子出生带来的喜悦。我们完全可以放下这些争论，因为，这首诗确实是一篇极为优秀的作品。它的价值不需要任何外在的东西来支撑。所以在诗人逝世的时候，金岳霖等好友们共同给诗人题了这样的一副挽联："一身诗意千寻瀑，万古人间四月天。"

四月，一年中的春天，是春天中的盛季。在这样的季节里，诗人要写下心中的爱，写下一季的心情。诗人要将这样的春景比做心中的"你"。这样的季节有着什么样的春景呢？

世界带着点点的笑意，那轻轻的风声是它的倾诉、它的神韵。它是轻灵的，舞动着光艳的春天，千姿百态。在万物复苏的天地间，一切都在跃跃欲试地生长，浮动着氤氲的气息。在迷茫的天地间，云烟是复苏的景象。黄昏来临后，温凉的夜趁着这样的时机展示自己的妩媚。三两点星光有意无意地闪着，和花园里微微舞动的花朵对语，一如微风细雨中的景象：轻盈而柔美，多姿而带着鲜艳。圆月升起，天真而庄重地说着"你"的郑重和纯净。

这样的四月，该如苏东坡笔下的江南春景："竹外桃花三两枝，春江水暖鸭先知。蒌蒿满地芦芽短，正是河豚欲上时。"那鹅黄，是初放的生命；那绿色，蕴含着无限的生机。那柔嫩的生命，新鲜的景色，在这样的季节里泛着神圣的光。这神圣和佛前的圣水一样，明净、澄澈；和佛心中的白莲花一样，美丽、带着爱的光辉。这样的季节里，"你"已经超越了这样的季节："你"是一树一树的花开，是伴春飞翔的燕子，美丽轻灵的，带着爱、温暖和希望。

这首诗的魅力和优秀并不仅仅在于意境的优美和内容的纯净，还在于形式的纯熟和语言的华美。诗中采用重重叠叠的比喻，意象美丽而丝毫无雕饰之嫌，反而愈加衬出诗中的意境和纯净——在华美的修饰中更见清新自然的感情流露。在形式上，诗歌采用新月诗派的诗美原则：讲求格律的和谐、语言的雕塑美和音律的乐感。这首诗可以说是这一原则的完美体现，词语的跳跃和韵律的和谐几乎达到了极致。

雨巷 /戴望舒

中国现代派诗歌的代表作
"雨巷诗人"戴望舒的成名作
发表后引起广泛轰动

撑着油纸伞，独自
彷徨在悠长，悠长
又寂寥的雨巷，
我希望逢着
一个丁香一样地
结着愁怨的姑娘。

她是有
丁香一样的颜色，
丁香一样的芬芳，
丁香一样的忧愁，
在雨中哀怨，
哀怨又彷徨；

她彷徨在这寂寥的雨巷
撑着油纸伞
像我一样，
像我一样地

默默彳亍着，
冷漠，凄清，又惆怅。

她默默地走近
走近，又投出
太息一般的眼光，
她飘过
像梦一般地，
像梦一般地凄婉迷茫。

像梦中飘过
一枝丁香地，
我身旁飘过这女郎；
她静默地远了，远了，
到了颓圮的篱墙，
走尽这雨巷。

在雨的哀曲里，
消了她的颜色，
散了她的芬芳，
消散了，甚至她的
太息般的眼光，
丁香般的惆怅。

撑着油纸伞，独自
彷徨在悠长，悠长
又寂寥的雨巷，
我希望飘过
一个丁香一样地
结着愁怨的姑娘。

作者简介

戴望舒（1905～1950），原名戴丞，浙江杭州人，中国现代派诗人的代表人物。幼年患有天花，容貌因此被毁。1928年发表诗歌《雨巷》震动文坛，获得“雨巷诗人”美誉。但这并没有使诗人得到他苦恋的意中人——施蛰存的妹妹施绛年的心。几经辗转，施绛年虽同意和他订婚，但也提出了条件：戴望舒必须留学回来才能结婚。1932年诗人去法国，1935年回国，此时施绛年已嫁作他人妇。诗人痛苦之下，找到施绛年，以一个巴掌结束了自己长达8年的苦恋。1936年戴望舒与穆时英的妹妹相识并结婚。抗战爆发后不久，诗人全家去了香港，诗人一边做抗日宣传工作，一边主编文学杂志。1941年被捕入狱，因此致病。1950年于北京逝世。有诗集《我的记忆》、《望舒草》、《灾难的岁月》及译著等留世。

作品赏析

在中国文学史上，诗人戴望舒无疑是一个独特的存在。他创作的诗数量不多（不过百余首），却在诗坛中占有重要位置；他没有系统的诗论，但他的《论诗零札》和他友人杜衡整理的《望舒诗论》却备受重视；他在诗坛以现代派象征派的面孔出现，可在他生命的终端却写出了《我用残损的手掌》这样浸透了血泪的现实篇章。

在新诗史上，戴望舒自有他一席地位，不过这地位并不很高。他的产量小，格局小，题材不广，变化不多。他的诗，在深度和知性上，都嫌不足。他在感性上颇下功夫，但是往往迷于细节，耽于情调，未能逼近现实。他兼受古典和西洋的熏陶，却未能充分消化，加以调和。他的语言病于欧化，未能充分发挥中文的力量。他的诗境，初则流留光景，囿于自己狭隘而感伤的世界，继则面对抗战的现实，未能充分开放自己，把握时代。如果戴望舒不逝于盛年，或许会有较高的成就。

“五四”前后，科学与民主的洪流震醒了一代又一代的知识分子。美好的理想与黑暗的现实的激烈矛盾，笼罩了他们敏感的心灵。“知其不可为而为之”的社会使命感笼罩了一个庞大的“烦忧”群。戴望舒就是这样一位由现实世界转到诗的世界中最忠实的烦忧者之一。

《雨巷》写于1927年的夏天，是戴望舒的成名作，也是他的代表作。其时革命失败的阴云笼罩着中国大地，诗人只能在惶惶之中看着理想和现实的极端背离；另一方面，诗人居住在好友施蛰存的家中，他深爱着施的妹妹，却得不到对方任何的回应。压抑的外部环境和沉郁的内部心境的交互影响，使诗人唱出了中国现代诗歌的绝唱。

巷子大多在江南，长长的、曲折的，有说不尽的风情，不尽的缠绵。江南的雨更美，柔柔的、迷蒙的，或带着淡漠的愁绪，或含有浓浓的温情。诗人在这样的雨巷中走着，独自“撑着油纸伞”，品味这雨、巷子和寂静带来的愁绪、感伤。诗人彷徨着：

……

我希望逢着

一个丁香一样地

结着愁怨的姑娘。

姑娘来了，带着丁香般的颜色、丁香般的芬芳和丁香般的忧愁。姑娘和诗人共同走在这寂寥的雨巷，都撑着油纸伞，在彷徨，都带着说不出的愁怨，说不出的冷漠、凄清和惆怅。姑娘近了，投来一声莫名的太息，又渐行渐远了。

这一切都如同梦一样，凄清迷茫。姑娘离去了，离开这可能产生爱情、产生温暖的雨巷。雨仍在下，巷子仍是悠长寂寥的雨巷。丁香也逝去了，太息也消散了，连惆怅也变成冰冷、枯寂的惆怅了。

诗人仍在撑着油纸伞，在独自彷徨。刚才的一幕，是梦还是诗人的情绪，是诗人的想象还是诗人心中的祈愿？在诗的结尾，诗人没有用“希望逢着”，而是用了“希望飘过”。那飘过的一瞬在诗人的心中升华了，成为一种境界：美。

这首诗将象征的手法发挥到了极致，诗的意象浓而不结、繁而不乱，可谓环环相扣、丝丝在理：雨的凄清愁怨和巷子的幽微动人、丁香和姑娘、姑娘的惆怅和诗人的彷徨相得益彰。这些共同奏出了低沉而优美的调子，唱出了诗人浓重的失望和彷徨的心绪。可以说，《雨巷》是中国诗歌史上的一个标志，标志中国现代派诗歌的成熟；是一个成功的实验，既很好地吸收了西方诗歌中成功把握和表达现代社会的手法技巧，又很巧妙地融入了中国古典的诗情画意。

断章 / 卞之琳

入选理由

中国白话新诗的经典之一

卞之琳的成名作

开拓了中国新诗的新天地

你站在桥上看风景
看风景人在楼上看你
明月装饰了你的窗子
你装饰了别人的梦

作者简介

卞之琳（1910 ~ 2000），江苏海门人，中国现代著名诗人、翻译家。1922 年考入上海浦东中学，并越级直接进高一的第二学期，开始接触新文化。1929 年，考入北京大学英文系，在徐志摩等人的影响下开始新诗创作。1933 年大学毕业后，诗人先后在保定、济南等地教书，同年出版其第一部诗集《三秋草》。抗战时期，诗人前往四川大学任教，期间曾赴延安和太行山一带访问。1940 年后先后在西南联大、南开大学任教。1947 年诗人应邀前往英国牛津大学专事创作。1949 年回国任北京大学英语系教授。新中国成立后，诗人历任《诗刊》、《文学评论》等刊物的编辑和中国社科院研究员等职务。2000 年 12 月病逝于北京。诗人的作品除上面提到的外，还有《慰劳信集》、《鱼目集》、《汉园集》、《十年诗草》等，另外还有一些译作，如《哈姆雷特》、《海滨墓园》等。

作品赏析

这首诗选自《鱼目集》，写于 1935 年 10 月。据诗人自己说，这首诗起先只是一首诗中的四句，因只有这四句诗人感到满意才保留下来，自成一篇。不料这首诗竟成了诗人流传最广、最有代表性的一首诗。

诗只有四句，每个字、词，每句话都通俗易懂，但细细品味便觉意味悠长，耐人寻味。诗中用几个简单的意象、词语，营造了两个优美的意境，同时带着深深的伤感。

第一个意境的中心是桥。“你”站在桥上，看桥下流水淙淙，想那光洁的石或绿油油的青苔；闻呤呤风声，想那深深的林中清脆的鸟鸣。一切都那样地自然，那样的明净、悠扬而和谐。透过这宁静的自然，是一个小楼，里面住着一个人；在鸟声的背后是一双眼睛。“你”一下就成了别人的风景。

第二个意境的中心是夜。"你"怀着淡淡的哀愁，在寂静无人的夜里打量着世界，也许是想在人世间的美中找点慰藉。明月当空，皎洁的月光使夜蒙上了一种浅白的色调，若有若无，如梦如幻。"你"获得了美丽的满足吗？也许。然而，诗人要告诉"你"：此刻的"你"正做了他人的梦境，正被人设计在哀愁的、惹人怜的形象上，满足了别人的想象。

那桥、那夜、那风景、那梦都具有一定的象征意义，诗人似乎在讲生活、生活的状况，讲心灵、心灵的慰藉。桥是风景，是自然纯真的美；然而这美又是人类眼中的世界。夜是人心灵的归宿，又是生活的阴暗面。人们的阴影，人们的愁会积压在夜里，人们要从沉沉的暗夜中摆脱出来，寻找美好的生活。所以，人们需要风景，需要梦。诗歌隐含了一种深刻的人生哲理：人生处处存在"相对状态"，作为个体的人、自然是独立的，互不相干的；但作为群体的人、自然，又是互相依存、互相影响的。

这首诗有着明显的中国现代派诗歌风格，一方面吸收了西方象征主义诗歌的手法，同时又广泛运用了中国传统诗歌的手法：着重于意境的营造。诗歌意境空灵优美，为人们带来了无尽的遐想；言有尽而意无穷，明白的话中有着启人深思的哲理和触动人心的落寞感情。这首诗也带有卞之琳独特的诗歌风格：冷静的语调、对新奇意境的追求、带有思辨意味的象征，引人深思的内在韵味，等等。

大堰河——我的保姆/艾青

中国白话新诗的经典之一
艾青的成名作
茅盾曾给予高度评价

大堰河，是我的保姆。
她的名字就是生她的村庄的名字，
她是童养媳，
大堰河，是我的保姆。

我是地主的儿子，
也是吃了大堰河的奶而长大了的
大堰河的儿子。
大堰河以养育我而养育她的家，
而我，是吃了你的奶而被养育了的，
大堰河啊，我的保姆。

大堰河，今天我看到雪使我想起了你：
你的被雪压着的草盖的坟墓，
你的关闭了的故居檐头的枯死的瓦扉，
你的被典押了的一丈平方的园地，
你的门前的长了青苔的石椅，
大堰河，今天我看到雪使我想起了你。

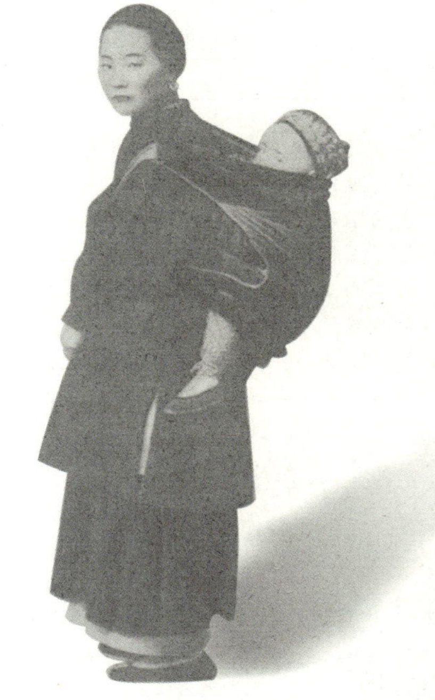

旧时的保姆

旧时的中国农村，许多贫困家庭的妇女为生活所迫，到富人家去当保姆，她们用自己的乳汁、血汗哺育了富人家的子女，饱受欺凌，但所得甚少，仍然过着艰辛的生活。这种现象在当时中国南方农村表现得特别明显。

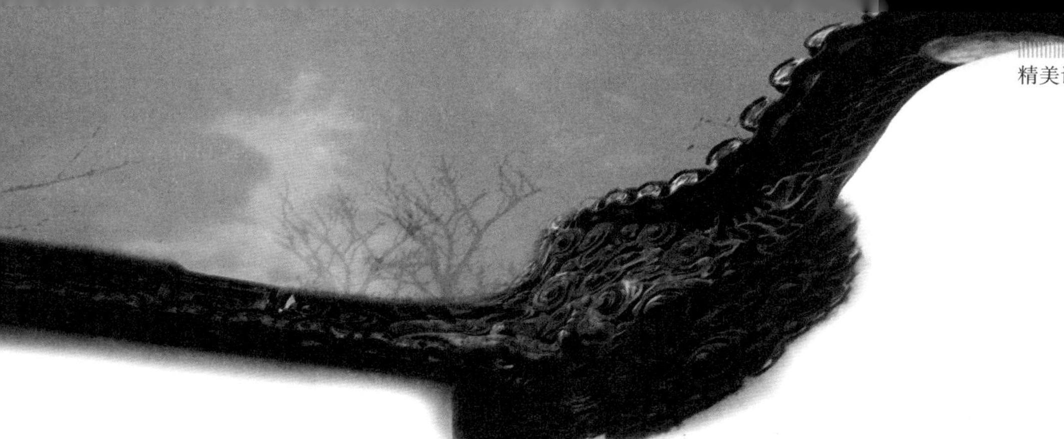

你用你厚大的手掌把我抱在怀里，抚摸我，
在你搭好了灶火之后，
在你拍去了围裙上的炭灰之后，
在你尝到饭已煮熟了之后，
在你把乌黑的酱碗放到乌黑的桌子上之后，
在你补好了儿子们的，为山腰的荆棘扯破的衣服之后，
在你把小儿被柴刀砍伤了的手包好之后，
在你把夫儿们的衬衣上的虱子一颗颗的掐死之后，
在你拿起了今天的第一颗鸡蛋之后，
你用你厚大的手掌把我抱在怀里，抚摸我。

我是地主的儿子，
在我吃光了你大堰河的奶之后，
我被生我的父母领回到自己的家里。
啊，大堰河，你为什么要哭？

我做了生我的父母家里的新客了！
我摸着红漆雕花的家具，
我摸着父母的睡床上金色的花纹，
我呆呆地看着檐头的写着我不认得的“天伦叙乐”的匾，
我摸着新换上的衣服的丝的和贝壳的钮扣，
我看着母亲怀里的不熟识的妹妹，
我坐着油漆过的安了火钵的炕凳，
我吃着碾了三番的白米的饭，
但，我是这般忸怩不安！因为我
我做了生我的父母家里的新客了。

大堰河，为了生活，
在她流尽了她的乳液之后，
她就开始用抱过我的两臂劳动了；
她含着笑，洗着我们的衣服，
她含着笑，提着菜篮到村边的结冰的池塘去，
她含着笑，切着冰屑悉索的萝卜，
她含着笑，用手掏着猪吃的麦糟，
她含着笑，扇着炖肉的炉子的火，
她含着笑，背着团箕到广场上去晒好那些大豆和小麦，
大堰河，为了生活，
在她流尽了她的乳液之后，
她就开始用抱过我的两臂，劳动了。

大堰河，深爱着她的乳儿，
在年节里，为了他，忙着切那冬米的糖，
为了他，常悄悄地走到村边的她的家里去，
为了他，走到她的身边叫一声“妈”，
大堰河，把他画的大红大绿的关云长贴在灶边的墙上，
大堰河，会对她的邻居夸口赞美她的乳儿；
大堰河曾做了一个不能对人说的梦：
在梦里，她吃着她的乳儿的婚酒，
坐在辉煌的结彩的堂上，
而她的娇美的媳妇亲切地叫她“婆婆”
……
大堰河，深爱她的乳儿！

大堰河，在她的梦没有做醒的时候已死了。
她死时，乳儿不在她的旁侧，
她死时，平时打骂她的丈夫也为她流泪，
五个儿子，个个哭得很悲，
她死时，轻轻的呼着她的乳儿的名字，
大堰河，已死了，
她死时，乳儿不在她的旁侧。

作者简介

艾青（1910～1996），原名蒋海澄，浙江金华人，中国20世纪著名诗人。出生在一个地主家庭，因算命先生推算说其“命相”不好，家中将他送到贫困农妇“大叶荷”（即大堰河）家中抚养。大堰河对诗人疼爱备至，她的纯朴和忧郁深深感染了诗人，对诗人的创作产生了极大的影响。5岁时，诗人回到自己的家中，入私塾学习。1928年考入杭州国立西湖艺术院绘画系，次年在林风眠的鼓励下到法国学习，1932年初回国。不久诗人因加入左翼美术家联盟被捕，以“宣传与三民主义不相容主义”罪被判入狱6年。在狱中他写下了著名的《大堰河——我的保姆》一诗。1935年，诗人出狱。1941年到达延安，历任鲁迅艺术文学院教师、华北联合大学文艺学院副院长等职务。新中国成立后历任《人民文学》副主编、中国作协副主席等职。1958年，诗人被错划为“右派”，在农场劳动了20年，1978年回归诗坛。1980年出版诗集《归来的歌》。1996年诗人病逝于北京。

大堰河，含泪的去了！
同着四十几年的人世生活的凌侮，
同着数不尽的奴隶的凄苦，
同着四块钱的棺材和几束稻草，
同着几尺长方的埋棺材的土地，
同着一手把的纸钱的灰，
大堰河，她含泪的去了。

这是大堰河所不知道的：
她的醉酒的丈夫已死去，
大儿做了土匪，
第二个死在炮火的烟里，
第三，第四，第五
在师傅和地主的叱骂声里过着日子。
而我，我是在写着给予这不公道的世界的咒语。
当我经了长长的漂泊回到故土时，
在山腰里，田野上，
兄弟们碰见时，是比六七年前更要亲密！
这，这是为你，静静的睡着的大堰河
所不知道的啊！

大堰河，今天，你的乳儿是在狱里，
写着一首呈给你的赞美诗，
呈给你黄土下紫色的灵魂，

呈给你拥抱过我的直伸着的手，
呈给你吻过我的唇，
呈给你泥黑的温柔的脸颜，
呈给你养育了我的乳房，
呈给你的儿子们，我的兄弟们，

呈给大地上一切的，
我的大堰河般的保姆和她们的儿子，
呈给爱我如爱她自己的儿子般的大堰河。

大堰河，
我是吃了你的奶而长大了的
你的儿子，
我敬你
爱你！

作品赏析

这首诗写于1932年的冬日。当时的诗人因参加左翼美术家联盟被国民党逮捕，被关押在看守所中。据诗人自述，写这首诗时是在一个早晨，一个狭小的看守所窗口、一片茫茫的雪景触发了诗人对保姆的怀念，诗人激情澎湃地写下了这首诗。诗几经辗转，于1934年发表。诗人第一次使用了“艾青”这个笔名，并且一跃成为中国诗坛上的明星。

诗中的大堰河确有其人，其故事也都是真实的。也就是说，诗人完全按照事实，写出了诗人心中对保姆的真切感情。然而，这首诗又不是在写大堰河：她成了一个象征，大地的象征，一个中国土地上辛勤劳动者的象征，一个伟大母亲的象征。大堰河并没有名字，大堰河只是一个地名，是生她的地方。大堰河是普通的。她的生活中都是些平常普通的小事，那是她苦难生活的剪影。她的生活空间是有“枯死的瓦扉”的故居，是“被典押了的一丈平方的园地”，死后也只是“草盖的坟墓”。她的生活是“乌黑的酱碗”，是为儿子缝补被“荆棘扯破的衣服”，是在冰冷的河里洗菜、切菜。她的儿子、丈夫都在她的照料下过着相对安稳的生活。在她死后，他们就失去了这些，他们在炮火中，在地主的臭骂声中活着。她的形象，同时也是那些和土地连在一起的劳动人民的形象。他们都植根在大地上，都有着劳动者的伟大品质。

大堰河并不是没有快乐，那快乐是伟大母亲的慈爱和对乳儿深深的爱。在劳累了一天之后，她从没有忘记来抱“我”，抚摸“我”，在“我”离开她时，她还在夸赞“我”，还想着“我”的结婚……大堰河同样爱着她的儿子和丈夫。她死时，他们都哭得很悲伤。大堰河，一个伟大的母亲形象。

全诗不押韵，各段的句数也不尽相同，但每段首尾呼应，各段之间有着强烈的内在联系；诗歌不追求诗的韵脚和行数，但排比的恰当运用，使诸多意象繁而不乱，统一和谐。这些使得诗歌流畅浅易，并且蕴蓄着丰富的内容。诗人善于从平凡的生活中提炼出典型的意象，以散文似的诗句谱写出强烈的节奏。诗歌具有一种奔放的气势，优美流畅的节奏，表达了诗人来不可遏、去不可止的感情，完美体现了艾青的自由诗体风格。

预言 /何其芳

入选理由

中国白话新诗的经典之一

何其芳的成名作

青年人必读的爱情诗

这一个心跳的日子终于来临！
呵，你夜的叹息似的渐近的足音，
我听得清不是林叶和夜风私语，
麋鹿驰过苔径的细碎的蹄声！
告诉我，用你银铃的歌声告诉我，
你是不是预言中的年轻的神？

你一定来自那温郁的南方！
告诉我那里的月色，那里的日光！
告诉我春风是怎样吹开百花，
燕子是怎样痴恋着绿杨！
我将合眼睡在你如梦的歌声里，
那温暖我似乎记得，又似乎遗忘。

请停下你疲劳的奔波，
进来，这里有虎皮的褥你坐！
让我烧起每一个秋天拾来的落叶，
听我低低地唱起我自己的歌！
那歌声像火光一样沉郁又高扬，
火光一样将我的一生诉说。

不要前行！前面是无边的森林：
古老的树现着野兽身上的斑纹，
半生半死的藤蟒一样交缠着，
密叶里漏不下一颗星星。
你将怯怯地不敢放下第二步，
当你听见了第一步空寥的回声。

一定要走吗？请等我和你同行！
我的脚步知道每一条熟悉的路径，
我可以不停地唱着忘倦的歌，
再给你，再给你手的温存！
当夜的浓墨遮断了我们，
你可以不转眼地望着我的眼睛！

我激动的歌声你竟不听，
你的脚竟不为我的颤抖暂停！
像静穆的微风飘过这黄昏里，

作者简介

何其芳（1912 ~ 1977），原名何永芳，四川万县人，中国现代诗人、散文家、文学研究家。1929年入上海中国公学预科学习。1931年后就读于北京大学哲学系，课余沉浸于文学书籍之中，发表了不少诗歌和散文。1936年，他与卞之琳、李广田的诗歌合集《汉园集》出版，受到文坛注意。他的散文集《画梦录》出版后，曾获《大公报》文艺奖金。大学毕业后他到天津、山东、四川等地教书。1938年赴延安，任鲁迅艺术学院文学系主任。新的生活使何其芳写出了《我歌唱延安》等散文和《生活是多么广阔》等诗篇，讴歌革命，礼赞光明，传诵一时。1944年以后被派往重庆工作，任《新华日报》社副社长等职。1948年年底开始在马列学院（即高级党校）任教。新中国成立后，诗人曾任文学研究所副所长和所长、《文学评论》主编、中国作家协会书记处书记等职。

何其芳像

消失了，消失了你骄傲的足音！
呵，你终于如预言中所说的无语而来，
无语而去了吗，年轻的神？

作品赏析

《预言》是一首爱情诗，抒写了诗人一段珍贵的感情经历。全诗共分6节，以“年轻的神”的踪迹为线索来抒写，剖白式地倾诉了诗人每一刻的痴情。诗人心中的爱神形象是光彩动人的，诗人深深地眷恋着她，充满柔情地想象着她的到来，热情赞美她的美丽，同时也倾诉失去她的惆怅。想见时，“年轻的神”那“夜的叹息似的”足音，轻柔、飘忽，而诗人却凭着自己细腻的感触，将它从“林叶和夜风的私语”和“麋鹿驰过苔径的细碎的蹄声”中辨认出来，诗人盼望“年轻的神”的心情是何等地热切，迎候是何等地专注。相见后，诗人热烈赞美“年轻的神”所生活过的光明、温暖和多情的世界，表达了自己由衷的倾慕之情。诗人祈求“年轻的神”不要离开自己，“前行”到那阴森恐怖、黑暗和空寂的地方去。可是“年轻的神”似乎并不了解诗人的心情，她执意要走。尽管如此，诗人也愿意为她引路，要在阴森黑暗的路途中给它抚慰、温暖和力量。最后，“年轻的神”终于走了，那脚步声竟“像静穆的微风飘过这黄昏里”悄悄地消失了、“年轻的神”从那美丽、温郁的南方而来，却走向了恐怖死寂的森林中去，从光明到黑暗，并不美满。她的轻飘而来使诗人激动得“心跳”，而她的无语而去却给诗人留了凄清的哀怨，给诗人留下了深深的惆怅。

何其芳喜欢在回忆和梦幻中寻找美。他的诗总是在淡淡的哀怨中透出一些欢快的色彩。诗中没有着意刻画“年轻的神”的形象，作者捕捉的是“一些在刹那间闪出金光的”心灵的语言，“省略去那些从意象到意象之间的链锁”，给读者留下了丰富的想象的天地，使诗有一种宁静、柔婉的朦胧美。

这首诗的语言富于音乐性，六行大体押韵，每行的节顿又大体相等，读起来使人产生平和愉快的感觉。诗句本身的节奏又和情绪的抑扬顿挫相协调，从而产生了拨动心弦的音乐效果。正因为如此，这首诗发表后，在读者中间产生了广泛的影响，深受广大青年读者的喜爱，许多人将它背得滚瓜烂熟，时常吟诵。直到今天，这首诗仍然散发着动人的魅力。

中国白话新诗的经典之一
“九叶诗人”之一辛笛的成名作
发表后反响热烈，在国内外广泛流传

航/辛笛

帆起了
帆向落日的去处
明净与古老
风帆吻着暗色的水
有如黑蝶与白蝶

明月照在当头
青色的蛇
弄着银色的明珠
桅上的人语
风吹过来
水手问起雨和星辰

从日到夜
从夜到日
我们航不出这圆圈

后一个圆
前一个圆
一个永恒
而无涯涘的圆圈
将生命的茫茫
脱卸与茫茫的烟水

作者简介

辛笛（1912 ~ 2004），中国现代诗人，作家，“九叶诗人”之一。原名王馨迪，后改为王心笛，笔名心笛、一民、辛笛等。祖籍江苏淮安，生于天津市。

辛笛早年在清华大学任文艺编辑，并在北平艺文中学、贝满女子中学任教。后赴英国爱丁堡大学研习英语，回国后曾任上海光华大学、暨南大学教授。从学生时代起，诗人即开始在天津《文学季刊》、《北京晨报》、上海《新诗》等报刊上发表诗文和译作。1935 年，他的第一本新诗集《珠贝集》在北京出版。抗日战争胜利后，诗人当选为中华全国文协候补理事兼秘书，并为诗歌音乐工作者协会上海分会负责人之一。1947 年，诗人的新诗集《手掌集》出版。翌年其散文评论集《夜读书记》出版。1949 年 7 月参加中华全国第一次文代会，为中国作家协会会员和作协上海分会理事。后历任上海工业局秘书科科长、中央轻工业部华东办事处办公室副主任、上海食品工业公司副经理，还兼任民盟上海市委委员、外国文学会会员、上海市政协特约编译等职。

作品赏析

《航》是辛笛的成名作。写于 1934 年 8 月。那时的辛笛是清华大学外文系三年级学生。在假期里他坐船出海旅行。第一次航海令他激动不已。他久久地站在甲板上：大海是那样地辽阔，又是那样地深沉。诗人年轻的心充满了新鲜的印象，也泛起“不识愁滋味”的一丝惆怅。他边观看海上景色，边轻轻吟哦，即刻挥毫写下了《航》一诗。诗发表在当时《大公报》的《文艺副刊》上，1935 年收入辛笛和其弟辛谷合出的第一本诗集《珠贝集》内。

在一个晚霞满天的黄昏，一艘帆船升起了帆，向远方的落日处驶去。这帆船，如同一位行走在人生征程上的行者；这航程，好似那漫无际涯的人生路程。送帆远行、与帆做伴的是海水，那“明净而古老”的海水。帆也深知，只有与海水紧密相依，才能沉稳、平安地驶向目的地。这也寓意着：一个人如果耽于幻想，脱离了他所生存的土地、社会现实，他的人生之舟将会搁浅，寸步难行。

一轮玉盘似的月亮升起来了，皎洁的月光洒在桅上、帆上、船上、人身上，这夜色是多么美好。然而漫漫航程有风平浪静的时刻，也有风雨飘摇的日子，“风吹过来，水手问起雨和星辰”。这漫漫航程与人生征途是何等相似，从白天到黑夜，从黑夜到白天，人们在圆圈似的旅途上跋涉着，一个圆连着一个圆，没有尽头，茫无边际。面对茫茫人生，诗人不禁感叹了：将自己茫茫的生命，“脱卸于茫茫的烟水”，与海水融合在一起，获得永恒的憩息与生存。

全诗借助比喻、拟人、象征手法，营造了一个生动透明的意象，在此基础上将客观的物象描述与主观的情感抒发紧密结合起来，语言简练，节奏紧凑，朴实的诗风中蕴含着深刻的人生哲理，颇具表现力。《航》发表后获得了广大读者的喜爱和好评。爱诗的青年人竞相传阅转抄，更没想到的是千里姻缘一诗牵，一对男女青年因为都喜欢这首诗而相爱起来。旅美诗人叶维廉将此诗译成了英文，加拿大诗人联盟主席亨利·拜塞尔教授也曾将此诗翻译成英文，加以发表，于是它又在海外诗歌爱好者中间先后流传开来。

入选理由

诗人余光中的代表作
反映了海峡两岸数代人的团圆心声
在海内外广泛流传

乡愁/余光中

小时候
乡愁是一枚小小的邮票
我在这头
母亲在那头

长大后
乡愁是一张窄窄的船票
我在这头
新娘在那头

后来啊
乡愁是一方矮矮的坟墓
我在外头
母亲啊在里头

而现在
乡愁是一湾浅浅的海峡
我在这头
大陆在那头

作品赏析

乡愁，在中国的诗歌史上是成千上万首诗表现的主题。然而，将之作为一个长期写作的主题，在中国文学史上，余光中恐怕还是第一人。在他众多写乡愁的诗中，《乡愁》一诗毫无疑问是流传最广、最为委婉动人的一首。

1951年2月，余光中与父母在台北安街寓所前的合影。

那一寸见方的邮票承载了诗人小时候的依恋，在互通音讯中诗人获得了母亲的安慰。一张窄窄的船票承载了诗人对爱人的相思和依偎；在来来往往中，诗人填补了感情的缺口，其中滋味自在不言中。一抔黄土割断了诗人和母亲的相见。诗人的心归往何处？那乡愁竟是不能圆的梦了！“这头”和“那头”终于走向了沉重的分离，诗人的心一下子沉入了深深的黑暗里。

诗人在这强烈的情感中转入对现在的叙述。现在，那湾浅浅的海峡，竟成了一个古老民族的深深伤痕，也是诗人心中的伤痕，是和诗人一样的千千万万中华子孙的伤痕。诗的意境在这里突然得到了升华。那乡愁已不仅仅是诗人心中的相思和苦闷，它还是千千万万中华儿女的相思和苦闷。诗歌由此具有了一种深层的象征意义。那母亲难道不是祖国的象征？那情人难道不是诗人的自喻？

诗人在大千世界之中，精练地提取了几个单纯的意象：邮票、船票、坟墓、海峡。这些意象和“这”、“那”简单的词融合在一起，将彼此隔离的人、物、时间和空间紧紧联系在一起，若有若无的距离和联系，给那些整日在相思、别离和相聚间奔波的人们一种强烈的共鸣，给人们一种难以言表的哀愁和欢欣。正如诗人所言：“纵的历史感，横的地域感。纵横相交而成十字路口的现实感”，诗歌以时间的次序为经，以两地的距离为纬，在平铺直叙中自有一种动人心魄的魅力，引起人们无限的哀愁，无尽的相思。

诗歌在艺术上呈现出结构上的整饰美和韵律上的音乐美：在均匀、整齐的句式中追求一种活泼、生机勃勃的表现形式；在恰当的意象组合中完美地运用了词语的音韵，使诗歌具有一种音乐般的节奏，回旋往复，一唱三叹。

错误 /郑愁予

入选理由

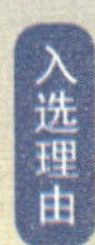

郑愁予的代表作
一个美丽的爱情错误
深受广大青年读者喜爱，流传广泛

我打江南走过
那等在季节里的容颜如莲花的开落

东风不来，三月的柳絮不飞
你的心如小小的寂寞的城
恰若青石的街道向晚
跫音不响，三月的春帷不揭
你的心是小小的窗扉紧掩

我达达的马蹄是美丽的错误
我不是归人，是个过客……

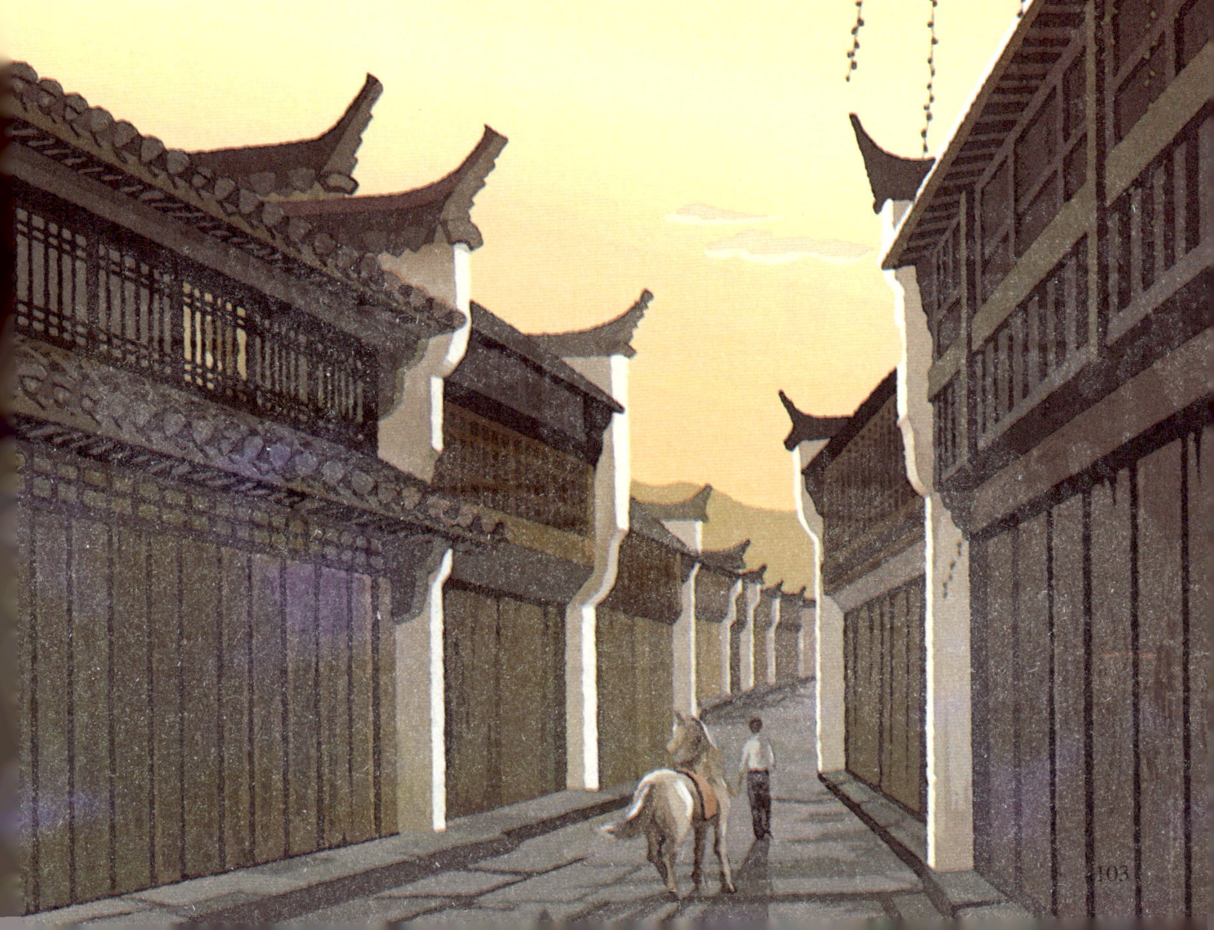

作者简介

郑愁予（1933～ ），原名郑文滔，河北人，中国台湾当代诗人。其父为国民党军官，诗人青少年时期随父亲奔走于战场中，在炮火声中度过。1949 年诗人去台湾，1955 年服役。1958 年毕业于台湾中兴大学商学院，在基隆港务局任职。诗人从 15 岁就开始发表诗歌，1956 年参与创立现代派诗社，任《现代派》刊物编辑。1968 年到美国爱荷华大学学习，毕业获硕士学位并留校任讲师。后任耶鲁大学教授。有诗集《梦土上》、《衣钵》、《寂寞的人坐着看花》等。

作品赏析

郑愁予的诗和他的名字一样，轻巧又带着深深的愁怨，婉转而藏着一份诉说的衷情。在诗的开头，诗人说："我打江南走过。"简单的"江南"二字，一下子就将人们带入充满诗情画意的境地。然而，诗人心中的江南是消瘦的江南，留下的风景已经变换了数旬，已经如莲花，在开开落落之间只剩下了一枝干枯的荷梗。

这是怎样的季节呢？该是春季吧，早春，一切都在焦急地等待中。东风滞留在遥远的地方，柳絮在柔柔的柳枝中沉沉睡去，不管人间的等待和梦。在这样的季节里，在江南那小小的城市的阁楼中，妇人的心扉紧闭，如幽深的青石小巷，笼罩在氤氲的暮色中，寂寞中伴着深深的愁思。

一切都静静的，这时，"我"的足音，清脆的马蹄声在江南的青石板路上达达而过。这"美丽的错误"更生动新颖地写出了思妇的怀人心情，写出了那心中的寂寞和盼望。然而，这"美丽的错误"使妇人陷入了更深的寂寞中。诗人只是一个过客。诗人走过，留给妇人一份落寞和怀念。

诗歌深得宋词的长处，意境幽婉而朦胧。诗歌的表现手法纯熟，句式整饬，语调轻快，富于节奏感。开头和结尾的两句都使用了短句，这恰恰是对过客的描写：匆匆而来，匆匆而去，来不及停下就消逝在岁月的长河里。中间的句子都是用长句，采用轻俏的词语，如柔柔的柳枝。那是在写妇人，悠悠的，如女主人的相思和怀念。诗中的意象都是诗歌手法的表现，比喻也用得恰到好处。

回答 /北岛

入选理由

中国朦胧诗的代表作之一

北岛的成名作

一代青年对生活的严肃"回答"

卑鄙是卑鄙者的通行证，
高尚是高尚者的墓志铭，
看吧，在那镀金的天空中，
飘满了死者弯曲的倒影。

冰川纪过去了，
为什么到处都是冰凌？
好望角发现了，
为什么死海里千帆相竞？

我来到这个世界上，
只带着纸、绳索和身影，
为了在审判之前，
宣读那被判决了的声音：

告诉你吧，世界，
我——不——相——信！
纵使你脚下有一千名挑战者，
那就把我算做第一千零一名。

我不相信天是蓝的；
我不相信雷的回声；
我不相信梦是假的；
我不相信死无报应。

如果海洋注定要决堤，
就让所有的苦水都注入我心中，
如果陆地注定要上升，
就让人类重新选择生存的峰顶。

新的转机和闪闪的星斗，
正在缀满没有遮拦的天空，
那是五千年的象形文字，
那是未来人们凝视的眼睛。

作者简介

北岛（1949～　），中国当代诗人、作家。原名赵振开，另有笔名石默。浙江湖州人。1969年高中肄业后任北京第六建筑公司工人。70年代初开始写诗。1980年起任《新观察》、《中国报道》编辑、北京飞达（集团）公司干部。1979年3月在《诗刊》上发表《回答》，引起强烈反响。他的诗具有沉郁的激愤与冷峻的思考，风格凝重、意喻朦胧，采用隐喻、象征、通感、意象等多种表现技巧和手法，表现出曾经狂热和失望的诗人对现实的审视，对祖国命运的思考，对人类自由的追求。是朦胧诗派的代表诗人。代表作有《回答》、《结局或开始》、《雨夜》等。1986年被评为"我最喜欢的中青年诗人"。同年出版的《北岛诗选》获1985～1986年全国优秀新诗（诗集）奖。他的小说风格独特，多用意识流及象征、隐喻等手法。短篇小说《稿纸上的月亮》，中篇小说《波动》较有影响。出版诗集《北岛诗选》、《太阳城札记》、《北岛与顾城诗选》等，小说集《归来的陌生人》、《波动》，译作《北欧现代诗选》、《索德格朗诗选》。他的诗歌被翻译成多种文字。

作品赏析

这首诗是北岛早期的诗歌。此时的诗人还在地下进行着神圣的诗歌创作，和一些与他有共同理想的朋友们一起自费编辑出版诗刊《今天》。这首诗是诗人的代表作，也是那一时期诗歌的代表作。

要"回答"，就要有回答的起因、回答的对象。诗人的回答对象很明显，就是那沉闷的社会现实。诗的开头就是对那现实的描写。"卑鄙是卑鄙者的通行证，高尚是高尚者的墓志铭"——这是怎样的世界呀！那虚伪的天空中，到处是用金词丽句、空洞赞颂涂抹的东西，到处是通行者的乐园。当然，还有死者，那不屈的身影已经弯曲，绷得很紧，充满着力量的美，显得更加不屈。

诗人要问，要控诉，愤懑之情溢于言表。不是冰川纪，何以到处都是冰凌？新的航道已经发现了，为什么千万艘船只还在死水一潭的死海中盘桓、相竞，眼睁睁地等着沉没？这些就是那个时代的写照。

诗人要回答这样的疑问。诗人来到这个世界上，为了什么，要做什么？诗人说，他是来判决这世界的。诗人只带了纸、绳索和身影。诗人要用自己的诗来审判这世界吗？诗人要用绳索来处决那虚伪的世界或者那些卑鄙者吗？诗人准备用自己的生命来殉自己的理想吗？反正诗人不相信这样的社会，诗人准备反抗。

诗人心情激动，大声疾呼，唱出了心中对虚伪现实的怀疑和否定。这是一种决绝的怀疑和反抗，没有丝毫的犹豫和同情。即使有太多的反抗者和挑战，诗人仍然愿意做其中的一员，为挑战者的队伍增添一分力量。

如果虚假的世界如海洋的大堤在海浪的冲击下崩溃，如平地因为地心岩浆的奔突而被撕裂，诗人愿意承受所有的苦难，咽下所有的苦水，诗人愿意做被撕扯的胸膛，让人类选择更好的顶峰。诗人的心中充满着英雄式的悲剧情结。同样，诗人的心中也充满了希望，来自古老祖先的希望。从祖先留下的精神财富中，诗人仿佛看到一片纯洁的天空，闪现着漫天星斗的天空。

诗歌大量运用象征手法，那些象征性的形象又带有明确的意义指向。尽管这象征的形象相对直白，但是并没有影响诗歌的感性特征。“冰凌”、“死海”等形象生动地写出了现实生活的困境和艰难。诗中那新颖的意象和丰富的情感的巧妙组合，带有明显的朦胧诗特点，诗歌的思想倾向也带有明显的朦胧诗的特征。这首诗同样是朦胧诗的代表作。

致橡树 /舒婷

中国朦胧诗的代表作之一
舒婷的代表作之一
以新奇的意象表达了一种崭新的爱情观

我如果爱你——
绝不像攀援的凌霄花，
借你的高枝炫耀自己；
我如果爱你——
绝不学痴情的鸟儿，
为绿荫重复单调的歌曲；
也不止像泉源，
常年送来清凉的慰藉；
也不止像险峰，
增加你的高度，衬托你的威仪。
甚至阳光。
甚至春雨。
不，这些都还不够！
我必须是你近旁的一株木棉，
做为树的形象和你站在一起。
根，紧握在地下，
叶，相触在云里。
每一阵风过，
我们都互相致意，
但没有人

作者简介

舒婷像

舒婷（1952～ ），原名龚佩瑜，福建漳州人，中国当代著名诗人。诗人从小对书情有独钟，在书中诗人找到了无穷的乐趣。和很多同龄人一样，诗人也经历了上山下乡的波折，1969年，诗人在闽西的一个落后山村插队，接受贫下中农再教育。在那里，诗人开始练习写作，主要用日记、书信记录下心中每一天的思想和情感。1971年，诗人发表第一篇作品《寄杭城》。1972年，诗人回城，开始从事染纱工、挡车工等工作；同年与蔡其娇相识，受到了蔡的教导和鼓励。1977年初，她读到了北岛的诗歌，深受启发。不久，诗人加入《今天》编辑部，站在了当时中国诗歌的前沿，成为中国当代诗歌的开创者之一。与其他的“朦胧诗人”一样，诗人的诗歌也受到了不公正的批评。然而诗人并没有放下诗笔，而是坚持自己的理想继续从事诗歌创作，最终，她与其他朦胧诗人一起，获得了世人的认可。1986年，诗人的长诗《会唱歌的鸢尾花》出版。

听懂我们的言语。
你有你的铜枝铁干
像刀，像剑，
也像戟；
我有我红硕的花朵，
像沉重的叹息，
又像英勇的火炬。
我们分担寒潮、风雷、霹雳，
我们共享雾霭、流岚、虹霓；
仿佛永远分离，
却又终身相依。
这才是伟大的爱情，
坚贞就在这里：
爱——
不仅爱你伟岸的身躯，
也爱你坚持的位置，足下的土地。

作品赏析

这是一首爱情诗，诗人以橡树为对象倾诉了自己的爱情和对爱情的热烈、诚挚和坚贞。诗中的橡树毫无疑问不是一个具体的对象，而是诗人理想中的形象，是诗人心目中的情人象征。因此，这首诗一定程度上又不是单纯倾诉自己的热烈爱情，而是要表达一种爱情的理想和信念，通过具体可感的形象来表达。

首先，橡树是高大的，有威仪的，有着丰富的内涵——那绿荫就是一种意指。诗人不愿要附庸的爱情，不愿做攀援在大树上的凌霄花，依附在橡树的高枝上而沾沾自喜。诗人也不愿要奉献的爱情，不愿做整日为绿荫鸣唱的小鸟，不愿做无私的泉源，不愿做支撑橡树的高大山峰。诗人不愿在这样的爱情中丧失自己。

诗人要怎样的爱情呢？诗人要的是那种两人比肩站立，共同迎接生活中风风雨雨的爱情。诗人将自己比喻为一株木棉，在橡树近旁和橡树并排站立的一株木棉。两棵树的根和叶紧紧相连。诗人爱情的坚定并不比古人“在天愿做比翼鸟，在地愿为连理枝”逊色。它们就那样静静地站着。有风吹过，它们摆动一下枝叶，相互致意，便心心相通了。那是他们两人的言语，是心灵的契合，是无语的会意。

二人就这样站着，两棵坚毅的树，两个新鲜的生命，两颗高尚的心。一个像士兵，每一个枝干都随时准备承受来自外面的袭击；一个是热情的生命，开着红硕的花朵，愿意在他战斗时为其照亮前程。他们共同分担外面的威胁，承担任何困境；同样，他们共享人生的美丽，大自然的壮丽风景。

诗人要的就是这样的伟大爱情，有共同的伟岸和高尚，有共同的土地。他们互相爱着，扎根于同一块根基上。

诗歌以新奇的意象、贴切的比喻表达了诗人心中理想的爱情观。诗中的比喻和奇特的意象组合都代表了当时的诗歌新形式，具有开创性意义。另外，尽管诗歌采用了新奇的意象，但诗的语言并不像很多当时的批评家所说的晦涩难懂，而是具有口语化的特征，新奇中带着一种清新的灵气。

一代人/顾城

入选理由

中国朦胧诗的代表作之一

顾城的成名作

整整一代青年人追寻理想的精神画像

作者简介

顾城（1956 ~ 1993），北京人，中国朦胧诗派的代表人物之一。出生在一个文人家庭，父亲是一个诗人，这使他自小就在很好的文化氛围中成长，据说童年时他就能写出优美的诗句。1969 年，诗人的父亲被下放到山东一个农场劳动，诗人也随之来到那里，开始了艰苦而匮乏的生活，同时开始诗歌创作，自编了诗集《无名的小花》和旧体诗集《白云梦》等。1974 年，诗人随全家搬回北京，当了工人。1987 年，诗人应邀前往德国参加诗歌节。1988 年，诗人被聘为新西兰奥克兰大学亚语系研究员，讲授中国古典以及现代文学，后住在附近的小岛上悉心创作。1992 年，诗人重返欧美讲学和创作。诗人自小对文学、哲学、美术、书法有突发的无师自通的领悟力，被称为当代仅有的“唯灵”浪漫主义诗人，已出版的作品有《黑眼睛》、《顾城新诗自选集》等。

作品赏析

全诗只有两句，而且诗中出现的意象都是日常生活中极为常见的现象：黑夜、眼睛、光明。也许正因为如此，才使得这首诗歌具有了引起人们广泛关注、深思的魅力。新奇的组合，看似相悖的转折，却蕴含着令人难以置信的合理性。这种相悖的逻辑正是这短短两句诗的精华所在。相悖是在两个层面上的。第一个层面是诗歌整体的意象呈现方式与人们日常经验中它们的呈现方式相悖。这主要集中在眼睛的意象上。在茫茫的黑暗里，眼睛可能是唯一的明灯。在人们的经验中，眼睛始终是透明的象征。然而，诗中的眼睛却是“黑色的眼睛”。这是诗人心中的感受，也是诗人的深刻反思。这感受是撕心裂肺的创痛，是一种日积月累的沉淀。这反思是沉重的，后面潜藏着巨大的恐惧。而这些又都指向了“黑夜”——那个十年的中国背景。第二个层次的相悖是诗歌内在的相悖。这主要集中在“光明”这一意象上。那样的时代，那样的环境，那样深沉的黑夜，诗人要寻找光明。诗人正要用那黑色的眼睛寻找光明。这是诗人奏响的反叛黑夜的一声号角。

所以诗人为这只有两句话的诗起了一个宏大而耐人寻味的标题：一代人。但诗的内容似乎又指向了两代人，既是对上一辈的总结和反思，又是对下一代的呼唤和定位。

这首诗在艺术手法上也充分地体现了顾城诗歌的艺术特色，在意象的营构上匠心独具。诗人采用了与生活中生命感受密切相关的意象，用出人意料的组合表达了他对世界、生活、生命的新鲜体验。他的诗和其他朦胧派诗歌一样，打破了政治式的一味吼叫和说教，用丰富的想象和意象来打动读者，从而还诗歌以本真形态。他们还尽量使用明确、简单的词汇和句子来表达心中的感受，避免诗歌的语言受到晦涩难懂等流弊的污染。

面朝大海，春暖花开 /海子

入选理由
- 中国先锋诗人海子的代表作之一
- 一首对纯朴世界、纯朴人生的憧憬之歌
- 受广大读者好评，广为流传

从明天起，做一个幸福的人
喂马，劈柴，周游世界
从明天起，关心粮食和蔬菜
我有一所房子，面朝大海，春暖花开

从明天起，和每一个亲人通信
告诉他们我的幸福
那幸福的闪电告诉我的
我将告诉每一个人

给每一条河每一座山取一个温暖的名字
陌生人，我也为你祝福

愿你有一个灿烂的前程
愿你有情人终成眷属
愿你在尘世获得幸福
我只愿面朝大海，春暖花开

作者简介

海子（1964 ~ 1989），原名查海生，中国当代诗人。出生于安徽省安庆城外的一个农民家庭。1979 年考入北京大学法律系。1982 年开始诗歌创作。1983 年毕业后在中国政法大学哲学教研室任教。在随后的数年中，诗人写下了大量的优秀诗歌，先后自印诗集《河流》、《传说》、《但是水、水》、《麦地之翁》（与西川合印）、《太阳·断头篇》等。尽管诗人也曾获北京大学第一届艺术节“五四”文学大奖特别奖、第三届《十月》文学奖荣誉奖等奖项，但诗人的诗歌一直没有受到很公正的对待。1988 年写出仪式诗剧三部曲之一《剁》。另外，诗人的作品还有长诗《土地》。诗人在积极创作的同时，也一直面临着中国诗歌没落的困境。1989 年 3 月 26 日，诗人去世。诗人死后，其诗歌开始受到人们的广泛关注，诗人的名字也与他那杰出的诗歌一起传遍了中国大地。从 1993 年起，北大每年举行诗歌节，以纪念海子。

作品赏析

《面朝大海，春暖花开》写于1989年1月13日，即诗人离开人世前的两个月。诗人长期处于精神的思索之中，在沉沉的精神现实的重压下，诗人的心灵和躯体得不到依托和放松。最终，诗人的内心再也载不动那么多的追求和精神现实，以25岁的年龄就离开了人世。然而，在这首诗中，我们看到的却是另一个海子，幸福、温馨、纯美的海子。

在一个冬季，或许在阳光的沐浴下，在干燥净爽的午后，诗人走出了他长期蛰伏的书房。面对那样的情景，诗人那一直绷紧的精神突然融化了，融化在自然的世界，融化在尘世的幸福中。在那样的瞬间，诗人决定要做一个幸福的人，享受平凡的幸福。喂马、劈柴，从简朴的生活、亲身的劳作中体味生命的存在;周游世界,在大自然里寻找快乐的源泉。诗人要关心人生最简单的生活,在这样的关心中找到幸福。诗人渴望拥有一所房子，“面朝大海，春暖花开”。

诗人心灵坦荡,胸怀博大。诗人那美丽的心灵被幸福的闪电击中。那样的顿悟本身就该是幸福的事。诗人愿意天下人都能得到这样的顿悟和这顿悟的幸福。诗人要把这样的感觉、幸福告诉每一个亲人，告诉每一个人。诗人还要给每一条河每一座山起一个温暖的名字，让人们从那些温暖的名字中体味诗人的幸福，让人们在自然的世界更容易接近幸福。诗人还要祝福陌生人，愿他们过着简朴的生活，愿他们每一个平凡的心愿都能实现。最后一段，诗人表达了自己真诚的祝愿：

愿你有一个灿烂的前程
愿你有情人终成眷属
愿你在尘世获得幸福
我只愿面朝大海，春暖花开

诗歌以淳朴直白的诗句、清新明快的意象，描绘了一个浪漫、略带梦幻色彩的世界。诗人凭借自己的乡村生活的经验，提炼出优美的意象，描绘出一个质朴、单纯的世界。诗人善于以超越现实的冲动和努力，审视个体生命的存在价值。他的诗往往有着浓重的浪漫色彩，诗中描绘的情景明显带着诗人自己的梦想和纯真。总之，诗人用朴素明朗、隽永清新的语言和意境，唱出了他对平凡生活的真诚和向往，反映了他那积极昂扬的情感世界和博大开阔的胸怀。

牧歌 /［古罗马］维吉尔

古罗马诗人维吉尔的代表作
语言壮观优美，情绪舒缓起伏
极富民族特色和音乐性

让我们唱些雄壮些的歌调，西西里的女神，
荆榛和低微的柽柳并不能感动所有的人，
要是还歌唱山林，也让它和都护名号相称。
现在到了库玛谶语里所谓最后的日子，
伟大的世纪的运行又要重新开始，
处女星已经回来，又回到沙屯的统治，
从高高的天上新的一代已经降临，
在他生时，黑铁时代就已经终停，

在整个世界又出现黄金的新人。
圣洁的露吉娜，你的阿波罗今已为主。
这个光荣的时代要开始，正当你为都护，
波里奥啊，伟大的岁月正在运行初度。
在你的领导下，我们的罪恶的残余痕迹
都要消除，大地从长期的恐怖中获得解脱。
他将过神的生活，英雄们和天神他都会看见，
他自己也将要看见在他们中间，
他要统治着祖先圣德所致太平的世界。
孩子，为了你那大地不用人力来栽，
首先要长出那蔓延的常春藤和狐指草，
还有那埃及豆和那含笑的莨苕；
充满了奶的羊群将会自己回家，
巨大的狮子牲口也不必再害怕，
你的摇篮也要开放花朵来将你抚抱，
蛇虺将都死亡，不再有骗人的毒草，
东方的豆蔻也将在各地生得很好。
当你长大能读英雄颂歌和祖先事迹，
当你开始能够了解道德的意义，
那田野将要逐渐为柔穗所染黄，
紫熟的葡萄将悬挂在野生的荆棘上，
坚实的栎树也将流出甘露琼浆。
但是往日的罪恶的遗迹那时还有余存，
人还要乘船破浪，用高墙围起城镇，
人也还要把田地犁成一道道深沟，

维吉尔（中）两旁站着英雄史诗缪斯与悲剧缪斯

这幅古罗马的镶嵌画体现了当时人们对诗人维吉尔的敬重。

还要有提菲斯，还要有阿戈的巨舟，
载去英雄的精锐，还要有新的战争，
还要有英雄阿喀琉斯作特洛伊的远征。
但当坚实的年代使你长大成人的时候，
航海的人将离开海，那枯木的船艘
将不再运货，土地将供应一切东西，
葡萄将不需镰刀，田畴将不需锄犁，
那时健壮的农夫将从耕牛上把轭拿开；
羊毛也不要染上种种假造的颜色，
草原上的羊群自己就会得改变色彩，
或者变成柔和的深紫，或鲜艳的黄蓝，
吃草的幼羔也会得自己带上朱斑。
现在司命神女根据命运的不变意志，
对她们的织梭说："奔驰吧，伟大的日子。"
时间就要到了，走向伟大的荣誉，
天神的骄子啊，你，上帝的苗裔，
看呀，那摇摆的世界负着苍穹，
看大地和海洋和深远的天空，
看万物怎样为未来的岁月欢唱，
我希望我生命的终尾可以延长，
有足够的精力来传述你的功绩，
色雷斯的俄耳甫的诗歌也不能相比，
林努斯也比不过，即使有他父母在旁，
嘉流贝帮助前者，后者美容的阿波罗帮忙，
甚至山神以阿卡狄为评判和我竞赛，
就是山神以阿卡狄为评判也要失败；
小孩子呀，你要开始以笑认你的生母。
（十个月的长时间曾使母亲疲乏受苦），
开始笑吧，孩子，要不以笑容对你的双亲，
就不配与天神同餐，与神女同寝。

作者简介

维吉尔像

维吉尔（公元前70～前19），古罗马杰出诗人。原名普布留斯·维吉留斯·马罗，生于高卢的曼图亚附近的农村，家境比较富裕。他幼年在农村长大，熟悉农村和农业劳动，热爱大自然。后来去米兰、罗马等地接受了良好的教育。因体弱多病，从事律师失败后，回到农村家中，专心写诗。后加入了麦凯纳斯庇护下的文学集团，深受屋大维的尊敬。他的主要作品除代表作《埃涅阿斯纪》外，还有《牧歌》、《农事诗》等。《牧歌》共有10首，是其成名作，通过一个牧人的独唱或一对牧羊男女的对唱，歌唱牧人的生活和爱情，还表达了对当前社会和政治的看法与感受；《农事诗》共4卷，描写罗马农民的工作与生活。这些作品将农业知识的介绍、农业政策的阐释和对自然景色、历史传说的描写结合起来，语言优美，生动有趣。维吉尔在中古时代一直享有特殊的声誉，如但丁在《神曲》中就尊他为老师和带路人。

作品赏析

牧歌（一称田园诗）始见于公元前3世纪时的亚历山大诗歌，代表诗人是特奥克里托斯，约在公元前1世纪传入罗马。维吉尔第一部公开发表的诗集《牧歌》共收诗10首，其中的各首诗具体写作年代不详。维吉尔的牧歌主要是虚构一些牧人的生活和爱情，通过对话或对唱，抒发田园之乐，有时也涉及一些政治问题。在牧歌中，诗人描述的是人与神和谐共处的美好的家园，这里风光优美，和平而宁静，人们安居乐业，生活富足。这些，都是神灵的庇佑，所以诗人的歌唱从对神的赞美开始："伟大的世纪的运行又要重新开始，处女星已经回来，又回到沙屯的统治，从高高的天上新的一代已经降临，在他生时，黑铁时代就已经终停，在整个世界又出现黄金的新人。"诗人所热情歌颂的正是这样的新人和新的时代，一个新的正在运行的纪元，人们生活在天赐的乐园里，一切美好的东西都在旺盛地生长，一切坏的东西都就此死亡。维吉尔的语言非常壮观优美，极富民族特色和音乐性，在情绪上舒缓起伏，韵律优美动人，内涵博大而深远："天神的骄子啊，你，上帝的苗裔，看呀，那摇摆的世界负着苍穹，看大地和海洋和深远的天空，看万物怎样为未来的岁月欢唱。"所有这些诗句都是非博大的学识、高贵的气质和天赋的才华所不能得的。

你的长夏永远不会凋谢

/［英国］莎士比亚

莎士比亚十四行诗的代表作之一
以形象的表达阐释了人文主义内涵
文辞生动有趣，曲折跌宕

我怎能够把你来比拟作夏天？
你不独比他可爱也比他温婉；
狂风把五月宠爱的嫩蕊作践，
夏天出赁的期限又未免太短；

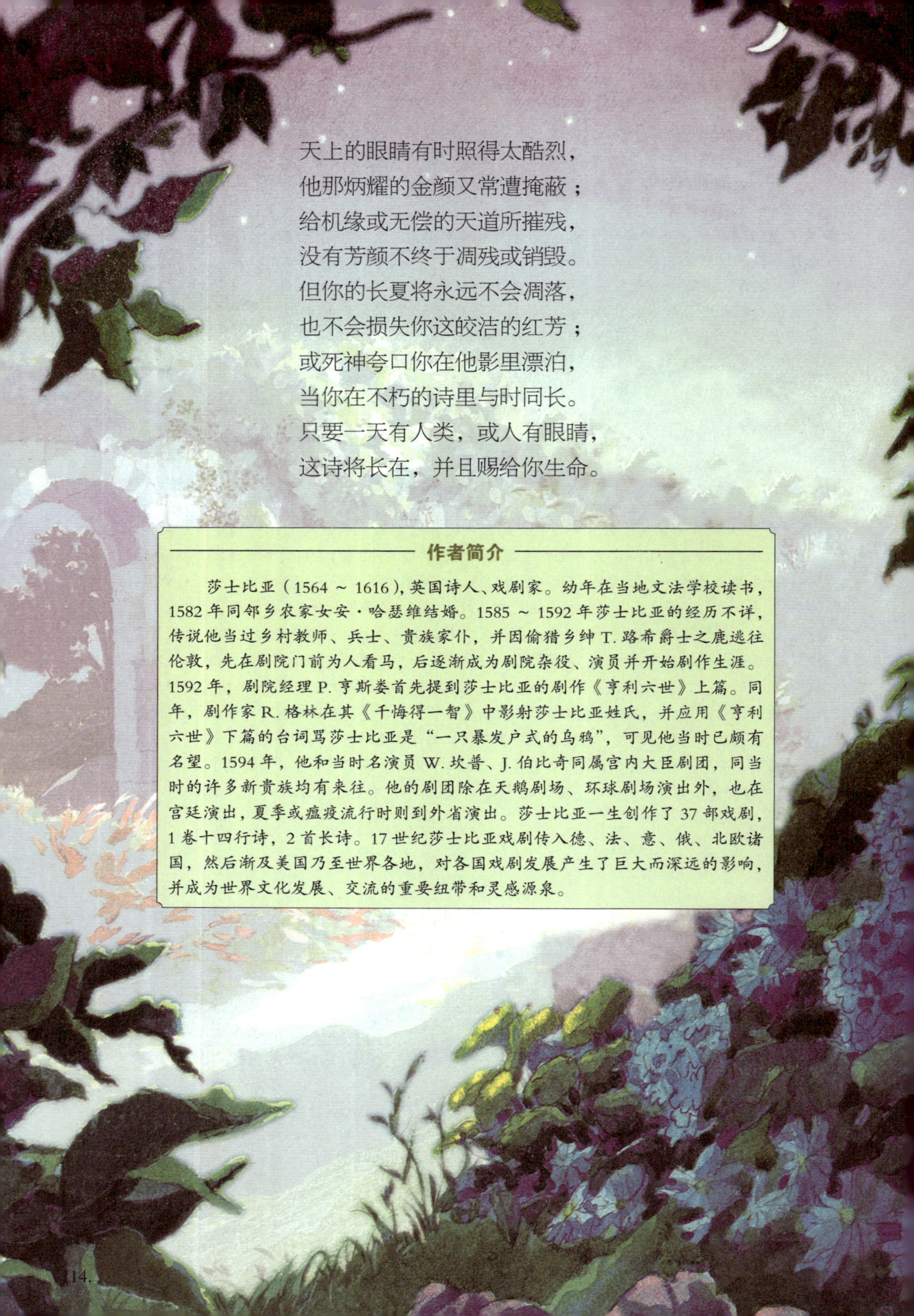

天上的眼睛有时照得太酷烈，
他那炳耀的金颜又常遭掩蔽；
给机缘或无偿的天道所摧残，
没有芳颜不终于凋残或销毁。
但你的长夏将永远不会凋落，
也不会损失你这皎洁的红芳；
或死神夸口你在他影里漂泊，
当你在不朽的诗里与时同长。
只要一天有人类，或人有眼睛，
这诗将长在，并且赐给你生命。

作者简介

莎士比亚（1564 ~ 1616），英国诗人、戏剧家。幼年在当地文法学校读书，1582年同邻乡农家女安·哈瑟维结婚。1585 ~ 1592年莎士比亚的经历不详，传说他当过乡村教师、兵士、贵族家仆，并因偷猎乡绅T.路希爵士之鹿逃往伦敦，先在剧院门前为人看马，后逐渐成为剧院杂役、演员并开始剧作生涯。1592年，剧院经理P.亨斯娄首先提到莎士比亚的剧作《亨利六世》上篇。同年，剧作家R.格林在其《千悔得一智》中影射莎士比亚姓氏，并应用《亨利六世》下篇的台词骂莎士比亚是“一只暴发户式的乌鸦”，可见他当时已颇有名望。1594年，他和当时名演员W.坎普、J.伯比奇同属宫内大臣剧团，同当时的许多新贵族均有来往。他的剧团除在天鹅剧场、环球剧场演出外，也在宫廷演出，夏季或瘟疫流行时则到外省演出。莎士比亚一生创作了37部戏剧，1卷十四行诗，2首长诗。17世纪莎士比亚戏剧传入德、法、意、俄、北欧诸国，然后渐及美国乃至世界各地，对各国戏剧发展产生了巨大而深远的影响，并成为世界文化发展、交流的重要纽带和灵感源泉。

作品赏析

莎士比亚所处的英国伊丽莎白时代是爱情诗的盛世，写十四行诗更是一种时髦，莎士比亚的十四行诗无疑是那个时代的骄傲。据说，莎士比亚的十四行诗是献给两个人的：前 126 首献给一个贵族青年，后面的献给一个黑肤女郎。这首诗是十四行诗集中的第 18 首，属前者。也有人说，他的十四行诗是专业的文学创作。当然，这些无关宏旨，诗歌本身是伟大的。莎士比亚的十四行诗总体上表现了一个思想：爱征服一切。他的诗充分肯定了人的价值，赞颂人的尊严、个人的理性作用。

诗的开头将“你”和夏天相比较。自然界的夏天正处在绿的世界中，万物繁茂地生长着，繁阴遮地，是自然界的生命最昌盛的时刻。那醉人的绿与鲜艳的花一道，将夏天打扮得五彩缤纷，艳丽动人。但是，“你”却比夏天可爱多了，比夏天还要温婉。五月的狂风会作践那可爱的景色，夏天的期限太短，阳光酷烈地照射在繁阴斑驳的大地上，那熠熠生辉的美丽不免要在时间的流动中凋残。这自然界最美丽的季节和“你”相比也要逊色不少。

而“你”能克服这些自然界的不足。“你”在最灿烂的季节不会凋谢，甚至“你”美的任何东西都不会有所损失。“你”是人世的永恒，“你”会让死神的黑影在遥远的地方待着，任由死神的夸口也不会死去。“你”是什么？你与人类同在，你在时间的长河里不朽。那人类精神的精华——诗是你的形体吗？或者，你就是诗的精神，就是人类的灵魂。

诗歌在形式上一改传统的意大利十四行诗体四四三三体，而是采用了四四四二体：在前面充分地发挥表达的层次，在充分的铺垫之后，用两句诗结束全诗，点明主题。全诗用新颖巧妙的比喻、华美而恰当的修饰使人物形象鲜明，生气鲜活。诗人用形象的表达使严谨的逻辑推理变得生动有趣，曲折跌宕。

一朵红红的玫瑰 /［英国］彭斯

苏格兰伟大诗人彭斯流传最广的诗之一
表达了一种坚贞高尚的爱情观
青年人必读的爱情诗

啊！我爱人像一朵红红的玫瑰，
　它在六月里初开；
啊，我爱人像一支乐曲，
　美妙地演奏起来。

你是那么美，漂亮的姑娘，
　我爱你那么深切；
我要爱你下去，亲爱的，
　一直到四海枯竭。

一直到四海枯竭，亲爱的，
　到太阳把岩石烧裂！
我要爱你下去，亲爱的，
　只要是生命不绝。

再见吧——我唯一的爱人，
　我和你小别片刻；
我要回来的，亲爱的，
　即使万里相隔！

作者简介

彭斯（1759 ~ 1796），苏格兰伟大的民族诗人。生于苏格兰的农民家庭。十一二岁时便和父亲一样干重活，维持家庭生活。母亲是个民歌手，这使他在很小的时候就能熟悉苏格兰民歌的旋律，为以后的创作打下了坚实的基础。1786 年，因为和少女琪恩私下恋爱，触犯了教会和女方家庭。教会要制裁他，女方家庭则声称要将他投进监狱，这一切都是因为他的贫穷。诗人本准备前往牙买加，但已没有钱买船票。诗人迫不得已，在一个朋友的建议下，将自己的诗集《主要用苏格兰方言写的诗集》寄给了出版社。没想到这部诗集使诗人一跃成名，很快成了当时文化界的红人。诗人向往法国大革命，曾自费购买小炮运往法国。1792 年，诗人因为发表革命言行被传讯。1795 年，诗人加入反抗英法联军的农民志愿军。1796 年，离世。

彭斯像

作品赏析

彭斯的诗歌创作一反当时英国诗坛的新古典主义诗风，他大量地从生活和民间文学中汲取营养，为其诗歌创作带来了新鲜的活力，从而形成了他诗歌创作的浓厚的民族风情和民歌性的基本特色。彭斯以虔诚朴素的感情歌颂大自然和乡村生活；以入木三分的犀利言辞讽刺教会及日常生活中人们的虚伪。彭斯成名后被邀请到爱丁堡，出入于上流社会的显贵中间，但发现自己高傲的天性和激进思想与上流社会格格不入，于是又返回故乡务农。他一度到苏格兰北部高原地区游历，后来当了税务官，一边任职一边创作。

这首诗出自诗人的《主要用苏格兰方言写的诗集》，是诗集中流传最广的一首诗。诗人写这首诗的目的是送给他的恋人即少女琪恩。诗人在诗中歌颂了恋人的美丽，表达了诗人的炽热感情和对爱情的坚定决心。

诗的开头用了一个鲜活的比喻——红红的玫瑰，一下子就将恋人的美丽写得活灵活现，同时也写出了诗人心中的感情。在诗人的心中，恋人不仅有醉人的外表，而且有着柔美灵动的心灵，诗歌像一段乐曲，婉转动人地倾诉着她美丽的心灵。

诗人对恋人的爱是那样地真切、深情和热烈。那是种怎样的爱呀！——要一直爱到海枯石烂。这样的爱情专注使人想到中国的古老民歌:“上邪！我欲与君相知，长命无绝衰。山无陵，江水为竭，冬雷阵阵，夏雨雪，天地合，乃敢与君绝。”诗人的哀婉和柔情又可用《诗经》里的一句来说明:“执子之手，与子偕老。”何等的坚决和悠长！

爱的火焰在诗人的心中强烈地燃烧着，诗人渴望有着美好的结果。但是，此时的诗人已经是囊中羞涩，诗人知道这时的自己并不能给恋人带来幸福，他已经预感到自己要离去。但诗人坚信：这样的离别只是暂别，自己一定会回来的。

这首诗是诗人的代表作，它开了英国浪漫主义诗歌的先河，对济慈、拜伦等人有很大的影响。诗人用流畅悦耳的音调、质朴无华的词语和热烈真挚的情感打动了千百万恋人的心，也使得这首诗在问世之后成为人们传唱不衰的经典。诗歌吸收了民歌的特点，采用口语使诗歌朗朗上口，极大地显示了民歌的特色和魅力，读来让人感到诗中似乎有一种原始的冲动，一种原始的生命之流在流淌。另外，诗中使用了重复的句子，大大增强了诗歌的感情力度。在这首仅仅有 16 句的诗中，涉及“爱”的词语竟有十几处之多，然而并不使人感到重复和累赘，反而更加强化了诗人对恋人爱情的强烈和情感的浓郁程度。

欢乐颂

/［德国］席勒

入选理由
德国大诗人席勒的代表作
一曲世界、人类、生命、友爱、欢乐的激昂赞歌
贝多芬为之谱曲，流传世界各国

一

欢乐啊，美丽的神奇的火花，
　极乐世界的仙姑，
天女啊，我们如醉如狂，
　踏进你神圣的天府。
为时尚无情地分隔的一切，
　你的魔力会把它们重新连结；
只要在你温柔的羽翼之下，
　一切的人们都成为兄弟。

合唱

万民啊！拥抱在一处，
　和全世界的人接吻！
　弟兄们——在上界的天庭，
一定有天父住在那里。

二

谁有那种极大的造化，
　能和一位友人友爱相处，
谁能获得一位温柔的女性，
　就让他来一同欢呼！
真的——在这世界之上
　总要有一位能称为知心！
否则，让他去向隅暗泣，
　离开我们这个同盟。

合唱

居住在大集体中的众生，
　请尊重这共同的感情！
　她会把你们向星空率领，
领你们去到冥冥的天庭。

三

一切众生都从自然的
　乳房上吮吸欢乐；
大家都尾随着她的芳踪，
　不论何人，不分善恶。
欢乐赐给我们亲吻和葡萄

以及刎颈之交的知己；
连蛆虫也获得肉体的快感，
更不用说上帝面前的天使。

合唱

万民啊，你们跪倒在地？
世人啊，你们预感到造物主？
请向星空的上界找寻天父！
他一定住在星空的天庭那里。

四

欢乐就是坚强的发条，
使永恒的自然循环不息。
在世界的大钟里面，
欢乐是推动齿轮的动力。
她使蓓蕾开成鲜花，
她使太阳照耀天空，
望远镜看不到的天体，
她使它们在空间转动。

合唱

弟兄们！请你们欢欢喜喜，
在人生的旅途上前进，
像行星在天空里运行，
像英雄一样快乐地走向胜利。

五

从真理的光芒四射的镜面上，
欢乐对着探索者含笑相迎。
她给他指点殉道者的道路，
领他到道德的险峻的山顶。
在阳光闪烁的信仰的山头，
可以看到欢乐的大旗飘动，
就是从裂开的棺材缝里，
也见到她站在天使的合唱队中。

合唱

万民啊！请勇敢地容忍！
为了更好的世界容忍！
在那边上界的天庭，
伟大的神将会酬报我们。

六

我们无法报答神灵；
能和神一样快乐就行。
不要计较贫穷和愁闷，
要和快乐的人一同欢欣。
应当忘记怨恨和复仇，
对于死敌要加以宽恕。
不要让他哭出了泪珠，
不要让他因后悔而受苦。

合唱

把我们的账簿全部烧光！
跟全世界的人进行和解！
弟兄们——在星空的上界，
神担任审判，也像我们这样。

七

欢乐从酒杯中涌了出来；
饮了这金色的葡萄汁液，
吃人的人也变得温柔，
失望的人也添了勇气——
弟兄们，在巡酒的时光，
请离开你们的座位，
让酒泡向着天空飞溅：

对善良的神灵举起酒杯！

合唱

把这杯酒奉献给善良的神灵，
在星空上界的神灵，
星辰的合唱歌颂的神灵，
天使的颂歌赞美的神灵！

八

在沉重的痛苦中要拿出勇气，
对于流泪的无辜者要加以援手，
已经发出的誓言要永远坚守，
要实事求是对待敌人和朋友，
在国王的驾前要保持男子的尊严——
弟兄们，生命财产不足置惜——
让有功绩的人戴上花冠，
让欺瞒之徒趋于毁灭！

合唱

我们要巩固这神圣的团体，
凭着这金色的美酒起誓，
对这盟约要永守忠实，
请对星空的审判者起誓！

作者简介

席勒像

席勒（1759 ~ 1805），德国伟大的戏剧家、诗人。出生在德国符藤堡公国的一个小城，父亲是医生。13 岁时被强行送进一所管制极严的军事学校，度过了 8 年的囚犯式生活。但诗人还是接触到了进步思想，受狂飙突进运动的影响秘密写作诗歌和剧本。1780 年，诗人从军校毕业，成为一名军医。1781 年，诗人自费出版剧本《强盗》。这出表达了进步思想的戏剧在 1782 年上演，诗人秘密越界观看，事发后被关了禁闭，还被剥夺了写作的权利。诗人设法逃离了符藤堡公国，在各地流浪。同年，诗人出版了著名的剧作《阴谋与爱情》。1786 年，穷困潦倒的诗人受到朋友的接济，才开始过上稳定的生活。1787 年，他定居在魏玛，开始转向哲学研究，写下了《美育书简》等著作。1794 年，诗人与歌德相识，受歌德的影响又回到了文学创作的路子上，开始了最辉煌的创作时期，创作了《华伦斯坦》、《威廉·退尔》、《奥尔良的姑娘》等作品。于 1805 年去世。

作品赏析

这首诗写于 1785 年 10 月的德累斯顿的罗斯维兹村。这时的诗人在朋友克尔纳等人的帮助下，刚刚从生活的水深火热（债务累累、艺术活动受到严重挫折）中摆脱出来。这些朋友们在罗斯维兹欢聚一堂，并且邀请席勒参加。在朋友热情的笑脸面前，在青翠的绿荫下，在欢声不断的野餐会上，席勒的心情被深深感染，一股欢乐的源泉在诗人的心中奔涌而出，诗情荡漾。这首著名的颂诗就这样诞生了。

诗共分8节，每段的后面都有“合唱”部分，作为正诗的副歌，使得诗歌的结构更加完整，情绪更加热烈、更易于打动人。诗中以山洪暴发般的热情和一泻千里的气势对友谊、自然、欢乐、上帝、神灵作了赞颂。

诗人赞美友谊，友谊是生活中必不可少的因素，它让人得到温暖和欢乐。诗人赞美自然，她是人类的母亲，自然的乳汁是快乐的源泉。在她的眼里，万物平等，即使蛆虫也能和天使一样获得快乐。

诗人赞美欢乐。诗人把欢乐比拟为天上的女神，她能缝合世间一切的裂痕；她是自然界坚强的发条，推动世界永恒运行，使鲜花开放，使太阳照耀天空，她掌控着我们看不见的天体；她是生活的向导，引领人们向着真理前进，在信仰的山头欢呼。欢乐是宽容的、涵盖一切的精神，有了她生活的一切都会变得美好。

诗人也赞美上帝、神灵，特别是在副歌中，诗人大声喊出了自己心中对上帝、神灵的赞美和神往。诗人在这里并不一定是在宣扬宗教的什么东西，只不过是借此表达心中的信仰。也许只有信仰的力量才能表达诗人心中的坚定和赞美，也许上帝就是欢乐的化身。

诗在泛爱主义思想的笼罩下，始终充满着乐观进取的精神，一种轻松欢快的情绪、一种人类的精神、一种生命的热情在不自觉中感染着读诗的人们。这种情绪、激情在半个世纪后为音乐家贝多芬感受到，贝多芬为这首诗谱了曲，作为他的《第九交响曲》的结束合唱曲，此后《欢乐颂》与贝多芬的曲子一道传遍了全世界。

咏水仙 / ［英国］华兹华斯

入选理由

- 英国湖畔诗的名诗之一
- 英国伟大的自然歌手华兹华斯的代表作之一
- 西方诗歌中写景与抒情完美结合的典范

我好似一朵孤独的流云，
　高高地飘游在山谷之上，
突然我看到一大片鲜花，
　是金色的水仙遍地开放。
它们开在湖畔，开在树下，
它们随风嬉舞，随风飘荡。

它们密集如银河的星星，
　像群星在闪烁一片晶莹；
它们沿着海湾向前伸展，
　通往远方仿佛无穷无尽；
一眼看去就有千朵万朵，
万花摇首舞得多么高兴。

粼粼湖波也在近旁欢跳，
　却不如这水仙舞得轻俏；
诗人遇见这快乐的旅伴，
　又怎能不感到欢欣雀跃；
我久久凝视——却未领悟
这景象所给我的精神至宝。

后来多少次我郁郁独卧，
　感到百无聊赖心灵空漠；
这景象便在脑海中闪现，
　多少次安慰过我的寂寞；
我的心又随水仙跳起舞来，
我的心又重新充满了欢乐。

作者简介

华兹华斯（1770～1850），19世纪英国著名的湖畔诗人，英国浪漫主义诗歌的奠基者。出生在英格兰西北部的湖区。1791年毕业于剑桥大学。曾参与法国大革命活动，但革命后的混乱景象使诗人的心灵大为受伤。1798年诗人和柯勒律治共同出版了《抒情歌谣集》，一举成名。1813年，诗人成为政府官员，诗情逐渐枯竭。诗人晚年被授予“桂冠诗人”的称号。诗人一生创作甚富，作品除上面提到的外，还有《丁登寺》、《孤独的收割人》、《致杜鹃》等。

作品赏析

这首诗写于诗人从法国回来不久。诗人带着对自由的向往去了法国，参加一些革命活动。但法国革命没有带来预期的结果，随之而来的是混乱。诗人的失望和所受的打击是可想而知的，后在他的妹妹和朋友的帮助下，情绪才得以艰难地恢复。这首诗就写于诗人的心情平静之后不久。

在诗的开头，诗人将自己比喻为一朵孤独的流云，孤单地在高高的天空飘荡。孤傲的诗人发现了一大片金色的水仙，它们欢快地遍地开放。在诗人的心中，水仙已经不是一种植物了，而是一种象征，代表了一种灵魂，代表了一种精神。水仙很多，如天上的星星，都在闪烁。水仙似乎是动的，沿着弯曲的海岸线向前方伸展。诗人为有这样的旅伴而欢欣鼓舞，欢呼跳跃。在诗人的心中，水仙代表了自然的精华，是自然心灵的美妙表现。但是，欢快的水仙并不能随时伴在诗人的身边，诗人离开了水仙，心中不时冒出忧郁孤寂的情绪。这时诗人写出了一种对社会、世界的感受：那高傲、纯洁的灵魂在现实的世界只能郁郁寡欢。当然，诗人脑海的深处会不时浮现水仙那美妙的景象，这时的诗人又情绪振奋，欢欣鼓舞。

诗歌的基调是浪漫的，同时带着浓烈的象征主义色彩。可以说，诗人的一生只在自然中找到了精神的寄托。而那平静、欢欣的水仙就是诗人自己的象征，在诗中，诗人的心灵和水仙的景象融合了。这首诗虽然是在咏水仙，但同时也是诗人自己心灵的抒发和感情的外化。

去国行

/［英国］拜伦

入选理由
英国浪漫主义诗人拜伦的名诗之一
被译成多国文字，流传广泛
中国诗人苏曼殊为其改名并推荐入中国

一

别了，别了！故国的海岸
　消失在海水尽头；
汹涛狂啸，晚风悲叹，
　海鸥也惊叫不休。
海上的红日径自西斜，
　我的船扬帆直追；
向太阳、向你暂时告别，
　我的故乡呵，再会！

二

不几时，太阳又会出来，
　又开始新的一天；
我又会招呼蓝天、碧海，
　却难觅我的家园。
华美的宅第已荒无人影，
　炉灶里火灭烟消；
墙垣上野草密密丛生，
　爱犬在门边哀叫。

三

“过来，过来，我的小书童！
　你怎么伤心痛哭？
你是怕大海浪涛汹涌，
　还是怕狂风震怒？
别哭了，快把眼泪擦干；
　这条船又快又牢靠：
咱们家最快的猎鹰也难
　飞得像这般轻巧。”

四

“风只管吼叫，浪只管打来，
　我不怕惊风险浪；

可是，公子呵，您不必奇怪
　我为何这样悲伤；
只因我这次拜别了老父，
　又和我慈母分离，
离开了他们，我无亲无故，
　只有您——还有上帝。

五

“父亲祝福我平安吉利，
　没怎么怨天尤人；
母亲少不了唉声叹气，
　巴望到我回转家门。”
“得了，得了，我的小伙子！
　难怪你哭个没完；
若像你那样天真幼稚，
　我也会热泪不干。

六

“过来，过来，我的好伴当！
　你怎么苍白失色？
你是怕法国敌寇凶狂，
　还是怕暴风凶恶？”
“公子，您当我贪生怕死？
　我不是那种脓包；
是因为挂念家中的妻子，
　才这样苍白枯槁。”

七

“就在那湖边，离府上不远，
　住着我妻儿一家；
孩子要他爹，声声哭喊，
　叫我妻怎生回话？”

“得了，得了，我的好伙伴！
　谁不知你的悲伤；
我的心性却轻浮冷淡，
　一笑就去国离乡。”

八

谁会相信妻子或情妇
　虚情假意的伤感？
两眼方才还滂沱如注，
　又嫣然笑对新欢。
我不为眼前的危难而忧伤，
　也不为旧情悲悼；
伤心的倒是：世上没一样
　值得我珠泪轻抛。

九

如今我一身孤孤单单，
　在茫茫大海飘流；
没有任何人把我牵念，
　我何必为别人担忧？
我走后哀吠不休的爱犬
　会跟上新的主子；
过不了多久，我若敢近前，
　会把我咬个半死。

十

船儿呵，全靠你，疾驶如飞，
　横跨那滔滔海浪；
任凭你送我到天南地北，
　只莫回我的故乡。
我向你欢呼，苍茫的碧海！
　当陆地来到眼前，
我就欢呼那石窟、荒埃！
　我的故乡呵，再见！

拜伦在达达尼尔海峡的渔民家中

作者简介

拜伦（1788 ~ 1824），19 世纪英国著名浪漫主义诗人。出身于贵族家庭。1805 年入剑桥大学，接触到早期的浪漫主义诗歌。1809 年开始在欧洲各地游历，期间写下著名的《恰尔德·哈洛尔德游记》前两章（后两章在瑞士完成）。1812 年，他出席上议院，慷慨陈词，抨击英国政府枪杀破坏机器的工人，指责政治黑暗，遭到英国政府的嫉恨。1816 年，政府利用诗人离婚之机对他大加诽谤，诗人不得不离开祖国，取道瑞士前往意大利，在瑞士和雪莱相识，两人结下了深厚的友谊。期间，诗人写下了《普罗米修斯》、《锡庸的囚徒》。在意大利期间，诗人参加烧炭党人反对暴政的起义，同时写下了长诗《青铜时代》、《唐璜》等。1823 年，诗人前往希腊参加希腊人民反抗土耳其侵略的战斗。次年，诗人在战场上感染伤寒，医治无效，献出了自己的生命。

作品赏析

这首诗出自诗人著名的长诗《恰尔德·哈洛尔德游记》，是其中独立成章的一篇著名抒情诗。这首诗是拜伦受英国著名小说家司各特的一首小诗《晚安曲》的启发而写成的，又有人称之为《晚安曲》。1923年，离开祖国的中国诗人苏曼殊心忧祖国，心情沉重之余想起了这首诗，便将它译为《去国行》，诗名沿用至今。这首诗，是长诗的主人公恰尔德·哈洛尔德将要乘船离开英国海岸时所唱的歌曲。诗歌表现了诗人对祖国的深厚感情，也表达了诗人心中对社会现实的强烈不满，充满了强烈的浪漫主义精神和对自由的热切追求。

诗歌共分10节,3个部分。第一部分是前两节,主要描写海上的景色。诗的第二部分(3～7节),以问答的形式,逐步深入地表现了主人公对祖国的感情和看法，流露了主人公对故国深深的失望和怨恨之情。剩下的第三部分,起到了点题的作用。故国对主人公不再有任何值得伤心的事物：情人的悲泣转眼就会笑对新欢，家中的忠仆很快就会不认得自己。主人公独自一人，心无牵挂，在茫茫的大海上飘荡。主人公要奔往新的大陆，追求新的生活。故乡，再见！主人公在这样的呼喊中，毅然告别故乡，奔向自由的理想之邦。

这首诗在风格上有着典型的浪漫主义特征。诗中的主人公又何尝不是诗人自己，主人公的感情和看法又何尝不是诗人自己的感情和看法。诗中的主人公一定程度上已经成了“拜伦式的英雄”，他高傲孤寂，愤世嫉俗，对现实有深深的不满，强烈追求个人的精神自由。

秋 / [法国] 拉马丁

入选理由

拉马丁的代表作之一

法国浪漫主义感伤诗的经典之一

从一个侧面反映了19世纪法国知识分子的内心世界

你好，顶上还留有余绿的树林！
在草地上面纷纷飘散的黄叶！
你好，最后的良辰！自然的哀情
适合人的痛苦，使我眼目喜悦。

我顺着孤寂的小路沉思徜徉；
我喜爱再来最后一次看一看
这苍白的太阳，它的微弱的光
在我脚边勉强照进黑林里面。

是的，在自然奄奄一息的秋天，
我对它朦胧的神色更加爱好；
这是良朋永别，是死神要永远
封闭的嘴唇上的最后的微笑。

因此，虽哀恸一生消逝的希望，
虽准备离开这个人生的领域，
我依旧回头，露出羡慕的眼光，
看一看我未曾享受到的幸福。

大地，太阳，山谷，柔美的大自然，
我行将就木，还欠你一滴眼泪！
空气多么芬芳！晴光多么鲜妍！
在垂死者眼中，太阳显得多美！
这掺和着琼浆与胆汁的杯子，
如今我要把它喝得全部空空：
在我痛饮生命的酒杯的杯底，
也许还有一滴蜜遗留在其中！

也许美好的将来还给我保存
一种已经绝望的幸福的归宁！
也许众生中有我不知道的人
能了解我的心，跟我同声相应！
……
好花落时，向微风献出了香气；
这是它在告别太阳，告别生命：
我去了；我的灵魂，在弥留之际，
像发出一种和谐的凄凉之音。

作者简介

拉马丁（1790 ~ 1869），19 世纪法国著名浪漫主义诗人。出身于贵族家庭。在宁静的乡村度过幼年，喜爱《圣经》和夏多布里昂等人的浪漫主义作品。在政治上坚持资产阶级自由主义立场，宣扬人道主义，向往宗法社会，提倡诗歌应为社会服务。1820 年，他的第一部诗集《沉思集》发表。在诗中诗人歌颂爱情、死亡、自然和上帝，认为人生是失望和痛苦的根源，把希望寄托在已经消逝的事物和天堂的幻想上，或转向大自然寻求慰藉。诗人之后发表的《新沉思集》、《诗与宗教的和谐集》等作品，继续着这些主题，但日趋明朗的宗教信念冲淡了忧郁的氛围。拉马丁的诗歌多是感情的自然流露，给人以轻灵、飘逸的感觉，着重抒发内心的感受，语言朴素。《沉思集》被认为重新打开了法国抒情诗的源泉，为浪漫主义诗歌开辟了新天地。

拉马丁像

作品赏析

拉马丁是 19 世纪早期法国浪漫主义诗人的重要人物之一，他一生中经历了多次感情生活的创伤，加上早期从贵族家庭的教育中承袭的宗教信仰，因此他一向认为人生含着无休止的痛苦与失望，而把希望寄托于彼岸世界的天堂，同时从自然中寻求慰藉。《秋》一诗较为集中地反映了拉马丁的这一思想。

诗歌叙述了即将告别人世的诗人对自然、人生的种种慨叹。诗的开头描摹了一个顶上留有余绿的树林，草地上飘散着黄叶的肃杀秋景，一下子将读者带入一个荒凉、感伤的氛围。在沉寂的林间小路上，诗人踯躅独行，沉思默想。即将辞别人世了，诗人的心情是灰暗的，在诗人眼中，太阳是那样地苍白无力，大地也奄奄一息。

然而诗人对自然、人生仍存有眷恋之意，诗人“虽哀恸一生的希望”，但仍“露出羡慕的眼光”，注视着大自然，享受自己以前未曾享受到的幸福。诗人要尽情地享受，要将生命的杯中掺和在一起的琼浆与胆汁喝个干净。诗人哀戚的心中升腾起淡淡的希望：美好的将来在等候着诗人——尽管那是一种绝望的幸福的归宁；芸芸众生中，有理解诗人的陌生人，他们与诗人同病相怜、同声相应。

拉马丁是法国历代诗人中借景抒情的高手。他的许多诗篇就是美丽的风景画，而且有着油画的灰调色彩。拉马丁写景诗中的空灵意境很像中国的山水画，那种“诗情画意”是任何西方风景画都不具备的。《秋》一诗突出地体现了拉马丁“寄情于景”的创作风格。通观全诗，笼罩着抑郁、悲凉、空灵的气氛，诗人的“沉思”又将读者带入一种飘逸的境界。诗的语言朴实，韵律和谐，朗朗上口；以“我”的口气抒发诗人的内心感受，增强了亲切感，从而引起读者的强烈共鸣。诗歌的情调虽然过于消极，但又着实优雅感人。

西风颂

/［英国］雪莱

英国及整个西方抒情诗中的杰作

英国浪漫主义诗人雪莱的代表作之一

西方具有进步思想、革命精神的名诗

一

哦，狂暴的西风，秋之生命的呼吸！
　　你无形，但枯死的落叶被你横扫，
有如鬼魅碰到了巫师，纷纷逃避：

黄的，黑的，灰的，红得像患肺痨，
　　呵，重染疫疠的一群：西风呵，是你
以车驾把有翼的种子摧送到

黑暗的冬床上，它们就躺在那里，
　　像是墓中的死尸，冰冷，深藏，低贱，
直等到春天，你碧空的姊妹吹起

她的喇叭，在沉睡的大地上响遍，
　（唤出嫩芽，像羊群一样，觅食空中）
将色和香充满了山峰和平原：

作者简介

雪莱（1792 ~ 1822），19 世纪英国著名浪漫主义诗人。出生在一个古老而保守的贵族家庭。少年时在皇家的伊顿公学就读。1810 年入牛津大学学习，开始追求民主自由。1811 年，诗人因为写作哲学论文推理上帝的不存在，宣传无神论，被学校开除；也因此得罪父亲，离家独居。1812 年，诗人偕同新婚的妻子赴爱尔兰参加反抗英国统治的斗争，遭到英国统治阶级的忌恨。1814 年，诗人与妻子离婚，与玛丽小姐结合。英国当局趁机对诗人大加诽谤中伤，诗人愤然离开祖国，旅居意大利。1822 年 7 月 8 日，诗人出海航行遭遇暴风雨，溺水而亡。诗人一生创作了大量优秀的抒情诗及政治诗，《致云雀》、《西风颂》、《自由颂》、《解放了的普罗米修斯》、《暴政的假面游行》等诗都一直为人们传唱不衰。

雪莱像

不羁的精灵呵，你无处不运行；
破坏者兼保护者：听吧，你且聆听！

二

没入你的急流，当高空一片混乱，
　　流云像大地的枯叶一样被撕扯
脱离天空和海洋的纠缠的枝干。

成为雨和电的使者：它们飘落
　　在你的磅礴之气的蔚蓝的波面，
有如狂女的飘扬的头发在闪烁，

从天穹最遥远而模糊的边沿
　　直抵九霄的中天，到处都在摇曳
欲来雷雨的卷发。对濒死的一年

你唱出了葬歌，而这密集的黑夜
　　将成为它广大墓陵的一座圆顶，
里面正有你的万钧之力在凝结；

那是你的浑然之气，从它会迸涌
黑色的雨，冰雹和火焰：哦，你听！

三

是你，你将蓝色的地中海唤醒，
　　而它曾经昏睡了一整个夏天，
被澄澈水流的回旋催眠入梦，

就在巴亚海湾的一个浮石岛边，
　　它梦见了古老的宫殿和楼阁
在水天辉映的波影里抖颤，

而且都生满青苔，开满花朵，

那芬芳真迷人欲醉！呵，为了给你
让一条路，大西洋的汹涌的浪波

把自己向两边劈开，而深在渊底
那海洋中的花草和泥污的森林
虽然枝叶扶疏，却没有精力；

听到你的声音，它们已吓得发青：
一边战栗，一边自动萎缩：哦，你听！

四

唉，假如我是一片枯叶被你浮起，
假如我是能和你飞跑的云雾，
是一个波浪，和你的威力同喘息

假如我分有你的脉搏，仅仅不如
你那么自由，哦，无法约束的生命！
假如我能像在少年时，凌风而舞

便成了你的伴侣，悠游天空
（因为呵，那时候，要想追你上云霄，
似乎并非梦幻），我就不致像如今

这样焦躁地要和你争相祈祷。
哦，举起我吧，当我是水波、树叶、浮云！
我跌在生活底荆棘上，我流血了！

这被岁月的重轭所制服的生命
原是和你一样：骄傲、轻捷而不驯。

五

把我当做你的竖琴吧，有如树林：
尽管我的叶落了，那有什么关系！

雪莱在野外构思他的诗作

你巨大的合奏所振起的乐音

将染有树林和我的深邃的秋意：
　　虽忧伤而甜蜜。呵，但愿你给予我
狂暴的精神！奋勇者呵，让我们合一！

请把我枯死的思想向世界吹落，
　　让它像枯叶一样促成新的生命！
哦，请听从这一篇符咒似的诗歌，

就把我的话语，像是灰烬和火星
　　从还未熄灭的炉火向人间播散！
让预言的喇叭通过我的嘴唇

把昏睡的大地唤醒吧！要是冬天
已经来了，西风呵，春日怎能遥远？

作品赏析

《西风颂》雪莱“三大颂”诗歌中的一首，写于1819年。这时诗人正旅居意大利，处于创作的高峰期。这首诗可以说是诗人“骄傲、轻捷而不驯的灵魂”的自白，是时代精神的写照。诗人凭借自己的诗才，借助自然的精灵让自己的生命与鼓荡的西风相呼相应，用气势恢宏的篇章唱出了生命的旋律和心灵的狂舞。

诗共分5节，前3节写“西风”。那狂烈的西风，它的威力可以将一切腐朽的生命扯碎，天空在它的呼啸中战栗着。看吧！那狂暴犹如狂女的头发，在天地间摇曳，布满整个宇宙；那黑夜中浓浓的无边际的神秘，是西风力量的凝结；那黑色的雨、冰雹和火焰是它的帮手。这力量足以打破一切。

在秋天，西风狂暴地将陈腐的生命吹去，以横扫千军之势除去没有生机的枯叶，吹去那痨病似的生命。然而，它没有残杀一粒生命。它要将种子放进冬天深深的心中，在那里生根发芽，埋下春的信息。然后，西风吹响春的号角，让碧绿、香气布满大地，让它们随着西风运行的足迹四处传播。经过西风的破坏和培育，生命在旺盛地生长；那景象、那迷人的芳香在迅速地蔓延着，那污浊的、残破的东西已奄奄一息，在海底战栗着。

诗人用优美而蓬勃的想象写出了西风的形象。那气势恢宏的诗句，强烈撼人的激情把西风的狂烈、急于扫除旧世界创造新世界的形象展现在人们面前。诗中比喻奇特，形象鲜明，枯叶的腐朽、狂女的头发、黑色的雨、夜的世界无不深深地震撼着人们的心灵。

诗歌的后两段写诗人与西风的应和。“我跌在生活底荆棘上，我流血了！”这令人心碎的诗句道出了诗人不羁心灵的创伤。尽管如此，诗人愿意被西风吹拂，愿意自己即将逝去的生命在被撕碎的瞬间感受到西风的精神，西风的气息；诗人愿奉献自己的一切，为即将到来的春天奉献。在诗的结尾，诗人以预言家的口吻高喊：“要是冬天已经来了，西风呵，春日怎能遥远？”这里，西风已经成了一种象征，它是一种无处不在的宇宙精神，一种打破旧世界，追求新世界的西风精神。诗人以西风自喻，表达了自己对生活的信念和向旧世界宣战的决心。

夜莺颂/[英国]济慈

入选理由

- 西方诗歌史上的不朽杰作
- 英国浪漫主义诗人济慈的代表作
- 一首凄美动人的爱情和生命的挽歌

我的心在痛，困顿和麻木
刺进了感官，有如饮过毒鸩，
又像是刚刚把鸦片吞服，
于是向着列溪忘川下沉：
并不是我嫉妒你的好运，
而是你的快乐使我太欢欣——
因为在林间嘹亮的天地里，
你呵，轻翅的仙灵，
你躲进山毛榉的葱绿和阴影，
放开歌喉，歌唱着夏季。

哎，要是有一口酒！那冷藏
在地下多年的清醇饮料，
一尝就令人想起绿色之邦，
想起花神，恋歌，阳光和舞蹈！
要是有一杯南国的温暖，
充满了鲜红的灵感之泉，
杯沿明灭着珍珠的泡沫，
给嘴唇染上紫斑；
哦，我要一饮而离开尘寰，
和你同去幽暗的林中隐没：

远远地、远远隐没，让我忘掉
你在树叶间从不知道的一切，
忘记这疲劳、热病和焦躁，
这使人对坐而悲叹的世界；
在这里，青春苍白、消瘦、死亡，
而"瘫痪"有几根白发在摇摆；
在这里，稍一思索就充满了
忧伤和灰色的绝望，
而"美"保持不住明眸的光彩，
新生的爱情活不到明天就枯凋。

去吧！去吧！我要朝你飞去，
不用和酒神坐文豹的车驾，
我要展开诗歌底无形羽翼，

作者简介

济慈（1795～1821），19世纪英国著名浪漫主义诗人。生于伦敦一个马夫家庭。由于家境贫困，诗人不满16岁就离校学医，当学徒。1816年，他弃医从文，开始诗歌创作。1817年诗人出版第一本诗集。1818年，他根据古希腊美丽神话写成的《安狄米恩》问世。此后诗人进入诗歌创作的鼎盛时期，先后完成了《伊莎贝拉》、《圣亚尼节前夜》、《许佩里恩》等著名长诗，还有最脍炙人口的《夜莺颂》、《希腊古瓮颂》、《秋赋》等诗歌。也是在1818年，诗人爱上了范妮·布恩小姐，同时诗人的身体状况开始恶化。在痛苦、贫困和甜蜜交织的状况下，诗人写下了大量的著名诗篇。1821年，诗人前往意大利休养，不久病情加重，年仅25岁就离开了人世。

济慈像

尽管这头脑已经困顿、疲乏；
去了！呵，我已经和你同往！
夜这般温柔，月后正登上宝座，
周围是侍卫她的一群星星；
但这儿却不甚明亮，
除了有一线天光，被微风带过，
葱绿的幽暗，和苔藓的曲径。

我看不出是哪种花草在脚旁，
什么清香的花挂在树枝上；
在温馨的幽暗里，我只能猜想
这个时令该把哪种芬芳
赋予这果树，林莽，和草丛，
这白枳花，和田野的玫瑰，
这绿叶堆中易谢的紫罗兰，
还有五月中旬的娇宠，
这缀满了露酒的麝香蔷薇，
它成了夏夜蚊蚋的嗡萦的港湾。

我在黑暗里倾听：呵，多少次
我几乎爱上了静谧的死亡，
我在诗思里用尽了好的言辞，
求他把我的一息散入空茫；
而现在，哦，死更是多么富丽：
在午夜里溘然魂离人间，
当你正倾泻着你的心怀，
发出这般的狂喜！
你仍将歌唱，但我却不再听见——
你的葬歌只能唱给泥草一块。

永生的鸟呵，你不会死去！
饥饿的世代无法将你蹂躏；
今夜，我偶然听到的歌曲
曾使古代的帝王和村夫喜悦；
或许这同样的歌也曾激荡
露丝忧郁的心，使她不禁落泪，
站在异邦的谷田里想着家；
就是这声音常常
在失掉了的仙域里引动窗扉：
一个美女望着大海险恶的浪花。

呵，失掉了！这句话好比一声钟
使我猛醒到我站脚的地方！
别了！幻想，这骗人的妖童，
不能老耍弄它盛传的伎俩。
别了！别了！你怨诉的歌声
流过草坪，越过幽静的溪水，
溜上山坡；而此时，它正深深
埋在附近的溪谷中：
噫，这是个幻觉，还是梦寐？
那歌声去了——我是睡？是醒？

作品赏析

1818年，济慈23岁。那年，诗人患上了肺痨，同时诗人还处于和范妮·布恩小姐的热恋中。正如诗人自己说的，他常常想的两件事就是爱情的甜蜜和自己死去的时间。在这样的情况下，诗人情绪激昂，心中充满着悲愤和对生命的渴望。在一个深沉的夜晚，在浓密的树枝下，在鸟儿嘹亮的歌声中，诗人一口气写下了这首8节80多行的《夜莺颂》。

相传，夜莺会死在月圆的晚上。在凄美而朦胧的月光中，夜莺会飞上最高的玫瑰枝，将玫瑰刺深深地刺进自己的胸膛，然后发出高亢的声音，大声歌唱，直到心中的血流尽，将花枝上的玫瑰染红。诗的题目虽然是"夜莺颂"，但是，诗中基本上没有直接描写夜莺的词，诗人主要是想借助夜莺这个美丽的形象来抒发自己的感情。

诗人的心是困顿和麻木的，又在那样的浊世。这时候诗人听到了夜莺的嘹亮歌唱，如同令人振奋的神灵的呼声。诗人的心被这样的歌声感染着，诗人的心同样也为现实的污浊沉重打击着。诗人向往那森林繁茂，树影斑驳、夜莺欢唱的世界。他渴望饮下美妙的醇香美酒，愿意在这样的世界里隐没，愿意舍弃自己困顿、疲乏和痛苦的身体，诗人更愿意离开这污浊的社会。这是一个麻木的现实，人们没有思想，因为任何的思索都会带来灰色的记忆和忧伤的眼神。诗人听着夜莺曼妙的歌声，不再感觉到自己身体的存在，早已魂离人间。

夜色温柔地向四方扩散，月亮悄悄地爬上枝头，但林中仍然幽暗昏沉；微风轻吹，带领着诗人通过暗绿色的长廊和幽微的曲径。曲径通幽，诗人仿佛来到了更加美妙的世界，花朵错落有致地开放着，装点着香气弥漫的五月。诗人并不知道这些花的名称，但诗人靠着心灵的启发，靠着夜莺的指引，感受着深沉而宁静的世界。诗人沉醉在这样的世界里，渴望着生命的终结，盼着夜莺带着自己在这样的世界里常驻。

这样的歌声将永生，这样的歌声已经在过去，在富丽堂皇的宫殿，在农民的茅屋上唱了很多年。这样的歌声仍将唱下去，流过草坪和田野，在污浊的人世唤醒沉睡的人们。诗人深深陶醉在这如梦如幻的境界中，全然不知道自己是在睡着还是在醒着。

诗歌具有强烈的浪漫主义特色，用美丽的比喻和一泻千里的流利语言表达了诗人心中强烈的思想感情和对自由世界的深深向往。从这首诗中，我们能很好体会到后人的评论：英国浪漫主义诗歌在济慈那里达到了完美。

罗蕾莱 /［德国］海涅

入选理由
德国大诗人海涅的抒情名诗之一
具有神话色彩的爱情名诗
被许多作曲家谱成曲子，流传世界各国

我不知道是何缘故，
我是这样的悲伤；
一个古老的传说，
萦回脑际不能相忘。

凉气袭人天色将暮，
莱茵河水静静北归；
群峰侍立，
璀璨于晚霞落晖。

那绝美的少女，
端坐云间，
她金裹银饰，
正梳理着她的金发灿灿。

她用金色的梳子梳着，
一边轻吟浅唱；
那歌声曼妙无比，
中人如痴如狂。

小舟中的舟子
痛苦难当；
他无视岩岸礁石，
只顾举首伫望。

噯，波浪不久
就要吞没他的人和桨；
这都是罗蕾莱
又用歌声在干她的勾当。

作者简介

海涅像

海涅（1797 ~ 1856），19 世纪德国伟大的诗人。出生于一个贫穷的犹太人家庭，这使得他从童年起就接受了自由、民主的启蒙思想。自 1819 起，诗人在叔父的资助下先后在波恩大学、柏林大学、哥廷根大学等学校学习；1825 年，获得法律博士学位。期间，诗人开始了诗歌创作，后汇集为《诗歌集》。但同时他的进步思想也受到了普鲁士王国的压制。1824 ~ 1828 年，诗人在国内和意大利等地游历，同时写有散文集《哈尔茨山游记》等。1831 年，诗人因向往法国的“七月革命”离开祖国，在法国流亡，除两次短暂回国外，一直侨居在巴黎，和巴尔扎克、肖邦等文艺界的大师交往甚密。此外，诗人密切关注祖国的发展，积极向祖国的报纸杂志供稿，介绍法国的革命形势。1843 年 10 月，诗人和马克思相识，两人结下了深厚的友谊。此后他的思想更接近觉醒的工人阶级，创作出很多著名的政治抒情诗，如长诗《德国——一个冬天的童话》、《等着吧》等。1848 年，席卷欧洲的革命失败，诗人的健康也开始恶化，这些使诗人陷入苦闷之中。1856 年，诗人病逝于巴黎。

作品赏析

《罗蕾莱》选自海涅的《新诗集》中的《还乡集》，写于1823年。诗歌原来没有标题，《罗蕾莱》是后人加上去的。

罗蕾莱是德国莱茵河畔100多米高的一块岩石，德国浪漫主义诗人布伦坦诺曾写了一篇名为《罗蕾莱》的叙事诗，诗中编造了一个关于魔女罗蕾莱的故事。罗蕾莱美丽娴雅、温柔妩媚，无数男子在她手中送了命，当地主教不忍对她判刑，于是派3位骑士送她去修道院忏悔修行。途中，罗蕾莱登上莱茵河畔的岩石，见到河中小舟，认定舟中的人是负心的情人而一跃入江，3位骑士也死于非命。这个美丽的传说引发了当时许多浪漫主义诗人的诗兴，他们写下了许多以之为题材的诗作，其中以海涅的这首诗最为著名。

诗的第一段开始就把主人公的忧伤情绪点明，而忧伤又与那古老的传说有关，这就引起读者探知那古老的传说的兴趣，从而奠定了诗的气氛。第二段开始转为对传说的叙述。起初以写景为主，夕阳西沉，暮色苍茫，莱茵河水在静静地流淌，群峰在晚霞中默默耸立。这一段景物的描写不以真切细致取胜，而着重于气氛的渲染，也借景点出故事的时间和地点，而后逐渐将读者引入传说的故事中去，从现实世界逐渐进入神话世界。山峰和夕阳仿佛自然变形成为绝色少女，那金发金饰金梳着重表现落日余晖的灿烂绮丽色彩。诗的主人公在想象中好似见到了少女，她梳头的动作自然优美，歌声曼妙动人。那举止和歌声充满着诱惑，招引着过往行人。于是读者的目光被诗人从山峰上的美女引向江河中的痴情舟子，他被声的美妙和光的灿烂击中了，不顾危险只知伫望。第二段到第五段是神话世界。第六段诗的主人公又出现了，他虽已从故事中走出来，却还摆脱不了故事中的气氛，他为即将没顶的舟子担心。最后点出祸事的根源，原来他疑心那就是水妖罗蕾莱在作怪。

诗的结构严谨，第一段和最后一段紧紧相扣，中间四段叙事悬宕，引人入胜，语言优美，韵律流畅自然。加之诗人在诗中融入了自己的真切感情，因而这首诗有着极大的魅力，深受人们的喜爱。这首诗后来被许多作曲家谱成曲子，以西尔歇尔的曲子流传最广，成为民歌，至今仍为欧洲各国人民所喜爱。

假如生活欺骗了你

/［俄国］普希金

俄罗斯诗歌之父普希金的代表作之一
表达了一种困难境地中乐观向上的积极人生态度
被译成多国文字，影响深远

假如生活欺骗了你，
不要忧郁，也不要愤慨！
不顺心时暂且克制自己，
相信吧，快乐之日就会到来。

我们的心儿憧憬着未来，
现今总是令人悲哀：
一切都是暂时的，转瞬即逝，
而那逝去的将变为可爱。

作者简介

普希金（1799～1837），俄罗斯文学之父，俄罗斯现实主义文学的奠基人。出生于一个贵族家庭。1811年进入贵族子弟学校——皇村学校学习，因写诗反对暴君政治，于1820年被流放到南俄，期间他同当时的反对沙皇的十二月党人联系密切。1824年，诗人因与南俄的总督发生冲突，被放逐到其父亲的领地，不准参加社会活动。同年诗人写下著名的历史剧《鲍利斯·戈都诺夫》，但这出深受人民欢迎的戏剧遭到禁演。1826年刚上台的沙皇为收买人心，召普希金入外交部任职。但诗人早已看清了沙皇的真面目，尽管接受了职务，但是并没有为沙皇收买。1831年，诗人和19岁的娜·尼·冈察洛娃结婚，随后迁居彼得堡，但家庭生活并不愉快。1837年，因法国公使馆的丹特士男爵调戏诗人的妻子，诗人决定和他决斗，在2月8日的决斗中，被子弹击中心脏，两天后去世。据说，这次调戏是沙皇指使的。诗人一生创作颇丰，除上面提到的历史剧和早期的浪漫主义诗作《致恰达耶夫》、《囚徒》等外，诗人还创作了《叶甫盖尼·奥涅金》、《驿站长》、《上尉的女儿》等著名作品。

作品赏析

这首诗是普希金1825年题在他的一个女朋友——叶·沃尔夫的纪念册上的。诗人曾提前把要和丹特士决斗的事告诉她，由此可见二人友谊之深。诗人的这首题赠诗后来不胫而走，成为诗人广为流传的作品。

这是一首哲理抒情诗。诗人以普普通通的句子，通过自己真真切切的生活感受，向女友提出了劝慰。诗的开头是一个假设，这假设会深深伤害人们，足以使脆弱的人们丧失生活的信心，足以使那些不够坚强的人面临“灾难”。那的确是个很糟糕的事情，但诗人并不因为这而消沉、逃避和心情忧郁，不会因为被生活欺骗而去愤慨，做出出格的事情。诗人的方法是克制和坚强的努力。诗人主张：“相信吧，快乐之日就会到来。”

诗人在诗中提出了一种生活观，面向未来的生活观。我们的心儿要憧憬着未来，尽管现实的世界可能是令人悲哀的，我们可能感受到被欺骗，但这是暂时的。我们不会停留在这儿，不会就在这儿止步，我们有美丽的未来。当我们在春风和煦的日子里，在和朋友共享欢乐的时候，我们再细细品味这曾经令人悲哀的现实生活，我们就会有一种自豪、充实、丰富的人生感受，“那逝去的将变为可爱”。

诗人就用这种面向未来的积极生活观，给女友以鼓励。同样，诗人也用这种生活观以自勉。诗人生活在法国大革命的精神在欧洲大陆产生广泛影响的时代。那时的俄国，一方面处于沙皇暴政的统治下，另一方面，人民的自由意识大大觉醒，起义和反抗此起彼伏。诗人出身贵族，有着强烈的自由民主意识。这些注定了诗人的生活会充满坎坷。诗人在面对困苦时坚定自己对生活的信心，诗人就靠这信心去战胜一个又一个暴力的压迫。

诗人对生活的假设，引起了很多人的共鸣，说出了很多人的生活感受。正是这种生活观，这种对人生的信心，这种面对坎坷的坚强和勇敢使得这首诗流传久远。

诗人走在田野上

/［法国］雨果

入选理由

法国浪漫主义诗人雨果的名诗之一

诗中人与自然合一的思想奠定了法国后期诗风的基调

辞藻华丽，修饰和比喻层叠出现，意象繁丰

诗人走到田野上；他欣赏，
他赞美，他在倾听内心的竖琴声。
看见他来了，花朵，各种各样的花朵，
那些使红宝石黯然失色的花朵，
那些甚至胜过孔雀开屏的花朵，
金色的小花，蓝色的小花，
为了欢迎他，都摇晃着她们的花束，
有的微微向他行礼，有的做出娇媚的姿态，
因为这样符合美人的身份，她们
亲昵地说："瞧，我们的情人走过来了！"
而那些生活在树林里的葱茏的大树，
充满着阳光和阴影，嗓子变得沙哑，
所有这些老头，紫杉，菩提树，枫树，
满脸皱纹的柳树，年高德劭的橡树，
长着黑枝杈，披着藓苔的榆树，
就像神学者们见到经典保管者那样，
向他行着大礼，并且一躬到底地垂下
他们长满树叶的头颅和常春藤的胡子，
他们观看着他额上宁静的光辉，
低声窃窃私语："是他！是这个幻想家来了！"

作品赏析

这首诗写于1831年夏天。这时的法国刚刚取得七月革命的胜利，全国处在一片欢腾之中，诗人毫无疑问受到了很大的感染。而诗人创作的浪漫主义名剧《欧那尼》也一炮走红，在与保守的古典主义的斗争中取得了胜利。诗人心情激奋，意气风发。

这首诗主要是诗人自己的思想表达。在诗中，雨果用自己的“英雄风姿”和“富丽堂皇的辞藻”表达了自己心中对自然界生命和诗人智慧的赞美和歌颂。田野是自然的象征和生命活动的美丽场所。诗人来了，带着一种赞赏的目光，带着一颗热爱万物的心。在诗人的心中，有美妙的音乐在流动着，在倾吐着。田野里的花木似乎也受到了诗人情绪的感染，它们摇首挥手，向诗人致意，欢迎诗人的到来。看那花，鲜红得足以使红宝石都失去光彩，层层叠叠的花瓣使开了屏的孔雀难以与其媲美。再看那些树，苍翠欲滴，繁密的树叶在阳光映照下容光焕发，在风的伴唱中婆娑起舞。紫杉、橡树、榆树等高大的形象代表着各式的德行和各样的高尚。这些在诗人的眼中出现，在诗人的心中播种着美好的东西。

诗人正是在它们的欢欣中，在它们的欢迎中写出了他的伟大智慧。那花的舞蹈是为了诗人的到来，那高大和茂密的树在低声私语，赞美大自然的精灵和诗人的心灵。在花的心中，诗人能作为情人，因为诗人的心有着花一样的美丽；在树的眼中，诗人有着最神奇的想象力，幻想在诗人的心中飞翔，可以化为一首首赞歌。

这首诗集中体现了诗人诗歌的特点和风格。诗歌辞藻华丽，修饰和比喻层叠出现，意象繁丰而不乱，充实而略显雕琢。拟人手法的使用更是恰到好处，准确到位地写出了诗人与自然之间一定层次上的融合。诗中正是通过这些表现手法写出了诗人的浪漫主义思想，表现了浪漫主义诗歌的典型特点。诗歌表面上是在描写和赞美大自然，事实上是在表达诗人心中的思想，表达了诗人心中的感情和诗人崇高而优美的心灵。诗人正是以这种华美清丽、热烈奔放的诗风奠定了法国浪漫主义诗歌的主流风格，同时，诗中表现的人与自然合一的思想也影响到了法国后来的诗歌风格。

十四行情诗

/［英国］勃朗宁夫人

入选理由

西方早期著名的爱情诗之一
勃朗宁夫人的名诗之一
具有明显的浪漫主义色彩

我捧起我沉重的心，肃穆庄严，
如同当年厄雷特拉捧着尸灰瓮，
我望着你的双眼，把所有灰烬
把所有灰烬倒在你的脚边。你看吧，你看
我心中埋藏的哀愁堆成了山，
而这惨淡的灰里却有火星在烧，
隐隐透出红光闪闪。如果你的脚
鄙夷地把它踩熄，踩成一片黑暗，
那也许倒更好。可是你却偏爱
守在我身边，等一阵清风
把死灰重新吹燃，啊，我的爱！

你头上虽有桂冠为屏，难保证
这场火烧起来不把你的金发烧坏，
你可别靠近！站远点儿吧，请！

作者简介

勃朗宁夫人（1805 ~ 1861），19 世纪英国女诗人。出生在一个贵族家庭，自小受到良好的教育。诗人 15 岁时不慎坠马，两腿受伤，此后长期卧床生活。期间诗人开始创作诗歌，到 1844 年，她已成为英国诗坛上的明星。1846 年，年轻的勃朗宁因倾慕诗人的诗才开始疯狂追求她，诗人经历了多次的彷徨之后最后答应了年轻人的求婚，但遭到家中的反对。诗人后来将自己在这段恋爱中的心情写成诗歌，就是后来结集的《葡萄牙十四行诗》。1846 年，诗人与勃朗宁一起搬迁到意大利定居，不久结婚。在意大利，诗人病了近 30 年的双腿在丈夫的悉心料理下竟奇迹般地康复了。1861 年，诗人走完了其充满不幸和奇迹的一生。除了著名的情诗集外，诗人还有一些儿童诗和抒情诗较为出名。

作品赏析

这首诗是勃朗宁夫人著名的《葡萄牙十四行诗》中的一首。这部十四行诗集共有 44 首，抒发了诗人在和爱人的恋爱过程中的感受。这首诗是其中的第五首，写于诗人恋爱的早期。其时诗人渴望独立坚强的爱情，同时因为自己的身体残疾又对爱情心怀犹疑。

诗人的心是沉重的，带着深深的忧郁，带着沉重的担心。因为她的心中堆着厚厚的哀愁。这重重的哀愁积聚在诗人的心头，如死灰一样灰暗，没有生气。诗人捧着自己的心如同厄雷特拉在捧着一只尸灰瓮。诗人愿意将自己的心抛给爱人，将心底的死灰全部地倒在爱人的脚下，任由爱人踩踏。然而，这样的死灰中竟冒出一点火星，那一点火星只要有一丝清风的吹拂就足以让死灰复燃。这死寂的灰中还有生命的呼喊，还有爱情的气息。诗人不在乎爱人将这一点火星踩熄，不在乎爱人将这爱的气息关闭。诗人愿意自己来承担爱的痛苦。诗人不愿意要依附对方和作为累赘的爱情；如果是那样的爱情，她宁愿舍弃，然后独自承担失恋的痛苦。

然而，爱人是坚定的，愿意守在诗人的身旁，愿意给诗人的心带来生机。爱人愿意做一阵清风，哪怕这清风吹起的是一场大火，哪怕这样的大火会烧坏自己的金发。诗人的爱情，那心中一直压抑的热烈情感，那死灰下面隐藏的一点火红因此更加奔放和大胆，似乎瞬间就有燎原之势。在诗的结尾，诗人用俏皮的话语将心中假装的焦急和愤怒，心中潜藏的幸福和笑意活灵活现地表现了出来。

横越大海

/［英国］丁尼生

英国“桂冠诗人”丁尼生的名诗之一
一曲感人至深的缅怀故友的心灵弹唱
在西方流传广泛

夕阳西下，金星高照，
　好一声清脆的召唤！
但愿海浪不呜呜咽咽，
　我将越大海而远行；

流动的海水仿佛睡了，
　再没有涛声和浪花，
海水从无底的深渊涌来，
　却又转回了老家。

黄昏的光芒，晚祷的钟声，
　随后是一片漆黑！
但愿没有道别的悲哀，
　在我上船的时刻；

虽说洪水会把我带走，
　远离时空的范围，
我盼望见到我的舵手，
　当我横越了大海。

作者简介

丁尼生像

丁尼生（1809～1892），英国维多利亚时期的“桂冠诗人”。生于一个牧师家庭，在很小的时候就显示出过人的诗才，15岁时就与两个哥哥共同发表了《兄弟诗集》。1828年进剑桥大学读书，一改内向寡言的性格，加入诗歌俱乐部，积极参加诗歌活动。1829年，诗人的短诗获得了剑桥大学颁发的金质奖章。然而，诗人的人生并没因此一帆风顺。1831年，诗人因父亲去世放弃了剑桥的学业。1832年，诗人的《诗集》出版，遭到了评论界的极尽挖苦和攻击。1833年，已与诗人的姐姐订婚的挚友又突患绝症，离开了人世。诗人不堪悲痛，只以写诗来慰藉自己的灵魂。1850年，诗人出版了花费17年时间写成的《悼念集》，轰动了整个诗坛。同年，诗人和相恋15年之久的恋人结婚。随后，荣誉纷至沓来，诗人被人们众口一词封上了“桂冠诗人”的称号。晚年的诗人过着安闲的生活，还在上议院获得了一个席位。

作品赏析

这首诗出自诗人的诗集《悼念集》，为诗人的名诗之一。诗人想借这首诗表达自己对逝去挚友的怀念和那种怀念的痛苦。诗人在沉痛的怀念中，意欲乘船横越大海，去寻找挚友。但诗人又并不局限于此，而是超越了平常的思念之情，在诗中写出了对人类心灵的思考。

诗人静立海岸，面对大海。尽管在海的深处有呜呜咽咽的悲吟，大海的表情却是一片寂静。诗人昂起头，看到了灿烂的夕阳，“金星高照”。诗人仿佛听到了一声召唤，“清脆的召唤”。

诗人要远行了。就在这个时刻，诗人将远行的时刻，诗人看到了“黄昏的光芒”，听到了“晚祷的钟声”。那略带暗淡色彩的夕阳，衬着那教堂的钟声，幽幽渺渺的。是天堂的胜景，还是人间美妙的风光？黑夜即将来临，容不得诗人思索，诗人只能藏起曾经的悲哀，在悲哀的回忆中上船。在沉痛的回忆中，诗人的心如同那海水一样：尽管有着汹涌澎湃的激情，有着涵盖宇宙的梦想，但是为了失去的友人或者前辈的安息，为了平静美好的未来，诗人宁愿承受一切悲哀和痛苦；诗人沉默而冷静地站着，思索着即将到来的远行。

海水在“无底的深渊”中涌来涌去，但它们可以转回老家。诗人呢？可能面对的是洪水，无情卷走一切的洪水；可能诗人的前面不再有时空，一片混沌。但是诗人是满怀豪情的，是踌躇满志、信心百倍的。在诗的结尾，诗人说道“我盼望见到我的舵手”。

诗的风格是沉郁的。带着那种心灵的重负，诗人借助独特的韵律、恰当的比喻和象征，完美地唱出了心灵的忧伤和对挚友的深深怀念。从那比喻、象征中，我们能明显看出英国抒情诗的传统表现手法，即对大自然进行深度的挖掘，寻找贴切表现主观心灵的象征物。同时，诗中那独特的旋律又突破了英国诗歌的传统，拓展了英国诗歌的疆界。

致海伦 / ［美国］爱伦·坡

爱伦·坡的代表作之一
一首典雅纯朴的美的赞歌
具有浓厚的古曲色彩、唯美情韵

你的美貌对于我，
　就像古老的尼色安帆船，
它载着风尘仆仆疲惫的流浪汉，
　悠悠荡漾在芳馨的海上，
驶向故乡的海岸。

你那紫蓝色的头发，古典的脸，
　久久浮现在汹涌的海面，
你的仙女般的风姿，

把我引入昨日希腊的荣耀，
和往昔罗马的庄严。

嗨！我瞧你伫立在壁龛里，
英姿焕发，婷婷玉立，
手握一盏玛瑙灯。
啊，普赛克，
你从天国来。

作者简介

爱伦·坡（1809 ~ 1849），美国文学的奠基人之一，著名诗人、小说家。出生在波士顿的一个平民家庭，自小父母双亡，后被一个富豪的妻子收养。22岁时，诗人与自己的养父吵嘴，离"家"出走，独自谋生，同时开始创作诗歌。曾分别在1827年、1829年、1831年出版了3部诗集《帖木尔及其他》、《帖木尔及小诗》等。诗人还有大量的小说传世，这些小说是现代怪诞、推理和科幻小说的先驱。诗人一生都过着贫困的生活，靠艰苦的编辑和排版工作维持生计。据说其作品在生前只获得一次奖励，奖金也只有100美元。1849年，诗人病逝，年仅40岁。诗人死后，其作品渐渐得到了世人的承认，波德莱尔尊称他为"当代最强有力的作家"，其创作被认为奠定了美国本土文学的传统。

爱伦·坡像

作品赏析

这首诗大约写于1824年，其时诗人才15岁。据说诗人童年时，一个邻居的母亲在诗人心中留下了深深的印象，给诗人孤单流浪的生活带来了些许安慰和精神支持。多年之后，那美丽、纯朴和慈爱的形象在诗人的想象中就化为了这首诗。

海伦的美像那古老的帆船，古典、优雅。这船在诗中代表了一种纯美——摆脱了具体物象的美丽，铅华尽去的美丽。一种历史感，一种古典的滋味在诗中慢慢地渲染起来了。这样的帆船，载着风尘仆仆的流浪汉——比如英雄的奥德修斯，比如追寻心灵世界的堂·吉诃德，比如尤利西斯——在微波荡漾的温馨海面上，在风景优美的人生路途中，驶向故乡的海岸，驶向心灵的港湾。

海伦好像出现在了诗人的眼前。那美丽的形象鲜明活泼，那风姿神采令人心驰神往。那紫蓝色的头发，透着神秘，带着零碎和华丽的装饰性。那样美丽的情景在大海上浮现，长久地停留。那样的情景也深深地印在了诗人的心中，在诗人的生活中久久地指引着诗人的灵魂。对于那美丽的海伦，诗人只能用最俗套的一个词来形容：仙女。她让诗人在历史的河流中沉思，在希腊、罗马的昔日荣耀和庄严中沉醉。

全诗音律和谐，具有音乐性的美，意境的使用和连接也新颖而流畅。另外，诗人追求彼岸世界、追求神圣境界的特点在这首诗中也表现得淋漓尽致。海伦，既是美的象征，也是诗人的追求。她象征着一个神圣境界，一种彼岸世界。全诗带着一种神圣的气氛，所使用的意象一定程度上都和神话有关。

哀愁 / [法国] 缪塞

入选理由
- 缪塞的代表作之一
- 法国浪漫主义感伤诗的经典之一
- 被译成多国文字，流传广泛

我失去力量和生气
也失去朋友和欢乐；
甚至失去那种使我
以天才自负的豪气。

当我认识真理之时，
我相信她是个朋友；
而在理解领会之后，
我已对她感到厌腻。

可是她却永远长存，
对她不加理会的人，
在世间就完全愚昧。

上帝垂询，必须禀告。
我留有的惟一至宝
乃是有时流过眼泪。

作者简介

缪塞（1810 ~ 1857），19 世纪法国著名浪漫主义诗人。他的诗歌，形式考究，感情丰富，真切动人，有着深远的影响。除了诗歌外，缪塞还创作了不少戏剧和小说，发表过一些颇有影响的关于社会、政治和文学艺术的论文。

缪塞的文学活动是从参加以雨果为首的进步的浪漫主义团体“文社”开始的。他不仅是浪漫派中最有才华的诗人，其戏剧作品也大大促进了法国浪漫主义戏剧运动。他的小说在创建法国浪漫主义心理小说和为近代小说开辟道路方面，也起了不小的作用。 虽然缪塞的戏剧和小说反映社会生活不够全面，但是却真实刻画了法国某些阶层的生活及心态，颇具时代色彩。特别是他描写的“世纪病”在今天看来，还可以感觉到当时某些人物的精神面貌，他们的彷徨与苦闷。 他的主要戏剧作品有《罗伦扎西欧》、《反复无常的人》、《巴尔贝林》、《喀尔摩金》等。他的小说有《埃梅林》、《弗烈特立克和贝尔纳莱特》、《提善的儿子》，这 3 部小说可列入 19 世纪优秀爱情小说的行列。另一部《世纪儿忏悔录》以其动人的爱情故事和细腻的心理描写而成为缪塞的代表作。

作品赏析

缪塞是 19 世纪法国著名的浪漫主义诗人。作为一位卓越的抒情诗人，缪塞有着独特的情感经历。他感情丰富，青年时与当时法国著名的批判现实主义女作家乔治·桑相识，坠入情网。两人在一起相处了一段浪漫的时光，但不久乔治·桑抛弃了诗人，这给缪塞以很大的打击。这段曲折的感情经历诱发了诗人的创作灵感，诗人挥笔写下了许多优美的诗篇。短诗《哀愁》即是其中著名的一首，曾被广泛传诵。

爱情遭遇挫折，诗人的心情可想而知：忧郁、悲伤、消沉。诗人失去了生活的力量，变得无精打采，没有生气。就连平日要好的朋友也离开了诗人，诗人的心更加寂寞、孤独。诗人甚至怀疑，一向使自己自负的才气也消失了。诗人陷入极度感伤的境地，周围的一切对他来说是那样地黯淡、昏沉。

虽然如此，诗人脑中还保持着一份清醒：真理是永存的，是经历了时间和实践考验的，是正确无误的。诗人心中还存留一点微弱的希望之火。在人世间找不到知音，诗人只得将目光投向天空，向那位缥缈的

上帝诉说心中的哀愁。而这时与诗人相伴的，能给诗人带来些许安慰的，是诗人眼中所流的泪水。

诗的格调是感伤沉郁的，诗人没有运用深奥的象征手法去营造抽象的意境，而是借助简白晓畅的语言，一泻无遗地唱出了自己心灵的忧伤。对于今天的读者，这首诗的消极灰暗色调可能引不起读者的共鸣，但由于诗歌真切流露了诗人的感情，因而丝毫不显得空洞、造作。缪塞对于抒情诗的创作，主张“言为心声”，反对无病呻吟，他曾说过：“诗句虽是手写出的，说话的却是心。”这首诗真实地反映了他的这一观点。对于今天那些津津乐道地刻意追求诗的表现技巧的诗歌写作者来说，缪塞所说的话是一个很好的借鉴。

帆 / [俄国] 莱蒙托夫

入选理由

莱蒙托夫的代表作

一首杰出的具有象征意义的哲理抒情诗

宣扬了一种不图安逸、追求自由幸福的精神

在那大海上淡蓝色的云雾里
有一片孤帆儿在闪耀着白光！
……
它寻求什么，在遥远的异地？
它抛下什么，在可爱的故乡？
……

波涛在汹涌——海风在呼啸，
桅杆在弓起了腰轧轧作响
……
唉！它不是在寻求什么幸福，
也不是逃避幸福而奔向他方！

下面是比蓝天还清澄的碧波，
上面是金黄色的灿烂的阳光
……
而它，不安的，在祈求风暴，
仿佛是在风暴中才有着安详！

作者简介

莱蒙托夫（1814～1841），19世纪俄罗斯著名诗人。出生在贵族家庭，曾进莫斯科大学和彼得堡禁卫军军官学校学习。1834年入军队服役。早在中学时期，诗人就开始写诗，受普希金和拜伦的诗影响颇大。青年时代的诗人受十二月党人的影响，写下了很多对当时腐朽社会不满的诗歌。1837年，诗人写下著名的《诗人之死》一诗，悼念普希金，触怒了沙皇政府，被流放到高加索地区。流放期间是诗人创作的高峰期，写下了《当代英雄》、《祖国》、《恶魔》等著名作品。1840年，诗人遭到沙皇政府的谋杀，身受重伤。1841年，诗人离开了人世。

莱蒙托夫像

作品赏析

这首诗是诗人的代表作，写于1832年，在诗人生前没有发表。从这首诗中我们可以想见诗人当年的风采：面对那黑暗的俄国社会的姿态，在风起云涌的民众追求民主、自由的斗争浪潮中的精神情态。

诗的题目是“帆”，它是在千变万化的大海中一个白色的精灵。淡蓝色的大海，静静的，死寂般的静。然而就是这静的大海中，似乎又隐含着一种不安定的因素。那蓝色的云雾可是大海的蒸腾，可是不安定的灵魂在大海的深处搅拌着海水？

就在这淡蓝色的大海中，有一片孤帆在游弋。它闪着白色的光，刺眼的白光。这白色的帆似乎在承受着极大的折磨。它在遥远的异地漂泊，是在追寻着心中的理想还是别的什么？这白色的精灵在可爱的家乡抛弃了很多的东西，那是生活的安逸，还是物质的富裕，或者别的什么？

波涛汹涌，夹杂着呼啸的海风。它们要打翻这精灵，要让这孤独的反叛者葬身在自己威猛的打击中。帆呢？在铺天盖地的狂风巨浪的疯狂打击下，“弓起了腰轧轧作响”。帆没有退缩，没有畏惧，而是在努力，在拼搏，为着自己所追寻的东西。

这白色的精灵在追寻什么？不是幸福，那可能是它曾经放弃的东西；不是逃避，在昏天暗地的时候它还在弓腰前进；当然更不是安逸。在帆坚毅的搏斗中，大海已经有气无力。而在大海的上面，是阳光的世界，温暖而和煦，安详而灿烂；下面是一碧万顷的海面，宁静而温顺，清净而可爱。这不就是安逸的生活吗？但是，帆要的不是这些，而是拼搏，是拼搏中带来的乐趣，是孤独灵魂的英雄行为。

这首诗是一首杰出的哲理抒情诗。诗歌采用象征的手法，通过这种给人强烈印象的意象来表达诗人的感情。帆就是诗人的化身，诗人那孤独、反叛的灵魂象征，那对自由的向往也象征诗人对自由的向往，同时也象征着诗人那一代贵族革命家对自由的向往。诗在描画风景，进而说明发人深省的哲理方面也具有很高的水平。那恶劣的社会环境在诗中对大海糟糕场景的描写中得到了贴切的表现；那进取的精神和顽强的生命力也在诗的叙述过程中得到了很好的体现。

另外，诗歌采用的设问结构大大强化了诗歌的感染效果，省略号的使用开阔了诗的意境，启发读者深思，特色独具。

黄昏的和谐

/［法国］波德莱尔

入选理由

波德莱尔的代表作

西方象征主义诗歌的代表作

被西方名人评为“是诗歌对音乐的胜利”

时辰到了，在枝头战栗着，
每朵花吐出芬芳像香炉一样，
声音和香气在黄昏的天空回荡，
忧郁无力的圆舞曲令人昏眩。

小提琴幽咽如一颗受创的心，
一颗温柔的心，他憎恶大而黑的空虚，
天空又愁惨又美好像个大祭坛，
太阳沉没在自己浓厚的血液里。

每朵花吐出芬芳像香炉一样，
小提琴幽咽如一颗受创的心；
忧郁无力的圆舞曲令人昏眩，
天空又愁惨又美好像个大祭坛！

一颗温柔的心，他憎恶大而黑的空虚，
从光辉的过去采集一切的迹印！
天空又愁惨又美好像个大祭坛，
你的记忆照耀我，像神座一样灿烂！

作者简介

波德莱尔(1821 ~ 1867),19世纪法国著名诗人,象征派诗歌的奠基人。出身于贵族家庭。6岁时父亲去世,其母改嫁给一个古板偏狭的军官。诗人青年时代靠父亲的遗产过着放浪形骸、纵情声色的生活,整日流浪于现代都市中,处处标新立异,和女演员同居,终于穷困潦倒;同时开始文学创作。1857年,他的诗集《恶之花》出版,引起轩然大波:一方面咒骂之声不绝如缕,竟至于有官方出面将之查封,判处诗人伤风败俗的罪名;另一方面许多著名作家好评如潮,一些报纸争相刊登为《恶之花》辩护的文章。诗人最终顶住了威胁和打击,继续写诗,并于4年之后出版了《恶之花》第二版,成为当时很多青年人的精神导师。尽管如此,诗人还是没有摆脱贫病交加的生活,1867年离世。

作品赏析

《黄昏的和谐》为诗人的诗集《恶之花·忧郁和理想》中的一首情诗。诗人想用黄昏的意象来表达自己与情人在一起的美好时光里的欢乐、痛苦和圣洁的感情。

"时辰到了",诗的开头这样说道,没有丝毫的迟疑和停顿,似乎从诗人的口中脱口而出。诗人等了好久了吗?无论如何,黄昏已经到了。诗人开始展开自己的心怀,用那美丽的意象,用那有着灵魂的事物来象征诗人的心灵或别的什么。

在这黄昏的时刻,花儿散发着芬芳,似乎在倾吐灵魂的忧郁,诗人听到了声音;小提琴在幽幽咽咽地倾诉,那音乐似诗人心灵的流淌,流淌着诗人的悲伤,又似冥和着天空,天空是美的,那种愁云惨淡的凄美。在这个黄昏,如血的太阳下沉,染红了西边的天空。在那一刻,诗人敏感的心如花一样在战栗,诗人完全沉浸在对美好时光的回忆中,为那天空的悲哀和美丽震撼了。最后,诗在"神座一样灿烂"的氛围中结束,诗人在黄昏的美丽中、在美好的回忆中获得了解脱,进入了物我两忘的境界。

这首诗是波德莱尔的代表作,也是欧洲象征主义诗歌的代表作,它形象地表现了象征主义诗歌的特点和美学追求。诗中的每一个意象都是诗人心灵的流露,是诗人的情感抒发。那花的战栗就是诗人的战栗,那幽咽的声音就是诗人心的哭泣声,那天空的凄愁象征着诗人忧郁的心境。诗人奔走在这喧嚣的世界,体味情感的波澜,在万物中,在它们的动静中寻找诗的意象,寻找心灵的象征,摹画心灵的美。诗人的美是忧郁的,无论那花、那音乐、那天空都蒙着重重的帷幕,沉沉的。

另外,本诗的诗体颇为独特。诗人放弃了惯用的"商籁体",而采用来自马来的诗体:全诗上段的二、四两句和下段的一、三两句重复,韵律严格。这不仅加重了诗的意象,使情绪的表达更加浓重,而且也增强了诗的节奏,音乐感极强,一咏三叹,缠绵悱恻。其实,对音乐感的追求也是法国象征主义诗歌的一个特点,有人就曾说过,这首诗是诗歌对音乐的胜利。

我愿意是急流 / [匈牙利] 裴多菲

入选理由

匈牙利杰出诗人裴多菲的爱情名诗之一
以优美的语言表达了更为深刻的爱情主题
被译成多国文字,流传广泛

我愿意是急流,
山里的小河,
在崎岖的路上、
岩石上经过……
只要我的爱人
是一条小鱼,
在我的浪花中
快乐地游来游去。

我愿意是荒林，
在河流的两岸，
对一阵阵的狂风，
勇敢地作战……
只要我的爱人
是一只小鸟，
在我的稠密的
树枝间做窠、鸣叫。

我愿意是草屋，
在深深的山谷底，
草屋的顶上
饱受风雨的打击……
只要我的爱人
是可爱的火焰，
在我的炉子里，
愉快地缓缓闪现。

我愿意是废墟，
在峻峭的山岩上，
这静默的毁灭
并不使我懊丧……
只要我的爱人
是青青的常春藤，
沿着我荒凉的额，
亲密地攀援上升。

我愿意是云朵，
是灰色的破旗，
在广漠的空中
懒懒地飘来荡去，
只要我的爱人
是珊瑚似的夕阳，
傍着我苍白的脸，
显现出鲜艳的辉煌。

作者简介

裴多菲（1823～1849），匈牙利历史上最伟大的诗人、文学家。出生于一个屠户家庭，一直都在贫困中度过。自小以从军为理想，16岁时辍学，多报两岁进入军队，不久因肺病退伍，进入一家话剧团。1843年，诗人出版其第一本诗集，受到人们关注。1846年，领导组织了革命作家团体“青年匈牙利”，创办刊物《生活景象》，宣传民主自由思想。同年，在一个乡村舞会上与森德莱·尤丽娅一见钟情，但遭到女孩的伯爵父亲的极力反对。不久诗人在一次外出途中听到情人嫁人的消息，便匆匆赶回。结果发现是谣传，喜极而泣。1848年3月15日，布达佩斯爆发市民起义，诗人作为领导者之一，写下了著名的《民族之歌》。起义不久蔓延到全国，到秋季，匈牙利的人民获得了自由。然而，俄奥帝国派兵侵入匈牙利，诗人亲往前线，抗击侵略者。1849年7月，诗人为祖国而牺牲。

作品赏析

这是一首情诗，写于1847年诗人在和乡村少女森德莱·尤丽娅恋爱的时期。诗歌以流畅的言辞和激昂的感情抒发了诗人心中对爱人热烈诚挚的爱。

诗人愿意是急流，顺着山中窄窄的水道，穿越崎岖的小路，流过峥嵘的岩石。诗人这样愿意，条件是他的爱人是一条小鱼。诗人愿为她掀起朵朵小小的浪花，让爱人在其间嬉戏游玩。

然而急流仍不足以表明诗人爱的专一，诗人愿意把爱人设想为更多的形象——小鸟、常春藤、炉子、珊瑚般的夕阳，它们在诗人的怀抱或者胸膛里自由生长，任意徜徉。因为，诗人愿意是荒林，即使狂风肆虐；愿意是废墟，即使毁灭在峻峭的山岩；愿意是草屋，即使饱受风雨的打击；愿意是云朵、破旗，即使只能来衬托爱人的美丽和灿烂。

诗中这些叠加在一起的意象，处处透着苍凉和悲壮。苍凉和悲壮的背后是一种崇高和执着，心灵的崇高、爱情的执着。恋人的形象一方面是诗人眼中的恋人的形象：美丽、欢快、热情而鲜艳；另一方面也代表了诗人追求的理想。

诗歌用排比的段落、连续的短句恰当地表达了丰富的内容，激情四溢，波澜壮阔。这首诗也是诗人的爱情声明：坚贞不移、义无反顾。正如诗人另一首著名的诗所说的："生命诚可贵，爱情价更高；若为自由故，二者皆可抛。"诗人就是这样，为了自己所追求的东西，意念坚定，无怨无悔。多么伟大的献身精神！多么伟大的胸怀！

诗人正是凭着这种执着坚贞的爱情观，使得诗人不惧一切艰难险阻也要和爱人在一起。正是这种对理想的崇高追求，对自由的坚韧追求，使得诗人连同他的诗深深地打动了人们，刻在了一代又一代渴望自由与理想的人们心中。

灵魂选择自己的伴侣

/［美国］狄金森

入选理由

美国著名女诗人狄金森的代表作之一

一个孤寂灵魂的真情告白

青年人必读的爱情诗

灵魂选择自己的伴侣，
然后，把门紧闭，
她神圣的决定，
再不容干预。

发现车辇停在她低矮的门前，
不为所动，
一位皇帝跪在她的席垫，
不为所动。

我知道她从一个民族众多的人口
选中了一个，
从此封闭关心的阀门，
像一块石头。

作者简介

狄金森（1830 ~ 1886），19世纪美国著名女诗人。出生于美国东部景色秀美的小城阿默斯特的一个高贵之家。家中那栋高大的红砖房是她永远的生活背景——除在23岁随父亲去了一次华盛顿，此后从未离开过。诗人就是在她家乡的青山绿水中，在她浸润一生的街道之间逐渐培育出了动人的诗情。诗人一生仅有的一次远行却给她带来了终生的痛苦。那年，诗人23岁，在去华盛顿的途中邂逅牧师查尔士·沃兹华斯。两人相恋，但不能一生相守。沃兹华斯已有妻室，他在与诗人保持了近10年的通信后，最终音讯全无。诗人从此性格更加内向，几乎不与任何人交往。1886年，诗人在独居了20年后平静地离开了人世。诗人生前仅有8首诗作发表。1890年，她的诗集被整理出版，开始在美国乃至世界流传。

狄金森像

作品赏析

一个人的灵魂就是一道生命的风景，就是一个人的生命信念。青年时代那场无果的爱情让诗人刻骨铭心，也让诗人心灰意冷。诗人毅然决然地关上了心灵的大门，从此凄清孤寂地索居于自己的一方天地里。

伴侣是人生命中的一部分，是人相守一生的另一半，是人的信仰和生活支柱。诗的开头说："灵魂选择自己的伴侣。"诗人的意志是坚定的，心是圣洁的。

灵魂选择了自己的伴侣，就关上门，坚定地守着自己的决定。这是一种神圣的决定，它不容干预。一种强烈的内心执着意念，一种内视的心灵在自己的天堂里扎根、生长。这种爱情是义无反顾的，一旦爱上一个人，就坚定地将自己的灵魂，还有生命一并交给另一个灵魂。

但是，爱情并不是一点没有烟火味，她会经常受到来自外部因素的影响。"车辇停在她低矮的门前"，"一位皇帝跪在她的席垫"上，这是一个暗示，暗示外部因素的纷繁和干扰力量的强大。然而，灵魂坚定而不为所动！这些更进一步地说明坚贞爱情的不易，说明那灵魂的纯真和坚毅。

诗人认为这些还不足以表达自己灵魂的坚定，诗人还要用平静的语气再说一遍："不为所动。"诗人要表明，诗人的决定是在理智的情况下做出的。诗人的爱情是坚定的，是灵魂的冷静选择，从众多民族众多的人口中选中一个自己的伴侣。自此，灵魂就关闭了关心的阀门，不为任何外物所动。这是何等的决心！

诗歌诗意浓缩，表达精练，在简单的词句中蕴含了深厚的内在意蕴和深长的言外之意。同时，诗人由于情感经历的波折而导致的内向性格、浓重的清教徒式的清高意念和看破红尘的心情，在这首诗中表现得十分明显。那简洁有力的语言给人以极大的感染力，那简单冷清的情景带给人们很多的想象。正是由于这些，使得诗人的诗具备了独特的魅力，在世界各国广泛流传，深深地打动着世人的心。

天鹅 / ［法国］马拉美

法国"诗人之王"马拉美的代表作之一
鲜明的意象背后蕴含着丰富深刻的内涵
具有独树一帜的唯美色彩

纯洁、活泼、美丽的，他今天
是否将扑动陶醉的翅膀去撕破
这一片铅色的坚硬霜冻的湖波
阻碍展翅高飞的透明的冰川！

一头往昔的天鹅不由追忆当年
华贵的气派，如今他无望超度
枉自埋怨当不育的冬天重返
他未曾歌唱一心向往的归宿。

他否认，并以颀长的脖子摇撼
白色的死灰，这由无垠的苍天
而不是陷身的泥淖带给他的惩处。

他纯净的光派定他在这个地点，
如幽灵，在轻蔑的寒梦中不复动弹：
天鹅在无益的谪居中应有的意念。

作者简介

马拉美（1842～1898），法国早期象征主义诗歌大师。出生于世代官宦家庭。诗人很小的时候，母亲、父亲和姐姐相继离开人世，诗人成了一个孤儿，只是在外祖母的怀中得到一些关怀。中学时代，诗人迷上了诗歌。1862年，诗人开始发表诗歌，同年去英国进修英语。次年诗人回到法国。1866年，诗人的诗歌开始受到诗坛的关注。1876年，诗人的《牧神的午后》在法国诗坛引起轰动。此后，诗人在家中举办的诗歌沙龙成为当时法国文化界最著名的沙龙，一些著名的诗人、音乐家、画家都是他家的常客，如魏尔伦、兰波、德彪西、罗丹夫妇等。因为沙龙在星期二举行，故被称为“马拉美的星期二”。1896年，诗人被选为“诗人之王”，成为法国诗坛现代主义和象征主义诗歌的领袖人物。

马拉美像

作品赏析

《天鹅》写于诗人创作的早期，其时诗人正处于创作低潮期，生活也不是很令人满意。在那样的寒冷中，诗人的思考就深沉地刺进了世界的深处。

诗主要描写一只冬天的天鹅。诗的开头用来修饰天鹅的词都可以用来修饰天使，人间的精灵。然而在寒冷的冬天，在冰封的湖面上，天鹅在沉沉睡去。天空的积云还没有散去，显示着冰冷坚硬的铅灰色；湖面死气沉沉，寒冷冻僵了所有的声音。睡去的天鹅并没有忘记自己的出身，华贵的气派，有着优美的内心梦想。天鹅仇视这寒冷和铅灰色的天空，天鹅的梦想在这样的天空上不能展现，也不想展现。天鹅受伤了，陷入深深的忧伤和痛苦中。

这样的处境就是天鹅的宿命吗？天鹅，摆动他白色的颈项——纯洁灵动的曲线，否认自己身陷泥淖之中。天鹅认为自己困留在这样的世界，是因为那天空，那没有生机的天空，陷它于这样的处境。天鹅的梦想受到了致命的打击。它绝望了，梦想在自己的心灵中死去。天鹅纯洁的心灵，那份纯净的光让它只能在这样的寒梦中蛰伏，在沉沉的意念中守着自己的纯洁和神圣的美丽。

这天鹅也是诗人自己的象征，天鹅梦想的破灭象征着诗人心灵受到创伤，天鹅的意念和信仰正是诗人的意念和信仰。在对天鹅的描写中，诗人的心也在承受着巨大的悲痛和深深的失望。诗人想在这令人失望的世界中蛰伏，保持自己高傲的形象，不惜以牺牲为代价。

乌鸦

/［法国］兰波

入选理由

兰波的代表作之一

描绘了一幅19世纪法国腐朽颓废的社会图景

体现了象征主义诗歌中人类心灵和自然世界神秘契合的特征

主啊，当草原寒气袭人，
在萎靡的小村庄里，
在凋零的大自然里，
让乌鸦从太空里飞下，
那些可爱的奇妙的乌鸦。

叫声凄厉的奇怪的队伍，
冷风吹袭你们的窠！
你们沿着黄色的河，
沿着旧十字架的道路，
在沟渠上面，在洼地上空，
你们飞散着，请再来集中！

在那些前日的死者
长眠的法国原野上面
成群盘旋吧，可好？在冬天，
为了唤起行人的感慨，
请尽你们的义务喊叫，
哦，我们的凄沉的鸟！

可是，诸圣啊，让五月之莺
在那沉没于良宵的桅杆，
在那橡树的高枝上面，
为林中的羁客长鸣，
他们在草中无法离开，
那些没有前途的失败者！

作者简介

兰波（1854～1891），19世纪法国象征主义诗人。出生在法国西北部的一个小城。兰波出生不久，其父便抛弃了他和母亲。母亲将这种痛苦转嫁到孩子身上，使得家庭气氛沉闷。兰波在这样的日子中度过了童年，还有过三次离家出走的经历。诗人15时岁就写下了名诗《元音》《醉舟》。1869年，诗人再次出走，来到巴黎，和另一位诗人魏尔伦认识。不久两人之间产生了超出朋友的感情，成为一对恋人，魏尔伦抛弃妻子和诗人一起离家出走。1873年，诗人提出分手，遭到魏尔伦枪击而受伤。不久诗人写下了著名的散文诗集《地狱的一季》；同年，诗人放下诗笔，从事商业活动。1891年，诗人身患癌症离开人世，年仅37岁。

兰波像

作品赏析

这首诗写于普法战争（1870年）之后，诗人借着战争的失利和生命的死亡来讲述自己心中的生活感受。

诗人在生命的重重阴影中叹息、悲哀，带着难以言状的沉沦和失望。世界也是这样：那草原、村庄，还有那群乌鸦，都面临着这样的困境。草原上，寒风在吹着，绿色在这样的世界上已没有立足之地。村庄更是在寒风中瑟瑟发抖，几座用蓬草搭起的茅屋是唯一的风景，和草原一样的干枯，孤独而单调地立在那儿。凋零！

这凋敝的草原上突然有一群精灵飞起。是乌鸦！它们叫声凄厉，是为人间的悲剧，还是为自己的命运？草原上站着一些光秃槎丫的树，树枝间的窠，是乌鸦仅有的栖身之所，那坚硬、冰冷的窠更是严酷的寒风的袭击对象。在黄色的河流上空，在两旁插满十字架的道路中，在阴暗的小水沟上面，乌鸦在飞

兰波（左二）与象征主义诗人的诗歌聚会

象征主义诗人在诗歌创作中注重用象征、意象的手法来达到心灵世界与自然本质的神秘契合，他们以其反叛而不失传统的诗风、哀伤又不悲痛的诗意，将法国的诗歌艺术推向了一个高峰。

翔着，散落在那任何可能藏有腐朽和死亡的地方。

诗人说："请再来集中。"诗人突然跳出来呼喊，盘旋吧，人间的精灵！在冰冷僵硬的尸体上面，在死气沉沉的法国上空，扫荡人间那些行将逝去的肮脏灵魂吧！喊叫吧，人间的精灵！让那些浑浑噩噩的人们清醒过来，让路过的行人知道这国家的腐朽！这也是诗人的愿望和心声。

诗人在最后一段把乌鸦说成是"五月之莺"，它在那沉沉的夜中，在桅杆上，在高高的橡树上鸣叫。诗人借着这凄厉的鸣叫要唤醒人类心中埋藏的激情和美好理想。这是诗人的寄托吗？诗人该是那羁留在丛林中的天涯倦客，该是生活的失败者——也许是英雄穷途。

这首诗体现了兰波诗歌的显著特征。兰波是波德莱尔的第一个继承人，同时他还发展了波德莱尔的象征主义理论。他认为诗歌是人的心灵世界和自然世界契合的结果，是诗人的一种通感的表达，他还认为诗歌应注重对主观情感的抒发，要用虚幻的世界来表现心灵。在这首诗中，诗人似乎和那原野、村庄、乌鸦合一了——那处境既是它们的处境也是诗人的生活处境，鸣叫、坚强同样是诗人的呼喊和坚强。

当你老了 /［爱尔兰］叶芝

入选理由

西方爱情名诗之一

欧洲最后的游吟诗人叶芝的爱情名诗之一

在世界各国一直传诵不衰

当你老了，头白了，睡思昏沉，
炉火旁打盹，请取下这部诗歌，
慢慢读，回想你过去眼神的柔和，
回想它们昔日浓重的阴影；

多少人爱你青春欢畅的时辰，
爱慕你的美丽，假意或真心，
只有一个人爱你那朝圣者的灵魂，
爱你衰老了的脸上痛苦的皱纹；

垂下头来，在红光闪耀的炉子旁，
凄然地轻轻诉说那爱情的消逝，
在头顶的山上它缓缓踱着步子，
在一群星星中间隐藏着脸庞。

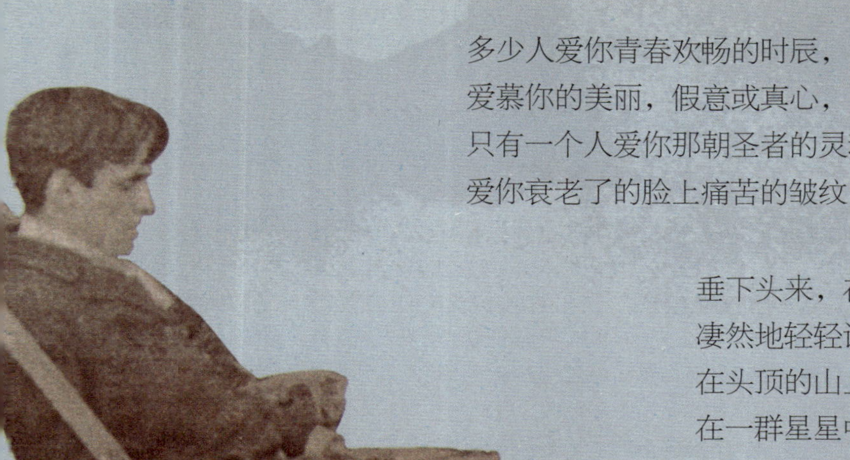

作者简介

叶芝（1856 ~ 1939），爱尔兰著名诗人，后期象征主义诗人的主要代表。出生在一个画家家庭。1889 年，诗人出版其第一部诗集《马辛的漫游与其他》。同年，叶芝对美丽的茅德·冈一见钟情，并且一往情深地爱了她一生，尽管诗人并没有得到对方的丝毫回报。1891 年，诗人来到伦敦，组织"诗人俱乐部"、"爱尔兰文学会"，宣传爱尔兰文学。1896 年，他和友人一道筹建爱尔兰民族剧院，拉开了爱尔兰文艺复兴的序幕。1899 年，诗人的诗集《苇丛中的风》获得最佳诗集学院奖。1902 年，爱尔兰民族戏剧协会成立，诗人任会长。1910 年，诗人获得英国王室年金奖和自由参加任何爱尔兰政治运动的免罪权。1917 年，诗人再次向业已离婚的茅德·冈求婚，被拒绝，同年和另一女子结婚。1923 年，诗人获得诺贝尔文学奖。1932 年，诗人创立爱尔兰文学院。1938 年，诗人移居法国，一年后病逝。

茅德·冈像

茅德·冈是20世纪初爱尔兰民族自治运动的领导人之一，也是一位美丽的女演员。叶芝狂热地追求她，但由于种种原因，遭到对方的拒绝。

作品赏析

1889 年日，23 岁的叶芝遇见了美丽的女演员茅德·冈，诗人对她一见钟情，尽管这段一直纠结在诗人心中的爱情几经曲折，没有什么结果，但诗人对她的强烈爱慕之情却给诗人带来了真切无穷的灵感，此后诗人创作了许多有关这方面的诗歌。《当你老了》就是那些著名诗歌中的一首。其时，诗人还是一名穷学生，诗人对爱情还充满着希望，对于感伤还只是一种假设和隐隐的感觉。

在诗的开头，诗人设想了一个情景：在阴暗的壁炉边，炉火映着已经衰老的情人的苍白的脸，头发花白的情人度着剩余的人生。在那样的时刻，诗人让她取下自己的诗，在那样的时间也许情人就会明白：诗人的爱是怎样地真诚、深切。诗开头的假设其实是一个誓言，诗人保证：即使情人老了，自己仍然深爱着她。即使她头发花白，即使她老眼昏花，仍然可以为那一个柔和的眼神带来的爱慕，带来的阴影和忧伤回想，让最后一点的生命带点充实的内容。

然而，这样的誓言，这样的坚定并没有得到应有的回报。那些庸俗的人们同样爱慕着她，为她的外表，为着她的年轻美丽——他们怀着假意，或者怀着真心去爱。但是，诗人的爱不是这样，诗人爱着情人的灵魂——那是朝圣者的灵魂；诗人的爱也因此有着朝圣者的忠诚和圣洁；诗人不仅爱情人欢欣时的甜美容颜，同样爱情人衰老时痛苦的皱纹。诗人的爱不会因为爱情的艰辛而有任何的却步，诗人的爱不会因为情人的衰老而有任何的褪色，反而历久弥新。

虽然自己的苦恋毫无结果，诗人仍会回忆那追求爱情的过程，追思那逝去的岁月，平静地让爱在心里流淌。诗人所担心的是情人。她会在年老的时候为这失去的爱而忧伤吗？她会凄然地诉说着曾经放在面前的爱情吗？诗人的爱已经升华。那是一种更高境界的爱——在头顶的山上，在密集的群星中间，诗人透过重重的帷幕，深情地关注着情人，愿情人在尘世获得永恒的幸福。

我爱你，我的爱人 / ［印度］泰戈尔

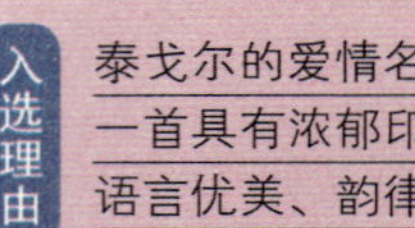

入选理由

泰戈尔的爱情名诗之一

一首具有浓郁印度情调的爱情诗

语言优美、韵律流畅、感情真挚

我爱你，我的爱人。请饶恕我的爱。
像一只迷路的鸟，我被捉住了。
当我的心抖战的时候，它丢了围纱，变成赤裸。用怜悯遮住它吧。爱人，请饶恕我的爱。

如果你不能爱我，爱人，请饶恕我的痛苦。
不要远远地斜视我。
我将偷偷地回到我的角落里去，在黑暗中坐着。
我将用双手掩起我赤裸的羞惭。
回过脸去吧，我的爱人，请饶恕我的痛苦。

如果你爱我，爱人，请饶恕我的欢乐。
当我的心被快乐的洪水卷走的时候，不要笑我的汹涌的退却。
当我坐在宝座上，用我暴虐的爱来统治你的时候，当我像女神一样向你施恩的时候，饶恕我的骄傲吧，爱人，也饶恕我的欢乐。

作品赏析

这首诗出自《园丁集》，是其中的第33首诗。诗歌表达了诗人对恋人的纯真坚定的爱情。诗人在爱人的美丽中迷失，如一只迷路的小鸟，心情激动而慌乱。但诗人的爱是执着的，诗人勇于表达心中的爱情，愿意将自己的爱情赤裸裸地在爱人的面前展开，祈求爱人的怜悯和接受。

诗人的爱情是纯洁的，哪怕爱人的心中没有他的身影，哪怕他只能在表白自己的爱情之后偷偷躲进黑暗的角落。如果爱人不爱他，诗人愿意自己躲开，独自品尝痛苦和泪水，因为诗人不愿因自己的爱而影响了爱人的生活。

在对爱情的执着追求中，诗人获得了快乐。那快乐像洪水一样，迅速地席卷了诗人的心。诗人因快乐有点语无伦次了。因为这样的快乐，诗人的爱更加坚定，更加热烈，诗人为自己的爱而骄傲。

这首诗体现了泰戈尔一贯的诗歌风格和内容。诗歌运用优美的语言、流畅的韵律表达诗人纯朴的生活观、真挚的感情、泛爱主义的世界观；同时，诗中含有浓重的宗教意味。诗人一方面吸收了孟加拉民歌的优美旋律和宗教音乐的神圣气氛，另一方面将新的人生观和思想写进他的诗歌。

醉歌

/［日本］岛崎藤村

入选理由

岛崎藤村的代表作之一

将日本诗歌传统风格和西方诗歌浪漫主义风格成功结合的典范

你我相逢在异域的旅途
权作一双阔别的知音
我满眼醉意，将袖中的诗稿
呈给你这清醒的人儿

青春的生命是未逝的一瞬
快乐的春天更容易老尽
谁不珍惜自身之宝
一如你脸上那健康的红润

你眉梢郁结着忧愁
你眼眶泪珠儿盈盈
那紧紧钳闭的嘴角
只无言地叹气唉声

不要提起荒寂的道途
不要赴往陌生的旅程
与其作无谓的叹息
来呀，何不对着美酒洒泪叙情

混沌的春日无一丝光辉
孤寂的心绪也片刻不宁
在这人世悲哀的智慧中
我俩是衰老的旅途之人

啊，快在心中点燃春天的烛火
照亮那青春的生命
不要等韶华虚度，百花飘零
不要悲伤啊，珍重你身

你目不旁视，踽踽独行
可哪儿有你去往的前程
对着这琴花美酒
停下吧，旅途之人！

作者简介

岛崎藤村像

岛崎藤村（1872～1943），日本现代浪漫主义文学的代表人物。1891年，从明治学校毕业，开始进军文艺界，翻译诗歌和写作文学评论。1893年左右，和北村透谷等人创办杂志《文学界》。1897年出版其第一部诗集《嫩菜集》，产生了很大的影响，奠定了其在日本诗坛的领袖地位。1899年，家道败落，为谋生他再次离开东京，到信洲担任教员，并在那里结婚生子。1901年，诗人将那儿的风景写成《千曲川风情》发表，1903年写下著名的小说《破戒》，1906年回到东京。1913年，与自己的侄女发生不正当关系，被迫离开祖国前往巴黎。1916年回国，发表忏悔作品《新生》。随后的时间里，一方面写作小说，一方面在早稻田大学讲授法国文学。第二次世界大战中，日本政府采用高压政策，不许作家自由发表作品，诗人采取坚决立场，拒绝加入政府组织的文艺组织。1943年，诗人走完了自己充满不幸的一生。

作品赏析

在人生漫漫的旅程中，相逢是一首美妙的歌。人生若浮萍漂浮不定，谁不希望在无根的漂泊中找到点安慰，在寂寞的歧路上有知己的倾谈。在陌生的异域，诗人遇到了可谈之人。诗人与对方同病相怜，便将自己的心曲倾诉出来，让对方分享。

青春是人生的精华，人人都对它极其留恋。青春易逝，如同那繁花盛开的春天，人们还没有来得及在浓浓的花香中品味春天，春天就飘逝了；如同那奔流的溪水，人们没来得及掬一捧清澈的水入口，溪水就奔流而去了。于是，那旅途之人——诗人的同伴眉头紧蹙，结着深深的愁怨；眼眶含着泪，浸泡着深深的悲伤，虽悄无声息，却愁绪万千。

来吧！诗人呼唤：放下心中的叹息，不要为曾经的寂寞而空自蹉跎，尽管享受这难得相逢的一瞬，享受能抓住的现在。对酒放歌，纵泪叙情。在漫漫的人生征途中，“停下吧，旅途之人”，珍惜这美妙的一瞬吧！诗人忘情地喊道。

诗歌有着浓重的浪漫主义色彩。意象似乎都蒙上了薄薄的轻纱，朦胧但蕴含着诗人深沉的感情；奇特的想象中隐藏着诗人浓重的主观色彩——对人生无常的感叹、对青春易逝的感伤、他乡遇知音的短暂欢乐。在艺术形式上，诗歌韵律和谐悦耳，诗句随着悠悠的节奏流淌；语言凝练典雅，承袭日本诗歌的优秀传统。

我不再归去

/［西班牙］希梅内斯

西班牙抒情诗大师希梅内斯的代表作

一首浸透柔情和泪水的怀旧诗

构思精巧，语言清丽、委婉动人

我已不再归去。
晴朗的夜晚温凉悄然，
凄凉的明月清辉下，
世界早已入睡。

我的躯体已不在那里，
而清凉的微风，
从敞开的窗户吹进来，
探问我的魂魄何在。

我久已不在此地，
不知是否有人还会把我记起，
也许在一片柔情和泪水中，
有人会亲切地回想起我的过去。

但是还会有鲜花和星光
叹息和希望，
和那大街上
浓密的树下情人的笑语。

还会响起钢琴的声音
就像这寂静夜晚常有的情景，
可在我住过的窗口，
不再会有人默默地倾听。

作者简介

希梅内斯像

希梅内斯（1881 ~ 1958），西班牙现代著名诗人，西班牙抒情诗新黄金时代的开拓者。童年的孤独和少年时在耶稣教会学校长达 11 年的住校生活，使诗人的心里隐藏了极大的忧伤。1896 年，按照父亲的意愿，诗人前往塞维利亚学习法律和绘画，但是他很快就转向了文学创作。1900 年，诗人和拉美现代主义诗歌创始人卢文·达里奥相识，被其诗歌深深吸引。同年，诗人发表诗集《白睡莲》、《紫罗兰的灵魂》，因过于感伤，饱受评论界指责。诗人决定回到家乡，途中得知父亲病逝，其身心受到极大打击，为此他多次住进疗养院。1912 年，诗人回到马德里，做编辑工作，直到 1916 年去美。在美国期间，诗人结识了波多黎各的女翻译家塞诺维亚——他后来一直钟爱的妻子。西班牙内战期间，诗人站在共和派一边，后被迫流亡国外；第二次世界大时，他积极呼吁人民反战。晚年的诗人因不满西班牙的独裁统治，定居波多黎各。1956 年，诗人获得诺贝尔文学奖。其代表作主要有《底层空间》、《一个新婚诗人的日记》、《空间》等。

作品赏析

《我不再归去》是西班牙著名抒情诗人希梅内斯的名诗，曾被人们广为传诵。

这是一首绝妙的抒情诗。诗的开头为读者描绘了一个静谧温馨的夜世界。一个晴朗的夜，明月当空，洒下清冷的光辉，凉风轻拂，世界沉入梦乡。此时，在世界的某个角落，一颗孤独的灵魂展开了自己的心扉，吐露着心底的秘密和思念。诗由环境入手，再用躯体的不在写“我的不归”，确证我的不再归去。然而，这一切又都和诗中的情景——那夜、那风、那鲜花、那星光等是那样地背离，难道这不是诗人的回忆，难道彼处不是诗人声称不再归去的地方？诗人不再归去的，是躯体；而他的心绪去了，在那个或许是“家”的地方停栖和流连。

诗人何以要强调“我不再归去”，强调“我的躯体已不在那里”？诗人没有，诗人是怕自己的归去会带来震动，带给人们惊吓。

诗人怕惊吓到怎样的情景呢？那情景，有鲜花和星光，有深情的叹息和对未来的向往，有浓密的树下情人的笑语。这花前月下的风景、这生活的真切，不仅是过去，不仅是现在，就是在未来仍会延续，在诗人要回归的地方。那静谧的夜里传出幽婉曼妙的音乐，从那高雅心灵的深处升起，唤醒某些孤独的心灵。

全诗构思精巧，语言清丽，委婉动人。每一行诗句都明白易懂，诗歌的情思主要是通过诗人主观心灵的追思成像来完成的。诗人在西班牙传统的抒情诗中加入现代象征主义的手法。那月夜、微风、鲜花等客观事物都是诗人情感的象征，带有诗人主观的痕迹。诗人的思绪不断在彼处和此地间往返，使得夹带情感的景物绵延不断，似乎都在一处。过去、现在、未来这种时间意象的流动也开始同时出现。那流动震颤的音乐，是诗人心底情感澎湃起伏的表现。诗人就使用这种意象的流动表现了心灵，用美的形式、艺术的表达为读者展示了一个美丽的生活情景，也带给读者美好的遐想。

论婚姻 / ［黎巴嫩］纪伯伦

入选理由

纪伯伦的代表作之一

具有典型的阿拉伯文化气息

被译成多国文字，流传广泛

爱尔美差又说，夫子，婚姻怎样讲呢？
他回答说：
你们一块儿出世，也要永远合一。
在死的白翼隔绝你们的岁月的时候，你们也要合一。
噫，连在静默地忆想上帝之时，你们也要合一。
不过在你们合一之中，要有间隙。
让天风在你们中间舞荡。
彼此相爱，但不要做成爱的系链：

只让他在你们灵魂的沙岸中间，做一个流动的海。
彼此斟满了杯，却不要在同一杯中啜饮。
彼此递赠着面包，却不要在同一块上取食。
快乐地在一处舞唱，却仍让彼此静独，
连琴上的那些弦子也是单独的，
虽然他们在同一的音调中颤动。
彼此赠献你们的心；却不要互相保留。
因为只有“生命”的手，才能把持你们的心。
要站在一处，却不要太密迩：
因为殿里的柱子，也是分立在两旁，
橡树和松柏，也不在彼此的荫中生长。

作品赏析

这首诗选自纪伯伦的诗集《先知》。《先知》是纪伯伦的代表作。据说诗人写这本诗集前后花了将近30年的时间。诗人在18岁时就已写出了第一稿，但是他长期没有发表，期间几易其稿，直到40岁时才使之问世。《先知》里写道：当智者亚墨斯达法准备乘船离开阿法利斯城，回到他生长的岛上去时，预言者爱尔美差以及当地民众一齐来为他送行，同时要求他在离开之前，为众人演讲有关人生之真义。于是智者回答了他们提出的关于爱、婚姻、孩子、施与、饮食、工作、欢乐与悲哀、居室、衣服、罪与罚、法律、自由、理性与热情、苦痛、自知、教授、友谊、谈话、时光、善恶、祈祷、逸乐、美、宗教和死等26个问题。《先知》具有两个鲜明特点：一是思想深邃，见解新颖，富于哲理性和普遍性，能够发人深省，甚至有时令人耳目为之一新。二是比喻恰当，形象生动，形式创新多变，使人读来饶有趣味。

本首诗为《先知》中的第三首，是论述婚姻的。对于男女婚姻和夫妇关系，智者有新颖而独特的观点。首先，他指出夫妇要永远合一：

你们一块儿出世，也要永远合一。
在死的白翼隔绝你们的岁月的时候，你们也要合一。
噫，连在静默地忆想上帝之时，你们也要合一。

这种观点是符合传统观念的，所谓“白头偕老”就是这个意思。

其次，智者又指出在夫妇合一之中要有间隙：

彼此斟满了杯，却不要在同一杯中啜饮。
彼此递赠着面包，却不要在同一块上取食。
快乐地在一处舞唱，却仍让彼此静独。

这种观点似乎不大符合一般传统观念，表面看上去好像没有道理，其实包含着更深刻的道理。因为只有留下间隙，才能更快乐地在一处舞唱，只有保证平等独立，才能更进一步地互相爱慕。由此可知，智者所提倡的不是夫唱妇随、女方依附男方的封建婚姻关系，而是夫妇平等、人格各自独立的新型婚姻关系。这在今天仍有其现实的启迪意义。

纪伯伦故乡黎巴嫩风光

在一个地铁车站 /［美国］庞德

入选理由
意象派诗歌的代表作
开启了诗歌的一个新时代
几乎为当代西方每一个诗歌选本收录

人群中这些面孔幽灵一般显现；
湿漉漉的黑色枝条上的许多花瓣。

作者简介

庞德（1885 ~ 1972），美国现代著名诗人、评论家。出生在一个职员家庭。青年时在宾夕法尼亚大学学习罗曼语言文学，业余时间醉心于现代诗歌技巧的研究，深受中国传统诗歌的影响。1908 年，诗人迁居英国，在那里发起现代诗歌史上著名的意象派运动。1909 年，诗人结识著名诗人叶芝，曾在 1913 年任后者的秘书。1916 年，意象派组织解散，诗人也于 1920 年迁往巴黎，不久定居意大利。晚年的诗人在意大利度过，精神恍惚。其作品有长诗《诗章》等。短诗《在一个地铁车站》更是意象派诗歌的杰作。

庞德像

作品赏析

这首诗写于 1911 年。在这一年的某一天，诗人站在一个地铁站的出口，面对行色匆匆的人群，面对地铁站台的嘈杂和混乱迷失了。那是一种没有着落的怅然若失，是一种人生如萍的漂泊感。然而就在诗人走出地铁站的一瞬间，一股清新的气息在诗人的脸面吹过。这时，诗人再看人群，看茫茫人世，感到了生命的活力。诗人当时写下了 30 多行诗，最后诗人经一年半的思考和删改，只留下了两行，成为意象派诗歌的代表作。

在庞德看来，“意象”是“一刹那思想感情的复合体”。诗人捕捉到了怎样的瞬间呢？那是很多现代人从地铁站走出的瞬间。地铁，这一现代社会的产物，是现代社会匆匆忙忙的象征。在地铁里，人们从一个地方上车，在漫长的黑暗隧道中浑浑噩噩地赶路，不知道方向，不知道有没有危险。人们面对着模糊茫然的脸，心情也是茫然的。在地铁里面，人们永远是赶路的人，容不得片刻的停留。正如现代社会的人们，整日地只顾赶路赶时间，飘浮在城市的迷阵里。所以，那些刚从地铁中出来的人们，脸上一定带着微笑，表情一定是轻松的。就是这样的一瞬间被诗人捕捉到了。

“幽灵”，诗人用这样的一个词表现了那些面孔的迷人和一闪即逝以及生命的生机勃勃。那花瓣想来也有“一枝梨花春带雨”的美丽和生命气象，那黑色的枝条给人一种凝重和坚强的印象，正说明了人类生命的茁壮。

这首诗是意象派的代表作。看似简单的两句诗全面反映了一派诗歌的所有特点。诗人从纷纷扰扰的社会生活中提炼出最凝练的意象，写成极其优美的诗歌。

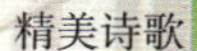

序曲

/［英国］艾略特

入选理由

艾略特著名长诗《荒原》的缩影

以典型意象的组合反映了西方现代都市文明的没落和匮乏

冬夜带着牛排味
凝固在过道里。
六点钟。
烟腾腾的白天烧剩的烟蒂。
而现在阵雨骤然
把萎黄的落叶那污秽的碎片
还有从空地吹来的报纸
裹卷在自己脚边。
阵雨敲击着
破碎的百叶窗和烟囱管，
在街道的转弯
一匹孤独的马冒着热气刨着蹄，
然后路灯一下子亮起。

作者简介

艾略特像

艾略特（1888 ~ 1965），英国现代著名诗人，西方现代派文学思潮的奠基者。出生在美国，祖父是华盛顿大学的创建人，父母都出身在文化层次较高的家庭。1906 年，诗人入哈佛大学学习哲学。1908 年接触到象征主义诗歌，开始了对现代主义诗歌的探索。1910 ~ 1911 年和 1914 年，他先后在巴黎大学学习，仍学哲学，随后在德国找了一份研究员的工作。1915 年，他和英国少女维芬结婚，从此定居英国，同年发表第一首诗歌。1920 年，诗人出版了其第一部诗歌评论集《圣林》。1921 年，诗人妻子发疯，他精神几近崩溃，也就在这一年他写出了长诗《荒原》的大部分。1922 年，他创办著名的文学评论杂志《标准》，期间发表著名的长诗《荒原》。1927 年，诗人加入英国的国教和英国国籍。1932 年，诗人和已疯的妻子分居。1934 ~ 1943 年完成其后期的代表作《四个四重奏》。晚年的诗人基本上沉迷于宗教，创作了大量的宗教诗。1948 年，诗人因为对现代诗歌做出的开创性贡献获得了诺贝尔文学奖。1957 年，他和自己的秘书法莱丽结婚，曾为此写过一些歌唱爱情的诗歌。1965 年 1 月，诗人病逝于伦敦。

作品赏析

这首诗选自艾略特的组诗《序曲》，是四首中的第一首，写于1917年，是诗人早期的佳作之一。它的写作年代比《荒原》（1920年）还要早。从这首诗中，我们能看出艾略特思想的发展轨迹。可以说，这首诗是他思想历程的一个见证，展示了“荒原”的一角。

诗歌以几个独特的意象的巧妙组合，表现了一个黄昏时的西方现代城市的影像，一个有典型意义的时刻和场景。在一个清冷的冬夜，城市内飘散着牛排的味道，最后在人们要经过的过道里凝固，久久不散。这样的夜就是资本主义社会的一个缩影，这样的过道就是人类路程的象征。

“六点钟”，简单三个字点明了时间。白昼很快就消逝了，如同一支烟的工夫，只剩下一个苍白的、冒着青烟的烟蒂。黄昏降临，阵雨骤然，风挟裹着雨吹扫着残败的枯叶、污秽的碎片和破烂不堪的报纸。那阵雨是要冲刷什么吗？那敲击百叶窗和烟囱的声音是不是也在诉说着什么？那混合着碎片和污秽的雨水是一股汹涌的暗流吗？是不是要突然汇为一场洪水，冲刷出一个崭新的世界？马浑身冒着热气，不安地刨着蹄。这时路灯亮起来了，但那昏黄的灯光在这样的世界里也于事无补，世界仍然充满着死寂的忧愁和暗淡。这首诗可以说是《荒原》的缩微。

这首诗在诗体、韵律和语言上颇具特色，形体自由，语言灵活，节奏和谐。诗人一方面受象征主义的影响，采用象征手法来表现诗人对现代都市的独特感受和深刻认识；另一方面，明显受意象主义的启发，不用浓重的个人色彩而是用独特的意象来描摹现实，让读者自己得出结论。那残破的落叶、报纸，还有那破碎的百叶窗和高高的烟囱都象征着现代都市文明的没落和匮乏；那“孤独的马不安地刨着蹄”是诗人内心的一种生动写照，还有那灯光也是一种暗示，暗示着希望或者诗人内心的一种信仰。

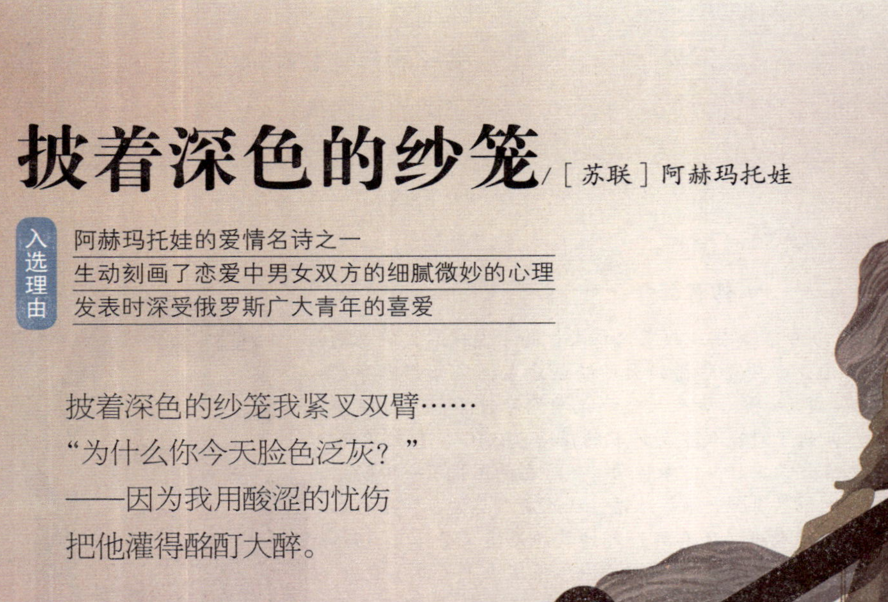

披着深色的纱笼

/［苏联］阿赫玛托娃

入选理由

阿赫玛托娃的爱情名诗之一

生动刻画了恋爱中男女双方的细腻微妙的心理

发表时深受俄罗斯广大青年的喜爱

披着深色的纱笼我紧叉双臂……
“为什么你今天脸色泛灰？”
——因为我用酸涩的忧伤
把他灌得酩酊大醉。

我怎能忘记？他踉踉跄跄走了出去——
扭曲了的嘴角，挂着痛苦……
我急忙下楼，栏杆也顾不上扶，
追呀追，想在大门口把他拦住。

我屏住呼吸喊道："那都是开玩笑。
要是你走了，我只有死路一条。"
"别站在这风头上，"——
他面带一丝苦笑平静地对我说道。

作者简介

阿赫玛托娃像

阿赫玛托娃(1889～1966)，苏联著名女诗人。出生在一个富裕家庭，父亲是工程师，母亲是贵族。1905年，父母离异，诗人随母亲居住，不久被寄居在亲戚家读书。中学毕业后，诗人进彼得堡女子高等学校法律系学习，同时，诗人开始投入大量精力从事文学创作。1910年，她与贵族诗人尼·古米廖夫结婚，婚后先后在法国、瑞士等国游历。这时的诗人写下了很多具有唯美主义倾向的诗歌，这些诗在贵族青年中广为流传，也使诗人获得了"俄罗斯的萨福"的称号。十月革命后，她的丈夫参加白匪，遭到镇压；诗人一度沉迷于学术研究，放弃诗歌创作。但诗人坚持自己的爱国情怀，没有和另一些文人一样离开祖国。卫国战争期间，诗人写下了许多有关抵抗侵略、保卫祖国的英雄诗篇。第二次世界大后，诗人受到了不公正的待遇，遭到批判。20世纪50年代，诗人被恢复了名誉。1966年，诗人去世。

作品赏析

这首诗写于1911年，是对一段爱情插曲的描写。诗中首句刻画了一个美丽而神秘的女子形象，她披着深色的纱笼。简单一句话就刻画出女子那欲说还休的心情，衬托出爱情的神秘和诱人。"紧叉双臂"，似乎也在暗示着"我"对爱情的犹豫和惶惑。诗人就是在这种微妙的心境中写下这首诗的，那是恋人们在爱情中的常见情境。

对方神情悲苦地走了，脸上带着痛苦，脚步踉跄。他是因为对方的犹豫和怀疑而心情烦闷，还是因为被对方过火的玩笑击伤了心灵。而因为这略带极端的行为——走开，另一方也不再安稳地坐在那里。"我"要去挽回对方的心，"我"不想失去心中的情郎，急忙追了出去，要把"他"留住，并且解释清楚，表白心中的爱情。"他"回过头来，面带一丝苦笑，平静地对"我"说："别站在这风头上。"这简短的一句话胜似千言万语。故事就这样结束了，留给读者无穷的遐想。

这首诗用极其精练的语言描写日常生活的场景，采用一个爱情生活中极为常见的情景，将恋人之间那种向往爱情又怕受到伤害的微妙心理刻画得惟妙惟肖，将爱情中的苦痛和甜蜜写得生动到位。这首诗给当时处在动荡社会中的年轻人以很大的安慰和满足，在他们中间广泛地流传着。

你不爱我也不怜悯我 / ［俄国］叶赛宁

入选理由

俄罗斯诗库中的爱情名诗

叶赛宁的代表作之一

被译成多国文字，为各国青年所喜爱

你不爱我也不怜悯我，
莫非我不够英俊？
你的手搭在我的肩上，
情欲使你茫然失神。

年轻多情的姑娘，对你
我既不鲁莽也不温存。
请告诉我，你喜欢过多少人？
记得多少人的手臂？多少人的嘴唇？

我知道，那些已成为过眼云烟，
他们没触及过你的火焰，
你坐过许多人的膝头，
如今竟在我的身边。

你尽管眯起眼睛
去思念那一位情人，
须知我也沉浸在回忆里，
对你的爱并不算深。

不要把我们的关系视为命运，
它只不过是感情的冲动，
似我们这种萍水相逢，
微微一笑就各奔前程。

诚然，你将走自己的路，
消磨没有欢乐的时辰，
只是不要挑逗天真无邪的童男，
只是不要撩拨他们的春心。

当你同别人在小巷里逗留，
倾吐着甜蜜的话语，
也许我也会在那儿漫步，
重又与你街头相遇。

你会依偎着别人的肩头，
脸儿微微地倾在一旁，
你会小声对我说：“晚上好！”
我回答说：“晚上好，姑娘。”

什么也引不起心的不安，
什么也唤不醒心的激动，
爱情不可能去了又来，
灰烬不会再烈火熊熊。

作者简介

叶赛宁（1895 ~ 1925），20 世纪初俄罗斯著名抒情诗人。出生于一个农民家庭。两岁时被寄养在外祖父家中。1909 年入一所教会师范学校学习。1912 年，诗人毕业后去了莫斯科，从事辛苦的工作，同时开始诗歌创作。不久诗人加入苏里科夫文学与音乐小组，并进入沙尼亚夫斯基人民大学读书。他的第一部诗集《扫墓日》就在这个时候出版。1916 年，他应征入伍，一年后离开军队，加入左翼社会革命党人的战斗队。十月革命中，诗人积极参加革命活动。1921 年，诗人与著名美国舞蹈家阿塞米拉·邓肯结婚，之后两人一起去欧洲旅行。这次婚姻只维持了 3 年便结束了。1925 年，诗人和列夫·托尔斯泰的孙女结婚。由于诗人感到现实社会与自己理想中的社会有着巨大的差异，因而极度失望，并患上了严重的抑郁症。1925 年 12 月，诗人自杀，自杀前用血写下了诀别诗《再见吧，朋友》。

作品赏析

这首诗写于 1925 年 12 月 4 日，半个月后诗人就自杀了。这首诗应当是诗人送给一直敬爱他的别尼斯拉夫斯卡娅。她一直爱着诗人，给诗人以帮助，但最终被诗人抛弃。诗人的心中一直有着深深的愧疚，据说诗人的诀别诗也是写给她的。在这首诗中诗人用另一人的口气对自己抛弃情人的行为进行了谴责，表达了自己心中的愧疚。

诗中写了一段浪漫故事。在讲述中，我们能明显感受到两种感情在纠结和交替出现：对情人的逢场作戏、虚情假意的深深埋怨，对逝去爱情的深深怅惘与伤痛。于是，“他”陷入了深深的埋怨。他对情人的描述可以说是对情人的一种刻意轻视甚至诬蔑。情人朝三暮四，总在不断地欺骗和抛弃别人；情人的心不能坚定，情人的爱不能如一。情人的生活是在“消磨没有欢乐的时辰”。

“他”埋怨情人，但又不能忘怀那段感情。“我知道，那些已成为过眼云烟”，如果遇见情人和另一个人在亲密，“他”能平静地说声“晚上好”——这只是自欺而已，“他”仍耿耿于怀情人的背叛，耿耿于怀情人对“他”的“玩弄”。这些都说明了“他”的心已深深地被那段感情所刺痛。看似平静的语言背后，隐含着诗人心灵的巨大创伤和强烈痛苦。

最后一段，用自白的方式讲述了自己的心灵感受。在深深的埋怨和痛苦背后，隐藏的是绝望和一种死寂般的无奈。这绝望和无奈是不是也是诗人的心情？这样的绝望后又隐藏着怎样的愧疚和后悔？

在写作手法上，诗歌采用了鲜明的对比手法和生活化的语言——明朗而富含着强烈的感情。诗中的被抛弃者用情人的行为和“我”的态度进行对比，从而一定程度上掩藏了情人的真实情况，表达了对情人的怨恨，又很成功地表达出“我”在情人离去后精神上的深深痛苦。

这首诗体现了叶赛宁诗歌创作的一贯风格：文风清新自然，行文飘逸潇洒，在明朗的语义下潜含着诗人深深的感情，生活化的场景使得人们能真切地品味出诗中的情感和意境。这些都使得诗人在俄罗斯诗歌史上占有重要的一席，使得叶赛宁的诗歌对 20 世纪 50 年代后的苏联诗坛产生了重大的影响。

1922年叶赛宁与美国舞蹈家邓肯在一起

叶赛宁对邓肯一见钟情，两人闪电般地结了婚。但是由于两国文化背景和个人志趣的差异，这段婚姻仅仅维持了3年便破裂了。

青春 / ［西班牙］阿莱桑德雷

入选理由　阿莱桑德雷的名诗之一　一曲细腻委婉、含蓄隽永的青春咏叹调

你轻柔地来而复去，
从一条路
到另一条路。你出现，
尔后又不见。
从一座桥到另一座桥。
——脚步短促，
欢乐的光辉已经黯然。

青年也许是我，
正望着河水逝去，
在如镜的水面，你的行踪
流淌，消失。

作者简介

阿莱桑德雷（1898～1984），西班牙现当代著名诗人。生于风景秀美的海滨小城马拉加。1911 年随全家迁往马德里；1913 年入大学学习法律和商业，毕业后从事商业工作，时常为金融报纸撰稿。1925 年，一场突如其来的肾结核病使得诗人放弃了工作，开始了漫长的病榻生活，从此决心从事诗歌写作。1926 年发表处女作，1928 年发表第一部诗集《轮廓》，逐渐获得人们的认可，成为“二七年一代”的重要成员。1933 年，获得西班牙皇家学院的国家文学奖。1944 年，诗集《天堂的影子》引起轰动，成为青年一代的先驱，声望日隆，其创作也更加成熟。1977 年，获得诺贝尔文学奖，西班牙全国欢呼雀跃，甚至有人预言：西班牙文学的第二个黄金时代就要到来了。除上面提到的外，其作品还有《毁灭与爱情》、《心的历史》、《毕加索》、《知识的对白》、《终极的诗》等。

阿莱桑德雷像

作品赏析

这首诗显示了诗人诗歌创作的一贯主题和风格：用诗句来追问生命的意义及其内在价值，诗句低回婉转，平淡的言语中潜藏着深深的缠绵悱恻，浅易的吟唱却蕴含着极大的震撼力。

这首诗写的是青春。青春是一个很多人都会思考的人生课题，青春每个人都会经历，而且又都会失去。朱自清的《匆匆》和泰戈尔的《青春》两篇文章，都表达了对时光和青春易逝的叹息、对人生的依恋。

阿莱桑德雷在对青春的思索中，获得了一个流动的青春意象，获得了一份美丽的人生感受和启示。青春如同由一段段的旅程、一座座桥组成，人们在前行的途中和青春相遇，然后又与青春匆匆地别离。就在这样的匆匆之中，在这样一个个的瞬间，青春带给了人们欢欣和愉悦。当青春离去时，那欢愉随即也就暗淡下来。

诗中的青年其实就是诗人自己。望着那河水不断地流去，诗人心中生出无限的感慨，同时也获得了一份美丽的感悟和深刻的启示。青春在那样的一瞬间，在智慧的心灵中化为一首歌，也许导演出一部丰富的人生戏剧。青春如同那明镜般的流水，映现着深厚的生命内涵。“逝者如斯夫”，那滔滔东逝水带给人们多少启示和警戒呀！

电影《东邪西毒》里有一段精彩的台词：“人总有那么一个阶段，见一座山，就想知道山的后面是什么。”这首诗就是表现了青年人的这种梦想和执着的追求，以及不断向山的对面翻越前进的激情。

诗歌不仅在内容和语言上表现了诗人创作的一贯思路和主题，而且在形式和风格上也代表了诗人的创作风格和特色。诗歌采用自由体，优美的词语不拘一格地排列在一起，承接自然，轻盈灵动。诗歌使用普通的意象和平凡的比喻，用一种恰当独特的方式放在一起，使诗歌具有了很丰富的隐喻义，意象也不再普通。正是这些使得诗人的诗能深刻地启示着人们，引发人们对生命的思考。

雨 / [阿根廷] 博尔赫斯

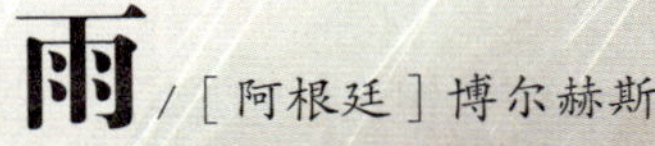

博尔赫斯的代表作之一

一首情深意切的追忆亲人的怀旧诗

揭示了博尔赫斯婚姻中鲜为人知的一面

黄昏突然明亮，
只因下起细雨，
刚刚落下抑或早已开始，
下雨，这无疑是回忆过去的机遇。

倾听雨声簌簌，
忆起那幸运的时刻，
一种称之为玫瑰的花儿
向你显示红中最奇妙的色彩。

这场雨把玻璃窗蒙得昏昏暗暗，
使万物失去了边际，
蔓上的黑色葡萄也若明若暗。

庭院消失了，
雨涟涟的黄昏给我带来最渴望的声音，
我的父亲没有死，他回来了，是他的声音。

作者简介

博尔赫斯（1899～1986），阿根廷20世纪著名诗人、小说家和翻译家。生于布宜诺斯艾利斯一个有英国血统的律师家庭。在日内瓦上中学，在剑桥读大学。通晓英、法、德等多国语言。诗人在中学时代即开始写诗。1919年赴西班牙，与极端主义派及先锋派作家过从甚密，并与其一同主编文学期刊。1950～1953年，任阿根廷作家协会主席。1955年任阿根廷国立图书馆馆长。其重要作品有诗集《布宜诺斯艾利斯的激情》、《面前的月亮》、《圣马丁笔记本》、《老虎的金黄》、《深沉的玫瑰》，短篇小说集《世界性的丑事》、《小径分岔的花园》、《手工艺品》、《死亡与罗盘》、《沙之书》等。另外还译有卡夫卡、福克纳等人的作品。

博尔赫斯像

作品赏析

《雨》是博尔赫斯的名诗之一，诗歌以雨为题，抒发了诗人追忆亲人和往事的情怀。

诗的第一段，以隐伏的写法，从侧面描述了黄昏的雨景，巧妙地向读者交代了诗人回忆往事的时间和空间。黄昏下雨时，天空突然明亮起来，这是大自然常见的现象。这里，作者已讲明时间正处在黄昏，景况是下起了细雨。至于雨是刚刚开始下呢，还是早已开始了呢？作者并未交代清楚。其言外之意很明显，作者是在屋子里，而且是独自一人，正对窗外的雨景浮想联翩。后两句诗将地点和作者的处境交代清楚了。

第二段承接第一段的末句，诗人思绪升腾，开始追忆那温馨的过去。细雨淅淅沥沥地下着，在簌簌的雨声中，诗人忆起自己一生中最幸福的时刻——爱情最火热的年代。诗人将恋人比为红红的玫瑰，妩媚动人，圣洁无比。诗人是那么痴情、那么执着地爱着她！

博尔赫斯的爱情生活，是拉丁美洲文学界多年争论的一个问题。诗人大半生过着单身的生活，直到69岁时才与埃尔萨·米利安小姐结婚，不过婚姻只维持了不到4年时间便破裂了。诗人在去世的前几年，又与玛丽娅·科多玛小姐结婚，彼此相处很好。关于诗人迟婚的原因，目前最合理的解释是诗人在青年时曾有过一次刻骨铭心的恋爱，但由于第一次世界大战的爆发而中断了。诗人为此心灰意冷，曾发誓终身不娶。这首诗透露了诗人青年时的情遇，证实了学者们近年的考证。

诗的第三段为第四段作了铺衬，诗人对客观事物昏暗的描写，意在要把读者带向新的意境。第四段的第一句“庭院消失了”，一语双关，意为客观事物在诗人的脑海里全部消失了，诗人完全进入主观的遐想中，朦胧中，诗人好像听到他最渴望的声音——父亲回来的脚步声。

诗人早年丧母，其生活与教育全由他的父亲照顾。他的父亲是位著名医生，博学多才，对诗人影响很大。诗人在雨景造成的回忆往事的机遇中，自然而然地想起他所深爱的父亲了。

犀利杂文

中国人的心理/马相伯

入选理由

一个睿智者对一个民族的日常审查

近代灵魂关心的开端

最简约朴素的言语触及最根本的问题

中国人有一个最大的毛病，就是不肯努力，说白些，就是好吃懒作。从这一种心理发展下去，便是亡国亡种的心理。

大家都是各顾其私，只要自己过得衣食饱暖，什么国家社会，什么公共福利，皆一概不管。就是对于国家现状抱着忧虑，表示不满的，也只是在那里嗟叹或希望“天生圣人”来替他们打江山。这里我要说件故事——据说，有两个叫化子在那儿“各言尔志”，一个说，假使我发了财，我买它五百石米，我睡在米堆里；饿的时候左边吃一口，右边吃一口，多么快活！另一个说，假使我发财，我一定买它一大堆棉絮，我睡在棉絮上头，左边冷了，向左边堆里钻钻，右边冷了，向右边堆里滚滚，岂不温暖一世！——这是一件。

20世纪30年代上海租界街头

乱世中，各国在中国的租界成了许多人躲避战乱的去处。一些人也真“躲进小楼成一统，管它春夏与秋冬”，过起乱世中平静的日子。他们正是作者笔下那些“只要自己过得衣食饱暖，什么国家社会，什么公共福利，皆一概不管”的人。

又有人说：有一大群虾蟆在池塘里商量，说蚂蚁有王，蜜蜂也有王，为什么我们不要一个王，于是大家就朝着天乱叫，叫得上天不安，从天空里降下一个大木板下来！落在水面上，把这一群虾蟆吓

作者简介

马相伯（1840～1939），原名志德，又名建常，改名良，以字行，晚号华封先生，江苏丹徒人。1862年入耶稣会，后获神学博士学位。1869年升神父。曾任上海徐汇公学校长、清政府驻日使馆参赞。1903年创办震旦学院。1905年创办复旦公学，并两度担任该校校长（监督）。1907年参加梁启超组织的政闻社。1931年九一八事变后积极参加抗日救亡活动，1937年被任命为国民党政府委员。遗有《马相伯先生文集》。

得屁滚尿流，个个都伏在水底，不敢出头。其中有一个胆大的跑出水面，跳在木板上，以为很得意，大叫起来，其余的虾蟆也都相继跳到板上，乱叫起来，上天听得不耐烦，道，这些东西真讨厌，它们要个“王”，好！就降了一条赤练蛇下来。这条赤练蛇下来以后，便把那一群虾蟆吞得干净。凡事之不能自救，不肯牺牲，而只希望外力来拯救者，皆虾蟆之流，叫化子之续也！

作品赏析

本文写于 1935 年，文章开门见山地指出中国人的一大恶习：好吃懒做。为了说明这个现象的危害，作者给我们讲述了两个白日梦：一个是关于发财的“白日梦”。但是做梦者都是“各顾其私，只要自己过得衣食饱暖，什么国家社会，什么公共福利，皆一概不管。就是对于国家现状抱有忧虑，表示不满的，也只是在那里嗟谈或希望‘天生圣人’来替他们打江山”。做梦不是奇怪的事情，问题在于，没有行动，只能是白日梦。生活中不管大小的事情都要我们动手去做才行，但是从中国人的心理看，似乎明白这一点的人不多；另一个白日梦是希望“外力”来拯救自己。作者把这个看成是妄想，并且说，一个民族如果都这样想，则只有亡国了。除了自己，没有什么救世主能救你。文章语言很平淡，但是所谈的道理却使我们惊醒，尤其在当时的年代里，很有现实意义。

灯下漫笔 /鲁迅

鲁迅思想彻底转向革命的标志性篇章

自“五四”以来思想革命领域的重要文献

写给革命青年的经典战斗檄文

一

有一时，就是民国二三年时候，北京的几个国家银行的钞票，信用日见其好了，真所谓蒸蒸日上。听说连一向执迷于现银的乡下人，也知道这既便当，又可靠，很乐意收受，行使了。至于稍明事理的人，则不必是“特殊知识阶级”，也早不将沉重累坠的银元装在怀中，来自讨无谓的苦吃。想来，除了多少对于银子有特别嗜好和爱情的人物之外，所有的怕大都是钞票了罢，而且多是本国的。但可惜后来忽然受了一个不小的打击。

就是袁世凯想做皇帝的那一年，蔡松坡先生溜出北京，到云南去起义。这边所受的影响之一，是中国和交通银行的停止兑现。虽然停止兑现，政府勒令商民照旧行用的威力却还有的；商民也自有商民的老本领，不说不要，却道找不出零钱。假如拿几十几百的钞票去买东西，我不知道怎样，但倘使只要买一枝笔，一盒烟卷呢，难道就付给一元钞票么？不但不甘心，也没有这许多票。那么，换铜元，少换几个罢，又都说没有铜元。那么，到亲戚朋友那里借现钱去罢，怎么会有？于是降格以求，不讲爱国了，要外国银行的钞票。但外国银行的钞票这时就等于现银，他如果借给你这钞票，也就借给你真的银元了。

我还记得那时我怀中还有三四十元的中交票，可是忽而变了一个穷人，几乎要绝食，很有些恐慌。俄国革命以后的藏着纸卢布的富翁的心情，恐怕也就这样的罢；至多，不过更深更大罢了。我只得探听，钞票可能折价换到现银呢？说是没有行市。幸而终于，暗暗地有了行市：六折几。我非常高兴，赶紧去卖了一半。后来又涨到七折了，我更非常高兴，全去换了现银，沉垫垫地坠在怀中，似乎这就是我的性命的斤两。倘在平时，钱铺子如果少给我一个铜元，我是决不答应的。

但我当一包现银塞在怀中，沉垫垫地觉得安心，喜欢的时候，却突然起了另一思想，就是：我们

民国时期人们挤兑黄金的情形

当时纸币贬值，人们争先恐后地兑换黄金。国家动荡，经济萧条，人们疲于奔命。

极容易变成奴隶，而且变了之后，还万分喜欢。

假如有一种暴力，“将人不当人”，不但不当人，还不及牛马，不算什么东西；待到人们羡慕牛马，发生“乱离人，不及太平犬”的叹息的时候，然后给与他略等于牛马的价格，有如元朝定律，打死别人的奴隶，赔一头牛，则人们便要心悦诚服，恭颂太平的盛世。为什么呢？因为他虽不算人，究竟已等于牛马了。

我们不必恭读《钦定二十四史》，或者入研究室，审察精神文明的高超。只要一翻孩子所读的《鉴略》，——还嫌烦重，则看《历代纪元编》，就知道“三千余年古国古”的中华，历来所闹的就不过是这一个小玩艺。但在新近编纂的所谓“历史教科书”一流东西里，却不大看得明白了，只仿佛说：咱们向来就很好的。

但实际上，中国人向来就没有争到过“人”的价格，至多不过是奴隶，到现在还如此，然而下于奴隶的时候，却是数见不鲜的。中国的百姓是中立的，战时连自己也不知道属于那一面，但又属于无论那一面。强盗来了，就属于官，当然该被杀掠；官兵既到，该是自家人了罢，但仍然要被杀掠，仿佛又属于强盗似的。这时候，百姓就希望有一个一定的主子，拿他们去做百姓——不敢，是拿他们去做牛马，情愿自己寻草吃，只求他决定他们怎样跑。

假使真有谁能够替他们决定，定下什么奴隶规则来，自然就“皇恩浩荡”了。可惜的是往往暂时没有谁能定。举其大者，则如五胡十六国的时候，黄巢的时候，五代时候，宋末元末时候，除了老例的服役纳粮以外，都还要受意外的灾殃。张献忠的脾气更古怪了，不服役纳粮的要杀，服役纳粮的也要杀，敌他的要杀，降他的也要杀：将奴隶规则毁得粉碎。这时候，百姓就希望来一个另外的主子，较为顾及他们的奴隶规则的，无论仍旧，或者新颁，总之是有一种规则，使他们可上奴隶的轨道。

“时日曷丧，予及汝偕亡！”愤言而已，决心实行的不多见。实际上大概是群盗如麻，纷乱至极之后，就有一个较强，或较聪明，或较狡滑，或是外族的人物出来，较有秩序地收拾了天下。厘定规则：怎样服役，怎样纳粮，怎样磕头，怎样颂圣。而且这规则是不像现在那样朝三暮四的。于是便“万姓胪欢”了；用成语来说，就叫作“天下太平”。

任凭你爱排场的学者们怎样铺张，修史时候设些什么“汉族发祥时代”“汉族发达时代”“汉族中兴时代”的好题目，好意诚然是可感的，但措辞太绕湾子了。有更其直捷了当的说法在这里——

一，想做奴隶而不得的时代；

二，暂时做稳了奴隶的时代。

这一种循环，也就是“先儒”之所谓“一治一乱”；那些作乱人物，从后日的“臣民”看来，是给“主子”清道辟路的，所以说：“为圣天子驱除云尔。”现在入了那一时代，我也不了然。但看国学家的崇奉国粹，文学家的赞叹固有文明，道学家的热心复古，可见于现状都已不满了。然而我们究竟正向着那一条路走呢？百姓是一遇到莫名其妙的战争，稍富的迁进租界，妇孺则避入教堂里去了，因为那些地方都比较的“稳”，暂不至于想做奴隶而不得。总而言之，复古的，避难的，无智愚贤不肖，似乎都已神往于三百年前的太平盛世，就是“暂时做稳了奴隶的时代”了。

但我们也就都像古人一样，永久满足于“古已有之”的时代么？都像复古家一样，不满于现在，就神往于三百年前的太平盛世么？

自然，也不满于现在的，但是，无须反顾，因为前面还有道路在。而创造这中国历史上未曾有过的第三样时代，则是现在的青年的使命！

二

但是赞颂中国固有文明的人们多起来了，加之以外国人。我常常想，凡有来到中国的，倘能疾首蹙额而憎恶中国，我敢诚意地捧献我的感谢，因为他一定是不愿意吃中国人的肉的！

鹤见钓辅氏在《北京的魅力》中，记一个白人将到中国，预定的暂住时候是一年，但五年之后，还在北京，而且不想回去了。有一天，他们两人一同吃晚饭——

“在圆的桃花心木的食桌前坐定，川流不息地献着出海的珍味，谈话就从古董，画，政治这些开头。电灯上罩着支那式的灯罩，淡淡的光洋溢于古物罗列的屋子中。什么无产阶级呀，Proletariat 呀那些事，就像不过在什么地方刮风。

“我一面陶醉在支那生活的空气中，一面深思着对于外人有着‘魅力’的这东西。元人也曾征服支那，而被征服于汉人种的生活美了；满人也征服支那，而被征服于汉人种的生活美了。现在西洋人也一样，嘴里虽然说着 Democracy 呀，什么什么呀，而却被魅于支那人费六千年而建筑起来的生活的美。一经住过北京，就忘不掉那生活的味道。大风时候的万丈的沙尘，每三月一回的督军们的开战游戏，都不能抹去这支那生活的魅力。”

这些话我现在还无力否认他。我们的古圣先贤既给与我们保古守旧的格言，但同时也排好了用子女玉帛所做的奉献于征服者的大宴。中国人的耐劳，中国人的多子，都就是办酒的材料，到现在还为我们的爱国者所自诩的。西洋人初入中国时，被称为蛮夷，自不免个个蹙额，但是，现在则时机已至，到了我们将曾经献于北魏，献于金，献于元，献于清的盛宴，来献给他们的时候了。出则汽车，行则保护：虽遇清道，然而通行自由的；虽或被劫，然而必得赔偿的；孙美瑶掳去他们站在军前，还使官兵不敢开火。何况在华屋中享用盛宴呢？待到享受盛宴的时候，自然也就是赞颂中国固有文明的时候；但是我们的有些乐观的爱国者，也许反而欣然色喜，以为他们将要开始被中国同化了罢。古人曾以女人作苟安的城堡，美其名以自欺曰“和亲”，今人还用子女玉帛为作奴的贽敬，又美其名曰“同化”。所以倘有外国的谁，到了已有赴宴的资格的现在，而还替我们诅咒中国的现状者，这才是真有良心的真可佩服的人！

但我们自己是早已布置妥帖了，有贵贱，有大小，有上下。自己被人凌虐，但也可以凌虐别人；自己被人吃，但也可以吃别人。一级一级的制驭着，不能动弹，也不想动弹了。因为倘一动弹，虽或有利，然而也有弊。我们且看古人的良法美意罢——

“天有十日，人有十等。下所以事上，上所以共神也。故王臣公，公臣大夫，大夫臣士，士臣皁，皁臣舆，舆臣隶，隶臣僚，僚臣仆，仆臣台。”（《左传》昭公七年）

但是“台”没有臣，不是太苦了么？无须担心的，有比他更卑的妻，更弱的子在。而且其子也很有希望，他日长大，升而为“台”，便又有更卑更弱的妻子，供他驱使了。如此连环，各得其所，有敢非议者，其罪名曰不安分！

穿行在石桥上的轿子

外国人曾在西湖乘坐轿子，见轿夫负重而面带微笑，便大加赞美中国人的能忍。这是对中国文明的误解。鲁迅对那种借着外国人的猎奇之心来复古的民粹主义也一直在批判。

虽然那是古事，昭公七年离现在也太辽远了，但“复古家”尽可不必悲观的。太平的景象还在：常有兵燹，常有水旱，可有谁听到大叫唤么？打的打，革的革，可有处士来横议么？对国民如何专横，向外人如何柔媚，不犹是差等的遗风么？中国固有的精神文明，其实并未为共和二字所埋没，只有满人已经退席，和先前稍不同。

因此我们在目前，还可以亲见各式各样的筵宴，有烧烤，有翅席，有便饭，有西餐。但茅檐下也有淡饭，路傍也有残羹，野上也有饿莩；有吃烧烤的身价不资的阔人，也有饿得垂死的每斤八文的孩子（见《现代评论》二十一期）。所谓中国的文明者，其实不过是安排给阔人享用的人肉的筵宴。所谓中国者，其实不过是安排这人肉的筵宴的厨房。不知道而赞颂者是可恕的，否则，此辈当得永远的诅咒！

外国人中，不知道而赞颂者，是可恕的；占了高位，养尊处优，因此受了蛊惑，昧却灵性而赞叹者，也还可恕的。可是还有两种，其一是以中国人为劣种，只配悉照原来模样，因而故意称赞中国的旧物。其一是愿世间人各不相同以增自己旅行的兴趣，到中国看辫子，到日本看木屐，到高丽看笠子，倘若服饰一样，便索然无味了，因而来反对亚洲的欧化。这些都可憎恶。至于罗素在西湖见轿夫含笑，便赞美中国人，则也许别有意思罢。但是，轿夫如果能对坐轿的人不含笑，中国也早不是现在似的中国了。

这文明，不但使外国人陶醉，也早使中国一切人们无不陶醉而且至于含笑。因为古代传来而至今还在的许多差别，使人们各各分离，遂不能再感到别人的痛苦；并且因为自己各有奴使别人，吃掉别人的希望，便也就忘却自己同有被奴使被吃掉的将来。于是大小无数的人肉的筵宴，即从有文明以来一直排到现在，人们就在这会场中吃人，被吃，以凶人的愚妄的欢呼，将悲惨的弱者的呼号遮掩，更不消说女人和小儿。

这人肉的筵宴现在还排着，有许多人还想一直排下去。扫荡这些食人者，掀掉这筵席，毁坏这厨房，则是现在的青年的使命！

舟山普陀寺庙

这是19世纪末的铜版画。雄伟的寺庙前，有身价不菲的官员和富商，更有乞求残羹剩饭的穷人，穷人们受尽封建政治几千年的压迫而未能翻身。鲁迅认为，中国的文明，只不过是安排给富人享用的人肉盛宴。

作品赏析

写于1925年的《灯下漫笔》是鲁迅写给革命青年的经典战斗檄文，相比早期的“呐喊”言论，《灯下漫笔》这样的杂文更多了全面、理性、纵深和冷峻犀利的揭露和分析，不但能够直指病灶，而且更为明确地提出解决问题的方法和途径，使革命的杂文呈现出新的气象。

《灯下漫笔》写作的缘起则是当时一些文人学者自欺欺人的“修史”方法和内容。从写法上来讲，依然是从身边的日常小事说起，一直纵横开去，生动鲜活而严谨。文章的第一节讲国民的奴隶性，通过对历史的深刻洞察，鲁迅指出国民奴隶性的发生根源和赖以长期存在的政治的、经济的、文化的根源，从而揭露漫长的封建政治历史的真相，即：“一，想做奴隶而不得的时代；二，暂时做稳了奴隶的时代。”显然这两个“做奴隶”的时代，都不是中国历史继续前进的方向。鲁迅指出，第三条路就是：开创一个做主人的新时代，正是“现在的青年的使命”。

第二节同样是通过对封建政治和中国文化的审查，指出封建文化的“人肉筵席”的本质。它是一种吃人的文化，而“中国人的耐劳，中国人的多子”都是这样的“人肉筵席”“办酒的材料”。鉴于封建社会文化的吃人的本质，鲁迅呼吁革命的青年人“扫荡这些食人者，掀掉这筵席，毁坏这厨房”。

记念刘和珍君 /鲁迅

曾入选中学语文教材

文字中表现出直面现实的极大勇气

以高度纯熟的写作手法熔叙事、议论和抒情于一炉

一

中华民国十五年三月二十五日，就是国立北京女子师范大学为十八日在段祺瑞执政府前遇害的刘和珍杨德群两君开追悼会的那一天，我独在礼堂外徘徊，遇见程君，前来问我道，“先生可曾为刘和珍写了一点什么没有？”我说“没有”。她就正告我，“先生还是写一点罢；刘和珍生前就很爱看先生的文章。”

这是我知道的，凡我所编辑的期刊，大概是因为往往有始无终之故罢，销行一向就甚为寥落，然而在这样的生活艰难中，毅然预定了《莽原》全年的就有她。我也早觉得有写一点东西的必要了，这虽然于死者毫不相干，但在生者，却大抵只能如此而已。倘使我能够相信真有所谓“在天之灵”，那自然可以得到更大的安慰——但是，现在，却只能如此而已。

可是我实在无话可说。我只觉得所住的并非人间。四十多个青年的血，洋溢在我的周围，使我艰于呼吸视听，那里还能有什么言语？长歌当哭，是必须在痛定之后的。而此后几个所谓学者文人的阴险的论调，尤使我觉得悲哀。我已经出离愤怒了。我将深味这非人间的浓黑的悲凉；以我的最大哀痛显示于非人间，使它们快意于我的苦痛，就将这作为后死者的菲薄的祭品，奉献于逝者的灵前。

刘和珍像（后中）（1904～1926）

刘和珍江西南昌人，北京女子师范大学学生自治会主席。1926年3月18日带领学生参加天安门集会时遇难。鲁迅作《记念刘和珍君》就是为了纪念她。

二

真的猛士，敢于直面惨淡的人生，敢于正视淋漓的鲜血。这是怎样的哀痛者和幸福者？然而造化又常常为庸人设计，以时间的流驶，来洗涤旧迹，仅使留下淡红的血色和微漠的悲哀。在这淡红的血色和微漠的悲哀中，又给人暂得偷生，维持着这似人非人的世界。我不知道这样的世界何时是一个尽头！

我们还在这样的世上活着；我也早觉得有写一点东西的必要了。离三月十八日也已有两星期，忘却的救主快要降临了罢，我正有写一点东西的必要了。

三

在四十余被害的青年之中，刘和珍君是我的学生。学生云者，我向来这样想，这样说，现在却觉得有些踌躇了，我应该对她奉献我的悲哀与尊敬。她不是“苟活到现在的我”的学生，是为了中国而死的中国的青年。

她的姓名第一次为我所见，是在去年夏初杨荫榆女士做女子师范大学校长，开除校中六个学生自治会职员的时候。其中的一个就是她；但是我不认识。直到后来，也许已经是刘百昭率领男女武将，强拖出校之后了，才有人指着一个学生告诉我，说：这就是刘和珍。其时我才能将姓名和实体联合起来，心中却暗自诧异。我平素想，能够不为势利所屈，反抗一广有羽翼的校长的学生，无论如何，总该是有些桀骜锋利的，但她却常常微笑着，态度很温和。待到偏安于宗帽胡同，赁屋授课之后，她才始来听我的讲义，于是见面的回数就较多了，也还是始终微笑着，态度很温和。待到学校恢复旧观，往日的教职员以为责任已尽，准备陆续引退的时候，我才见她虑及母校前途，黯然至于泣下。此后似乎就不相见。总之，在我的记忆上，那一次就是永别了。

四

我在十八日早晨，才知道上午有群众向执政府请愿的事；下午便得到噩耗，说卫队居然开枪，死伤至数百人，而刘和珍君即在遇害者之列。但我对于这些传说，竟至于颇为怀疑。我向来是不惮以最坏的恶意，来推测中国人的，然而我还不料，也不信竟会下劣凶残到这地步。况且始终微笑着的和蔼的刘和珍君，更何至于无端在府门前喋血呢？

然而即日证明是事实了，作证的便是她自己的尸骸。还有一具，是杨德群君的。而且又证明着这不但是杀害，简直是虐杀，因为身体上还有棍棒的伤痕。

请愿群众与执政府卫队对峙

1926年3月18日，北京各界民众在天安门集会抗议日本等国要拆除大沽口国防设施等无理要求，会后前往执政府请愿。段祺瑞下令开枪，并用大刀砍杀群众，酿成骇人听闻的“三一八”惨案。鲁迅称这一天为“民国以来最黑暗的一天”。

但段政府就有令，说她们是“暴徒”！

但接着就有流言，说她们是受人利用的。

惨象，已使我目不忍视了；流言，尤使我耳不忍闻。我还有什么话可说呢？我懂得衰亡民族之所以默无声息的缘由了。沉默呵，沉默呵！不在沉默中爆发，就在沉默中灭亡。

五

但是，我还有要说的话。

我没有亲见；听说，她，刘和珍君，那时是欣然前往的。自然，请愿而已，稍有人心者，谁也不会料到有这样的罗网。但竟在执政府前中弹了，从背部入，斜穿心肺，已是致命的创伤，只是没有便死。同去的张静淑君想扶起她，中了四弹，其一是手枪，立仆；同去的杨德群君又想去扶起她，也被击，弹从左肩入，穿胸偏右出，也立仆。但她还能坐起来，一个兵在她头部及胸部猛击两棍，于是死掉了。

始终微笑的和蔼的刘和珍君确是死掉了，这是真的，有她自己的尸骸为证；沉勇而友爱的杨德群君也死掉了，有她自己的尸骸为证；只有一样沉勇而友爱的张静淑君还在医院里呻吟。当三个女子从容地转辗于文明人所发明的枪弹的攒射中的时候，这是怎样的一个惊心动魄的伟大呵！中国军人的屠戮妇婴的伟绩，八国联军的惩创学生的武功，不幸全被这几缕血痕抹杀了。

但是中外的杀人者却居然昂起头来，不知道个个脸上有着血污……

六

时间永是流驶，街市依旧太平，有限的几个生命，在中国是不算什么的，至多，不过供无恶意的闲人以饭后的谈资，或者给有恶意的闲人作“流言”的种子。至于此外的深的意义，我总觉得很寥寥，因为这实在不过是徒手的请愿。人类的血战前行的历史，正如煤的形成，当时用大量的木材，结果却只是一小块，但请愿是不在其中的，更何况是徒手。

然而既然有了血痕了，当然不觉要扩大。至少，也当浸渍了亲族，师友，爱人的心，纵使时光流驶，洗成绯红，也会在微漠的悲哀中永存微笑的和蔼的旧影。陶潜说过，“亲戚或余悲，他人亦已歌，死去何所道，托体同山阿。”倘能如此，这也就够了。

七

我已经说过：我向来是不惮以最坏的恶意来推测中国人的。但这回却很有几点出于我的意外。一是当局者竟会这样地凶残，一是流言家竟至如此之下劣，一是中国的女性临难竟能如是之从容。

我目睹中国女子的办事，是始于去年的，虽然是少数，但看那干练坚决，百折不回的气概，曾经屡次为之感叹。至于这一回在弹雨中互相救助，虽殒身不恤的事实，则更足为中国女子的勇毅，虽遭阴谋秘计，压抑至数千年，而终于没有消亡的明证了。倘要寻求这一次死伤者对于将来的意义，意义就在此罢。

苟活者在淡红的血色中，会依稀看见微茫的希望；真的猛士，将更奋然而前行。

呜呼，我说不出话，但以此记念刘和珍君！

作品赏析

1926年，也是大革命的前夜，反动势力迫害进步人士的事情时有发生，“三一八”惨案即为其中典型事件之一。在黑暗现实面前，更多的人选择沉默，鲁迅拿起笔来写这篇纪念的文章，具有两重意义：现实的意义和历史的意义。而事实上自20世纪20年代中期以来，鲁迅在思想上更多的时候深陷怀疑和他自己所说的“彷徨”中，甚至感觉到了刀笔的无力，一种接近“失语”的状态一直伴随着他。在本文中可以看到，鲁迅在表达自己的愤怒和控诉的时候力图穷尽语言的力量，但是文字中充满了无尽的悲伤和绝望，正如他在文中反复表达的：“我们还在这样的世上活着；我也早觉得有写一点东西的必要了。离三月十八日也已有两星期，忘却的救主快要降临了罢，我正有写一点东西的必要了。”以及“可是我实在无话可说”。文章用直笔记录来表达作者所知道的和认识到的，尽管反复地给予进步学生极高赞誉，然而却明显地表示出对“徒手请愿”的价值的怀疑和不赞成。但是鲁迅还是找到并且在文中指出了进步学生牺牲的现实意义：“然而既然有了血痕了，当然不觉要扩大。至少，也当浸渍了亲族，师友，爱人的心，纵使时光流逝，洗成绯红，也会在微漠的悲哀中永存微笑的和蔼的旧影。”“苟活者在淡红的血色中，会依稀看见微茫的希望；真的猛士，将更奋然而前行。”这是鲁迅意识到对待反动势力的暴力革命的必要性，表明了鲁迅在现实中革命思想的重大突破。

论雷峰塔的倒掉 /鲁迅

鲁迅反封建的战斗檄文中的著名篇章
巧用曲笔，文风生动犀利
标志着鲁迅杂文风格的高度成熟

听说，杭州西湖上的雷峰塔倒掉了，听说而已，我没有亲见。但我却见过未倒的雷峰塔，破破烂烂的映掩于湖光山色之间，落山的太阳照着这些四近的地方，就是“雷峰夕照”，西湖十景之一。“雷峰夕照”的真景我也见过，并不见佳，我以为。

然而一切西湖胜迹的名目之中，我知道得最早的却是这雷峰塔。我的祖母曾经常常对我说，白蛇娘娘就被压在这塔底下！有个叫作许仙的人救了两条蛇，一青一白，后来白蛇便化作女人来报恩，嫁给许仙了；青蛇化作丫鬟，也跟着。一个和尚，法海禅师，得道的禅师，看见许仙脸上有妖气，大凡讨妖怪作老婆的人，脸上就有妖气的，但只有非凡的人才看得出来，便将他藏在金山寺的法座后，白蛇娘娘来寻夫，于是就“水满金山”。我的祖母讲起来还要有趣得多，大约是出于一部弹词叫作《义妖传》里的，但我没有看过这部书，所以也不知道“许仙”“法海”究竟是否这样写。总而言之，白蛇娘娘终于中了法海的计策，被装在一个小小的钵盂里了。钵盂埋在地里，上面还造起一座镇压的塔来，这就是雷峰塔。此后似乎事情还很多，如“白状元祭塔”之类，但我现在都忘记了。

皮影戏传统曲目《白蛇传》中“断桥”一折

“水漫金山”后，许仙、白素贞、小青在断桥相遇。小青恨许仙听信法海之言负心于白，拔剑欲杀许仙。白素贞念旧情原谅了许仙，三人才和好如初。白蛇的故事在文中只是一个引子。

那时我惟一的希望，就在这雷峰塔的倒掉。后来我长大了，到杭州，看见这破破烂烂的塔，心里就不舒服。后来我看看书，说杭州人又叫这塔作“保叔塔”，其实应该写作“保俶塔”，是钱王的儿子造的。那么，里面当然没有白蛇娘娘了，然而我心里仍然不舒服，仍然希望他倒掉。

现在，他居然倒掉了，则普天之下的人民，其欣喜为何如？

这是有事实可证的。试到吴、越的山间海滨，探听民意去。凡有田夫野老，蚕妇村氓，除了几个脑髓里有点贵恙的之外，可有谁不为白娘娘抱不平，不怪法海太多事的？

和尚本应该只管自己念经。白蛇自迷许仙，

雷峰夕照 摄于20世纪30年代

许仙自娶妖怪，和别人有什么相干呢？他偏要放下经卷，横来招是搬非，大约是怀着嫉妒罢，那简直是一定的。

听说，后来玉皇大帝也就怪法海多事，以至荼毒生灵，想要拿办他了。他逃来逃去，终于逃在蟹壳里避祸，不敢再出来，到现在还如此。我对于玉皇大帝所作的事，腹诽的非常多，独于这一件却很满意，因为"水满金山"一案，的确应该由法海负责；他实在办得很不错的。只可惜我那时没有打听这话的出处，或者不在《义妖传》中，却是民间的传说罢。

秋高稻熟时节，吴越间所多的是螃蟹，煮到通红之后，无论取哪一只，揭开背壳来，里面就有黄，有膏；倘是雌的，就有石榴子一般鲜红的子。先将这些吃完，即一定露出一个圆锥形的薄膜，再用小刀小心地沿着锥底切下，取出，翻转，使里面向外，只要不破，便变成一个罗汉模样的东西，有头脸身子，是坐着的，我们那里的小孩子都称他"蟹和尚"，就是躲在里面避难的法海。

当初，白蛇娘娘压在塔底下，法海禅师躲在蟹壳里。现在却只有这位老禅师独自静坐了，非到螃蟹断种的那一天为止出不来。莫非他造塔的时候，竟没有想到塔是终究要倒的么？活该。

本文最初发表时，篇末有作者的附记，说"这篇东西，是一九二四年十月二十八日做的。今天孙伏园来，我便将草稿给他看。他说，雷峰塔并非就是保俶塔。那么，大约是我记错的了，然而我却确乎早知道雷峰塔下并无白娘娘。现在既经先生指点，知道这一节并非得于所看之书，则当时何以知之，也就莫名其妙矣。特此声明，并且更正。十一月三日。"

作品赏析

《论雷峰塔的倒掉》最初发表于1924年11月17日北京《语丝》周刊第1期。雷峰塔和保俶塔同在西湖，雷峰塔是吴越建国之初，越王为皇妃所建，故又称皇妃塔，用以标榜封建道德。保俶塔建于吴越行将覆亡之时，是越王钱元为王子钱俶入贡宋朝所建，其"保"之称便有明显的维护封建道统的色彩。辛亥革命后，虽然封建专制被推翻，但封建制度并没有"绝种"，复辟势力仍存在，复古论调仍在鼓噪不绝中，要清除封建思想意识更非易事。所以说，"雷峰塔"倒掉了，固然值得"欣喜"，可是压在人们心头上的"保俶塔"还根深蒂固，更需警醒国民精神，让人们人人自觉，群起而拆倒它。虽然鲁迅知道雷峰塔"下面并没有白娘子"，但是他巧妙地把两座塔合而为一，含蓄地表达了这样一个深意：不仅封建专制该倒，凡是封建的东西，都应在"希望他倒掉"之列。"现在，他居然倒掉了，则普天之下的人民，其欣喜为何如？”文章在运笔上非常随意，故事讲得很生动，如“但我却见过未倒的雷峰塔，破破烂烂的映掩于湖光山色之间，落山的太阳照着这些四近的地方，就是‘雷峰夕照’，西湖十景之一。‘雷峰夕照’的真景我也见过，并不见佳，我以为。”而议论更是精辟独到，在遣词造句上十分生动形象和准确，寓深刻思想于嬉笑怒骂之中，是一篇充满战斗力的檄文，又是一篇难得的美文。

为了忘却的记念/鲁迅

入选理由

“左联”革命文艺的重要史料文献

鲁迅纪念性文章中的典范之作

文字显示出鲁迅后期的高越、慷慨和悲壮格调

一

我早已想写一点文字，来记念几个青年的作家。这并非为了别的，只因为两年以来，悲愤总时时来袭击我的心，至今没有停止，我很想借此算是竦身一摇，将悲哀摆脱，给自己轻松一下，照直说，就是我倒要将他们忘却了。

两年前的此时，即一九三一年的二月七日夜或八日晨，是我们的五个青年作家同时遇害的时候。当时上海的报章都不敢载这件事，或者也许是不愿，或不屑载这件事，只在《文艺新闻》上有一点隐约其辞的文章。那第十一期（五月二十五日）里，有一篇林莽先生作的《白莽印象记》，中间说：

> 他做了好些诗，又译过匈牙利和诗人彼得斐的几首诗，当时的《奔流》的编辑者鲁迅接到了他的投稿，便来信要和他会面，但他却是不愿见名人的人，结果是鲁迅自己跑来找他，竭力鼓励他作文学的工作，但他终于不能坐在亭子间里写，又去跑他的路了。不久，他又一次的被了捕。

这里所说的我们的事情其实是不确的。白莽并没有这么高慢，他曾经到过我的寓所来，但也不是因为我要求和他会面；我也没有这么高慢，对于一位素不相识的投稿者，会轻率的写信去叫他。我们相见的原因很平常，那时他所投的是从德文译出的《彼得斐传》，我就发信去讨原文，原文是载在诗集前面的，邮寄不便，他就亲自送来了。看去是一个二十多岁的青年，面貌很端正，颜色是黑黑的，当时的谈话我已经忘却，只记得他自说姓徐，象山人；我问他为什么代你收信的女士是这么一个怪名字（怎么怪法，现在也忘却了），他说她就喜欢起得这么怪，罗曼谛克，自己也有些和她不大对劲了。就只剩了这一点。

1932年11月27日，鲁迅应邀在北京师范大学作演讲。

夜里，我将译文和原文粗粗的对了一遍，知道除几处误译之外，还有一个故意的曲译。他像是不喜欢“国民诗人”这个字的，都改成“民众诗人”了。第二天又接到他一封来信，说很悔和我相见，他的话多，我的话少，又冷，好象受了一种威压似的。我便写一封回信去解释，说初次相会，说话不多，也是人之常情，并且告诉他不应该由自己的爱憎，将原文改变。因为他的原书留在我这里了，就将我所藏的两本集子送给他，问他可能再译几首诗，以供读者的参看。他果然译了几首，自己拿来了，我们就谈得比第一回多一些。这传和诗，后来就都登在《奔流》第二卷第五本，即最末的一本里。

我们第三次相见，我记得是在一个热天。有人打门了，我去开门时，来的就是白莽，却穿着一件厚棉袍，汗流满面，彼此都不禁失笑。这时他才告诉我他是一个革命者，刚由被捕而释出，衣服和书籍全被没收了，连我送他的那两本；身上的袍子是从朋友那里借来的，没有夹衫，而必须穿长衣，所以只好这么出汗。我想，这大约就是林莽先生说的"又一次的被了捕"的那一次了。

我很欣幸他的得释，就赶紧付给稿费，使他可以买一件夹衫，但一面又很为我的那两本书痛惜：落在捕房的手里，真是明珠投暗了。那两本书，原是极平常的，一本散文，一本诗集，据德文译者说，这是他搜集起来的，虽在匈牙利本国，也还没有这么完全的本子，然而印在《莱克朗氏万有文库》（Reclamm's Universal — Bibliothek）中，倘在德国，就随处可得，也值不到一元钱。不过在我是一种宝贝，因为这是三十年前，正当我热爱彼得斐的时候，特地托丸善书店从德国去买来的，那时还恐怕因为书极便宜，店员不肯经手，开口时非常惴惴。后来大抵带在身边，只是情随事迁，已没有翻译的意思了，这回便决计送给这也如我的那时一样，热爱彼得斐的诗的青年，算是给它寻得了一个好着落。所以还郑重其事，托柔石亲自送去的。谁料竟会落在"三道头"之类的手里的呢，这岂不冤枉！

二

我的决不邀投稿者相见，其实也并不完全因为谦虚，其中含着省事的分子也不少。由于历来的经验，我知道青年们，尤其是文学青年们，十之九是感觉很敏，自尊心也很旺盛的，一不小心，极容易得到误解，所以倒是故意回避的时候多。见面尚且怕，更不必说敢有托付了。但那时我在上海，也有一个惟一的不但敢于随便谈笑，而且还敢于托他办点私事的人，那就是送书去给白莽的柔石。

我和柔石最初的相见，不知道是何时，在那里。他仿佛说过，曾在北京听过我的讲义，那么，当在八九年之前了。我也忘记了在上海怎么来往起来，总之，他那时住在景云里，离我的寓所不过四五家门面，不知怎么一来，就来往起来了。大约最初的一回他就告诉我是姓赵，名平复。但他又曾谈起他家乡的豪绅的气焰之盛，说是有一个绅士，以为他的名字好，要给儿子用，叫他不要用这名字了。所以我疑心他的原名是"平福"，平稳而有福，才正中乡绅的意，对于"复"字却未必有这么热心。他的家乡，是台州的宁海，这只要一看他那台州式的硬气就知道，而且颇有点迂，有时会令我忽而想到方孝孺，觉得好象也有些这模样的。

他躲在寓里弄文学，也创作，也翻译，我们往来了许多日，说得投合起来了，于是另外约定了几个同意的青年，设立朝华社。目的是在绍介东欧和北欧的文学，输入外国的版画，因为我们都以为应该来扶植一点刚健质朴的文艺。接着就印《朝花旬刊》，印《近代世界短篇小说集》，印《艺苑朝华》，算都在循着这条线，只有其中的一本《拾谷虹儿画选》，是为了扫荡上海滩上的"艺术家"，即戳穿叶灵凤这纸老虎而印的。

然而柔石自己没有钱，他借了二百多块钱来做印本。除买纸之外，大部分的稿子和杂务都是归他做，如跑印刷局，制图，校字之类。可是往往不如意，说起来皱着眉头。看他旧作品，都很有悲观的气息，但实际上并不然，他相信人们是好的。我有时谈到人会怎样的骗人，怎样的卖友，怎样的吮血，他就前额亮晶晶的，惊疑地圆睁了近视的眼睛，抗议道，"会这样的么？——不至于此罢？……"

不过朝花社不久就倒闭了，我也不想说清其中的原因，总之是柔石的理想的头，先碰了一个大钉子，力气固然白化，此外还得去借一百块钱来付纸账。后来他对于我那"人心惟危"说的怀疑减少了，有时也叹息道，"真会这样的么？……"但是，他仍然相信人们是好的。

他于是一面将自己所应得的朝花社的残书送到明日书店和光华书局去，希望还能够收回几文钱，一面就拼命的译书，准备还借款，这就是卖给商务印书馆的《丹麦短篇小说集》和戈理基作的长篇小说《阿尔泰莫诺夫之事业》。但我想，这些译稿，也许去年已被兵火烧掉了。

他的迂渐渐的改变起来，终于也敢和女性的同乡或朋友一同去走路了，但那距离，却至少总有三四尺的。这方法很不好，有时我在路上遇见他，只要在相距三四尺前后或左右有一个年青漂亮的女人，我便会疑心就是他的朋友。但他和我一同走路的时候，可就走得近了，简直是扶住我，因为怕我被汽车或电车撞死；我这面也为他近视而又要照顾别人担心，大家都苍皇失措的愁一路，所以倘不是万不得已，我是不大和他一同出去的，我实在看得他吃力，因而自己也吃力。

无论从旧道德，从新道德，只要是损己利人的，他就挑选上，自己背起来。

他终于决定地改变了，有一回，曾经明白的告诉我，此后应该转换作品的内容和形式。我说：这怕难罢，譬如使惯了刀的，这回要他耍棍，怎么能行呢？他简洁的答道：只要学起来！

他说的并不是空话，真也在从新学起来了，其时他曾经带了一个朋友来访我，那就是冯铿女士。谈了一些天，我对于她终于很隔膜，我疑心她有点罗曼谛克，急于事功；我又疑心柔石的近来要做大部的小说，是发源于她的主张的。但我又疑心我自己，也许是柔石的先前的斩钉截铁的回答，正中了我那其实是偷懒的主张的伤疤，所以不自觉地迁怒到她身上去了。——我其实也并不比我所怕见的神经过敏而自尊的文学青年高明。

她的体质是弱的，也并不美丽。

三

直到左翼作家联盟成立之后，我才知道我所认识的白莽，就是在《拓荒者》上做诗的殷夫。有一次大会时，我便带了一本德译的，一个美国的新闻记者所做的中国游记去送他，这不过以为他可以由此练习德文，另外并无深意。然而他没有来。我只得又托了柔石。

但不久，他们竟一同被捕，我的那一本书，又被没收，落在“三道头”之类的手里了。

1931年鲁迅（右五）与艺社社员合影。

四

明日书店要出一种期刊，请柔石去做编辑，他答应了；书店还想印我的译著，托他来问版税的办法，我便将我和北新书局所订的合同，抄了一份交给他，他向衣袋里一塞，匆匆的走了。其时是一九三一年一月十六日的夜间，而不料这一去，竟就是我和他相见的末一回，竟就是我们的永诀。第二天，他就在一个会场上被捕了，衣袋里还藏着我那印书的合同，听说官厅因此正在找寻我。印书的合同，是明明白白的，但我不愿意到那些不明不白的地方去辩解。记得《说岳全传》里讲过一个高僧，当追捕的差役刚到寺门之前，他就“坐化”了，还留下什么“何立从东来，我向西方走”的偈子。这是奴隶所幻想的脱离苦海的惟一的好方法，“剑侠”盼不到，最自在的惟此而已。我不是高僧，没有涅槃的自由，却还有生之留恋，我于是逃走。

这一夜，我烧掉了朋友们的旧信札，就和女人抱着孩子走在一个客栈里。不几天，即听得外面纷纷传我被捕，或是被杀了，柔石的消息却很少。有的说，他曾经被巡捕带到明日书店里，问是否是编辑；有的说，他曾经被巡捕带往北新书局去，问是否是柔石，手上上了铐，可见案情是重的。但怎样的案情，却谁也不明白。

他在囚系中，我见过两次他写给同乡的信，第一回是这样的——

“我与三十五位同犯（七个女的）于昨日到龙华。并于昨夜上了镣，开政治犯从未上镣之纪录。此案累及太大，我一时恐难出狱，书店事望兄为我代办之。现亦好，且跟殷夫兄学德文，此事可告周先生；望周先生勿念，我等未受刑。捕房和公安局，几次问周先生地址，但我那里知道。诸望勿念。祝好！

赵少雄一月二十四日。”

以上正面。

“洋铁饭碗，要二三只

如不能见面，可将东西望转交赵少雄”

以上背面。

他的心情并未改变，想学德文，更加努力；也仍在记念我，像在马路上行走时候一般。但他信里有些话是错误的，政治犯而上镣，并非从他们开始，但他向来看得官场还太高，以为文明至今，到他们才开始了严酷。其实是不然的。果然，第二封信就很不同，措词非常惨苦，且说冯女士的面目都浮肿了，可惜我没有抄下这封信。其时传说也更加纷繁，说他可以赎出的也有，说他已经解往南京的也有，毫无确信；而用函电来探问我的消息的也多起来，连母亲在北京也急得生病了，我只得一一发信去更正，这样的大约有二十天。

天气愈冷了，我不知道柔石在那里有被褥不？我们是有的。洋铁碗可曾收到了没有？……但忽然得到一个可靠的消息，说柔石和其它二十三人，已于二月七日夜或八日晨，在龙华警备司令部被枪毙了，他的身上中了十弹。

原来如此！……

在一个深夜里，我站在客栈的院子中，周围是堆着的破烂的什物；人们都睡觉了，连我的女人和孩子。我沉重的感到我失掉了很好的朋友，中国失掉了很好的青年，我在悲愤中沉静下去了，然而积习却从沉静中抬起头来，凑成了这样的几句：

惯于长夜过春时，挈妇将雏鬓有丝。

梦里依稀慈母泪，城头变幻大王旗。

“左联”成立大会

1930年3月2日，共产党领导下的中国左翼作家联盟在上海中华艺术大学的一间教室里成立。鲁迅在会上发表了著名的《对于左翼作家联盟的意见》，成为指导左翼文艺运动的纲领性文件。

忍看朋辈成新鬼，怒向刀丛觅小诗。
吟罢低眉无写处，月光如水照缁衣。

但末二句，后来不确了，我终于将这写给了一个日本的歌人。

可是在中国，那时是确无写处的，禁锢得比罐头还严密。我记得柔石在年底曾回故乡，住了好些时，到上海后很受朋友的责备。他悲愤的对我说，他的母亲双眼已经失明了，要他多住几天，他怎么能够就走呢？我知道这失明的母亲的眷眷的心，柔石的拳拳的心。当《北斗》创刊时，我就想写一点关于柔石的文章，然而不能够，只得选了一幅珂勒惠支（Kaethe Kollwitz）夫人的木刻，名曰《牺牲》，是一个母亲悲哀地献出她的儿子去的，算是只有我一个人心里知道的柔石的记念。

同时被难的四个青年文学家之中，李伟森我没有会见过，胡也频在上海也只见过一次面，谈了几句天。较熟的要算白莽，即殷夫了，他曾经和我通过信，投过稿，但现在寻起来，一无所得，想必是十七那夜统统烧掉了，那时我还没有知道被捕的也有白莽。然而那本《彼得斐诗集》却在的，翻了一遍，也没有什么，只在一首《Wahlspruch》（格言）的旁边，有钢笔写的四行译文道：

“生命诚宝贵，
爱情价更高；
若为自由故，
二者皆可抛！”

又在第二叶上，写着“徐培根”三个字，我疑心这是他的真姓名。

五

前年的今日，我避在客栈里，他们却是走向刑场了；去年的今日，我在炮声中逃在英租界，他们则早已埋在不知那里的地下了；今年的今日，我才坐在旧寓里，人们都睡觉了，连我的女人和孩子。

我又沉重的感到我失掉了很好的朋友，中国失掉了很好的青年，我在悲愤中沉静下去了，不料积习又从沉静中抬起头来，写下了以上那些字。

要写下去，在中国的现在，还是没有写处的。年青时读向子期《思旧赋》，很怪他为什么只有寥寥的几行，刚开头却又煞了尾。然而，现在我懂得了。

不是年青的为年老的写记念，而在这三十年中，却使我目睹许多青年的血，层层淤积起来，将我埋得不能呼吸，我只能用这样的笔墨，写几句文章，算是从泥土中挖一个小孔，自己延口残喘，这是怎样的世界呢。夜正长，路也正长，我不如忘却，不说的好罢。但我知道，即使不是我，将来总会有记起他们，再说他们的时候的。

作品赏析

“左联”五烈士的血案在当时文化界引起极大的震撼。国民党反动派当时残酷镇压和迫害左翼知识分子，而普通的老百姓并不十分知情，在这样的情况下，烈士牺牲之后还要面对诬陷和诽谤，其意义和价值极有可能被否定或刻意淡忘，因此，写一些文章来揭露事实、彰显意义来对抗这样的黑暗现状在当时是非常迫切和必要的。

鲁迅文章题为《为了忘却的记念》，其深意至少包含着对现实麻木中很快的对血腥的淡忘的事实或可能的抗拒，当然，在文章中鲁迅讲到，他的要忘却是想“将悲哀摆脱，给自己轻松一下”。巨大的牺牲很快被国民麻木的灵魂刻意曲解，或漠视或忘却，这样的忧虑在鲁迅早期的小说《药》里就有反映。因为失去，所以更为珍贵，所以鲁迅在文章中竭力回忆并记录与烈士们生前交往的每一个细节，其目的在于努力告诉读者一个个真实的人，给读者一个公正的判断的事实依据，给历史一个确实的记忆。而对鲁迅本人来讲，被极大的悲愤浸染的情绪里，烈士们往日每一个活生生的情形，恐怕都是绝无仅有的最珍贵的财富和遗产了，所以，文章在沉痛缅怀中追忆了与柔石、殷夫等人在工作和生活中的交往，于细节处着笔，侧重对友情和平常事物的抒写，于慷慨清音中见得作者对烈士的沉痛哀悼，对反动势力的愤怒控诉，同时表现出继续战斗的巨大决心和信心。

国粹与欧化/周作人

“五四”中西思想文化交锋之一斑
周作人不多见的思想文献之一
“拿来主义”的另一种说法

在《学衡》上的一篇文章里，梅光迪君说：“实则模仿西人与模仿古人，其所模仿者不同，其为奴隶则一也。况彼等模仿西人，仅得糟粕，国人之模仿古人者，时多得其神髓乎。”我因此引起一种对于模仿与影响，国粹与欧化问题的感想。梅君以为模仿都是奴隶，但模仿而能得其神髓，也是可取的。我的意见则以为模仿都是奴隶，但影响却是可以的；国粹只是趣味的遗传，无所用其模仿，欧化是一种外缘，可以尽量的容受他的影响，当然不以模仿了事。

倘若国粹这一个字，不是单指那选学桐城的文章和纲常名教的思想，却包括国民性的全部，那么我所假定遗传这一个释名，觉得还没有什么不妥。我们主张尊重各人的个性，对于个性的综合的国民性自然一样尊重，而且很希望其在文艺上能够发展起来，造成有生命的国民文学。但是我们的尊重与希望无论怎样的深厚，也只能以听其自然长发为止，用不着多事的帮助，正如一颗小小的稻或麦的种子，里边原自含有长成一株稻或麦的能力，所需要的只是自然的养护，倘加以宋人的揠苗助长，便反不免要使他“则苗槁矣”了。我相信凡是受过教育的中国人，以不模仿什么人为唯一的

《雨天的书》
内收《苦雨》、《乌声》、《死之默想》、《北京的茶食》、《生活之艺术》、《无谓的感慨》、《日本的海贼》等50篇散文，附插图。

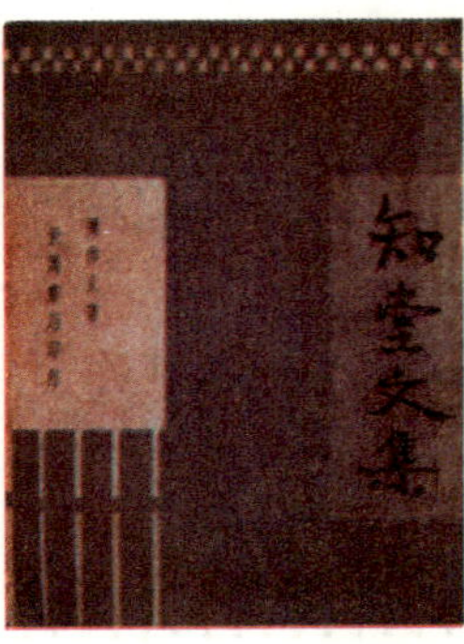

《知堂文集》
本书一名《周作人自选集》。内收《知堂说》、《过去的生命》、《一年的长进》、《我学国文的经验》、《胜业》等44篇散文。

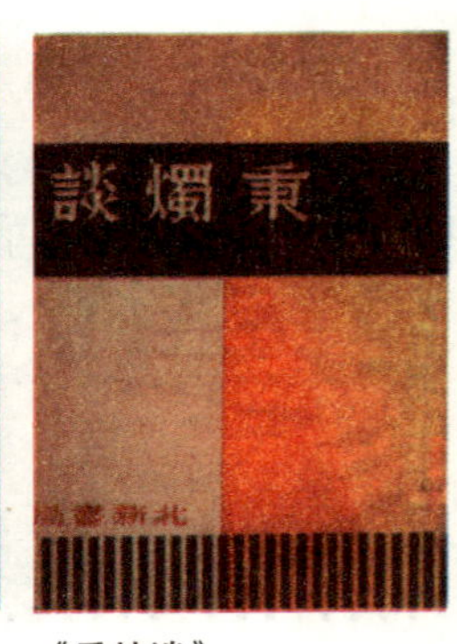

《秉烛谈》
内收《关于俞理初》、《谈书随笔》、《江都二色》、《谈笔记》等24篇杂文，属于“文艺新刊”之一。

条件，听凭他自发的用任何种的文字，写任何种的思想，他的结果仍是一篇“中国的”文艺作品，有他的特殊的个性与共通的国民性相并存在，虽然这上边可以有许多外来的影响。这样的国粹直沁进在我们的脑神经里，用不着保存，自然永久存在，也本不会消灭的，他只有一个敌人，便是“模仿”。模仿者成了人家的奴隶，只有主人的命令，更无自己的意志，于是国粹便跟了自性死了。好古家却以为保守国粹在于模仿古人，岂不是自相矛盾么？他们的错误，由于以选学桐城的文章，纲常名教的思想为国粹，因为这些都是一时的现象，不能永久的自然的附着于人心，所以要勉强的保存，便不得不以模仿为唯一的手段，奉模仿古人而能得其神髓者为文学正宗了。其实既然是模仿了，决不会再有“得其神髓”这一回事；创作的古人自有他的神髓，但模仿者的所得却只有皮毛，便是所谓糟粕。奴隶无论怎样的遵守主人的话，终于是一个奴隶而非主人，主人的神髓在于自主，而奴隶的本分在于服从，叫他怎样的去得呢？他想做主人，除了从不做奴隶入手以外，再没有别的方法了。

我们反对模仿古人，同时也就反对模仿西人，所反对的是一切的模仿，并不是有中外古今的区别与成见。模仿杜少陵或泰戈尔，模仿苏东坡或胡适之，都不是我们所赞成的，但是受他们的影响是可以的，也是有益的，这便是我对于欧化问题的态度。我们欢迎欧化是喜得有一种新空气，可以供我们的享用，造成新的活力，并不是注射到血管里去，就替代血液之用。向来有一种乡愿的调和说，主张中学为体西学为用，或者有人要疑我的反对模仿欢迎影响说和他有点相似，但其间有这一个差异：他们有一种国粹优胜的偏见，只在这条件之上才容纳若干无伤大体的改革，我却以遗传的国民性为素地，尽他本质上的可能的量去承受各方面的影响，使其融和沁透，合为一体，连续变化下去，造成一个永久而常新的国民性，正如人的遗传之逐代增入异分子而不失其根本的性格。譬如国语问题，在主张中学为体西学为用者的意见，大抵以废弃周秦古文而用今日之古文为最大的让步了；我的主张则就单音的汉字的本性上尽最大可能的限度，容纳“欧化”，增加他表现的力量，却也不强他所不能做到的事情。照这样看来，现在各派的国语改革运动都是在正轨上走着，或者还可以逼紧一步，只不必到“三株们的红们的牡丹花们”的地步：曲折语的语尾变化虽然是极便利，但在汉文的能力之外了。我们一面不赞成现代人的做骈文律诗，但也并不忽视国语中字义声音两重的对偶的可能性，觉得骈律的发达正是运命的必然，非全由于人为，所以国语文学的趋势虽然向着自由的发展，而这个自然的倾向也大可以利用，炼成音乐与色彩的言讯，只要不以词害意就好了。总之我觉得国粹欧化之争是无用的，人不能改变本性，也不能拒绝外缘，到底非大胆的是认两面不可。倘若偏执一面，以为彻底，有如两个学者，一说诗也有本能，一说要“取消本能多”，大家高论一番，聊以快意，其实有什么用呢？

作品赏析

中国文学的现代化是从“五四”新文学革命开始的，当时最大的争论就是：要国粹还是要欧化。按照胡适的总结，这个现代化在语言形式上以“白话文”为特征，内在精神上以“人的文学”为特征。胡适进一步认为，“白话文”的理念是他提出的，而“人的文学”的理念是由周作人提出的。无论是胡适，还是周作人，在当时都是西化论者，即主张中国文学的现代化必须走西方化的道路。周作人的“西方化”观念主要侧重在文学精神上，他认为，中国古代的东西就如同遗传基因一样是永远地在我们的血液里的，所以用不着我们着意继承或者模仿，“我们反对模仿古人，同时也就反对模仿西人，所反对的是一切的模仿，并不是有中外古今的区别与成见。模仿杜少陵或泰戈尔，模仿苏东坡或胡适之，都不是我们所赞成的，但是受他们的影响是可以的，也是有益的，这便是我对于欧化问题的态度。”而外来的东西则相反，“我们欢迎欧化是喜得有一种新空气，可以供我们享用，造成新的活力”，周作人希望借西方的新鲜血液使中国文学获得新的精神动力，当然周作人也强调这种借鉴必须以“遗传的国民性”作为“它的基地”，也就是说周作人对“西方化”是有一定保留的。

幽默的叫卖声

/夏丏尊

一篇短小精悍而文笔辛辣的文章
其包含的道理贯穿在我们的生生不息的社会里
在寻常的小事里，却发出使人震撼的声音

住在都市里，从早到晚，从晚到早，不知要听到多少种类多少次数的叫卖声。深巷的卖花声是曾经入过诗的，当然富于诗趣，可惜我们现在实际上已不大听到。寒夜的“茶叶蛋”“细沙粽子”“莲心粥”等等，声音发沙，十之七八似乎是“老枪”的喉咙，困在床上听去颇有些凄清。每种叫卖声，差不多都有着特殊的情调。

我在这许多叫卖者中，发见了两种幽默家。

一种是卖臭豆腐干的。每日下午五六点钟，弄堂日常有臭豆腐干担歇着或是走着叫卖，担子的

作者简介

夏丏尊（1886 ～ 1946），浙江上虞人，名铸，字勉旃，后改字丏尊，号闷庵，散文家、语文学家、翻译家。1904 年赴日本宏文书院、东京高等工业学堂留学，后因经济原因提前归国，在杭州浙江两级师范学堂任职，潘天寿、丰子恺等都是他的得意学生。后加入南社，积极主张废除读经书、闭门造车、尊孔崇古等改革，增加介绍世界新知识的教材。“五四”新文化运动中，推行革新语文教育。1920 年到长沙湖南第一师范任教。1921 年加入文学研究会。1922 年回家乡，与陈春澜等集资在白马湖开设春晖中学，聘文教界著名人士朱自清、王任叔等执教。1924 年，夏丏尊在宁波浙江省立第四中学任教，1925 年与朱自清在上海发起立达学会，创办立达学园，并创《立达季刊》。1926 年起，到复旦大学中文系兼课，并应聘任上海暨南大学教授兼中国文学系主任，同时担任上海开明书店编辑所长。1930 年为该书店创办《中学生》杂志《一般》月刊。1936 年，他当选为中国文艺家协会理事、主席。1937 年创办《月报》杂志，并担任上海文化界救亡协会机关报《救亡日报》编委。20 世纪 30 年代末，应邀兼职于南屏女校高中部，任国文教师。1941 年太平洋战争爆发后，深居简出，谢绝应酬。1943 年，他被日本宪兵司令部逮捕，经日本人内山完造等营救获释。抗战胜利后，他与傅东华等文教界老友筹设中国语文教育会，准备继续振兴文化运动，1945 年 11 月，他被选为中华全国文艺家协会上海分会理事。1946 年 4 月 23 日卒于上海，葬于白马湖畔。

臭豆腐摊

这是一张19世纪末的老明信片。街边随处可见这样手推肩扛、穿街走巷的卖臭豆腐的人。透过他们的吆喝声，作者看到了诚实的品质。

一头是油锅，油锅里现炸着臭豆腐干，气味臭得难闻。卖的人大叫“臭豆腐干！”“臭豆腐干！”态度自若。

我以为这很有意思。“说真方，卖假药”，“挂羊头，卖狗肉”，是世间一般的毛病，以香相号召的东西，实际往往是臭的。卖臭豆腐干的居然不欺骗大众，自叫“臭豆腐干”，把“臭”作为口号标语，实际的货色真是臭的。言行一致，名副其实，如此不欺骗别人的事情，怕世间再也找不出了吧！我想。

“臭豆腐干！”这呼声在欺诈横行的现世，俨然是一种愤世嫉俗的激越的讽刺！

还有一种是五云日升楼卖报者的叫卖声。那里的卖报的和别处不同，没有十多岁的孩子，都是些三四十岁的老枪瘪三，身子瘦得像腊鸭，深深的乱头发，青屑屑的烟脸，看去活像个鬼。早晨是看不见他们的，他们卖的总是夜报。傍晚坐电车打那儿经过，就会听到一片发沙的卖报声。

他们所卖的似乎都是两个铜板的东西，如《新夜报》《时报号外》之类。叫卖的方法很特别，他们不叫“刚刚出版 ×× 报”，却把价目和重要新闻标题联在一起，叫起来的时候，老是用“两个铜板”打头，下面接着“要看到”三个字，再下去是当日的重要的国家大事的题目，再下去是一个“哪”字。“两个铜板要看到十九路军反抗中央哪！”在福建事变起来的时候，他们就这样叫。“两个铜板要看到日本副领事在南京失踪哪！”藏本事件开始的时候，他们就这样叫。

在他们的叫声里任何国家大事都只要花两个铜板就可以看到，似乎任何国家大事都只值两个铜板的样子。我每次听到，总深深地感到冷酷的滑稽情味。

“臭豆腐干！”“两个铜板要看到 ××× 哪！”这两种叫卖者颇有幽默家的风格。前者似乎富于热情，像个骄世的君子，后者似乎鄙夷一切，像个玩世的隐士。

作品赏析

叫卖实际是一种古老的广告，而这种广告里则包含着许多人情世故，也就是说，它也是建立在对生活的经验和对世态人心的认识上。在这篇从寻常见惯的事情里发出感慨的小杂文里，我们看到的却是我们习以为常而实际上却并不可敬爱的事实：谎言在我们的世界里无处不在而且被我们所习惯，习惯之后就成为一种世道人心，成为一种民族的心理习惯，一种恶劣到瓦解人与人之间真诚友善的积习。在谎言不被人指责，反而被习惯地接纳后，则真实的话就成了一种冷酷的讽刺，足以刺破我们的耳膜。于是，“臭豆腐干！”这呼声在欺诈横行的现世，俨然是一种愤世嫉俗的激越的讽刺！而作者在文中提到的“两个铜板要看到十九路军反抗中央哪”的卖报广告，则使我们看到另一种寻常世态：那些听起来（事实上也是）宏大的人类事件离普通人的生活有多远？离我们的内心有多远？或者说我们离这个人世间到底有多远？或者说，它为什么就离我们那么远？以至于“似乎任何国家大事都只值两个铜板的样子”，这里头包含着至少两个原因：对报纸传闻的质疑和对自身权利的质疑和漠视，于是，用鄙夷的眼光冷漠而深沉地凝视世上一切，就成了大多数普通人的唯一姿态。正如作者言：前者似乎富于热情，像个骄世的君子；后者似乎鄙夷一切，像个玩世的隐士。

危险思想与言论自由

/李大钊

入选理由

"五四"新文化运动的重要思想文献

全面理性地阐释了自由的实质和意义

对中国现代思想启蒙产生重大影响

思想本身，没有丝毫危险的性质。只有愚暗与虚伪，是顶危险的东西。只有禁止思想，是顶危险的行为。

近来——自古已然——有许多人听见几个未曾听过、未能了解的名辞，便大惊小怪起来，说是危险思想。问他们这些思想有什么危险，为什么危险，他们认为危险思想的到底是些什么东西，他们都不能说出。像这样的人，我们和他共同生活，真是危险万分。

我且举一个近例，前些年科学的应用刚刚传入中国，一般愚暗的人都说是异端邪教。看待那些应用科学的发明的人，如同洪水猛兽一样。不晓得他们也是和我们同在一个世界上一样生存而且比我们进化的人类细胞，却说他们是"鬼子"，是"夷狄"。这种愚暗无知的结果，竟造出一场义和拳的大祸。由此看来，到底是知识思想危险呢？还是愚暗无知危险？

听说日本有位议长，说俄国的布尔什维克是实行托尔斯泰的学说，彼邦有识的人惊为奇谈。现在又出了一位明白公使，说我国人鼓吹爱国是无政府主义。他自己果然是这样愚暗无知，这更是可怜可笑的话。有人说他这话不过是利用我们政府的愚暗无知和恐怖的心理，故意来开玩笑。嗳呀！那更是我们莫大的耻辱！

原来恐怖和愚暗有密切的关系，青天白日，有眼的人在深池旁边走路，是一点危险也没有的。深池和走路的行为都不含着危险的性质。若是"盲人瞎马，夜半深池"那就是危险万分，那就是最可恐怖的事情。可见危险和恐怖，都是愚昧造出来的，都是黑暗造出来的。

人生第一要求，就是光明和真实，什么东西什么境界都不危险。知识是引导人生到光明与真实境

作者简介

李大钊像

李大钊（1889 ~ 1927），字守常，河北省乐亭县人。他16岁考入天津北洋法政专门学校。1913年毕业后，24岁的李大钊留学日本，入早稻田大学本科，学习法律和经济。在日本，他接触到各种社会主义学说，并开始学习和研究马克思主义。1914年组织神州学会，进行反袁活动。

1916年回国后，李大钊先后担任《新青年》、《少年中国》、《每周评论》和《晨钟报》等进步刊物的编辑或主任编辑。1918年他受聘担任北京大学图书馆主任。1919年参加创建少年中国学会，任《少年中国》月刊编辑主任。1920年，他发起组织马克思主义学说研究会，10月成立北京共产党小组，11月建立北京社会主义青年团。1921年8月任中国劳动组合书记部北京分部主任，在京奉、京汉、京海等铁路开展工人运动。1923年6月出席中共"三大"，当选为中央执行委员，10月任国民党临时中央执行委员和改组委员，参与筹备国民党"一大"。1924年1月当选为国民党中央执行委员、国民党北京执行部组织部长。1925年，针对"五卅惨案"在京组织"沪案雪耻会"，声援上海人民的反帝斗争。1926年3月18日因组织请愿示威游行被段祺瑞政府通缉。1927年4月6日他被奉系军阀张作霖逮捕，28日遇害。

1919年5月7日人们在街头声援北平学生集会

此前，北洋军阀政府出动军警，逮捕在街头演讲的北平大学生，激怒了所有追求言论自由的人们。李大钊主张个体心灵自由、言论自由、良知自由，反对任何强力压制。

界的灯烛，愚暗是达到光明与真实境界的障碍，也就是人生发展的障碍。

思想自由与言论自由，都是为保障人生达于光明与真实的境界而设的。无论什么思想言论，只要能够容他的真实没有矫揉造作的尽量发露出来，都是于人生有益，绝无一点害处。

说某种主义学说是异端邪说的人，第一要知道他自己所排斥的主义学说是什么东西，然后把这种主义学说的真相尽量传播使人人都能认识他是异端学说，大家自然不去信他，不至于受他的害。若是自己未曾认清，只是强行禁止，就犯了泯没真实的罪恶。假使一种学说确与情理相合，我们硬要禁止他，不许公然传播，那是绝对无效。因为他的原素仍然在情理之中，情理不灭，这种学说也终不灭。假使一种学说确与情理相背，我以为不可禁止，不必禁止。因为大背情理的学说，正应该让大家知道，大家才不去信。若是把他隐藏起来，很有容易被人误信的危险。

禁止人研究一种学说的，犯了使人愚暗的罪恶。禁止人信仰一种学说的，犯了教人虚伪的罪恶。世间本来没有“天经地义”与“异端邪说”这种东西。就说是有，也要听人去自由知识，自由信仰。就是错知识了、错信仰了所谓邪说异端，只要他的知识与信仰，是本于他思想的自由，知念的真实，一则得了自信，二则免了欺人，都是有益于人生的，都比那无知的排斥、自欺的顺从还好得多。

禁止思想是绝对不可能的，因为思想有超越一切的力量。监狱、刑罚、苦痛、贫困，乃至死杀，思想都能自由去思想他们，超越他们。这些东西，都不能钳制思想，束缚思想，禁止思想。这些东西，在思想中全没有一点价值，没有一点权威。

思想是绝对的自由，是不能禁止的自由，禁止思想自由的，断断没有一点的效果。你要禁止他，他的力量便跟着你的禁止越发强大。你怎样禁止他、制抑他、绝灭他、摧残他，他便怎样生存发展传播滋荣。因为思想的性质力量，本来如此。我奉劝禁遏言论思想自由的注意，要利用言论自由来破坏危险思想，不要借口危险思想来禁止言论自由。

作品赏析

“五四”新文化运动提出科学与民主，而“五四”新文化所倡导的自由，并不只是一种宣传口号，而是一种理性思考下深刻认识到的人的心灵自由，这是科学与民主的前提。陈独秀说：“言论思想自由，是文明进化的第一重要条件。”李大钊也认为：“思想自由与言论自由，都是为保障人生达于光明与真实的境界而设的。”在这个基本认识的前提下，他们要求“科学与人权并重”。陈独秀说：“中国学术不发达之最大原因，莫如学者自身不知学术独立之神圣……妄称‘文以载道’、‘代圣贤立言’，以自贬抑。”

李大钊对个体心灵自由的热烈追求，同样流诸笔端。他写道：“自由之价值与生命有同一之贵重，甚或远在生命之上。”“余故以真理之权威，张言论之权威，以言论之自由，示良知之自由，而愿与并世明达共勉之矣。”在要求心灵自由方面，他们都主张言论和思想的绝对自由，反对任何强力压制。当时的《新青年》和《每周评论》对不同意见，只要不是谩骂，都留有一栏之地，用陈独秀的话说：“宁欢迎有意识有信仰的反对，不欢迎无意识无信仰的随声附和。”李大钊在文章中以非常理性的思考列举了对待心灵自由和思想自由的两种不同态度，指出禁止和限制人的思想和言论自由于民族、国家和人民的罪恶后果。

中国的人命 /陶行知

入选理由

所谈的问题今天依然具有极大现实意义
作者对所看到的问题能一针见血地直指根源，具有非常深刻的思想性

我在太平洋会议的许多废话中听到了一句警语。劳耳说："中国没有废掉的东西，如果有，只是人的生命！"

人的生命！你在中国是耗废得太多了。垃圾堆里的破布烂棉花有老太婆们去追求，路边饿得半死的孩子没有人过问。

花十来个铜板坐上人力车要人家拼命跑，跑得吐血倒地，望也怕望，便换了一部车儿走了。太太生孩子，得雇一个奶妈。

自己的孩子白而胖，奶妈的孩子瘦且死。童养媳偷了一块糖吃要被婆婆逼得上吊。做徒弟好比是做奴隶，连夜壶也要给师傅倒，倒得不干净，一烟袋打得脑袋开花。煤矿里是五个人当中要残废一个。日本人来了，一杀是几百。大水一冲是几万。一年之中死的人要装满二十多个南京城。（说得正确些，是每年死的人数等于首都人口之二十多倍。）当我写这篇短文的时候，每个字出世是有三个人进棺材。

"中国没有废掉的东西，如果有，只是人的生命！"

您却不可作片面的观察。一个孩子出天花，他的妈妈抱他在怀里七天七夜，毕竟因为卓绝的坚忍与慈爱她是救了他的小命。在这无废物而有废命的社会里，这伟大的母爱是同时存在着。如果有一线的希望，她是愿意为她的小孩的生命而奋斗，甚而至于牺牲自己的生命，也是甘心情愿的。

这伟大的慈爱与冷酷的无情如何可以并立共存？这矛盾的社会有什么解释？他是我养的，我便爱他如同爱我，或者爱他甚于爱我自己。若不是我养的，虽死他几千万，与我何干？这个态度解释了这奇怪的矛盾。

卖女

图中女孩（左二）不情愿地被父母卖掉。在中国特定的历史时期，子女的命运掌握在父母手中，而且在人的生命不被重视的年代，孩子也能成为商品被买卖。正如作者所感叹，中国最不值钱的是人命。物的价值、世俗的价值远远凌驾于生命之上。对此，作者投以人道主义的怜悯。

作者简介

陶行知（1891 ~ 1946），安徽黄山市歙县人。1910 年入南京金陵大学学习。1914 年赴美留学。1917 年回国，先后任南京高等师范学校、东南大学教授、教务主任、教育科主任。1919 年初，参加《新教育》杂志编辑工作，1921 年任该杂志主编，并任中华教育改进社主任干事。1923 年，与晏阳初等发起组织中华平民教育促进会。1927 年，创办了闻名中外的试验乡村师范学校——晓庄师范。1929 年被美国圣约翰大学授予科学博士学位。1931 年，发起"科学下嫁运动"，从事科学普及工作。1932 年起，先后创办了"山海工学团"、"晨更工学团"、"劳工幼儿团"，首创"小先生制"，成立"中国普及教育助成会"，开展"即知即传"的普及教育运动。1935 年，"一二·九"运动后，积极参加抗日救亡运动，投身抗日民主教育。1936 年，当选为全国各界救国联合会执行委员和常务委员。同年当选为世界和平大会中国执行委员。1937 年 7 月，创办了著名的育才学校。1945 年，当选为中国民主同盟中央常务委员兼教育委员会主任委员。1946 年又在重庆创办社会大学。同年 7 月 25 日病逝于上海。

中国要到什么时候才能翻身？要等到人命贵于财富，人命贵于机器，人命贵于安乐，人命贵于名誉，人命贵于权位，人命贵于一切，只有等到那时，中国才站得起来！

作品赏析

从生命本位出发，陶行知特别推崇博爱，“爱满天下”是他的人生信条，终生恪守不渝。在本文里就充分体现了这种理念。然而旧中国社会的实际却恰好相反：物的价值，世俗的价值远远凌驾于生命之上。这样一种扭曲的价值体系，不仅是对生命的亵渎，造成人的异化，而且直接导致国家的积弱积贫。有感于不断重演的生命悲剧，陶行知喟然长叹到：“人的生命！你在中国是耗废得太多了。”而奇怪的是，残忍的冷酷与伟大的慈爱这两种看似矛盾的人性竟可以并存于中国人身上，冷酷施于所谓“外人”，慈爱施于所谓“自己人”，这对生命权的保护是功利的，它仅仅承认被选择的人的生命权利。不在选择范围内的，就根本漠视其生命权利，根本视若草芥。选择的标准，主要着眼于生命的外在价值，即社会属性。生命的社会属性压倒一切，生命本身无足轻重。这种情况下，生灵受荼受毒，人命如草如菅，是极正常的现象。对生命在旧中国的这种悲惨遭际，陶行知痛心疾首，发出振聋发聩的警言——“中国要到什么时候才能翻身？要等到人命贵于财富，人命贵于机器，人命贵于安乐，人命贵于名誉，人命贵于权位，人命贵于一切，只有等到那时，中国才站得起来！”

差不多先生传 /胡适

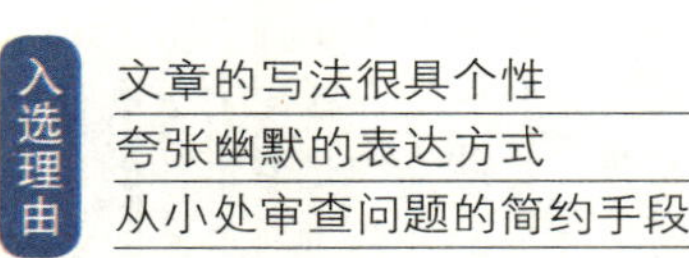

你知道中国最有名的人是谁？

提起此人，人人皆晓，处处闻名。他姓差，名不多，是各省各县各村人氏。你一定见过他，一定听过别人谈起他。差不多先生的名字天天挂在大家的口头，因为他是中国全国人的代表。

差不多先生的相貌和你和我都差不多。他有一双眼睛，但看的不很清楚；有两只耳朵，但听的不很分明；有鼻子和嘴，但他对于气味和口味都不很讲究。他的脑子也不小，但他的记性却不很精明，他的思想也不很细密。

他常常说：“凡事只要差不多，就好了。何必太精明呢？”

他小的时候，他妈叫他去买红糖，他买了白糖回来。他妈骂他，他摇摇头说：“红糖白糖不是差不多吗？”

他在学堂的时候，先生问他：“直隶省的西边是哪一省？”他说是陕西。先生说，“错了。是山西，不是陕西。”他说：“陕西同山西，不是差不多吗？”

后来他在一个钱铺里做伙计；他也会写，也会算，只是总不会精细。十字常常写成千字，千字常常写成十字。掌柜的生气了，常常骂他。他只是笑嘻嘻地赔小心道：“千字比十字只多一小撇，不是差不多吗？”

有一天，他为了一件要紧的事，要搭火车到上海去。他从从容容地走到火车站，迟了两分钟，火车已开走了。他白瞪着眼，望着远远的火车上的煤烟，摇摇头道：“只好明天再走了，今天走同明天走，也还差不多。可是火车公司未免太认真了。八点三十分开，同八点三十二分开，不是差不多吗？”

他一面说，一面慢慢地走回家，心里总不明白为什么火车不肯等他两分钟。

有一天，他忽然得了急病，赶快叫家人去请东街的汪医生。那家人急急忙忙地跑去，一时寻不着东街的汪大夫，却把西街牛医王大夫请来了。差不多先生病在床上，知道寻错了人；但病急了，身上痛苦，心里焦急，等不得了，心里想道："好在王大夫同汪大夫也差不多，让他试试看罢。"于是这位牛医王大夫走近床前，用医牛的法子给差不多先生治病。不上一点钟，差不多先生就一命呜呼了。

差不多先生差不多要死的时候，一口气断断续续地说道："活人同死人也差……差……差不多，……凡事只要……差……差……不多……就……好了……何……何……必……太……太认真呢？"他说完了这句格言，方才绝气了。

差不多先生就诊图

情急之中，不分兽医与人医，胡乱看病，结果导致差不多先生白白送命。"差不多"是大多数中国人的口头禅，也是人们的普遍毛病。将这种民族通病比拟成一个人，一个人的荒唐和不认真又会导致殒命的后果，可见，"差不多"的毛病危害不小。

他死后，大家都很称赞差不多先生样样事情看得破，想得通；大家都说他一生不肯认真，不肯算帐，不肯计较，真是一位有德行的人。于是大家给他取个死后的法号，叫他做圆通大师。

他的名誉越传越远，越久越大。无数无数的人都学他的榜样。于是人人都成了一个差不多先生——然而中国从此就成为一个懒人国了。

作品赏析

本文采用简笔白描的写法，兼用嘲讽和夸张的手法，写出一种病。胡适先生是将一种毛病拟人来写，他拟出的人物叫"差不多先生"，而文章就是此先生的高妙画像。他是"中国全国人的代表"，他的五官和脑子身体几乎无用。而他的意见是"凡事只要差不多，就好了。何必太精明呢"。不必太精明的他认为"千字比十字只多一小撇，不是差不多吗"。他得一急病，找了一个差不多的医生，使他小命难保，但他在咽气前仍发表了"活人同死人也差不多"的高论。这样的人，被我们国人认为是一位有德行的人，并且都以他为榜样。这样的嘻嘻哈哈的写法很符合胡适一贯温和的风格，但是谈论的问题却不是轻松的。作为一个民族的长期积习，自然改起来也是很难的。幽默和讽刺使得这篇文章成为一种善意的劝谕，而不至于过激地攻击和伤害。

"作揖主义" /刘半农

在一个倡导自由争论的时代，本文代表了不同的声音

形象、幽默和诙谐是本文最大的特征

言语温和却不失力度

沈二先生与我们谈天，常说生平服膺红老之学。红，就是《红楼梦》；老，就是《老子》。这红老之学的主旨，简便些说，就是无论什么事，都听其自然。听其自然又是怎么样呢？沈先生说："譬如有人骂我，我们不必还骂：他一面在那里大声疾呼的骂人，一面就是他打他自己。我们在旁边看看，也很好，何必费着气力去还骂？又如有一只狗，要咬我们，我们不必打它，只是避开了就算；将来有两只狗碰了头，自然会互咬起来。所以我们做事，只须抬起了头，向前直进，不必在这抬头直进四个字以外，再管什么闲事；这就叫作听其自然，也就是红老之学的精神。"我想这一番话，很有些同托

尔斯泰的不抵抗主义相像，不过沈先生换了个红老之学的游戏名词罢了。

不抵抗主义我向来很赞成，不过因为有些偏于消极，不敢实行。现在一想，这个见解实在是大谬。为什么？因为不抵抗主义面子上是消极，骨底里是最经济的积极。我们要办事有成效，假使不实行这主义，就不免消费精神于无用之地。我们要保存精神，在正当的地方用，就不得不在可以不必的地方节省些。这就是以消极为积极：不有消极，就没有积极。既如此，我也要用些游戏笔墨，造出一个“作揖主义”的新名词来。

“作揖主义”是什么呢？请听我说：——

譬如早晨起来，来的第一客，是位前清遗老。他拖了辫子，弯腰曲背走进来，见了我，把眼镜一摘，拱拱手说：“你看！现在是世界不像世界了：乱臣贼子，遍于国中，欲求天下太平，非请宣统爷正位不可。”我急忙向他作了个揖，说：“老先生说的话，很对很对。领教了，再会罢。”

第二客，是个孔教会会长。他穿了白洋布做的“深衣”，古颜道貌的走进来，向我说：“孔子之道，如日月经天，江河行地。现在我们中国，正是四维不张，国将灭亡的时候；倘不提倡孔教，昌明孔道，就不免为印度波兰之续。”我急忙向他作了个揖，说：“老先生说的话，很对很对，领教了，再会罢。”

第三客，是位京官老爷。他衣裳楚楚，一摆一踱的走进来，向我说：“人的根，就是丹田。要讲卫生，就要讲丹田的卫生。要讲丹田的卫生，就要讲静坐。你要晓得，这种内功，常做了可以成仙的呢！”我急忙向他作了个揖，说：“老先生说的话，很对很对。领教了，再会罢。”

第四五客，是一位北京的评剧家，和一位上海的评剧家，手携着手同来的。没有见面，便听见一阵“梅郎”“老谭”的声音。见了面，北京的评剧家说：“打把子有古代战术的遗意，脸谱是画在脸孔上的图案；所以旧戏是中国文学美术的结晶体。”上海的评剧家说：“这话说得不错呀！我们中国人。何必要看外国戏；中国戏自有好处，何必去学什么外国戏？你看这篇文章，就是这一位方家所赏识的；外国戏里，也有这样的好处么？”他说到“方家”二字，翘了一个大拇指，指着北京的评剧家，随手拿出一张《公言报》递给我看。我一看那篇文章，题目是《佳哉剧也》四个字，我急忙向两人各各作了一个揖，说：“两位老先生说的话，很对很对。领教了，再会罢。”

第六客是个玄之又玄的鬼学家。他未进门，便觉阴风惨惨，阴气逼人，见了面，他说：“鬼之存在，至今日已无丝毫疑义。为什么呢？因为人所居者为‘显界’，鬼所居者，尚别有一界，名‘幽界’。我们从理论上去证明他，是鬼之存在，已无疑义。从实质上去证明他，是搜集种种事实，助以精密之器械，继以正确之试验，可知除显界外，尚有一幽界。”我急忙向他作了个揖，说：“老先生说的话，很对很对，领教了，再会罢。”

末了一位客，是王敬轩先生。他的说话最多，洋洋洒洒，一连谈了一点多钟。把“中学为体，西学为用”八个字，发挥得详尽无遗，异常透彻。我屏息静气听完了，也是照例向他作了个揖，说：“老先生的话，很对很对。领教了，再会罢。”

如此东也一个揖，西也一个揖，把这一班老伯，大叔，仁兄大人之类送完了，我仍旧做我的我：要办事，还是办我的事；要有主张，还仍旧是我的主张。这不过忙了两只手，比用尽了心思脑力唇焦舌敝的同他们辩驳，不省事得许多么？

何以我要如此呢？

因为我想到前清末年的官与革命党两方面，官要尊王，革命党要排满；官说革命党是“匪”，革命党说官是“奴”。这样牛头不对马嘴，若是双方辩论起来，便到地老天荒；恐怕大家还都是个“缠夹二先生”，断断不能有什么谁是谁非的分晓。所以为官计，不如少说闲话，切切实实想些方法去捉革命党。为革命党计，也不如少说闲话；切切实实想些方法去革命。这不是一刀两断，最经济最爽快的办法么？

我们对于我们的主张，在实行一方面，尚未能有相当的成效，自己想想，颇觉惭愧。不料一般社会的神经过敏，竟把我们看得像洪水猛兽一般。既是如此，我们感激之余，何妨自贬声价，处于“匪”的地位：却把一般社会的声价抬高——这是一般社会心目中之所谓高——请他处于“官”的地位？

自此以后，你做你的官，我做我的匪。要是做官的做了文章，说什么“有一班乱骂派读书人，其狂妄乃出人意表。所垂训于后学者，曰不虚心，曰乱说，曰轻薄，曰破坏。凡此恶德，有一于此，即足为研究学问之障，而况兼备之耶？”我们看了，非但不还骂，不与他辩，而且还要像我们江阴人所说的“乡下人看告示”，奉送他“一篇大道理”五个字。为什么？因为他们本来是官，这些话说，本来是“出示晓谕”以下，“右仰通知”以上应有的文章。

兼容并包

“旧派”代表刘师培、辜鸿铭与“新派”代表李大钊、胡适、鲁迅、周作人、钱玄同、刘半农等同时在北大课堂上自由讲学，对各种问题进行争论。在反复争论中，刘半农却看出了有些争论牛头不对马嘴。一争论起来便到没完没了，于是刘半农便提出“作揖主义”。此画为沈加蔚1988年作。

到将来，不幸而竟有一天，做官的诸位老爷们额手相庆曰：“谢天谢地，现在是好了，洪水猛兽，已一律肃清，再没有什么后生小子，要用夷变夏，蔑污我神州四千年古国的文明了。”那时候，我们自然无话可说，只得像北京刮大风时坐在胶皮车上一样，一壁叹气，一壁把无限的痛苦尽量咽到肚子里去；或者竟带这种痛苦，埋入黄土，做蝼蚁们的食料。

万一的万一竟有一天变作了我们的“一千九百十一年十月十日”了，那么，我一定是个最灵验的预言家。我说：那时的官老爷，断断不再说今天的官话，却要说：“我是几十年前就提倡新文明的，从前陈独秀胡适之陶孟和周启明唐元期钱玄同刘半农诸先生办《新青年》时，自以为得风气之先，其时我的新思想，还远比他们发生得早咧。”到了那个时候，我又怎么样呢？我想，一千九百十一年以后，自称老同盟的很多，真正的老同盟也没有方法拒绝这班新牌老同盟。所以我到那时，还是实行“作揖主义”，他们来一个，我就作一个揖，说：“欢迎！欢迎！欢迎新文明的先知先觉！”

作品赏析

这是一篇有趣的画像，作者列举了一批人物：政客、遗老、帮闲、文艺家等，而作者所谓的“作揖主义”就是针对这些人的对策。“五四”新文化运动时期是一个对各种问题进行大争论的时期，然而刘半农却从这些争论中看出一些问题来，“我想到前清末年的官与革命党两方面，官要尊王，革命党要排满；官说革命党是‘匪’，革命党说官是‘奴’。这样牛头不对马嘴，若是双方辩论起来，便到地老天荒；恐怕大家还都是个‘缠夹二先生’，断断不能有什么谁是谁非的分晓。所以为官计，不如少说闲话，切切实实想些方法去捉革命党。为革命党计，也不如少说闲话；切切实实想些方法去革命。这不是一刀两断，最经济最爽快的办法么？”在作者看来，有些争论除了浪费时间和精力，根本毫无意义，于是他倡导不抵抗主义，“因为不抵抗主义面子上是消极，骨子里是最经济的积极。我们要办事有成效，假使不实行这主义，就不免消费精神于无用之地。我们要保存精神，在正当的地方用，就不得不在可以不必的地方节省些”，并称之为“作揖主义”。文章做得很妙，形象而且幽默，温和且务实。而在骨子里，作者的态度却是非常鲜明的。

“老爷”说的准没错 /叶圣陶

入选理由

叶圣陶的经典杂文之一

对“话语权”掌握在“老爷”阶层的质疑

令人佩服的智慧、深刻和含蓄

《十五贯》里的娄阿鼠说：“老爷说是通奸谋杀，自然是通奸谋杀的了。”这当然表现娄阿鼠作恶心虚，谋脱干系，可是这句话的格式可以研究一下，因为这个格式代表一种思想方法。

老爷说的话准没有错儿。为什么准没有错儿？就因为说话的是老爷。不妨听一听，老爷说是怎么样，自然是怎么样了，他的语气是多么斩钉截铁。娄阿鼠的思想方法的全部精华就是这样。

“老爷”说的准没错

昆剧《十五贯》中的娄阿鼠奴颜婢膝，唯上是从。这种角色反映了现实生活中一类人相似的思想作风。

岂但娄阿鼠呢！从前有许多人用“先圣有言”发端，或者用“孔子曰”、“孟子曰”开场，把大前提摆出来，然后立下判断。近几十年来，“先圣有言”和“孔子曰”“孟子曰”几乎绝迹了，可是大前提的前边往往是“某某说”或者“某某指示我们”，可见余风未衰。这些大前提为什么能做大前提，照例用不着证明，这里头隐隐含着这么个意思——是某某说的话就有资格做大前提。这就差不多跟娄阿鼠一鼻孔出气了。娄阿鼠不是相信老爷说的话准没有错儿吗？所以娄阿鼠的思想方法可以做代表。

早些年有个名儿叫“偶像崇拜”，今年有个新鲜名儿叫“个人崇拜”，两个名儿二而一，都指的这一种思想方法。

被用作大前提的先圣，孔子、孟子以及这个某某，那个某某的话也全没有错儿，从这些大前提推出来的结论也许全有道理，也许对实际工作有好处，可是这样的思想方法总难叫人信服，因为它只认某某而不辨道理，因为它无条件地肯定某某的话必有道理，这是无论如何不会约定俗成的。

摆脱这样的思想方法，该是改进文风的办法之一。

作品赏析

叶圣陶先生的智慧、深刻和含蓄的确让人佩服。他通过《“老爷”说的准没错》一文巧妙地揭露了封建专制统治及其危害，但见诸文字的却是有关改进文风的话题。

本文以娄阿鼠的言语为切入点，引出了“娄阿鼠式的思想方法”，即“老爷说的话准没错儿。为什么准没有错儿？就因为说话的是老爷。”

细细分析“娄阿鼠式的思想方法”形成原因无非是专制暴政的压迫和个体利益的驱动。因为“老爷”有权有势，能操纵“下人”身家性命，所以“老爷”的话对于下人而言就一定是对的了，即便不对，“下人”也只能无声地忍受；而“下人”在面对强权的时候只有唯命是听，唯命是从，才能保证自己的利益，乃至自己的生命不受伤害。

文中，叶圣陶还特意强调了“娄阿鼠思想方法”形成的条件，就是“大前提”，还作了这样的解释：“这些大前提为什么能做大前提，照例用不着证明，这里头隐隐含着这么个意思——是某某说的话就有资格做大前提。”而“大前提”是什么意思，“老爷”指的是什么人，这里就不言而喻了。

为什么叶先生宁可用非常隐讳的方法提醒人们要“摆脱这种思想方法”？因为它的危害实在是太大了。首先是对“下人”的危害。“这样的思想方法总难叫人信服，因为它只认某某而不辨道理，因为它无条件地肯定某某的话必有道理，这是无论如何不会约定俗成的。”也就是说像娄阿鼠这样处理事情，无疑是受人以柄；其次，是对“老爷”的危害。“老爷”说的话如果是错的，那势必造成一定后果，而要为后果“埋单”的，只能是“老爷”，而非“下人”；再次，是对普天下老百姓的危害，这也是最大的危害。也就是说，如果后果严重到“老爷”也无法承担的时候，那“埋单”的义务则会毫无疑问地落到老百姓的头上。

所以，要想避免可怕的后果出现，就要摆脱“娄阿鼠式的思想方法”。而摆脱这种思想方法最有效的途径就是彻底消除“老爷”阶层，让全天下的人都有话语权。

卧着拿薪水 /邹韬奋

文化大师针砭政治时弊的力作

指出了造成腐败的沆瀣一气的体制原因所在

所谈事实在现时代仍具有极大的现实意义

据报载最近冯玉祥氏对新闻记者谈话，有“国家将亡，应卧薪尝胆，但他们正在卧着拿薪水”等语，末了一句颇饶幽默意味。我们做老百姓的看惯了当今所谓要人也者，往往上台时干得乱七八糟，下台后却说得头头是道，所以我们对于大人先生们的高论，常觉得要大大的打个折扣。但像冯氏说的这句话，对于国难中老爷们的拖拖沓沓醉生梦死好像已倒在棺材里的心理形态，似乎描摹得颇有几分似处。拿应拿可拿的薪水，原不算什么罪过，可是一定要不客气的“卧着拿”，那扯烂污的程度未免太高明了！

但是我们如略再仔细的研究一下，便觉得仅仅拿薪水的仁兄们，就是“卧着”拿的，大概都是藉此勉强糊口活家的可怜虫。讲到国家民族的元恶大憝，却是那些不靠薪水过活，所拿的远超出于薪水，你虽求他们仅仅安安分分的“卧着”而不可得的一大堆宝贝！

诚然，现在有一班全靠着显亲贵戚，在衙门里挂个衔头吃现成饭的官僚老爷们，拿着薪水无事可

作者简介

邹韬奋（1895 ~ 1944），原名思润，笔名韬奋，祖籍江西余江。1895 年出生在福建永安。1919 年由南洋大学转入圣约翰大学文科，毕业后任中华职业教育社编辑部主任，并负责编辑《教育与职业》月刊和主编职业教育丛书，同时兼任中华职业学校和海澜英文专门学校的英文教员。1921 年大学毕业后至 1931 年，负责《生活》周刊和《时事新报》副刊编务。1931 年九一八事变后反对蒋介石的不抵抗主义，积极为抗日募捐。1932 年 7 月，创办生活书店，该店相继在全国许多城市设立分店，大量编印发行各抗日救亡书籍和马列主义书籍。次年加入中国民权保障同盟，当选为执行委员。1933 年 7 月因受迫害流亡国外。

1935 年 8 月，由美归国，创办《大众生活》周刊，不久被封。1936 年奔走于港沪之间，积极鼓动抗日。年底遭逮捕，是“七君子”之一。出狱后，上海沦陷，前往武汉继续参加救国活动。国民党政府聘他为国民参议员。他把《抗战》和《全民周刊》合并改为《全民抗战》三日刊。1941 年 2 月，辞去国民参议员职务，出走香港，并恢复《大众生活》周刊。

香港沦陷后，曾到苏北解放区参观访问。1943 年因患脑癌秘密回上海治病。次年 7 月 24 日在上海病逝。中共中央根据他生前的申请，追认其为中国共产党党员。

做，只须“卧着”就行，他们只要靠得着封建的残余势力，尤其是有做小舅子资格以及能和这种资格发生直接间接关系的人们，都有便宜可拓，都只须“卧着拿薪水”！但是他们不得不求生存，这样的社会既不能容纳这许多求生者，他们只得往比较可以糊口的路上钻。对这种人我们仍只觉得怜悯，认为是社会制度造成的罪恶。

至于上等的贪官污吏和搜括无厌还要打着玩玩的军阀，那是“卧着拿薪水”并非他们所屑为的。“捐税名称之繁，既已无奇不备；勒借预征之酷，复又遍及灾区。”（见国府请求川军停战命令）这比“拿薪水”要高明得千万倍了。但他们却不愿安分的“卧着”，却要“罔顾国难，藉故交兵，军旅因内战而捐精英，黎庶因兵劫而膏锋镝。”就是客客气气的请求他们“引咎互让，立止干戈”（亦见上令），他们仍充耳不闻，玩得起劲，这就请求他们“卧着”而不可得了！

作品赏析

1932年底，日寇侵华，国难当头，冯玉祥将军批评一些在国难中醉生梦死、玩忽职守的官员时，说了一句极幽默的话：“国家将亡，应卧薪尝胆，但他们正在卧着拿薪水。”邹韬奋先生就以“卧着拿薪水”为题，写了一篇文章，使这个话题更进了一步。作者在文中说，只是“卧着拿薪水”的人，并非是上等贪官污吏，因为这些“仅仅拿薪水的仁兄们，就是‘卧着’拿的，大概都是藉此勉强糊口活家的可怜虫。讲到国家民族的元恶大憝，却是那些不靠薪水过活，所拿的远超出于薪水，你虽求他们仅仅安安分分的‘卧着’而不可得的一大堆宝贝！”因为这些人搜刮无度，已不屑这点“薪水”了。更可怕的是“上等的贪官污吏和搜括无厌还要打着玩玩的军阀，那种‘卧着拿薪水’并非他们所屑为的。”“他们却不愿安分的‘卧着’，却要‘罔顾国难，藉故交兵，军旅因内战而捐精英，黎庶因兵劫而膏锋镝。’就是客客气气的请求他们‘引咎互让，立止干戈’（亦见上令），他们仍充耳不闻，玩得起劲，这就请求他们‘卧着’而不可得了！”腐败的极端当然是亡国，文章开门见山，直接地指出了这一点更可怕的事实。就今天来说，对虽然不贪污受贿但“拿薪水”的官员来说，也都不能只是“卧着拿薪水”，而应当站起来做事。对“执政为民”的官员来说，更应如此。

中原大战前，冯玉祥的部队在潼关红场整装待发。

中国人之聪明

/林语堂

文化大师对国民性的深刻洞察与剖析
中国人的黑色处世哲学的淋漓再现
真挚情感与冷峻笔法的完美结合

聪明系与糊涂相对而言。郑板桥曰："难得糊涂"，"聪明难，由聪明转入糊涂为尤难"，此绝对聪明语，有中国人之精微处世哲学在焉。俗语曰："聪明反为聪明误"，亦同此意。陈眉公曰："惟有知足人，鼾鼾睡到晓，惟有偷闲人，憨憨直到老"，亦绝顶聪明语也。故在中国，聪明与糊涂复合为一，而聪明之用处，除装糊涂外，别无足取。

中国人为世界最聪明之一民族，似不必多方引证。能发明麻将牌戏及九龙圈者，大概可称为聪明的民族。中国留学生每在欧美大学考试，名列前茅，是一明证。或谓此系由于天择，实非确论，盖留学者未必皆出类拔萃之辈，出洋多由家庭关系而已。以中国农工与西方同级者相比，亦不见弱于西方民族。此尚系题外问题。

惟中国人之聪明有西方所绝不可及而最足称异者，即以聪明抹杀聪明之聪明。聪明糊涂合一之论，极聪明之论也。仅见之吾国，而未见之西方。此种崇拜糊涂主义，即道家思想，发源于老庄。老庄固古今天下第一等聪明人，《道德经》五千言亦世界第一等聪明哲学。然聪明至此，已近老猾巨奸之哲学，不为天下先，则永远打不倒，盖老猾巨奸之哲学无疑。盖中国人之聪明达到极顶处，转而见出聪明之害，乃退而守愚藏拙以全其身。又因聪明绝顶，看破一切，知"为"与"不为"无别，与其为而无效，何如不为以养吾生。只因此一着，中国文明乃由动转入静，主退，主守，主安分，主知足，而成为重持久不重进取，重和让不重战争之文明。

此种道理，自亦有其佳处。世上进化，诚不易言。熙熙攘攘，果何为者。何若"退一步想"知足常乐以求一心之安。此种观念贯入常人脑中时，则和让成为社会之美德。若"有福莫享尽，有势莫使尽"，亦极精微之道也。

北方的农夫在炕上划拳喝酒

这是20世纪30年代的旧照片。无论生活多么艰难，只要有一席暖炕就能安然睡下，而且照常快乐。这是中国人知足常乐的本性使然。

惟吾恐中国人虽聪明，善装糊涂，而终反为此种聪明所误。中国之积弱，即系聪明太过所致。世上究系糊涂者占便宜，抑系聪明者占便宜，抑系由聪明转入糊涂

作者简介

林语堂（1895 ~ 1976），福建龙溪人。原名和乐，后改玉堂，又改语堂。1912 年入上海圣约翰大学，毕业后在清华大学任教。1919 年秋赴美哈佛大学文学系。1922 年获文学硕士学位。同年转赴德国入莱比锡大学，专攻语言学。1923 年获博士学位后回国，任北京大学教授、北京女子师范大学教务长和英文系主任。1924 年后为《语丝》主要撰稿人之一。1926 年到厦门大学任文学院院长。1927 年任外交部秘书。1932 年主编《论语》半月刊。1934 年创办《人间世》，1935 年创办《宇宙风》，提倡"以自我为中心，以闲适为格调"的小品文。1935 年后，在美国用英文写作。1944 年曾一度回国到重庆讲学。1945 年赴新加坡筹建南洋大学，任校长。1952 年在美国创办《天风》杂志。1966 年定居台湾。1967 年受聘为香港中文大学研究教授。1975 年被推举为国际笔会副会长。1976 年在香港逝世。

外国人干涉中国法庭判案

这是19世纪末英国的一幅版画。清朝官员正在审理一件案子，两名英国人却在这里监督，最后那位犯人被判死刑，并且即将执行。对于司法断案这样的国家大事，中国人却行事稀松平常，主退主守，丧失自己的主权，实为糊涂之至。

者占便宜，实未易言。热河之败，败于糊涂也。惟以聪明的糊涂观法，热河之失，何足重轻？此拾得和尚所谓“且过几年，你再看他”之观法。锦州之退。聪明所误也。使糊涂的白种人处于同样境地，虽明知兵力不敌，亦必背城借一，宁为玉碎，不为瓦全，与日人一战。夫玉碎瓦全，糊涂语也。以张学良之聪明，乃不为之。然则聪明是耶，糊涂是耶，中国人聪明耶，白种人聪明耶，吾诚不敢言。

否所知者，中国人既发明以聪明装糊涂之聪明的用处，乃亦常受此种绝顶聪明之亏。凡事过善于计算个人利害而自保，却难得一糊涂人肯勇敢任事，而国事乃不可为。吾读朱文公《政训》，见一节云：

今世士大夫，惟以苟且逐旋挨事过去为事。挨得过时且过。上下相咻以勿生事，不要理会事。且恁鹘突，才理会得分明，便做官不得。有人少负能声，及少经挫抑，则自悔其太惺惺了了，一切刻方为圆，随俗苟且，自道是年高见识长进……风俗如此，可畏可畏！

可见宋人已有此种毛病，不但“今世士大夫”然也。夫“刻方为圆”，不伤人感情，不辨是非，与世浮沉，而成一老猾巨奸，为个人计，固莫善于此，而为社会国家计，聪明乎？糊涂乎？则未易言。在中国多一见识长进人时，便是世上少一做事人时；多一聪明同胞时，便是国事走入一步黑甜乡时，举国皆鼾鼾睡到晓，憨憨直到老。举国皆认三十六计走为上计之圣贤，而独无一失计之糊涂汉子。举国皆不吃眼前亏之好汉，而独无一肯吃亏之弱者，是国家之幸乎？是国家之幸乎？

然则中国人虽绝顶聪明，归根结蒂，仍是聪明反为聪明误。呜呼，吾焉得一位糊涂大汉而崇拜之。

（本文系承《星洲日报》之邀，撰寄该报者，搁笔后颇有骨鲠之感，乃转抄一纸，登刊此地，使与国内同胞相见）

作品赏析

中国人的处世学问在世界民族之林也是令人绝倒的，这也应该看作是艰难存活中的一种黑色幽默。而这样的哲学向来是被世人奉为珍贵的智能。且不说这种智能有多久的渊源，单看它的发展，就足使人感慨起来。先是消极避世、隐退、无为，后是“难得糊涂”、“聪明难，由聪明转入糊涂为尤难”、“惟有知足人，鼾鼾睡到晓，惟有偷闲人，憨憨直到老”等。作者指出:“只因此一着，中国文明乃由动转入静，主退，主守，主安分，主知足，而成为重持久不重进取，重和让不重战争之文明。”一种政治及这种政治下的文化所培养的人性，使你很难说清谁是谁非，但是这种土壤培育出的消极、极端自私、装傻而自保却无论如何也算不上什么好事情，无论人际小事，还是国家大事，均有害无益，所以说它不仅是民族的悲哀，更是前进的障碍。作者哀叹说：“然则中国人虽绝顶聪明，归根结蒂，仍是聪明反为聪明误。呜呼，吾焉得一位糊涂大汉而崇拜之。”尽管文章已经经历近一个世纪，但我们民族的文化积习之久远，使我们不得不在今天依然重视文章中所谈论的问题。

中国人的国民性

/林语堂

具有独立价值的有关中国人的国民性的著作
大家手笔拈来的精致小品
诙谐嬉笑中藏着热烈的爱与深刻的分析

一

中国向来称为老大帝国。这老大二字有深意存焉，就是既老又大。老字易知，大字就费解而难明了。所谓老者第一义就是年老之老。今日小学生无不知中国有五千年的历史，这实在是我们可以自负的。无论这五千年中是怎样混法，但是五千年的的确确被我们混过去了。一个国家能混过上下五千年，无论如何是值得敬仰的。国家和人一样，总是贪生想活，与其聪明而早死，不如糊涂而长寿。中国向来提倡敬老之道，老人有什么可敬呢？是敬他生理上一种成功，抵抗力之坚强；别人都死了，而他偏还活着。这百年中，他的同辈早已逝世，或死于水，或死于火，或死于病，或死于匪，灾旱寒暑攻其外，喜怒忧乐侵其中，而他能保身养生，终是胜利者。这是敬老之真义。敬老的真谛，不在他德高望重，福气大，子孙多，倘使你遇到道旁一个老丐，看见他寒穷，无子孙，德不高望不重，遂不敬他，这不能算为真正敬老的精神。所以敬老是敬他的寿考而已。对于一个国家也是这样。中国有五千年连绵的历史，这五千年中多少国度相继兴亡，而他仍存在；这五千年中，他经过多少的旱灾水患，外敌的侵凌，兵匪的蹂躏，还有更可怕的文明的病毒，假使在于神经较敏锐的异族，或者早已灭亡，而中国今日仍存在，这不能不使我们赞叹的。这种地方，只可意会，不可言传。同时老字还有旁义。就是“老气横秋”，“脸皮老”之老。人越老，脸皮总是越厚。中国这个国家，年龄总比人家大，脸皮也比人家厚。年纪一大，也就倚老卖老，荣辱祸福都已置之度外，不甚为意。张山来说得好：“少年人须有老成人之识见，老成人须有少年人之襟怀”；就是少年识见不如老辈，而老辈襟怀不如少年。少年人趾高气扬，鹏程万里，不如老马之伏枥就羁。所以孔子是非常反对老年人之状况的。一则曰“不知老之将至”，再则曰“老而不死是为贼”，三则曰“及其老也，戒之在得”。戒之在得是骂老人之贪财，容易犯了晚年失节之过。俗语说“鸨儿爱钞，姐儿爱俏”，就是孔子的意思。姐儿是讲理想主义者，鸨儿是讲现实主义者。

大是伟大之义。中国人谁不想中国真伟大啊！其实称人伟大，就是不懂之意。以前有黑人进去听教师讲道，人家问他意见如何，他说“伟大啊”。人家问他怎样伟大，他说“一个字也听不懂”。不懂时就伟大，而同时伟大就是不可懂。你看路上一个同胞，或是洗衣匠，或是裁缝，或是黄包车夫，形容并不怎样令人起敬起畏。然而试想想他的国度曾经有五千年历史，希腊罗马早已亡了，而他巍然获存。他所代表的中国，虽然有点昏沉老耄，国势不振，但是他有绵长的历史，有古远的文化，有一种处世的人生哲学，有文学，美术，书画，建筑足与西方媲美。别人的种族，经过几百年文明，总是腐化，中国的民族还能把河南犹太民族吸引同化。这是西洋民族所未有的事。中国的历史比他国有更长的不

《南京条约》签字图

《南京条约》是中国近代史上第一个丧权辱国的不平等条约。1842年8月29日，清廷官员与英国签订了《南京条约》，同意割让香港，付给英国巨额赔款，给予领事裁判权，实行片面最惠国待遇等。中国人的忍耐和退让曾让泱泱大国蒙羞受辱。

断的经过，中国的文化也比他国能够传遍较大的领域。据实用主义的标准讲，他在优胜劣败的战场上是胜利者，所以这文化，虽然有许多弱点，也有竞存的效果。所以你越想越不懂，而因为不懂，所以你越想中国越伟大起来了。

二

老实讲，中国民族经过五千年的文明，在生理上也有相当的腐化，文明生活总是不利于民族的。中国人经过五千年的叩头请揖让跪拜，五千年说“不错，不错”，所以下巴也缩小了，脸庞也圆滑了。一个民族五千年中专说“啊！是的，是的，不错，不错”，脸庞非圆起来不可。江南为文化之区，所以江南也多小白脸。最容易看出的是毛发与皮肤。中国女人比西洋妇人皮肤嫩，毛孔细，少腋臭，这是谁都承认的。

还有一层，中国民族所以生存到现在，也一半靠外族血脉的输入，不然今日恐尚不止此颓唐萎靡之势。今日看看北方人与南方人体格便知此中的分别。（南人不必高兴，北人不必着慌，因为所谓“纯粹种族”在人类学上承认“神话”，今日国中就没人能指出谁是“纯粹中国人”。）中国历史，每八百年必有王者兴，其实不是因为王者，是因为新血之加入。世界没有国家经过五百年以上而不变乱的；其变乱之源就是因为太平了四五百年，民族就腐化，户口就稠密，经济就穷窘，一穷就盗贼瘟疫相继而至，非革命不可。所以每八百年的周期中，首四五百年是太平的，后二三百年就是内乱兵匪，由兵匪起而朝代灭亡，始而分裂，继而迁都，南北分立，终而为外族所克服，克服之后，有了新血脉然后又统一，文化又昌盛起来。周朝八百年是如此。先统一后分裂，再后楚并诸侯南方独立，再后灭于秦。由秦至隋也是约八百年一期，汉晋是比较统一，到了东晋便五胡乱华，到隋才又统一。由隋至明也是约八百年，始而太平，国势大振，到南宋而渐微，到元而灭。由明到清也是一期，太平五百年已过，我们只能希望此后变乱的三百年不要开始，这曾经有人做过很详细的统计。总而言之，北方人种多受外族的混合，所以有北方之强，为南人所无。你看历代建朝帝王都是出于长江以北，没有一个出于长江以南。所以中国人有句话，叫作，吃面的可以做皇帝，而吃米的不能做皇帝。曾国藩不幸生于长江以南，又是湖南产米之区，米吃得太多，不然早已做皇帝了。再精细考究，除了周武王秦始皇及唐太祖生于西北陇西以外，历朝开国皇帝都在陇海路附近，安徽之东，山东之西，江苏之北，河北之南。汉高祖生于江北，晋武帝生于河南，宋太祖出河北，明太祖出河南。所以江淮盗贼之薮，就是皇帝发祥之地。你们谁有女儿，要求女婿或是要学吕不韦找邯郸姬生个皇帝儿，求之陇海路上之三等车中，可也。考之近日武人，山东出了吴佩孚，张宗昌，孙传芳，卢永祥。河北出了齐燮元，李景琳，强之江，鹿钟麟。河南出一袁世凯，险些儿就登了龙座，安徽也出了冯玉祥，段祺瑞。江南向来没有产过名将，只出了几个很好的茶房。

三

但是虽有此南北之分，与外族对立而言，中国民族尚不失为有共同的特殊个性。这个国民性之来由，有的由于民种，有的由于文化，有的是由于经济环境得来的。中国民族也有优点，也有劣处，若俭朴，若爱自然，若勤俭，若幽默，好的且不谈，谈其坏的。为国与为人一样，当就坏处着想，勿专谈己长，才能振作。有人要谈民族文学也可以，但是夸张轻狂，不自检省，终必灭亡。最要紧是研究我们的弱点何在，及其弱点之来源。

我们姑先就这三个弱点：忍耐性，散慢性及老猾性，研究一下，并考其来源。我相信这些都是一种特殊文化及特殊环境的结果，不是上天生就华人，就是这样忍辱含垢，这样不能团结，这样老猾奸诈。这有一方法可以证明，就是人人在他自己的经历，可以体会出来。本来人家说屁话，我就反对；现在人家说屁话，我点头称善曰：“是啊，不错不错。”由此度量日宏而福泽日深。由他人看来，说是我的修养工夫进步。不但在我如此，其实人人如此。到了中年的人，若肯诚实反省，都有这样修养的进步。二十岁青年都是热心国事，三十岁的人都是“国事管他娘”。我们要问，何以中国社会使人发生忍耐，莫谈国事，及八面玲珑的态度呢？我想含忍是由家庭制度而来，散慢放逸是由于人权没有保障，而老猾敷衍是由于道家思想。自然各病不只一源，而且其中各有互相关系；但为讲解得清楚便利，可以这样暂时分个源流。

忍耐，和平，本来也是美德之一。但是过犹不及；在中国忍辱含垢，唾面自干已变成君子之德。这忍耐之德也就成为国民之专长。所以西人来华传教，别的犹可，若是白种人要教黄种人忍耐和平无抵抗，这简直是太不自量而发热昏了。在中国，逆来顺受已成为至理名言，弱肉强食，也几乎等于天理。贫民遭人欺负，也叫忍耐，四川人民预缴三十年课税，结果还是忍耐。因此忍耐乃成为东亚文明之特征。然而越“安排吃苦”越有苦可吃。若如中国百姓不肯这样地吃苦，也就没有这么许多苦吃。所以在中国贪官剥削小百姓，如大鱼吃小鱼，可以张开嘴等小鱼自己游进去，不但毫不费力，而且甚合天理。俄国有个寓言，说一日有小鱼反对大鱼的歼灭同类，就对大鱼反抗，说“你为什么吃我”？大鱼说：“那么，请你试试看。我让你吃，你吃得下去么？”这大鱼的观点就是中国人的哲学，叫作守己安分。小鱼退避大鱼谓之“守己”，退避不及游入大鱼腹中谓之“安分”。这也是吴稚晖先生所谓“相安为国”，你忍我，我忍你，国家就太平无事了。

这种忍耐的态度，我想是由大家庭生活学来的。一人要忍耐，必先把脾气炼好，脾气好就忍耐下去。中国的大家庭生活，天赋给我们练习忍耐的机会，因为在大家庭中，子忍其父，弟忍其兄，妹忍其姊，侄忍叔，妇忍姑，妯娌忍其妯娌，自然成为五代同堂团圆局面。这种日常生活磨练影响之大，是不可忽略的。这并不是我造谣。以前张公艺九代同堂，唐高宗到他家问何诀。张公艺只请纸连写一百个“忍”字。这是张公艺的幽默，是对大家庭制度最深刻的批评。后人不察，反拿百忍当传家宝训。自然这也有道理。其原因是人口太多，聚在一起，若不兼容，就无处翻身，在家在国，同一道理。能这样相忍为家者，自然也能相安为国。

在历史上，我们也可证明中国人明哲保身莫谈国事决非天性。魏晋清谈，人家骂为误国。那时的文人，不是隐逸，便是浮华，或者对酒赋诗，或者炼丹谈玄，而结果有永嘉之乱，这算是中国人最消极最漠视国事之一时期，然而何以养成此普遍清谈之风呢？历史的事实，可以为我们明鉴。东汉之末，子大夫并不是如此的。太学生三万人常常批评时政，是谈国事，不是不谈的。然而因为没有法律的保障，清议之权威抵不过宦官的势力，终于有党锢之祸。清议之士，大遭屠杀，或流或刑，或夷其家族，杀了一次又一次。于是清议之风断，而清谈之风成，聪明的人或故为放逸浮夸，或沉湎酒色，而达到酒德颂的时期。有的避入山中，蛰居子屋，由窗户传食。有的化为樵夫，求其亲友不要来访问，以避耳目。竹林七贤出，而大家以诗酒为命。刘伶出门带一壶酒，叫一人带一铁锹，对他说“死便埋我”，而时人称贤。贤就是聪明，因为他能佯狂，而得善终。时人佩服他，如小龟佩服大龟的龟壳的坚实。

德国人统治下脚带镣铐的“幸福生活”

这是一幅19世纪的明信片。它是八国联军时期中国社会的一个缩影。

所以要中国人民变散慢为团结，化消极为积极，必先改此明哲保身的态度，而要改明哲保身的态度，非几句空言所能济事，必改造使人不得不明哲保身的社会环境，就是给中国人民以公道法律的保障，使人人在法律范围之内，可以各开其口，各做其事，各展其才，各行其志。不但扫雪，并且管霜。换句话说，要中国人不像一盘散沙，根本要着，在给与宪法人权之保障。但是今日能注意到这一点道理，真正参悟这人权保障与我们处世态度互相关系的人，真寥如晨星了。

作品赏析

在反思中国人的国民性的著作中，《中国人的国民性》是具有独立价值的。作者在看透中国人的老大自居和“忍耐性，散慢性及老猾性”等人性弱点的同时究其根源，认为种种劣迹的繁衍在于世道和人心的相互改造。中国历史的古老，生存的艰难，环境的复杂，政治的变乱，都是产生这些弱点的土壤，而中国历史之所以绵长而不绝的原因只在新血液的不断加入。作者认为，原本“无论这五千年中是怎样混法，但是五千年的的确确被我们混过去了。一个国家能混过上下五千年，无论如何是值得敬仰的”。但可笑可悲的是，中国向来提倡敬老之道“是敬他生理上一种成功，抵抗力之坚强；别人都死了，而他偏还活着”。莫大的讽刺在于我们的敬是糊涂的敬，并没有敬在道理上。关于“忍耐性，散慢性及老猾性”，作者指出：“含忍是由家庭制度而来，散慢放逸是由于人权没有保障，而老猾敷衍是由于道家思想。自然各病不只一源，而且其中各有互相关系。”忍耐、和平，本来也是美德之一，而“在中国忍辱含垢，唾面自干已变成君子之德。这忍耐之德也就成为国民之专长”。而改造国民，使“中国人民变散慢为团结，化消极为积极，必先改此明哲保身的态度，而要改明哲保身的态度”，就“必改造使人不得不明哲保身的社会环境，就是给中国人民以公道法律的保障”。也就是说，“要中国人不像一盘散沙，根本要着，在给与宪法人权之保障”。文章从容谈古论今，确凿而在理，使人不能不信服。

X市的狗 /胡愈之

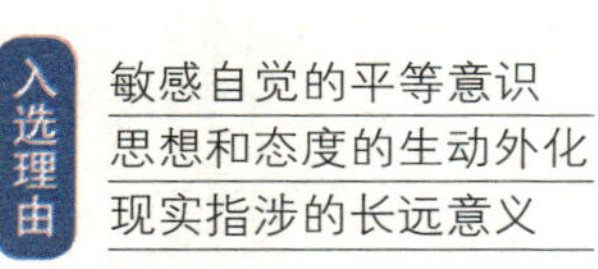

敏感自觉的平等意识
思想和态度的生动外化
现实指涉的长远意义

在我们的读者中间，大概有好几位是曾经到过S市，或者是住居在S市的。列位大概都知道S市是东方最繁盛的都市，是物质文明集合的中心点；那边的人们，吃的、着的、住的、逛的，比在别处都要好。可是除了十几层高的洋楼，十多丈阔的马路以外，这S市的文化，还有一个特点，却少有人知道。这特点是什么？原来就是狗道主义。狗，在S市是特别被尊崇的。S市的法律对于狗的生命安全，保护得十分周到。没有人敢杀害它，虐待它。狗的一切享受，也与众不同。初次来到S市的乡下曲辫子，见了那边的哈巴狗，住的是清洁的洋楼，套的是金银的项索，吃的是牛肉和乳酪，出来乘着龙飞行的汽车，亲着洋太太的香吻，都不免摇摇头，叹一声“我不如也”。所谓S市的狗道主义便是如此的。

此外更有许多事实可以证明S市的狗道主义的发达。S市的公园，门口都挂着一块牌子，写着“狗与□人不准入内”。自然，一切的牲畜，都是禁止走入公园的。但是没有写着：“狮子不准入内”，“老虎不准入内”，“猪不准入内”，“牛不准入内”，却单写着“狗与□人不准入内”，可见对于狗的地位的重视，至少，在S市的人们看来，狗和某种的人类是立于平等地位了。而且，这一条法律，也不是没有例外的。据说，狗，只要穿戴了人的衣冠，依旧可以走进公园里去，并不加以禁阻。但是自从S市开辟公园以来，却不曾见有四足的动物，着着overcoat，戴着大礼帽，假扮了人模样，在公园里散步。可见，虽然是狗，实在也颇知自爱呢。

再举一个例：假如你在S市开着汽车，撞死了一个不相干的人，那没有什么大不了的事，你只消

作者简介

胡愈之（1896 ~ 1986），1896 年 9 月 9 日出生于浙江省上虞。1911 年后，入绍兴府中学堂。1914 年，考入上海商务印书馆编辑所当练习生。1919 年在上海参加了声援五四运动的斗争，并在《东方杂志》连续撰文，提倡科学和民主。1920 年，和郑振铎、沈雁冰共同发起成立文学研究会。1925 年，参加上海“五卅”运动，编辑出版《公理日报》。1928 年 1 月流亡法国，入法国巴黎大学国际法学院学习。1931 年“九·一八”事变后，主编《东方杂志》，积极宣传抗日救亡主张。同时他与邹韬奋共同主持著名的《生活周刊》，并推动创办生活书店。1933 年初，应鲁迅之邀加入民权保障同盟，并当选为总会临时中央执行会执行委员。1935 年，主要精力投入组织救国会的活动。1935 年 12 月，由于国民党特务的追捕，逃亡到香港。1940 年，奉命在新加坡开展抗日宣传工作。后流亡在印尼苏门答腊岛。抗日战争胜利后，回到新加坡，创办了新南洋出版社、《南侨日报》、《风下》周刊和《新妇女》杂志。新中国成立后，历任《光明日报》总编辑，国家出版总署署长，中国文字改革委员会副主任，文化部副部长，中国人民外交学会副会长、中华全国世界语协会理事长，第一至第五届全国人大常委，第六届全国人大常委会副委员长，第二、三、四届全国政协委员，第五届全国政协副主席，中国民主同盟中央委员会副主席、代主席等职。1986 年 1 月 16 日，在北京逝世，终年 90 岁。

到法庭里去申辩一下，那公正的法官，便“援笔判道”：“死者系自不小心，着尸属具结领回，汽车夫开释。”但你要是运道不好，在马路上撞坏了一条狗腿，而那狗又是某洋太太所最钟爱的，你可就没有这么便宜了。你至少也得赔偿医药费 50 元，才能了事。这是因为在 S 市有一句俗语：“只有不小心的人，没有不小心的狗。”把人撞坏了，那也许由于被撞的人自不小心。要是把狗撞坏了，那罪一定在于撞狗的人，而不在于被撞的狗，因为狗是决不至于不小心的。就这一个例，更可以看出狗道主义的精义的一斑。

但是现在我所要讲的，却是另一个故事，这故事不是讲 S 市的狗，而是讲 X 市的狗的。X 市和 S 市不同，在那边狗道主义还未昌明，因此狗竟不齿于人类。话虽如此，X 市的狗却不是无用的狗。它们能拉车，能负重，能做一切的工作。X 市的人们差不多全是靠了狗才能生活。但是狗虽做了最大的职务，却只得了最小的报酬。它们替人做了许多事，把生命的全部都耗尽了，但结果竟不得一饱。连它们所应得的骨头，也不能得到。在 X 市的人们看来，以为这不算不公平，这是当然的事：凡牲畜本来比奴隶还要下等，而狗却比奴隶的奴隶还要下等。狗是受人类豢养的，如果没有人类，也就没有狗类。所以苦工是狗的本分，而骨头却是人的恩泽。狗有做苦工的义务，而没有要求骨头的权利。这是在 X 市所公认的道德原则。

S市的狗

原题《查办狗案》，选自《点石斋画报》。西方人爱狗像对待人一样，狗食牛肉，睡红地毯，还坐马车，由主人抱在怀里如抱婴儿。公平洋行养狗数条。正月初一夜被人枪毙了三条狗。主人报案，最后没有查到击狗的人。这件案子恐怕是人们看不惯，狗惹人嫌所致。

向来 X 市的狗，都是非常安分，而且对于此种道德原则，是谨守不渝的。但是道德虽高妙，究竟不能装满肚腹。狗的智慧虽不如人，生理的构造，却和人差不了多少。肚饿了究竟是无法可想的。因此，有一天，X 市的狗，从来不吠的，居然唁唁的吠了起来。这意思是要求多给一块骨

人不如狗

19世纪末，在外国监工驱打下推拉巨石的劳工的艰苦生活，反映了一个时期中国劳苦大众的普遍生存状况。在受人欺凌、缺乏人权保障的时代，中国民众大多生活在水深火热之中。

头。这本来是违反X市的道德的。X市的人把狗吠当作了一件大不吉利的事。但是又有什么法想呢？要是天天狂叫起来，荒废工作，人类的损失可是不笑到了最后，人居然让步了，和狗订了一个契约，以后多给一块骨头，但不许乱叫。总算万幸，一场狗风潮，就此平息了。

但是人到底比狗聪明得多，他知道此风断不可长，风潮虽幸而平息，却不可不下一番辣手，以儆将来，否则狗胆日益张大，后患何堪设想！因此虽然已经允许了多给一块骨头，到了风潮平息后，依旧不给。狗自然不肯干休，这一次不单是狂叫，而且张着狰狞的牙齿，仿佛要咬人的样子。狗是激成忿怒了，谁知这正中了人的恶计。X市全体的人们便都嚷着道："不得了，不得了，狗咬起人来了，这些狗一定是疯了，为了X市的治安，为了人类的生命的安全，快来打死这疯狗，快来打死这疯狗！"

轰轰的两声，枪弹穿进了两只狗的肚腹。

又是轰轰轰的接连十几声，枪弹穿进了十几只狗的肚腹。

"为了X市的治安，为了人类生命的安全，快来打死这疯狗，快来打死这疯狗！"

明天X市的报纸，登了一条新闻，说道："昨天某处打死了两只公狗。"许多读报的人，都不满意，他们说："打死两只狗，也值得上报吗？"

以后的事情，却不曾知道。但据新从X市回来的人说，那边的狗虽然打死了好多只，但是那些没有打死的，却都已传染了疯狗毒，现在真的咬起人来了。被咬死的人也有不少。那人回来的时候，X市里正闹着疯狗问题呢。

读完了这一篇故事的人，一定要感叹着说："同是狗也，何幸而为S市的狗，何不幸而为X市的狗！"但是著者的见解却又不同。著者以为S市的狗，虽然养尊处优，但是它的地位，到底也不见得很高，因为真正的幸福是要自己去挣得的，而不是可以赐与的。至于X市的狗，本来只求多得一块骨头，填填它的肚腹，现在骨头虽不曾到手，它的肚腹却已装满了枪弹了，这不是一样的有幸吗？

作品赏析

以狗比喻人的文字是非常多的，本文的不同在于，虽然是以狗比喻，却重在对比两种"狗"的不同境遇，进以说明，即使是狗，对于实在的不公以至不能存活的处境，都要起反抗之心的。文章的题目是"X市的狗"，可见作者的关注在"X市的狗"，而S市的狗，"特别被尊崇的。S市的法律对于狗的生命安全，保护得十分周到。狗的一切享受，也与众不同"。连初次来到S市的乡下曲辫子，也要叹一声"我不如也"。作者说这些，只是拿来比较说明，社会人心、世道不公，于狗而言尚且有天壤之别，我们在文中看到的上等的狗，实际上是下等的狗最终抗议的伏笔所在。X市的人们差不多全是靠了狗才能生活，它们替人做了许多事，把生命的全部都耗尽了，但结果竟不得一饱。究其原因是在于X市所公认的道德原则认为："凡牲畜本来比奴隶还要下等，而狗却比奴隶的奴隶还要下等。""苦工是狗的本分，而骨头却是人的恩泽。狗有做苦工的义务，而没有要求骨头的权利。"于是作者认为反抗有理，只是，尽管作者以为真正的幸福是要自己去挣得的而不是可以赐与的，却仍在结尾感叹道："X市的狗，本来只求多得一块骨头，填填它的肚腹，现在骨头虽不曾到手，它的肚腹却已装满了枪弹了，这不是一样的有幸吗？"

迂缓与麻木

/郑振铎

秉笔于现实的血与火中
目击现场的愤怒之作
知识分子暗夜疾呼的同期声

自上海大残杀案发生后，我们益可看出我们中国民族的做事是如何的迂缓迟钝，头脑是如何的麻木不灵。我揣想，如此的空前大残杀案一发生，南京路以及各街各路的商店总应该立刻有极严重的表示。然而竟不然！此事发生时，我不知其情形如何；然而当发生后二小时，我到了南京路，却还不见有一丝一毫的大雷雨扫荡后的征象。直到了先施公司之西，行人才渐渐的拥挤，多半伫立而偶语。至于商店呢，一若无事然，仍旧大开着门欢迎顾客。只有当枪弹之冲的七八家商店关上了店门。我不明白，我们民族的举动为什么如此的迂缓迟钝！也许是大家故示镇定，正在商议对付方法罢？！夜间，我再到外面作第二次的观察。一路上毫无什么可注意的现象。

各酒楼上，弦歌之声，依然鼎沸。各商店灯火辉煌，人人在欢笑，在嘲谑。我在自疑，上海不是很大的地方，交通也不算不方便，电话、电车、汽车、马车、人力车，全都有，为什么这样重大的消息传播得如此的迂慢？我不敢相信又不能不相信："上海难道竟是一个至治之邦，'鸡犬之声相闻，民至老死不相往来'的么？"又到了南京路，各商店仍旧是大开着门欢迎顾客，灯光如白昼的明亮，人众憧憧的进出。依然的，什么大雷雨扫荡的痕迹也没有，什么特异的悲悼的表示也没有！直行至老闸捕房口，才觉得二三丈长的这一段路，灯火是较平常暗淡些，闭了的商店门也未全开。英捕与印捕，乘了高头大马，闯上行人道，用皮鞭驱打行人。被打的人在东西逃避。一个青年，穿着长衫的，被驱而避于一家商店的檐下，英捕还在驱他。他只是微笑的躲避着皮鞭。什么反抗的表示也没有。这给我以至死不忘的印象。我血沸了，我双拳握得紧紧的。他如来驱我呀……皮鞭如打在我身上呀！……但亏得英捕印捕并不来驱逐我。当时如有什么军器在手，我必先动手打死了这些无人道的野兽再说！再

"五卅"惨案发生前聚集在南京路上的民众

1925年5月30日，上海2000多名学生在租界内游行，声援工人的斗争，被英国巡捕房逮捕了100多人。万余民众义愤填膺地要求释放被捕学生，遭到巡捕镇压，当场打死10多人，伤人无数，逮捕了53人，酿成震惊中外的"五卅"惨案。

上海巡捕房的英国巡警

在中国的土地上，这帮外来侵略者曾经做过不少残害中国人的勾当。20世纪初期国家民族衰微，异族跋扈，人民受欺。

走过去，景象一如平日，又是什么大雷雨扫荡的痕迹也没有。我又在自疑：为什么我们还没有什么严重的悲悼的表示呢？！难道商界领袖竟没有在商议这事么？难道在商议而尚未确定办法么？“迟钝，迟钝！”我暗暗的自叫着。回转身，到西藏路，望见宁波同乡会门口有黑压压的一大堆人。我吃了一惊：“又发生了什么事？

也许商界在这里会议？群众在这里候大消息的宣布？匆匆的走近，“失望”立刻抓住了我的心，我的热泪立刻聚挤在眼眶中了。原来是一个什么“南大附中平民学校游艺会”正在那里开会！我自己愤骂道：“还开什么游艺会！还不立刻停止么！”

唉，我失望，什么也使我失望！第二天是星期日，我又出去观察一次，还是什么悲悼的表示也没有。“迟钝呀！麻木呀！！”

我又在自叫着。下午是某人为他的父母在徐园做双寿，有程砚秋的堂会。我不能不去拜寿，一半因为大家都出去了，什么朋友也找不到，正好趁空到徐园去，一半也要借此探听些消息。但我揣想，堂会是一定没有了，客一定不多，也许“双寿”竟至于改期举行。到了徐园门口，又使我明白我的揣想是完全错了。什么都依旧进行。厅上黑压压的坐着许多骄贵的绅士们，艳装的太太们，都在等候着看戏。招呼了几个熟人，谈起了昨天的大残杀，他们也附和着说道:“不应该，不应该！”然而显然的，他们的脸上，眼中，没有一丝一毫的同情，没有一丝一毫的悲愤（也许我的观察错了，请他们原谅）！大家说完了话，又静静的等候着看戏。我没有听见再有什么人说起一句关于这个大残杀案的话。“麻木，淡漠，冷酷？！为什么？”我任怎样也揣想不出。

约有四十小时是在如此的平安而镇定中度过去。到了第三天早晨，商店才不复照例开门。听说还是学生们包围强迫的结果。事后，商会的副会长想登报声明，这次议决罢市是被迫的。亏得被较明白的人劝阻住了。

“唉！迂缓、麻木、冷酷！为什么？”我任怎样也揣想不出。

作品赏析

“五卅”惨案之后不少同胞对于无辜者的血，所表现出的迂缓、迟钝、麻木、冷酷深深地刺痛了年轻的知识分子郑振铎的心。在《公理日报》消失之后，郑振铎还在《文学周报》一再地提到这一挥之不去的血案，如《迂缓与麻木》、《杂谈二则》、《六月一日》等。《迂缓与麻木》直接描述事发后的社会现实情形，却给人以最强烈的震撼：“直到了先施公司之西，行人才渐渐的拥挤，多半伫立而偶语。至于商店呢，一若无事然，仍旧大开着门欢迎顾客。”“各酒楼上，弦歌之声，依然鼎沸。各商店灯火辉煌，人人在欢笑，在嘲谑。”租借地里的印度巡警骑着高头大马，用皮鞭抽打着衣衫破烂的穷青年，阔人们祝寿的堂会照常进行，如鲁迅说：“街市依旧太平。”这样的画面是何其刺眼！但是郑振铎并没有长篇的议论，他选择直接地表现他的愤怒：这些绅士和国民们所要求的是苟安，是奴隶的、待屠的猪羊似的苟安。只要皮鞭还没有打在他们的身上，子弹还没有穿透他们的胸背，他们是安然不动的。这种为奴为隶、为猪为羊都情愿，只求能暂时苟安的心理，已有四千余年的传统关系了。这个传统的心理不打破，中华民族是永无救的！显然，面对这种现实，作者是不需要什么曲笔、讽刺的做法，直接的抨击也许都并不见得有好的效果。

入选理由：大开大合的磅礴引证　生动幽默的表达途径　全面理性的批评态度

说“忍”

/陈子展

孔子说过“小不忍则乱大谋”的话，这话本来不错。因为他只教人忍小事，当然权衡轻重，以成就大计划，忍耐小事件为是。倘若对方要使你的大计划弄不成，那就不是小事，只要你还有做人的血性，一定忍无可忍了。孔子的话虽然这样说，可是他老先生常常为了一点小事气得胡子发抖。比如他看见鲁国当权的阔人季氏在家里擅用只有天子可用的八佾的乐舞，他就气愤愤地说道：“这个可忍呀！还有什么不可忍呀！”又有一次齐国打发人送女戏子给季氏，季桓子玩疯了，三天不办公。恰好有祭祀，胙肉又忘记分送给孔子，孔子只好气冲斗牛地出走，连官也不要做了。可见孔子还有修养不到的地方。

五代时候，冯道以孔子自比，他的忍性的修养工夫，似乎要比孔子进步。相传他做宰相的时候，有人在街上牵着一匹驴子，用一块布写着“冯道”二字，挂在驴子的脸上，这分明是在取笑他了，他看见了也不理。有个朋友告诉他，他不好再装聋，只好答道：“天下同姓名的不知道有许多，难道那一冯道就是我？想是人家拾了一匹驴子，寻访失主呢。”

俗语道：“宰相肚里好撑船。”肚皮窄狭，不能容忍，那是不配做宰相的。相传唐朝有一个宰相，叫作娄师德。他放他的弟弟去做代州都督，要动身了，他叮嘱弟弟道：“我本不才，位居宰相，你如今又做了一州的都督，我家阔气过分，这是人家要妒忌的，你想怎么了局？”弟弟道：“从今以后，有人吐我一脸的唾沫，我也不敢做声，只好自己抹去，这样或者不致累哥哥担忧罢？”师德道：“这恰恰是我担忧的地方。人家要吐你一脸的唾沫，那是因为他对你生了气。你如今把脸上的唾沫自己抹去，那就会更招人家生气。唾面不抹，它会自干，为什么不装着笑脸受了呢！”弟弟道：“谨受哥哥的指教。”这就是娄师德唾面自干的故事。这一故事活活描出了为着做官，不惜忍受一切耻辱的心理。

强行搜身

20世纪初，万国商团在租界里检查中国行人。中国人的忍耐在水深火热的19世纪至20世纪初期表现得尤为突出。没有人权，甚至丧失基本的人格尊严，中国人却也能忍气吞声，逆来顺受。

吾家白沙先生，是明朝大儒，他有一篇忍字箴道：“七情之发，惟怒为剧。众怒之加，惟忍为是。当怒火炎，以忍水制。忍之又忍，愈忍愈励。过一百忍，为张公艺。不乱大谋，乃其有济。如不能忍，倾败立至！”他要学张公百忍，可惜他不曾做宰相，像娄师德冯道之流，以忍治国，他只能学张公艺以忍治家。从家到国，都离不了一个忍字，一忍了事，中国民族算是世界上最能忍耐的伟大的民族了。

作者简介

陈子展（1898 ~ 1990），原名炳坤，笔名楚狂，湖南长沙人，中国古代文学教授。1951 年加入九三学社，东南大学教育系肄业。20 世纪 30 年代，写下大量文学作品。曾任南国艺术学院、中国公学、沪江大学教授、复旦大学教授，中文系主任。他专长中国先秦史学，毕生致力于《诗经》、《楚辞》的研究和教学。所著《诗经直解》、《楚辞直解》，总结旧学、融会新知，是这一研究领域的重要的新成果。还著有《唐宋文学史》、《中国近三十年文学史》、《孔子与戏剧》、《正面文章反看法》、《中国近代文学之变迁》、《雅颂选译》等。

织工队

这是凯绥·珂勒惠支的木刻作品。图中低头背负沉重压力的人群似乎也是中国人忍耐一切的形象的写照。

这个忍字，真可算得咱们唯一无二的国粹。忍的哲学：道家发明最早，不过不曾呈请注册专利。老子的不争主义，就在于能忍。他说，“夫唯不争，故天下莫能与之争”，这只算是他的诡辩。道家每每把黄帝老子并称，称做“黄老之学”，其实不对。倘若关于黄帝的史事可靠，那么，黄帝开国，他是用抵抗主义斗争主义战胜一切的。他把蚩尤赶走，外患消灭，他才开始整理内部，建设了一个像样的国家。老子主张不争，主张柔弱，不但不曾继承了黄帝的道统，他简直不配做黄帝的子孙。

自从佛家的哲学传到中国，老子的哲学又得了一个帮手。

相传释迦昔为螺髻仙人，常常行禅，在一棵树下兀坐不动。有鸟飞来，把他看做木头，就在他的发髻里生蛋。等他禅觉，才知脑袋顶上有了鸟蛋。他想，我若起身走动，鸟不会再来，鸟蛋一定都要坏了，他即再行入定，直到鸟蛋已生鸟儿飞去，他才起身。这个故事虽然未必真有其事，可是佛家忍性的修养工夫，实在比咱们的道家不知高了许多。六朝道家佛家的思想最有势力，恰在这个时期中国的民族最倒霉，北方经过五胡十六国以及北朝的蹂躏，可怜南方小朝廷，还是偏处一隅，相忍为国，醉生梦死，苟安旦夕。宋朝虽说好象是儒家思想最占势力，其实一般道学家戴的是儒家帽子，却穿了佛家道家的里衣。他们好发议论，没有实际工夫。“议论未定，兵已渡河”，贻为千古笑柄。这一时期中国民族也最倒霉，北方始终在异民族手里，结果南方的小朝廷退让，退让，一直退到广州的海里崖山，小皇帝投海死了。明朝道学号为中兴。所谓儒家还是贩的佛道两家的货色，即消极的哲学，懒惰的哲学，不求长进的哲学。虽说有个王阳明算为无用的书生吐了一口气，可是王学的末流，堕落做了狂禅。明朝亡了，中国民族又倒霉三百年。我虽然不一定要把两千年来受异民族侵略倒霉的责任，通通推在道家佛家乃至号为儒家的道学家身上。但这三派思想浸透中国民族的血液，已经久远了，三派所最注重的忍性修养工夫做得愈精进，愈深湛，就愈成为牢不可破的民族性。因此这个在世界上最会忍耐一切的伟大的民族，也就愈成为最适于被侮辱被侵略的民族了。

被作为墨家的一个哲学家说，“见侮不辱，救世之斗。”忍受一切，提倡和平，好伟大的和平主义者！记得清儒张培仁的《妙香室丛话》里有一段说：

> 忍之一字，天下之通宝也。如与人相辩是非，这其间着个忍字，省了多少口舌。如与美人同眠，这其间着个忍字，养了多少精神。……凡世间种种有为，才起念头，便惺然着忍，如马欲逸，应手加鞭，则省事多矣。但忍中有真丹，又是和之一字。以和运忍，如刀割水无伤。和者，众人见以为狂风骤雨，我见以为春风和气，众人见以为怒涛，我见以为平地，乃谓之和耳。

这也像是说的忍耐与和平二者有不可分离的关系。难怪中国民族是这个世界上最会忍耐一切的伟大的民族。同时又是这个世界上最爱和平的伟大的民族。

作品赏析

这篇关于忍的文章，不是表面的罗列和批评，而是从传统的思想史析理，指出中国人之所以能忍的思想道德根源——倡导忍与无争的哲学。作者给我们提供了一个从思想发展上对“忍”的信奉程度不断递增到登峰造极的程度的事实：为人的“忍”，处世的“忍”，政治的“忍”。当然作者并没有片面地否定“忍”，但是其主要立场是对“忍”的批判：“孔子说过‘小不忍则乱大谋’的话，这话本来不错。因为他只教人忍小事，当然权衡轻重，以成就大计划，忍耐小事件为是。倘若对方要使你的大计划弄不成，那就不是小事，只要你还有做人的血性，一定忍无可忍了。”不过笔法委婉，其中的挖苦语中深藏，不断的推理和事实最终给出一个骇人的但不得不被承认的事实：“这三派思想浸透中国民族的血液，已经久远了，三派所最注重的忍性修养工夫做得愈精进，愈深湛，就愈成为牢不可破的民族性。因此这个在世界上最会忍耐一切的伟大的民族，也就愈成为最适于被侮辱被侵略的民族了。”并且作者明确反驳了“见侮不辱，救世之斗”与“众人见以为狂风骤雨，我见以为春风和气，众人见以为怒涛，我见以为平地，乃谓之和耳”等将“忍”等于和平的荒谬论调。我等固爱和平，而不以苟且！

狗道主义 /瞿秋白

完全政治角度的思想批判

直接揭露的批判方法

非常时代思想斗争领域的珍贵记录

最近有人说：“只有人道主义的文学，没有狗道主义的文学。”

然而，我想：中国只有狗道主义的文学，而没有人道主义的文学。中国文人最爱讲究国粹，而国粹之中又是越古越好。因此，要问读者诸君贵国的文学是什么，最好请最古的太史公来回答。他说，这是“主上所戏弄，倡优所蓄，流俗之所轻也！”

人道主义的文学，据说是“被压迫者苦难者的朋友”。可是，请问中国现在除了“被压迫者苦难者”自己之外，还有什么“朋友”？“苦难者”的文学和“苦难者朋友”的文学，现在差不多都在万重的压迫之下，这种文学不能够是人道主义的，因为“被压迫者”自己没有资格对自己讲仁爱，没有可能也没有理由对压迫者去讲什么仁爱的人道主义。

作者简介

瞿秋白（1899 ~ 1935），江苏省常州市人。1917 年入北京俄文专修馆学习。1919 年在北京参加五四运动。1920 年初，参加李大钊组织的马克思学说研究会。同年 10 月，以北京《晨报》记者身份赴苏俄采访，开始系统地向中国人民报道苏俄情况。1922 年加入中国共产党。1923 年任中共中央机关刊物《新青年》、《前锋》主编和《向导》编辑。1927 年 8 月，主持召开了中共“八七”紧急会议，会后任临时中央政治局常委，主持中央工作，并参与了南昌起义、秋收起义、广州起义及其他地区的武装起义。从 1931 年夏至 1933 年秋，在上海和鲁迅一起领导左翼文化运动。1934 年 2 月，任中华苏维埃共和国中央政府人民教育委员。1935 年 2 月 24 日，在福建长汀县被国民党军队逮捕，6 月 18 日在长汀县罗汉岭遇害。

瞿秋白像

于是乎狗道主义的文学就耀武扬威了。

固然，十八世纪的革命的资产阶级文学之中，曾经有过人道主义。然而二十世纪的中国资产阶级，尤其是一九二七年之后，根本不能够有那种人道主义。中国资产阶级始终和封建地主联系着，最近更和他们混合生长着。帝国主义支配之下的“关余万能”主义，外国资本的垄断市场，租田制度和高利贷商业资本的畸形发展，使榨取民众血汗所形成的最初积累的资本，终在流转到一种特殊的“货币银行资本”里去，而且从所谓民族工业里逃出来。中国资产阶级之中的领导阶层，现在难道不是那些中国式的大大小小的银行银号钱庄吗？这些“货币银行资本”的最主要的投资，除了做进出口生意的垫款和高利贷的放账以外，就是公债生意。而在公债等类的生意里面，利率比那种破产衰落的工业至少要高二三十倍。这种资产阶级会有什么人道主义？！他们要戴起民族的大帽子，不是诓骗民众去争什么自由平等。不是的。远东第一大伟人，比卢梭等类要直爽而公开得多。这大约是因为中国有一座万里长城做他的脸皮。他就爽爽快快的说：不准要什么自由平等，国民应该牺牲自由维持不平等，而去争“国家的自由和平等”。所以这顶民族的大帽子，是用来诓骗民众安心做奴隶的。欧洲十八世纪的资产阶级要诓骗民众去争自由平等，为的是多多少少要利用民众反对贵族地主，要叫民众“自由平等的”来做自己的奴隶，而不再做贵族僧侣的奴隶。中国现在的资产阶级又要诓骗民众“为着民族和国家”安心些，更加镇静些做绅士地主和自己的共同奴隶。

所以很自然的只会有狗道主义的文学。这是猎狗，这是走狗的文学，因为这些地主资产阶级的走狗的主人，本身又是帝国主义的走狗。这种走狗的走狗，自然是狗气十足，狗有狗道，此之谓狗道主义。

狗道主义的精义：第一是狗的英雄主义，第二是羊的奴才主义，第三是动物的吞噬主义。

英雄主义的用处是很明显的：一切都有英雄，例如诸葛亮等类的人物，来包办，省得阿斗群众操心！英雄的鼓吹总算是“独一无二的”诓骗手段了。这是独一无二的，因为另外还有些诓骗的西洋景，早已拆穿了；只有那狗似的英勇，见着叫化子拼命的咬，见着财神老爷忠顺的摇尾巴——仿佛还可以叫主人称赞一句：“好狗子！”至于羊的奴才主义，那就是说：对着主人，以及主人的主人要驯服得像小绵羊一样。

话说元朝时候，汉族的绅商做了蒙古人的走狗和奴才，其中有一位将军叫作宋大西，他对于元朝皇帝十分忠顺。他跟着蒙古军队去打俄罗斯，居然是个“勇士”。元朝的帝国主义打平了中国，又去打俄国，——他是到处都很出力的，到处都要开锣喝道的喊着：“万岁哟，马上的鞑靼！永久哟，神武的大元！”有一天，他忽然间诗兴勃发，念出一首诗来：

外表赛过勇士，心里已如失望的小羊。
无家可归的小羊哟，何处是你的故乡？

这首诗的确高明，尤其是那“赛过”两个字用得“奇妙不堪言喻”。真是天才的诗人呀！“赛过”！一只驯服的亡国奴的小羊，居然赛过勇士和英雄！

这些狗呀羊呀的动物，有什么用处？嘿，你不要看轻了这些动物！天神还借用它们来惩罚不安分的罪孽深重的人类呢。

原来某年月日，外国的天父上帝和中国的财神菩萨开了一个方桌会议，决定叫这些动物，张开吃人的血口，大大的吞噬一番，为的是要征服那些不肯安分的人，那些敢于反抗的人，那些不愿意被“主上所戏弄倡优所畜”的人。

有诗为证：

天父和菩萨在神国开会相逢，
选定了沙漠的动物拿来借用；
于是米加勒高举火剑，爱普鲁拉着银弓：
一刹那便刀光血影，青天白日满地红！

作品赏析

从1931年夏秋到1932年夏初，瞿秋白陆续写成《学阀万岁》、《菲洲鬼话》、《民族的灵魂》、《流氓尼德》、《狗道主义》等多篇杂文，彻底揭露“民族主义文学”的卖国求荣、奴役人民的反动面目。在20世纪30年代的文艺思想斗争中，“民族主义”的反动影响并不仅仅限于文学艺术领域，而对这种文艺思潮的批判和斗争也显然不仅仅是在文学艺术意义上，思想的混乱在于大部分人并不明白民族主义文学的动机、实质和后果，所以，作为一个具有敏锐思想和洞察力的政治家，瞿秋白一针见血地指出：“奴耕婢织各称其职，为国杀贼职在军人。换句话说，叫醒民族的灵魂是为着巩固奴婢制度。”“现在抵抗不抵抗日本阎王的问题，不过是一个‘把中国小百姓送给日本做奴婢，还是留着他们做自己的奴婢’的问题。其实，中国小百姓做‘自己人’的奴婢，也还是英美法德日等等的奴婢，因为这一流的‘自己人’原本是那么奴隶性的。他们的灵魂和精神就在于要想保持他们的‘一人之下，万人之上’的地位。”

考而不死是为神 /老舍

对考试这一制度深入而持久的睿智讨论
幽默诙谐的笔触，融入深刻的反思与批判

考试制度是一切制度里最好的，它能把人支使得不像人了，而把脑子严格地分成若干小块块。一块装历史，一块装化学，一块……

比如早半天考代数，下午考历史，在午饭的前后你得把脑子放在两个抽屉里，中间连一点缝子也没有才行。设若你把 X+Y 和 1828 弄到一处，或者找唐朝的指数，你的分数恐怕是要在二十上下。你要晓得，状元得来个一百分呀，得这么着：上午，你的一切得是代数，仿佛连你是黄帝的子孙和姓甚名谁，全根本不晓得。你就像刚由方程式里钻出来，全身的血脉都是 X 和 Y。待刚一交卷，你立刻成了历史，向来没听说过代数是什么。亚历山大、秦始皇等就是你的爱人，连他们的生日是某年某月某时都知道。代数与历史千万别联宗，也别默想二者的有无关系，你是赴考呀，赶考的期间你别自居为人，你是个会吐代数，吐历史的机器。

这样考下去，你把各样功课都吐个不大离，好了，你可以现原形了；睡上一天一夜，醒来一切茫然，代数历史化学诸般武艺通通忘掉，你这才想起“妹妹我爱你”。这是种蛇蜕皮的工作，旧皮蜕尽才能自由；不然，你这条蛇不曾得到文凭，就是你爱妹妹，妹妹也不爱你，准的。

考试如鞭打

在中国，读书人一直被一种思想和制度在“鞭策”着，这便是考试。自隋唐至今，科考的制度越来越完备，选择人才的手段和标准也更单一。

最难的是考作文。在化学与物理中间，忽然叫你“人生于世”。你的脑子本来已分成若干小块，分得四四方方，清清楚楚，忽然来了个没有准地方的东西，东扑扑个空，西扑扑个空，除了出汗没有合适的办法。你的心已冷两三天，忽然叫你拿出情绪作文，要痛快淋漓，慷慨激昂，假如题目是“爱国论”，或“天下兴亡匹夫有责”；你的心要是不跳吧，笔下便无血无泪；跳吧，下午还考物理呢。把定律们都跳出去，或是跳个乱七八糟，爱国是爱了，而定律一乱则没有人替你整理，怎办？幸而不是爱国论，是山中消夏记，心无须跳了。可是，得有诗意呀。仿佛考完代数你更文雅了似的！假如你能逃出这一关去，你便大有希望了，够分不够的，反正你死不了。被“人生于世”憋死，不是什么稀罕的事。

说回来，考试制度还是最好的制度。被考死的自然无须用提。假若考而不死，你放胆活下去吧，这已明明告诉你，你是十世童男转身。

作品赏析

科考可以谓之我们的国粹之一，但是作为一种制度和途径，它发展到今天，确实也积养了不少弊端。老舍先生向来幽默，他并没有言辞激烈地去批判，而是摆出非常形象的事实，将讽刺隐藏在这令人发笑的幽默中，他说：“考试制度是一切制度里最好的，它能把人支使得不像人了，而把脑子严格地分成若干小块块。”接着他提供出一个在目前仍然存在畅行的事实，“早半天考代数，下午考历史”，并指出其中的荒唐。老舍把考试比作蛇蜕皮的工作，“旧皮蜕尽才能自由”，如果“你这条蛇不曾得到文凭，就是你爱妹妹，妹妹也不爱你，准的”。为什么？因为中国的考试，从根子上无不是功利的，我们要通过金榜题名升官发财，飞黄腾达，我们要通过考试就业糊口，等等，所以，“说回来，考试制度还是最好的制度。被考死的自然无须用提。假若考而不死，你放胆活下去吧，这已明明告诉你，你是十世童男转身”。不管你怎么看，今天的考试依然是我们生活的一个重要活动，小考、中考、高考、研考、公务员考、等级考、职称考，生活在这样的环境里，我们大有活到老，考到老的趋势，不知道是不是在将这种考试制度再推进一步。

骂人的艺术

/梁实秋

条分缕析的揭露方法
貌似中立的态度，含而不露的嘲讽
条理分明，文辞犀利

古今中外没有一个不骂人的人。骂人就是有道德观念的意思，因为在骂人的时候，至少在骂人者自己总觉得那人有该骂的地方。何者该骂，何者不该骂，这个抉择的标准，是极道德的。所以根本不骂人，大可不必。骂人是一种发泄感情的方法，尤其是那一种怨怒的感情。想骂人的时候而不骂，时常在身体上弄出毛病，所以想骂人时，骂骂何妨。

但是，骂人是一种高深的学问，不是人人都可以随便试的。有因为骂人挨嘴巴的，有因为骂人吃官司的，有因为骂人反被人骂的，这都是不会骂人的原故。今以研究所得，公诸同好，或可为骂人时之一助乎？

（一）知己知彼

骂人是和动手打架一样的，你如其敢打人一拳，你先要自己忖度下，你吃得起别人的一拳否。这叫作知己知彼。骂人也是一样。譬如你骂他是“屈死”，你先要反省，自己和“屈死”有无分别。你骂别人荒唐，你自己想想曾否吃喝嫖赌。否则别人回敬你一二句，你就受不了。所以别人有着某种短处，而足下也正有同病，那么你在骂他的时候只得割爱。

（二）无骂不如己者

要骂人须要挑比你大一点的人物，比你漂亮一点的或者比你坏得万倍而比你得势的人物，总之，你要骂人，那人无论在好的一方面或坏的一方面都要能胜过你，你才不吃亏的。你骂大人物，就怕他不理你，他一回骂，你就算骂着了。在坏的一方面胜过你的，你骂他就如教训一般，他即便回骂，一般人仍不会理会他的。假如你骂一个无关痛痒的人，你越骂他他越得意，时常可以把一个无名小卒骂出名了，你看冤与不冤？

（三）适可而止

骂大人物骂到他回骂的时候，便不可再骂；再骂则一般人对你必无同情，以为你是无理取闹。骂小人物骂到他不能回骂的时候，便不可再骂；再骂下去则一般人对你也必无同情，以为你是欺负弱者。

（四）旁敲侧击

他偷东西，你骂他是贼；他抢东西，你骂他是盗，这是笨伯。骂人必须先明虚实掩映之法，须要烘托旁衬，旁敲侧击，于要紧处只一语便得，所谓杀人于咽喉处着刀。越要骂他你越要原谅他，即便说些恭维话亦不为过，这样的骂法才能显得你所骂的句句是真实确凿，让旁人看起来也可见得你的度量。

（五）态度镇定

骂人最忌浮躁。一语不合，面红筋跳，暴躁如雷，此灌夫骂座，泼妇骂街之术，不足以骂人。善骂者必须态度镇静，行若无事。普通一般骂人，谁的声音高便算谁占理，谁来得势猛便算谁骂赢，惟真善骂人者，乃能避其而击其懈。你等他骂得疲倦的时候，你只消轻轻的回敬他一句，让他再狂吼一阵。在他暴躁不堪的时候，你不妨对他冷笑几声，包管你不费力气，把他气得死去活来，骂得他针针见血。

（六）出言典雅

骂人要骂得微妙含蓄，你骂他一句要使他不甚觉得是骂，等到想过一遍才慢慢觉悟这句话不是好话，让他笑着的面孔由白而红，由红而紫，由紫而灰，这才是骂人的上乘。欲达到此种目的，深刻之用词故不可少，而典雅之言词尤为重要。言词典雅则可使听者不致刺耳。如要骂人骂得典雅，则首先要在骂时万万别提起女人身上的某一部分，万万不要涉及生理学范围。骂人一骂到生理学范围以内，底下再有什么话都不好说了。譬如你骂某甲，千万别提起他的令堂令妹。因为那样一来，便无是非可言，并且你自己也不免有令堂令妹，他若回敬起来，岂非势均力敌，半斤八两？再者骂人的时候，最好不要加人以种种难堪的名词，称呼起来总要客气，即使他是极卑鄙的小人，你也不妨称他先生，越客气，越骂得有力量。

怒骂外国侵略者

这是一幅八国联军侵华时一位德国人的速写。图中被人拉住的男子正在愤怒地控诉外国侵略者。如果说骂人一定要理由，怒骂冒然闯进自己院子的侵略者应该是最正当了。骂人是发泄愤怒、表明立场的一种方式。但将骂人当学问来研究，可以像作者这样说出一二三来的人并不多。

骂得时节最好引用他自己的词句，这不但可以使他难堪，还可以减轻他对你骂的力量。俗话少用，因为俗话一览无遗，不若典雅古文曲折含蓄。

（七）以退为进

两人对骂，而自己亦有理屈之处，则处于开骂伊始，特宜注意，最好是毅然将自己理屈之处完全承认下来，即使道歉认错均不妨事。先把自己理屈之处轻轻遮掩过去，然后你再重整旗鼓，咄咄逼人，方可无后顾之忧。即使自己没有理屈的地方，也绝不可自行夸张，务必要谦逊不遑，把自己的位置降到一个不可再降的位置，然后骂起人来，自有一种公正光明的态度。否则你骂他一两句，他便以你个人的事反唇相讥，一场对骂，会变成两人私下口角，是非曲直，无从判断。所以骂人者自己要低声下气，此所谓以退为进。

（八）预设埋伏

你把这句话骂过去，你便要想想看，他将用什么话骂回来。有眼光的骂人者，便处处留神，或是先将他要骂你的话替他说出来，或是预先安设埋伏，令他骂回来的话失去效力。他骂你的话，你替他说出来，这便等于缴了他的械一般。预设埋伏，便是在要攻击你的地方，你先轻轻的安下话根，然后他骂过来就等于枪弹打在沙包上，不能中伤。

（九）小题大做

如对方有该骂之处，而题目身小，不值一骂，或你所知不多，不足一骂，那时节你便可用小题大做的方法，来扩大题目。先用诚恳而怀疑的态度引申对方的意思，由不紧要之点引到大题目上去，处处用严谨的逻辑逼他说出不逻辑的话来，或是逼他说出合于逻辑但不合乎理的话来，然后你再大举骂他，骂到体无完肤为止，而原来惹动你的小题目，轻轻一提便了。

（十）远交近攻

一个时候，只能骂一个人，或一种人，或一派人。决不宜多树敌。所以骂人的时候，万勿连累旁人，即时必须牵涉多人，你也要表示好意，否则回骂之声纷至沓来，使你无从应付。

骂人的艺术，一时所能想起来的有上面十条，信手拈来，并无条理。我做此文的用意，是助人骂人。同时也是想把骂人的技术揭破一点，供爱骂人者参考。挨骂的人看看，骂人的心理原来是这样的，也算是揭破一张黑幕给你瞧瞧！

……………………………………

作品赏析

作为资产阶级改良派的代表人物，梁实秋本人没少挨过骂，至少与鲁迅的著名的论战从 1927 年到 1936 年持续了 9 年之久。1936 年 10 月 19 日，鲁迅不幸逝世，对垒式论战也自然结束。但是，这场论战所产生的影响非常深远。它不因鲁梁论战的结束而结束。论战所产生的影响实际已超出鲁梁本身，论战性质也已逾越了文学范畴。抗战年间，发生在重庆的那场“与抗战无关”的论争，虽不能说与这场论战有直接的关系，但也不能否认它们之间有着微妙的关联。但是，梁实秋的“骂人的艺术”，我们只能理解为一种温和的讽刺，因为他与鲁迅的论战实际上已经远远超出了这个境界，比如，他说：“骂人就是有道德观念的意思，因为在骂人的时候，至少在骂人者自己总觉得那人有该骂的地方。何者该骂，何者不该骂，这个抉择的标准，是极道德的。所以根本不骂人，大可不必。骂人是一种发泄感情的方法，尤其是那一种怨怒的感情。想骂人的时候而不骂，时常在身体上弄出毛病，所以想骂人时，骂骂何妨。”“我做此文的用意，是助人骂人。同时也是想把骂人的技术揭破一点，供爱骂人者参考。”当然其中包含一种涉及鲁迅的激愤，但是，他们的论战无论从思想上还是时代意义上都超出了这个概念。

简论市侩主义/冯雪峰

理性全面的精神剖析
对市侩主义精神实质的深刻把握
深刻的现实意义

市侩和市侩主义,可以说是现在人类社会的“阿米巴”。市侩主义者是软体的,会变形的,善于营钻,无处不适合于他的生存。他有一个核心，包在软体里面，这就是利己主义，也就是无处不于他有利。这核心是永远不会变，包在软滑的体子里，也永远碾不碎。核心也是软滑的，可是坚韧。

市侩主义首先以聪明、灵活、敏感为必要。市侩主义者不仅心机灵活，并且眼光尖锐、准确，手段高妙、敏捷：凡有机，他是无不投上的，凡有利，他无不在先。

然而一切都做得很恰当，圆滑，天衣无缝。一切看去都是当然的，没有话可说。

但市侩主义又需以用力小而收获大为必要。市侩主义者心思是要挖的，可是力却不肯多用。因此他是属于吃得胖胖的一类里面。市侩主义，于是以能用“巧”为特征；因此，市侩主义者自然都是绝顶聪明的人，所以又天然属于“劳心者治人”的一类。

市侩主义者也决非完全的害人或绝端的损人主义者，他只绝端的利己主义者罢了；他决不做赤裸裸的“谋财害命”的事。他是要绝对地利己的，然而要绝对地万无一失的。

只要你能慷慨一点，他也会适可而止罢。但是即使你明明知道太上当了，你也无可奈何，他决不会留一个隙给你，还是要你过得去的。

但市侩主义也决非完全的欺骗主义；它还是不失为一种交换主义，不过总要拿进来的比拿出的多一点。

如果说是欺骗主义，也应该说是相互的，公开的欺骗主义，两方彼此心里都明白的。如果你不明白，只怪你自己太不聪明；这样的受骗，就算是活该，市侩主义者不算对不起你。

市侩主义产生于商业社会，尤其盛行于殖民地次殖民地，然而它决非是“洋奴”主义。它有时还俨然地显现为自尊的主人主义。他决不会失其主人的身份与尊严，而且无论何时都是文明人。假如推行外国文明是适当的时候，自然也于他是有利的时候。他便是外国文明的提倡者；但他决不会否定本国的文化，倒竭力“发扬”本国文化的，所以他决不是“洋奴”。假如本国的东西应该提倡了，他就是国粹主义者，然而他又决不顽固。

买肥卤鸭

市侩主义是商品社会必然蔓延的一种风气。其实质是一种交换主义。在交换过程中，文化、艺术、道德、国家、真理等名义只不过是市侩主义者的遮掩物。为了利益，市侩主义者会自然抛弃这些。图为民国时期的一幅市井图。

中外古今的道理，文明，物事，对于市侩主

作者简介

冯雪峰（1903 ~ 1976），原名福春，笔名雪峰、画室、洛扬等。浙江义乌人。1921 年考入浙江省立第一师范。1922 年与汪静之等组织湖畔诗社，出版合诗集《湖畔》。1925 年到北京大学旁听日语，1926 年开始翻译日本、苏联的文学作品及文艺理论专著。1927 年加入共产党。1928 年编辑出版《萌芽》月刊，并与鲁迅共同编辑《科学的艺术论丛书》。1929 年参加筹备中国左翼作家联盟，1931 年任“左联”党团书记、中共上海文化工作委员会书记，编辑出版《前哨》杂志。同年 10 月，在瞿秋白指导下，起草《中国无产阶级革命的文学新任务》决议，成为此后左联指导性文件。1932 年，“一·二八”抗战爆发，他与鲁迅等联合发表“上海文化界告世界书”等，先后任中共中央宣传文化委员会书、中央上海宣传部干事，江苏省委宣传部长。1933 年底到江西瑞金任中共中央党校副校长。1934 年参加长征。1936 年春到上海，任中共上海办事处副主任。1937 年回家乡，创作反映长征的长篇小说《卢代之死》。1941 年被捕，囚于上饶集中营。在狱中写了几十首新诗，后结集为《真实之歌》。1942 年被营救出狱。1943 年到重庆，在中华文艺界抗敌协会工作。1950 年任上海市文联副主席，鲁迅著作编刊社社长兼总编。1951 年调北京，先后任人民文学出版社社长兼总编、《文艺报》主编，中国作协副主席、党组书记。1976 年患肺癌去世。

茶楼服务

此图为19世纪末的一幅老照片。图中茶楼负责人亲自为外国人斟茶倒水，极尽地主之谊，而对于一般的中国人，他却不这样。可见，市侩主义成了渗透到人心底里的社会毒素，处处可见，难以根除。

义者大抵都有用，有利。凡对于他有利的，都是有理的，但他无所信仰，因为利己主义是他唯一的神。

但市侩主义者也要高尚，也要雅，也要美名，他也要辩明他不是市侩主义者。可是等你要他拿出那美名所要兑现的东西来时，他又立刻申明他是市侩了。

文化、艺术、道德、国家、民族、人类、真理……这些名义他都要。当然，你真的要他拿出这些来，他便要责备你不识时务，不明了实情：他原是生意人，原是拿这些的名在做生意；即使退一步说，“这个年头也不能不顾生意经呀。”

但这样的责备，也还算是客气的，否则，那便算你揭穿了他的高雅，伤了他的“自尊心”，于他的面子过不去，即使不揍你一顿，也要给你一个脸色看，教你知道这一点是不好触到的：你明明知道他是市侩主义者，为什么又给他当面说穿呀。

是的，市侩主义者也是不好惹的。他虽然是软体，但触到了他的利害，他也蛮硬，也可以和你拼命。市侩主义就最忌“太认真”，虽然他于利上是最认真的。他自然需要面子，名誉，自尊，你不可指说他，即使是“朋友”。何况他并不反对你也成为市侩主义者呀，你为什么要说他是市侩主义哪。

但市侩主义者所以是顽强，坚韧，还在于他对于一切都可以不固执，都可以客气，漂亮，让步；惟其如此，他对于利就能够永远地执着。他是永远都在打算的。他和“犹太人”一样顽强，坚韧；但他自然比“犹太人”大方，更漂亮，更聪明，而且他更有礼貌。

是的，市侩主义者是不好惹的，而且为了相同的利益也自然会大家联合起来战斗，所谓合伙，所谓“大家都是朋友”，所谓行帮：形成一条战线呢。但他们又决不是市侩主义的主义同盟，这是它独有的特色。这是为了个人各自的利益所必需的，是一种个人主义的集体同盟；是矛盾的，然而是统一的。为了大家的方便，互相的照应。

互相吹拍，互相帮忙。可是大家心里都互相明白；彼此都不是真心的，彼此都给对方留一个地步；无论己帮人，人帮己，都是要打一个折扣的。因此，也彼此都不至“逼人太甚”。大家都心里明白。这就是他们间的“矛盾的统一”。

他们相互间自然也会起冲突，也会有近于“火并”之类的事，但彼此都是明白人，很快就会“消除误会”，言归于好。

无论什么社会里，人互相间都要发生所谓“爱”这种关系。惟独在市侩主义社会，却没有爱。

对于圈外的人类固然没有爱，他们相互间也没有爱。

市侩主义者对于社会也很少仇恨；因为无论怎样，他都是处于有利的地位的，它永远是胜利者。即使是失败了，也马上又胜利了。

但因此，他非天生地冷酷不可；他非仇恨仇恨市侩主义者不可。

它在有适当的温度的浑池里游泳着，那么自由，那么自在，那么愉快，那么满足。你吹它一口罢，它也许翻一下身；但早已在原地游泳着，而且更活泼，更灵快，也更惊人。

它成群的游泳着，互相照应，大家嬉笑，彼此庆贺。你用石头击它一下罢，也许它要被冲散了一下，但立刻又复聚在一块了。

自然，只要你对他有些利益，至少对他没有什么不方便，还要你装一点傻，你也可以和市侩主义者相处，也可以处得很好，但你决不能和他贴得很紧，因为他的软滑的表皮原是用来保护他自己，也用来和你相隔的。你想探索他的灵魂或抓捏他的核心么？那也不可能的；软滑滑地，你不知道那里是他的核心，只像抓捏一个软橡皮的温水袋，滑得你全身毛骨悚然了。

哦，哪里没有市侩主义呢！然而在我们这里是最多，最活跃。这就是因为我们这里有适当的温度，有适当的营养的社会液汁，这产生它，繁殖它，这适合它的生存，活动。

那么，这是不能再让它继续繁殖的时候了么？但有什么方法呢？必须比市侩主义者更聪明才行，可是有谁比他更聪明？你不听见市侩主义者也在照着你一样的说法：“应该反对市侩主义”么？然而他胜利地说，“为了反对市侩主义，所以我们就非成为市侩主义不可呀？”

这样，简直没有办法，除了这也可算是聪明的一条：你自己不要被他的聪明所骗，也被拖下去成为和他一样了。但这其实又不能算是办法。

作品赏析

市侩有一个庞大的群体，所以市侩主义是一个广泛的主义，其核心原则是利己主义。作者在文章中列举了市侩主义的种种表现，对市侩们的描述和分析非常的形象和准确，作者说市侩主义者是“软体的，会变形的，善于营钻，无处不适合于他的生存”。说到底，它的确是建立在生存努力之上的一种丰富的人生哲学，作者说它的根源在商业社会，市侩主义者挖空心思使自己用力小而收获大，因为“市侩主义者自然都是绝顶聪明的人，所以又天然属于‘劳心者治人’的一类”。市侩主义的盛行使一个社会整体的风气充满了极端的自私自利的狡猾、尔虞我诈和虚伪，它的确是商品社会必然迅速蔓延的一种风气，不但如此，市侩主义者还会为了利益而抱成团，“他虽然是软体，但触到了他的利害，他也蛮硬，也可以和你拼命。”“无论什么社会里，人互相间都要发生所谓‘爱’这种关系。惟独在市侩主义社会，却没有爱。对于圈外的人类固然没有爱，他们相互间也没有爱。”“市侩主义者对于社会也很少仇恨；因为无论怎样，他都是处于有利的地位的，它永远是胜利者。即使是失败了，也马上又胜利了。”文章写于20世纪30年代，但是今天睁眼看一下世界，与文中所言相比较，我们会感慨文章依然有很强的现实意义。

韩康的药店 /聂绀弩

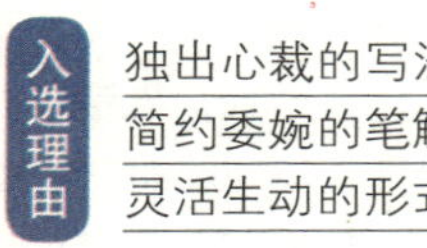

入选理由

独出心裁的写法

简约委婉的笔触

灵活生动的形式

韩康是个卖药的，在十字街头开着一家小小的药店。

韩康人老实，卖的都是真药；向来把钱财看得淡，又没有亲朋老小要照顾，药价都定得便宜；再加上人和气，容易说话，拖欠他一点钱也不大要紧。人们都乐于照顾他，门口常是穿进拥出，人山人海。

有一天，西门大官人打他门口走过，人挤得几乎叫大官人穿不过马。大官人问玳安，为什么这儿有这么多人？玳安回禀是到韩家买药的。大官人大吃一惊。大官人刚才就是到自己的药店里去算过账的。因为生意清淡，管事的都吃喝着大官人的血本，大官人正打算收业，却为了体面而踌躇着。怎么韩康药店里的生意却这么好呢？想是这店开在十字街头，居全城之中，来往行人甚多，故尔如此。药店招牌，名唤"寿世"，病家更自欢喜。"我且再作理会！"大官人对自己说。

第二天早晨，韩康正在账桌上登账，两个伙计在柜台上招呼点药。只见人丛里挤进一个人来，叫道一声："韩老板在家么？"

韩康起身看时，却是西门大官人的亲随玳安，心里一愣，但连忙脸上堆笑，唱了一个肥喏："不知今天甚风吹得大叔到小人寒舍？怎不请到店内坐呢？"

"打搅不当，正要借一步讲话。"

韩康把玳安请到柜台后面一个小房里坐好，斟了一杯茶奉上，口里说："寒舍窄小，不成看相；药臭冲天，有冒大叔贵体，大叔休得见怪！"

"韩大哥有所不知。我家大官人不知听信谁家闲言，好好的大药店，说是要收业了。你说可笑也不？"

韩康不懂玳安的话里有什么意思，却不得不随口应和："大人不干小事，大官人何处不省下些银两，药店济得甚事？"

"可知怪么，却想重开一家小的。"

"也好，还是小营生自在。"

"因此，大官人命玳安来问，韩大哥这般大小药店，该得几何银两？"

"有甚难见处？上连屋瓦，下连地泥，也不到百十两银子。"

"既是这般，大官人假若好赍发大哥一些银两，大哥愿把宝店出顶么？连招牌在内。"

"大叔取笑，小人无福，怎得大官人正眼儿觑到小店上来？"

"只问大哥愿不？"玳安两眼盯住韩康。

作者简介

聂绀弩（1903～1986），现代散文家，湖北京山人。曾用笔名耳耶、二鸦、箫今度等。1923年在缅甸仰光《觉民日报》、《缅甸晨报》当编辑。1924年考入广州中央陆军军官学校（黄埔军校）第2期，参加过国共合作的第一次东征。20世纪20年代中期，曾去苏联，入莫斯科中山大学，1927年回国。1931年九一八事变后在上海加入中国左翼作家联盟。30年代中期，先后编辑《中华日报》副刊《动向》和杂志《海燕》。这期间，他创作了一些短小精悍、犀利泼辣的杂文。抗日战争时期，聂绀弩在桂林与夏衍、宋云彬、孟超、秦似编辑杂文刊物《野草》。中华人民共和国成立后，聂绀弩历任中国作家协会理事，香港《文汇报》主笔，人民文学出版社副总编辑等职。

聂绀弩像

西门大人开药店

插图为西门大人正在巡视自家药铺。店中牌匾写有“道地药材”、“妙手回春”等字。从摆设来看，他家药铺的规模不小。

韩康寻思，这回糟了。要待允时，谁不知西门庆是说真方卖假药的都头，若非这等，怎的店里鬼不上门？借给他自家招牌不干甚事，伤害别人性命，可是罪过。要待不允，那厮平日欺压良民，为非作歹，说得出，作得到，连官府也奈何他不得，怎能与他计较？罢，忍得一时之气，省得百日之灾，且换些银两再说。于是答道：“若得大官人真实看顾小人，可知小人前世修得。”

“还是大哥爽快。银两随带在此，便请清点。”

“且慢，”韩康按住桌上银两说：“小人尚有一言，须得大叔禀明大官人，才敢收下银两。小人自幼生长药材行里，不解别种营生。今得大官人赏赐银两，恐日后仍作药材母金，请大官人休得降罪。”

“这个自然，大官人岂能断人生路？”

“只是小人浅见，还望大叔海涵则个！”

闲言少叙，且说大官人顶了韩康的药店，便将旧有的大药店歇了。旧店的存药，都搬到新顶的小药店来，生意十分兴旺，大官人看了暗自欢喜，便从韩康药橱里检出些香料补品，带回分给月娘，玉楼，金莲等使用。

可是不到半年，小药店门口又冷落下来了。韩康留下的药早已卖完，老店的存药便大量补充。病家出了大价钱，买回药去，却医不好病。

这时候，韩康却搬到东街，换了招牌，又开了一家小小的药店，名唤“济世”。

韩康的药店一开，一传十，十传百，转眼之间，通城的人都晓得了。不但东街，就是南街，西街，北街的人，也都到韩康店里去买药。门口依旧穿进拥出，人山人海。

韩康也没有别的，不过货真，价廉，可以拖欠而已。

这事又叫大官人得知了。大官人寻思，东方生门，正是卖药之所，不料又被这厮抢了先。咱却叫他自己理会。

一日薄暮，韩康正待收店，忽然一个彪形大汉，闯进门来，对着韩康问：“韩大哥在家么？”

韩康招呼：

“客官有何需要，韩某便是小人。”

“三年前，借去五十两纹银，迄今本利俱无，是何道理？”

“客官息怒，韩某生平不曾向人告贷，何处借得客官银两？且客官尊姓大名，韩某尚未得知，向来亦未拜识尊颜，何从向客官告贷？”

那人咆哮道：“韩康，你竟是这等无良之辈，当年告贷时，何种好言不曾讲过，今日却乔作不相识，意图抵赖。”

“便是真有此事，从来借贷须有保有据，客官如有保据，韩某还钱不迟。”

“有，有，”那人向门外招手道：“张三哥怎地还不进来，代小弟索逋？当年如不是三哥担保，谁肯把钱借给这乞儿来！”

马上一个黑汉子从门外进来，随即发话道：“这就是韩大哥的不是了。纵然一时无力，亦可好说宽限，何得竟说乌有？字据今在小弟处，须抵赖不得。”

说着，便从身边掏出一张字纸，远远地示给韩康，韩康看时，虽因天色已晚，不能仔细，但却已看出不是自己笔迹，并且似乎并非借据。韩康道：“请借字据近处一看。”

多行不义终自毙

原题《如塗塗附》，选自《点石斋画报》。图中一人向别人铺子里扔石子，结果石子砸到自己。文中西门最后在自己的荒唐作为中丧身，也是搬石头砸自己脚的表现。

话还未了，那大汉就随手抓住一根木棍，大喝一声，将屋梁上吊下的一盏琉璃花灯打落下来，跌得粉碎。韩康正待叫唤，那大汉向瘦些的那人说一声，“不趁此时动手，尚待何时！”就一个擒住韩康两手，一个用破絮塞进韩康嘴内，然后用绳子将他脚手捆倒在地。店内伙计见势不妙，早已逃得无影无踪。天已昏黑，街上行人稀少。

两人举起棍棒将店内药橱门窗，床榻桌椅，一齐打得七零八落，落花流水，药材像雨点般落在韩康身上，几乎将他埋了。好半天，两人兴尽，才指住韩康道：“便宜了你，明天还不将欠项还清，须不这般轻易了事。”说罢扬长而去。

过了好久，伙计回来，掌上灯火，才把韩康从药堆里拔出。韩康一面与伙计收拾零乱的什物药料，一面仔细参详，料是西门庆指使，西门庆迎娶李瓶儿时，也曾如此这般，打过蒋竹山的。但是若是这厮常来打闹，这便如何是好？

次日，韩康也不开门应市，只请了几位邻居父老，同在家中坐地，等那两位闲汉来时，便好与他分说。但一连几日，那两人的影子也不曾见，末后，又是玳安来与韩康谈了一席话，韩康又把药店连招牌一齐出顶给西门大官人，自己却到南门口另开一家小店。一来韩康不会别的营生，二来勤俭人，闲着就不知道怎地打发日子。

不用说，韩康的店一开，又是穿进拥出，人山人海，西门大官人顶下的两个店里，依旧冷冷清清，连韩康留下的药物，这回也卖不完了。

反省，在人类，尤其是像西门大官人之类的人，是一件困难的工作，西门大官人就从来没有想到自己卖的药和药价，总想着是韩康存心和他捣乱，西门大官人本是个宽宏大量的人，但对于存心捣乱的家伙们，却决不轻易放过。自己本来足智多谋，左右能够出谋划策的人又着实不少，也就总有方法把韩康的药店顶到手里来。

韩康呢，实在是个不肯讨人欢喜的家伙，自己的药店顶给别人了，总不肯从此收业。东街的药店顶出去了，在南街里开，南街的药店顶出了，在西街里开；现在西街的药店又顶出去了，却早在北街开了一家。

西门大官人愤怒极了。有韩康这厮在这城里开药店，自己的药店里的生意总不会好的。一不做，二不休，大官人想好了一个最毒辣的计策：除非如此这般。

一天夜晚，韩康和伙计已经睡了。街上静静的，忽然有两个人拍门问：“这里是韩康老板的药店么？”

伙计在门里答应，问他们干什么的。并且说，如果买药，请明天白天里来。

那两个人在外面说：“我们是远方客人，特来韩家买药，有百十两银子的交道。现在天已大黑，刚到此地，不知何处是客栈，请让我们进店胡乱睡一夜，不等天亮，把药买好了，还要赶路的。”

韩康本是容易讲话的人，听听门外人的口音，果然是外乡人模样。人家辛辛苦苦，远道赶来，怎好不开门呢？反正店里有些空屋，便让人家睡睡也没有什么。就吩咐伙计掌灯开门。不料门一开，却是两个彪形大汉，面貌十分凶恶，足登麻鞋，腰挎扑刀，把伙计吓了一跳，以为又是来打店的。

两人进来后，便和韩康寒暄了一会，也略略谈了些要买的药物的名目和分量。就由伙计带领他们在一间小空屋里睡了。

半夜时分，韩康由梦中惊醒，听见门外又有人擂鼓般敲门。说是查夜的。这些日子，梁山泊的强人声势浩大，各县地方，恐有强人出没，户口调查甚严。常有半夜三更，官宪率领兵丁，到民家查点等事。韩康一听，早捏了一把汗，自己店里正有两个不认识的客人。事已至此，后悔不及，只得硬起头皮起来招呼。这时候伙计已把大门开了。

“你们家里有几个人？”查夜的老爷问。

“两个。一个伙计，一个我。”韩康答。

“再没有别人了么？”

“还有两个买药的客人，刚到不久，天亮就走的。”

“甚么样的人，叫他来看看。”

说到这里；伙计和韩康都还没有去喊，那两个客人就出来了。衣服穿得好好，似乎并没有睡。

“兀那黑汉，你不是黑旋风李逵么？我可认得你。”一个做公的指着那粗笨的一个客人说。

“什么？黑旋风？梁山泊的强人，赶快替我拿下！”老爷说。

可是几个公人听见说是强人，大家都吓得动也不能动。倒是“黑旋风李逵”大喝一声：“你黑爷爷便是黑旋风李逵，他是俺哥哥神行太保戴宗，便待怎的？”说着，就和“神行太保戴宗”抡起大拳便打，公人和老爷都连忙闪在一旁，让两个强人逃跑了。

过了好半天，查夜人们仿佛从梦中惊醒了。老爷指住韩康两人说：“你们好大狗胆，竟敢窝藏匪盗，左右，还不拿下！”

这回，左右可都勇敢当先，大喝一声，就把站在一旁，早已目定口呆有口难分辩的韩康和伙计都绑起来了。

话休絮烦，从此韩康吃官司去了，他的最后的一个药店抄没归官，又由西门大官人，用便宜的价钱从官家买了回来。

现在城里只有西门大官人的五家药店，十字街，东街，南街，西街，北街，每处一所。可是生意仍旧不佳，好像这城里的人，城外的人，离城不远的人们，都忽然一起不生病了；或者生病就宁可死掉，也不吃药了。

这故事到这里就算完结，有人说，韩康吃了一回官司却并没有死，几年之后，被开释出来，那时候，西门大官人，已经死在潘金莲的肚子上，五家药店都被掌柜们卷逃一空，关门大吉。剩下一些粗笨的药柜之类，又被韩康买回去开了新药店。说也奇怪，韩康的药店一开，人们又重新生起病来，吃起药来，韩康的药店门口，仍旧穿进拥出，人山人海。不过这是后话。

假药害人

原题《庸医龟鉴》，选自《点石斋画报》。图中庸医开错药差点害人性命。而西门是经常卖假药误人性命。

作品赏析

《韩康的药店》是现代杂文史上独具一格的名篇。在聂绀弩的创作中，以杂文成就最大，在现代文学史上占有重要的地位。在《韩康的药店》这篇用古白话笔调写成的类似小说的杂文中，聂绀弩把汉代的韩康和《金瓶梅》中的西门庆摆在一起来演绎并说明一个真理。韩康有救人济世之心，他药店卖的药货真价实，门庭若市，生意兴隆；恶霸西门庆也开药店，但因卖假药，门可罗雀，生意萧条，他耍弄各种阴谋手段，欺行霸市，先后通过收买、敲诈恐吓、栽赃诬陷、赶尽杀绝等手段霸占韩康药店，并且使韩康不能经营此行业，造福乡里百姓，但生意仍然没有因此而好起来；在西门庆混世之日，"好像这城里的人，城外的人，离城不远的人们，都忽然一起不生病了；或者生病就宁可死掉，也不吃药了"。直到那厮不久暴卒，韩康的药店才得以东山再起，门前人山人海。在当时写作这篇杂文，是影射和讽刺国民党当局的。在第二次反共高潮中，国民党反动派查封了深受群众欢迎的桂林生活书店，并在原地开设一家专卖"总裁言论"的"国际书店"，但生意冷落，无人问津。这篇杂文就是讽刺这一事件的，文章没有什么议论，而是以小说故事形式，生动形象且无不辛辣嘲讽地说明了"阎王开饭店，鬼都不进门"的道理，是轰动一时的名文。

三八节有感/丁玲

一次对妇女解放落到实处的讨论

一个坦诚的独立女性自白

体现了艺术家的敏感和知识分子的良知

"妇女"这两个字，将在什么时代才不被重视，不需要特别的被提出呢？

年年都有这一天。每年在这一天的时候，几乎是全世界的地方都开着会，检阅着她们的队伍。延安虽说这两年不如前年热闹，但似乎总有几个人在那里忙着。而且一定有大会，有演说的，有通电，有文章发表。

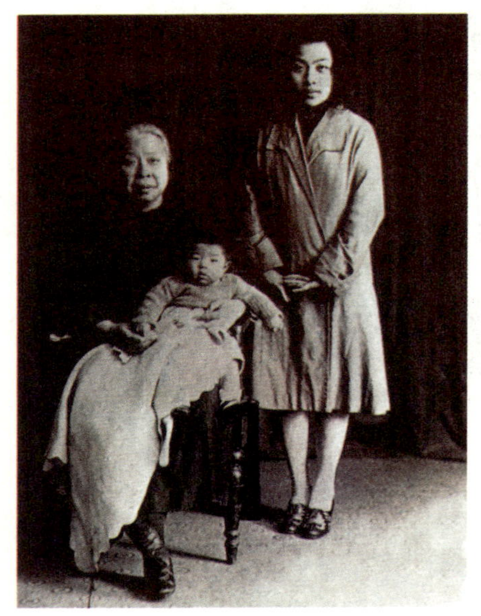

1931年，胡也频遇害后，丁玲与幼子回常德。图为丁玲与母亲和儿子在一起。

延安的妇女是比中国其它地方的妇女幸福的。甚至有很多人都在嫉羡的说："为什么小米把女同志吃得那么红胖？"女同志在医院，在休养所，在门诊部都占着很大的比例，却似乎并没有使人惊奇，然而延安的女同志却仍不能免除那种幸运：不管在什么场合都最能作为有兴趣的问题被谈起。而且各种各样的女同志都可以得到她应得的诽议。这些责难似乎都是严重而确当的。

女同志的结婚永远使人注意，而不会使人满意的。她们不能同一个男同志比较接近，更不能同几个都接近。她们被画家们讽刺："一个科长也嫁了么？"诗人们也说："延安只有骑马的首长，没有艺术家的首长，艺术家在延安是找不到漂亮的情人的。"然而她们也在某种场合聆听着这样的训词："他妈的，瞧不起我们老干部，说是土包子，要不是我们土包子，你想来延安吃小米！"但女人总是要结婚的。（不结婚更有罪恶，她将更多的被作为制造谣言的对象，永远被污蔑。）不是骑马的就是穿草鞋的，不是艺术家就是总务科长。她们都得生小孩。小孩也有各自的命运：有的被细羊毛线和花绒布包着，抱在保姆的怀里，有的被没有洗净的布片包着，扔在床头啼哭，而妈妈和爸爸都在大嚼着孩子的津贴，（每月 25 元，价值二斤半猪肉）要是没有这笔津贴，也许他们根本就尝不到肉味。然而女同志究竟应该嫁谁呢，事实是这样，被逼着带孩子的一定可以得到公开的讥讽："回到家庭了的娜拉。"而有着保姆的女同志，每一个星期可以有一天最卫生的交际舞。虽说在背地里也会有难比的诽语悄声的传播着，然而只要她走到那里，那里就会热闹，不管骑马的，穿草鞋的，总务科长，艺术家们的眼睛都会望着她。这同一切的理论都无关，同一切主义思想也无关，同一切开会演说也无关。然而这都是人人知道，人人不说，而且在做着的现实。

妇女们为支持抗日在做军鞋

延安的妇女们要一边投入火热的革命中，一边履行做妻子和母亲的职责，负担非常大。作者在文中客观地指出了在革命现实中妇女们的普遍处境和心路转变。

离婚的问题也是一样。大抵在结婚的时候，有三个条件是必须注意到的。一、政治上纯洁不纯洁，二、年龄相貌差不多，三、彼此有无帮助。虽说这三个条件几乎是人人具备（公开的汉奸这里是没有的。而所谓帮助也可以说到鞋袜的缝补，甚至女性的安慰），但却一定堂皇的考虑到。而离婚的口实，一定是女同志的落后。我是最以为一个女人自己不进步而还要拖住她的丈夫为可耻的，可是让我们看一看她们是如何落后的。她们在没有结婚前都抱着有凌云的志向，和刻苦的斗争生活，她们在生理的要求和"彼此帮助"的蜜语之下结婚了，于是她们被逼着做了操劳的回到家庭的娜拉。她们也唯恐有"落后"的危险，她们四方奔走，厚颜的要求托儿所收留她们的孩子，要求刮子宫，宁肯受一切处分而不得不冒着生命的危险悄悄的去吃着坠胎的药。而她们听着这样的回答："带孩子不是工作吗？你们只贪图舒服，好高骛远，你们到底做过一些什么了不起的政治工作？既然这样怕生孩子，生了又不肯负责，谁叫你们结婚呢？"于是她们不能免除"落后"的命运。一个有了工作能力的女人，而还能牺牲自己的事业去作为一个贤妻良母的时候，未始不被人所歌颂，但在十多年之后，她必然也逃不出"落后"的悲剧。即使在今天以我一个女人去看，这些"落后"分子，也实在不是一个可爱的女人。她们的皮肤在开始有折绉，头发在稀少，生活的疲惫夺取她们最后的一点爱娇。她们处于这样的悲运，似乎是很自然的，但在旧的社会里，她们或许会被称为可怜，薄命，然而在今天，却是自作孽、活该。不是听说法律上还在争论着离婚只须一方提出，或者必须双方同意的问题么？离婚大约多半都是男子提出的，假如是女人，那一定有更不道德的事，那完全该女人受诅咒。

我自己是女人，我会比别人更懂得女人的缺点，但我却更懂得女人的痛苦。她们不会是超时代的，不会是理想的，她们不是铁打的。她们抵抗不了社会一切的诱惑，和无声的压迫，她们每人都有一部血泪史，都有过崇高的感情，（不管是升起的或沉落的，不管有幸与不幸，不管仍在孤苦奋斗或卷入庸俗，）这在对于来到延安的女同志说来更不冤枉，所以我是拿着很大的宽容来看一切被沦为女犯的人的。而且我更希望男子们尤其是有地位的男子，和女人本身都把这些女人的过错看得与社会有联系些。少发空议论，多谈实际的问题，使理论与实际不脱节，在每个共产党员的修身上都对自己负责些就好了。

然而我们也不能不对女同志们，尤其是在延安的女同志有些小小的企望。而且勉励着自己。勉励着友好。

世界上从没有无能的人，有资格去获取一切的。所以女人要取得平等，得首先强己。我不必说大家都懂的。而且，一定在今天会有人演说的："首先取得我们的政权"的大话，我只说作为一个阵线中的一员（无产阶级也好，抗战也好，妇女也好），每天所必须注意的事项。

第一、不要让自己生病。无节制的生活，有时会觉得浪漫，有诗意，可爱，然而对今天环境不适宜。没有一个人能比你自己还会爱你的生命些。没有什么东西比今天失去健康更不幸些。只有它同你最亲近，好好注意它，爱护它。

女作家丁玲领导的西北战地服务团是抗战时期的宣传工作主力之一。图为丁玲（左一）和女团员。

第二、使自己愉快。只有愉快里面才有青春，才有活力，才觉得生命饱满，才觉得能担受一切磨难，才有前途，才有享受。这种愉快不是生活的满足，而是生活的战斗和进取。所以必须每天都做点有意义的工作，都必须读点书，都能有东西给别人，游惰只使人感到生命的空白，疲软，枯萎。

第三、用脑子。最好养好成一种习惯。改正不作思索，随波逐流的毛病。每说一句话，每做一件事，最好想想这话是否正确？这事是否处理的得当，不违背自己作人的原则，是否自己可以负责。只有这样才不会有后悔。这就是叫通过理性，这，才不会上当，被一切甜蜜所蒙蔽，被小利所诱，才不会浪费热情，浪费生命，而免除烦恼。

第四、下吃苦的决心，坚持到底。生为现代的有觉悟的女人，就要有认定牺牲一切蔷薇色的温柔的梦幻。幸福是暴风雨中的搏斗，而不是在月下弹琴，花前吟诗。假如没有最大的决心，一定会在中途停歇下来。不悲苦，即堕落。而这种支持下去的力量却必须在“有恒”中来养成。没有大的抱负的人是难于有这种不贪便宜，不图舒服的坚忍的。而这种抱负只有真正为人类，而非为己的人才会有。

三八节清晨

附及：文章已经写完了，自己再重看一次，觉得关于企望的地方，还有很多意见，但为发稿时间有限，也不能整理了。不过又有这样的感觉，觉得有些话假如是一个首长在大会中说来，或许有人认为痛快。然而却写在一个女人的笔底下，是很可以取消的。但既然写了就仍旧给那些有同感的人看看吧。

作品赏析

《三八节有感》深刻透彻地分析了生活在延安革命队伍中知识女性的艰难生活、尴尬处境和不幸命运。作者以自己作为女人身份的实际体验和思考，说出了作为与男人一同工作和战斗的职业革命女性的实际困难和苦恼，在当时非常具有现实意义。“‘妇女’这两个字，将在什么时代才不被重视，不需要特别的被提出呢？”正是纪念“三八”妇女节的日子，她却敢于发别人之所未发，从“被重视”的，热闹的表面看出了实际上正是因为不被重视才被重视的严峻本质。丁玲写道：“我自己是女人，我会比别人更懂得女人的缺点，但我却更懂得女人的痛苦。她们不会是超时代的，不会是理想的，她们不是铁打的。”她以自己艺术家的敏感和知识分子的良知，揭示了遗传在革命队伍里，滋生在理想社会肌体上的某种恶瘤。

官

/臧克家

画漫画像的写法
全方位的关照
理性务实的批判态度

我欣幸有机会看到许许多多的“官”：大的，小的，老的，少的，肥的，瘦的，南的，北的，形形色色，各人有自己的一份“丰采”。但是，当你看得深一点，换言之，就是不仅仅以貌取人的时候，你就会恍然悟到一个真理：他们是一样的，完完全全的一样，像从一个模子里“磕”出来的。他们有同样的“腰”，他们的“腰”是两用的，在上司面前则鞠躬如也，到了自己居于上司地位时，则挺得笔直，显得有威可畏，尊严而伟大。他们有同样的“脸”，他们的“脸”像六月的天空，变幻不居，有时，温馨晴朗，笑云飘忽；有时阴霾深黑，若狂风暴雨之将至，这全得看对着什么人，在什么样的场合。他们有同样的“腿”，他们的“腿”非常之长，奔走上官，一趟又一趟；结交同僚，往返如风，从来不知道疲乏。但当卑微的人们来求见，或穷困的亲友来有所告贷时，则往往迟疑又迟疑，迟疑又迟疑，最后才拖着两条像刚刚长途跋涉过来的“腿”，慢悠悠的走出来。“口将言而嗫嚅，足将进而越趄”，这是一副样相；对象不同了，则又换上另一副英雄面具：叱咤，怒骂、为了助——助声势，无妨大拍几下桌子，然后方方正正的落坐在沙发上，带一点余愠，鉴赏部属们那份觳觫的可怜相。

干什么的就得有干什么的那一套，做官的就得有个官样子。在前清，做了官，就得迈“四方步”，开“厅房腔”，这一套不练习好，官味就不够，官做得再好，总不能不算是缺陷的美。于今时代虽然不同了，但这一套也还没有落伍，“厅房腔”进化成了新式“官腔”，因为“官”要是和平常人一样的说“人”话，打“人腔”，就失其所以为“官”了。“四方步”，因为没有粉底靴，迈起来不大方便，但官总是有官的步子，疾徐中节，恰合身份。此外类如：会客要按时间，志在寸阴必惜；开会必迟到早退，表示公务繁忙；非要公来会的友人，以不在为名，请他多跑几趟，证明无暇及私。在办公室里，庄严肃穆，不苟言笑，一劲在如山的公文上唰唰的划着“行”字，表现为国劬劳的伟大牺牲精神，等等。

中国的官，向来有所谓“官箴”的，如果把这“官箴”一条条详细排列起来，足以成一本书，至少可以作成一张挂表，悬诸案头。我们现在就举其荦荦大者来赏识一下吧。开宗明义第一条就是：“官是人民的公仆。”孟老夫子在两千多年前就说过“民为贵，君为轻”的话，于今是“中华民国”，人民更是国家的“主人翁”了，何况，又到了所谓“人民的世纪”，这还有什么可说的？但是，话虽如此说，说起来也很堂皇动听，而事实却有点“不然”，而至于“大谬不然”，而甚至于“大谬

御苑晋谒图

这是一幅18世纪晚期的油画。在宫苑台上，皇帝悠闲地坐在躺椅上，表情温和慈祥。一侍臣躬身奏报朝臣晋见，另外一老一壮两位臣子正在不远处恭顺地静候着。

作者简介

臧克家（1905～2004），现当代诗人、作家。1905年生于山东诸城一个地主家庭。臧克家自幼受到中国古典诗词民歌的熏陶。青少年时代在农村度过，农民的苦难引起他的深切关注和同情。1919年上小学时受到“五四”新思潮的影响。1923年中学时代开始习作新诗。1933年出版了第一本诗集《烙印》，接着又出版了《罪恶的黑手》《运河》两本诗集和长诗《自己的写照》。1934年毕业于国立山东大学中文系。在校期间，在新诗创作上得到闻一多、王统照的鼓励与帮助。1936年参加中国文艺家协会。1938年参加中华全国文艺界抗敌协会。抗日战争期间臧克家在前方进行宣传文化工作达5年之久，写下大量颂扬抗战将士，歌咏民族精神，揭露法西斯罪恶的诗歌。抗战胜利后，他又及时写下了很多政治讽刺诗，揭露国统区的黑暗、腐朽。

1949年参加第一次文代会，以后历任华北大学文艺学院研究员、中国作协书记处书记、《诗刊》主编、第七届全国政协常委、中国作家协会顾问和中国写作协会会长等职。

臧克家的诗作，以纯朴凝重的笔调抒发了真挚深重的感情，显示了独特的艺术风格，尤其是他以对农村生活的关注而被称为“农民诗人”。

官生官相

当官的人在那一阶层形成了独特的体态和语言。点头哈腰、察言观色、见风使舵……只有掌握如此种种，才能在官场中适应。此图为清代绘画《曾国藩庆贺太平宴》。

不然”得叫人“糊涂”，而甚甚至于叫人“糊涂”得不可“开交”！人民既然是“主人”了，为什么从来没听说过这“主人”拿起鞭子来向一些失职的、渎职的、贪赃枉法的“公仆”的身上抽过一次？正正相反，太阿倒持，“主人”被强捐、被勒索、被拉丁、被侮辱、被抽打、被砍头的时候，倒年年有，月月有，日日有，时时有。

难道：只有在完粮纳税的场合上，在供驱使，供利用的场合上，在被假借名义的场合上，人民才是“主人”吗？

到底是“官”为贵呢？还是“民”为贵？我糊涂了三十五年，就是到了今天，我依然在糊涂中。

第二条应该轮到“清廉”了。“文不爱钱，武不惜死，”这是主人对文武“公仆”，“公仆”对自己，最低限度的要求了。打“国仗”打了八年多，不惜死的武官—将军，不能说没有，然而没有弃城失地的多。而真真死了的，倒是小兵们，小兵就是“主人”穿上了军装。文官，清廉的也许有，但我没有见过；因赈灾救济而暴富的，则所在多有，因贪污在报纸上广播“臭名”的则多如牛毛—大而至于署长，小而至于押运员，仓库管理员。“清廉”是名，“贪污”是实，名实之不相符，已经是自古而然了。官是直接或间接（包括请客费，活动费，送礼费）用钱弄到手的，这样年头，官，也不过“五日京兆”，不赶快狠狠的捞一下子，就要折血本了。捞的技巧高的，还可以得奖，升官；就是不幸被发觉了，顶顶厉害的大贪污案，一审再审，一判再判，起死回生，结果也不过是一个“无期徒刑”。“无期徒刑”也可以翻译做“长期休养”，过一些时候，一年二年，也许三载五载，便会落得身广体胖，精神焕发，重新走进自由世界里来，大活动而特活动起来。

第三条：为国家选人才，这些“人才”全是从亲戚朋友圈子里提拔出来的。你要是问：这个圈子以外就没有一个“人才”吗？他可以回答你“那我全不认识呀！”如此，“奴才”变成了“人才”，而真正“人才”便永远被埋没在无缘的角落里了。

第四条：奉公守法，第五条：勤俭服务，第六条：负责任，第七条……唔，还是不再一条一条的排下去吧。总之，所讲的恰恰不是所做的，所做的恰恰不是所讲的，岂止不是，而且，还不折不扣来一个正正相反呢。

呜呼，这就是所谓“官”者是也。

作品赏析

本文是一篇给“官”画像的杂文。望“官”兴叹是周围随时发生的事情。正如作者说：“我欣幸有机会看到许许多多的‘官’：大的，小的，老的，少的，肥的，瘦的，南的，北的，形形色色，各人有自己的一份‘丰采’。仍是，当你看得深一点，换言之，就是不仅仅以貌取人的时候，你就会恍然悟到一个真理：他们是一样的，完完全全的一样，像从一个模子里‘磕’出来的。”这就是中国的“官文化”，无“官形”不能为官，同样的“腰”、同样的“脸”，以及同样的“腿”，同样的官腔，因为“干什么的就得有干什么的那一套，做官的就得有个官样子”。时代“进步”之后，为官者换了很多说法，在“中华民国”，“官是人民的公仆。”因为已经到了“人民的世纪”！作为“公仆”，官们要讲廉洁，为国家选拔人才、还要奉公守法、勤俭服务、负责任等等，然而在这些谎言背后，百姓看到的却是完全相反的东西。作者的疑问在于：“人民既然是‘主人’了，为什么从来没听说过这‘主人’拿起鞭子来向一些失职的、渎职的、贪赃枉法的‘公仆’的身上抽过一次？正正相反，太阿倒持，‘主人’被强捐、被勒索、被拉丁、被侮辱、被抽打、被砍头的时候，倒年年有，月月有，日日有，时时有。难道：只有在完粮纳税的场合上，在供驱使，供利用的场合上，在被假借名义的场合上，人民才是‘主人’吗？”

论麻雀及扑克/梁遇春

梁遇春杂文的经典之作

对中国人国民性的深刻剖析和有力批判

直陈弊病，一针见血

年假中我们这班“等是有家归不得”的同学多半数是赌过钱的。这虽不是什么好现象，然而我却不为这件事替现在年轻人出讣闻，宣告他们的人格破产。我觉得打牌跟看电视一样。花了一毛钱在钟鼓楼看国产片《忠孝义节》，既会有裨于道德，坐车到真光看差不多每片都有的 Do you believe love at first sight？同在 finis 前面的接吻，何曾是培养艺术趣味，但是亦不至于诲淫。总之拉闲扯散，作些无聊之事，遣此有涯之生而已。

因为年假中走到好些地方，都碰着赌钱，所以引起我想到麻雀与

赌徒告饶

原题《赌棍遇骗》，选自《点石斋画报》。打牌是中国人喜爱的一种娱乐方式。在打牌过程中中国人形成了一种打牌心理——不管面临何种境遇总能找到治疗伤痛的药剂。

作者简介

梁遇春（1906 ~ 1932），福建闽侯人，1924 年进入北京大学英文系学习。1928 年秋毕业后曾到上海暨南大学任教。翌年返回北京大学图书馆工作。后因染急性猩红热，猝然去世。文学活动始于大学学习期间，主要是翻译西方文学作品和写作散文。1926 年开始陆续在《语丝》、《奔流》、《骆驼草》、《现代文学》、《新月》等刊物上发表散文，后大部分收入《春醪集》和《泪与笑》。

扑克之比较。麻雀真是我们的国技，同美国的橄榄球，英国的足球一样。近两年来在灾官的宴会上，学府的宿舍里，同代表民意的新闻报纸上面，都常听到一种论调，就是：咱们中国人到底聪明，会发明麻雀，现在美国人也喜欢起来了；真的，我们脑筋比他们乖巧得多，你看麻雀比扑克就复杂有趣得多了。国立师范大学教授张耀翔先生在国内惟一的心理学杂志上曾做过一篇赞美麻雀的好处的文章，洋洋千言，可惜我现在只能记得张先生赞美麻雀理由的一个。他说麻雀牌的样子合于 golden section。区区对于雕刻是门外汉，这话对不对，不敢乱评。外国人真傻，什么东西都要来向我们学。所谓大眼镜他们学去了，中国精神文化他们也要偷去了。美国人也知道中国药的好处了。就是娱乐罢，打牌也要我们教他们才行。他们什么都靠咱们这班聪明人，这真是 Yellow man's burden。可是奇怪的是玳瑁大眼镜我们不用了，他们学去了，后来每个留学回来脸上有多两个大黑圈。罗素一班人赞美中国文化后，中国的智识阶级也深觉得中国文化的高深微妙了。连外国人都打起麻雀了，我们张教授自然不得不做篇麻雀颂了。中国药的好处，美国人今日才知道，真是可惜，但是我们现在不应该来提倡一下吧？半开化的民族的模仿去，愚蠢的夷狄的赞美，本不值得注意的，然而我们的东西一经他们的品评，好像“一登龙门，声价十倍”的样子，我们也来“重新估定价值”，在这里也可看出古国人虚怀了。

话归本传。要比较麻雀同扑克的高低，我们先要谈一谈赌钱通论。天下爱赌钱的人真不少，那么我们就说人类有赌钱本能罢。不过“本能”两个字现在好多人把它当做包医百病的药方，凡是到讲不通的地方，请“本能”先生出来，就什么麻烦都没有了。所以有一班人就竖起“打倒本能”的旗帜来。我们现在还是用别的话讲解罢。人是有占有冲动的。因为钱这东西可以使夫子执鞭，又可以使鬼推磨，所以对钱的占有冲动特别大点。赌钱所有趣味，因为它是用最便当迅速的法子来满足这占有冲动。所以钱所用工具愈简单愈好，输得愈快愈妙。由这点看起来，牌九，扑克都是好工具，麻雀倒是个笨家伙了。

但是我们中华民族是礼仪之邦，总觉得太明显地把钱赌来赌去，是不雅观的事情，所以牌九等过激党都不为士大夫所许赞，独有麻雀既可赌钱，又不十分现出赌钱样子，且深宵看竹，大可怡情养性，故公认为国粹也。实在钱这个东西，不过是人们交易中一个记号，并不是本身怎么样无限神秘。把钱看做臭坏，把性交看做龌龊，或者是因为自己太爱这类东西，又是病态地爱它们，所以一面是因为自己病态，把这类东西看做坏东西，一面是因为自己怕露出马脚来，故意装出藐视的样子，想去掩护他心中爱财贪色的毛病。深夜闭门津津有味地看春宫的老先生，白日是特别规行矩步，摆出坐怀不动的样子。越是受贿的官，越爱谈清廉。夷狄们把钱看做同日用鞋袜桌椅书籍一样，所以父子兄弟在金钱方面分得很清楚的，同各人有各人的鞋袜桌椅书籍一样。我们中国人常把钱看得比天还大，以为若使父子兄弟间金钱方面都要计较那还有什么感情存在，弄到最后各人有各人的心事，大家都伤了感情了。因为他们不把钱看做特别重要东西，所以明明白白赌起钱来，不觉得有什么羞耻。我们明是赌钱，却要用一个很复杂的工具，说大家不过消遣消遣，用钱来做输赢，不过是助兴罢了。我们真讲礼节，自己赢了别人的钱，虽然不还他，却对他的输钱表十二分的同情与哀矜。当更阑漏尽，大家打呵欠擦眼忙得不能开交的时候，主人殷勤地说再来四圈罢，赢家也说再玩儿一会罢。他的意思自然给输家捞本的机会，这是多么有礼！因为赌钱是消遣，所以赌财可以还，也可以不还，虽然赢了钱没有得实际利益，只得个赢家这空名头是不大好的事，因为我们太有礼了，所以我们也免不了好多麻烦。中国是讲礼的国家，北京可算是中国最讲礼的地方了。剃完了头，想给钱的时候，理发匠一定说："呀！不用给罢！"若使客人听了他话，扬长而去，那又要怎么办呢？雇车时候，车夫常说，"不讲价罢！随您给得了。"虽然等到了时候要敲点竹杠，但是那又是一回事了。上海车夫就不然。他看你有些亚木林气，他就绕一个圈子或者故意拉错地方，最后同你说他拉了这么多地路，你要给他五六毛钱才对。这种滑头买办式的车夫真赶不上官僚式的北京车夫。因为他们是专以礼节巧妙不出血汗得些冤枉钱的。这也是北京所以为中国文化之中点的原因，盖国粹之所聚也。

以诗为博

选自《点石斋画报》。赌博的方式有许多种，以诗为赌资确是较为雅致的一种。输后作诗比输后赔钱更让人觉得有面子。赌徒的心理一定程度上反映了中国人为人的含蓄。

有人说赌钱虽是为钱，然而也可以当做一种游戏。我却觉得不是这么复杂。赌钱是为满足占有冲动起见，若使像 Ella 同 Bridgetel 一样 play for love 那是一种游戏，已经不是赌钱，游戏消遣法子真多。大家聚着弹唱作乐是一种，比克力（picnic）来江边，一个人大声念些诗歌小说给旁人听……多得很。若使大家聚在一块儿，非各自满足他的占有冲动打麻雀不可，那趣味未免太窄了，免不了给人叫作半开化的人民，并且输了钱占有冲动也不能满足，那更是寻乐反得苦了。

（又要关进课堂的前一日于北大西斋）

作品赏析

用"麻雀心理"来概括中国人的国民性虽显片面，但也恰当。当中国曾经的辉煌、曾经的文明在西方炮舰的轰鸣声中宣告衰落的时候，麻雀就成了中国人聊以自慰的"荣耀"，因为麻雀是中国人发明的，并且传到了西方，还深得西方人的喜爱，并因此而承认中国人的聪明。这就是中国人的"麻雀心理"——不管面临何种境遇总是能找到疗治伤痛的药剂。

而由麻雀引申出来的中国式的赌博，则更体现了中国人的"含蓄美"和"礼"。就像文中说的那样："我们中华民族是礼仪之邦，总觉得太明显地把钱赌来赌去，是不雅观的事情，所以牌九等过激党都不为士大夫所许赞，独有麻雀既可赌钱，又不十分现出赌钱的样子。"对于中国人的含蓄，作者还发表了极为深刻的见地：中国人"把钱看做臭坏，把性交看做龌龊，或者是因为自己太爱这类东西，又是病态地爱它们，所以一面是因为自己病态，把这类东西看做坏东西，一面是因为自己怕露出马脚来，故意装出藐视的样子，想去掩护他心中爱财贪色的毛病。"真是达到了"犹抱琵琶半遮面"的境界。

关于玩麻雀时体现出的"礼"，作者的见解更是高明："我们真讲礼节，自己赢了别人的钱，虽然不还他，却对他的输钱表十二分的同情和哀矜。当更阑漏尽，大家打哈欠擦眼忙得不能开交的时候，主人殷勤地说再来四圈罢，赢家也说再玩一会罢。他的意思自然给输家捞本的机会，这是多么有礼！"

麻雀有这么多的优点！中国人在感到无比骄傲的同时自然就要全身心地投入其中了。据资料显示，民国时期全国每天至少有 100 万张麻雀桌，如果每桌只打 8 圈的话，每圈按照半个小时来计算，这就要消耗 400 万小时，相当于损失了 16.7 万天的光阴。

当麻雀成为我们自欺欺人的资本的时候，骄傲和悲哀也就没有什么分别了。为此，胡适曾经痛心疾首地说："我们走遍世界，可曾看到哪一个长进的民族、文明的国家肯这样荒时废业的！"

这种虫/李广田

入选理由
中国现代优秀散文家的精彩篇章
靠声名、靠资历混饭吃的所谓“老专家”的形象刻画
对过时的学术权威的质疑和批判

一群人，围住了一个虫。“真奇怪！这是什么虫呢？”大家都很惊讶。其中没有一个人是曾经见过这种虫的，更没有人能指出这虫的名字。

这虫有一寸长。像一根小手指那么粗。身体是方的，绿色，透明。每一个环节上都有淡黄色的斑点，有颇长的毛刺。而环节与环节之间只有很细微的一点连接，似花瓣之连接于花跗。头部也是方的，那里的毛刺更多，因之不能看清它的本来面目。它被许多惊诧的目光所射击，它不敢爬行。有人胆怯地用草叶去触它一下，它无可奈何地微微蠕动，说明它并不曾死，但也只有在这样蠕动之际，人们就很容易担心它会即将脱节，解体，假如它的一节不幸被触脱了，那自然就是全体的死亡。这是一个既丑陋而又奇怪的虫。它丑陋，甚至使人生畏；它奇怪，就叫人离不开它。

讨论学术

老先生不懂装懂、欺世盗名。对于这样的“老专家”，学生也一味点头称是，真是“名师出高徒”。文中正是讽刺了这种丑陋的学术欺骗现象。

这到底是一个什么虫呢？没有人能够回答。

正当大家惊讶不止的时候，忽然有一位老先生来了。他看见这里围了很多人，他向那中心注视。“一个虫。”他看见了，同时，他接受了很多疑问的目光。“这是一个什么虫呢，老先生？”那些目光说。

“不错，”他说，而且笑着，“是‘有’这么一种虫。”

他丝毫也不表示惊讶，他像一个渊博的昆虫学家，又一再肯定地说道：“一点也不错，确乎是‘有’这么一种虫呢。”

大家听了，也并不问什么，似乎已获得了完全的答复，心里的惊讶也消逝了。

当然的，这还有什么可问呢。假设你再问他，那答复是可以想到的：

“这种虫是怎样生活呢？”

“这种虫就是‘这样’生活。”

“这种虫是怎样变化呢？”

“这种虫就是‘这样’变化。”

“那么这种虫到底叫什么虫呢？”

“这种虫啊，这种虫就叫‘这种虫’。”

如此而已，人们，为了他的老年，而且因为他曾作了一生的研究工作，就恭敬他，不问他，不驳他，似乎相信他。而他呢，他就凭了他的老年，他的一生的研究工作，而随时随地都坦然地指明：“这个就是这个。”他是现存的最古老的哲学家。

作者简介

李广田（1906 ~ 1968），山东邹平人。1923 年考入济南第一师范后，开始接触“五四”以来兴起的新思潮、新文学。1929 年入北大外语系预科，先后在《华北日报》副刊和《现代》杂志上发表诗歌、散文。

1935 年北大毕业，回济南教书，继续散文创作。1941 年秋至昆明，在“西南联大”任教。除散文外，还写了长篇小说《引力》。抗战胜利后，他先后在南开大学、清华大学任教。1948 年加入中国共产党。新中国成立后任清华大学中文系主任。1949 年全国第一次文代会，当选为文联委员、文协理事。1951 年任清华副教务长。1952 年调任云南大学副校长、校长。历任中国科学院云南分院文学研究所所长，作协云南分会副主席、中国作协理事等。

作品赏析

权威之所以成为权威，大抵因为他对某个学术领域的深入研究与真知灼见。一个国家、一个民族学术权威的整体水平、创新精神及研究态度决定着这个国家和民族整体科研状况。当这些学术权威丧失了研究能力，仍沉浸于自己曾经的研究之中，甚至为了保住权威的面子胡说八道的时候，国家的科学研究只能无可奈何地走向悲凉的没落。

看看文中那种老专家对新生事物的"精辟"分析吧！他把从来没见过的虫称"有"，他虽对新物种的生活习性及特性一无所知，但都圆满地用"这样"两个字"成功"地解决了。从他的"高明"的论断中，我们得不到任何有价值的东西。

文中，作者用精练的对话，活画出"老先生"不懂装懂、欺世盗名的老朽形象，把社会上那些靠声名、靠资历混饭吃的所谓"老专家"剥了一个一丝不挂，把他们丑陋的形象赤裸裸地展现在世人面前，真叫过瘾！

"上"人回家/萧乾

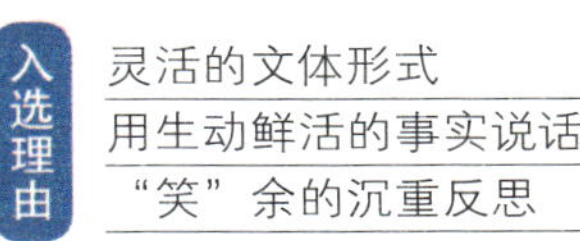

"上"人先生是鼎鼎有名的语言艺术家。他说话不但熟练，词儿现成，而且一向四平八稳，面面俱到。据说他的语言有两个特点，其一是概括性——可就是听起来不怎么具体，有时候还难免有些空洞罗嗦；其二是民主性——他讲话素来不大问对象和场合。对于学习马克思列宁主义，他自认有一套独到的办法。他主张首先要掌握的是马克思列宁主义语言。至于马克思列宁主义语言究竟与生活里的语言有什么区别，以及他讲的是不是就是马克思列宁主义语言，这个问题他倒还没考虑过。总之，他满口离不开"原则上""基本上"。这些本来很有内容的字眼儿，到他嘴里就成了口头禅，无论碰到什么，他都"上"它一下。于是，好事之徒就赠了他一个绰号，称他做"上"人先生。

这时已是傍晚，"上"人先生还不见回家，他的妻子一边照顾小女儿，一边烧着晚饭。忽听门外一阵脚步中。说时迟，那时快。"上"人推门走了进来。做妻子的看了好不欢喜，赶忙迎上前去。

故事叙到这里，下面转入对话。

妻：今儿个你怎么这样晚才回来？

上：主观上我本希望早些回来的，但是出于客观上难以逆料、无法控制的原因，以致我实际上回来的时间跟正常的时间发生了距离。

妻（撇了撇嘴）：你干脆说吧，是会散晚啦，还是没挤上汽车？

上：从质量上说，咱们这十路公共汽车的服务水平不能算低，可惜在数量上，它还远远跟不上今天现实的需要。

妻（不耐烦）：大丫头还没回来，小妞子直嚷饿得慌。二丫头，拉小妞子过来吃饭吧！

（小妞子刚满三周岁，怀里抱着个新买的布娃娃，一扭一扭地走了过来。）

妞：爸爸，你瞧我这娃娃好看不？

上：从外形上说，它有一定的可取的地方。不过，嗯，（他扯了扯娃娃的胳膊）不过它的动作还嫌机械了一些。

妞（撒娇地）：爸爸，咱们这个星期天去不去公园呀？

上：原则上，爸爸是同意带你去的，因为公园是个公共文娱活动的地方。不过——不过近来气候

变化很大，缺乏稳定性，等自然条件好转了，爸爸一定满足你这个愿望。

妻（摆好了饭菜和碗筷）：吃吧，别转文啦！

妞（推开饭碗）：爸爸，我要吃糖。

上：你热爱糖果，这是完全可以理解的。这种副食品要是不超过定量，对身体可以起良好的作用。不过，今天早晨妈妈不是分配两块水果糖给你了吗？

妻：我来当翻译吧。小妞子，你爸爸是说，叫你先乖乖儿地吃饭，糖吃多了长虫牙！（温柔地对“上”）今儿个合作社到了一批朝鲜的裙带菜，我称了半斤，用它烧汤试一试，你尝尝合不合口味？

上（舀了一调羹，喝下去）：嗯，不能不说是还有一定的滋味。

妻（茫然地）：什么？倒是合不合口味呀？

上（被逼得实在有些发窘）：从味觉上说如果我的味觉还有一定的准确性的话——下次如果再烧这个汤的话。那么我倾向于再多放一点儿液体。

妻（猜着）：噢，你是说太咸啦，对不对？下回我烧淡一点儿就是嘞。

（正吃着饭，一个十五六岁的姑娘推门走进来，这就是“大丫头”，她叫明。今年上初三。）

明：爸爸，（随说随由书包里拿出一幅印的水彩画，得意地说）这是同学送我的，听说是个青年女画家画的。你看这张画好不好？

上（接过画来，歪着头望了望）：这是一幅有着优美画面的画。在我看来（沉吟了一下），它具有一定的吸引力。这一点，自然跟画家在艺术上的修养是分不开的。然而在表现方式上，还不能说它完全没有缺点。

明：爸爸，它哪一点吸引了你？

上：从原则上说，既然是一幅画，它又是国家的美术出版社出版的，那么，它就不能不具有一定的吸引力。

明（不服气）：那不成，你得说是什么啊！（然后，眼珠子一转）这么办吧：你先说说它有什么缺点。

上：它有没有缺点，这一点自然是可以商榷的。不过，既然是青年画家画的，那么，从原则上说，青年总有他生气勃勃的一面，也必然有他不成熟的一面。这就叫作事物的规律性。

明：爸爸，要是你问我为什么喜欢它呀，我才不会那么吞吞吐吐呢。我就干脆告诉你。我喜欢芦苇旁边浮着的那群鸭子。瞧，老鸭子打头，后边跟着（数）一、二、三、四……七只小鸭子。我好象看见它们背上羽毛的闪光，听到它们的小翅膀拍水的声音。

上：孩子，评论一件完整的艺术品，你怎么能抓住一个具体的部分？而且，“喜欢”这个字眼儿太带有个人趣味的色彩了。

明（不等“上”说完就气愤地插嘴）：我喜欢，我喜欢。喜欢就是喜欢。说什么，我总归还告诉了你我喜欢它什么，你呢？你“上”了半天，（鼓着嘴巴，像是上了当似的）可是你什么也没告诉我！

妻：大丫头，别跟你爸爸费嘴啦。他几时曾经告诉过谁什么！

作者简介

萧乾（1910 ~ 1999），中国著名作家、翻译家和记者。1910 年 1 月 27 日，出生于北京。1928 年，到广州汕头当教员。1935 年，燕京大学毕业。1939 年，担当英国伦敦大学东方学院讲师，同期担任《大公报》驻欧记者。1942 年入剑桥大学当研究生。1940 ~ 1948 年期间，任职上海《大公报》兼复旦大学教授。1949 年，为英文《人民中国》副总编辑。1953 年，任职《译文》和《文艺报》。1961 年，调任人民文学出版社。1986 年，荣获挪威王国政府颁发的国家勋章。1999 年，因心肌梗塞及肾衰竭，在北京逝世。

萧乾像

作品赏析

《“上”人回家》写于1957年，是一篇别致有趣的杂文，文中的“上”人是一个“鼎鼎有名的语言艺术家”，作者概括他的语言艺术特点是“概括性”（很难听到具体的东西）和“民主性”（讲话不大问场合和地点），作为某一时代风气和典型人物，“上”人具有极强的代表性。作者用非常形象幽默的笔调对“上”人的所掌握和运用的马克思列宁主义语言作了一番描绘，这些使人看起来不禁要发笑的语言正是来自“上”人的生活中。向妻子解释为什么回来晚了，“上”人说：“主观上我本希望早些回来的，但是出于客观上难以逆料、无法控制的原因，以致我实际上回来的时间跟正常的时间发生了距离。”对女儿说话也是同样的风格，作者写“上”人的这些语言特征，指出“上”人没有区分清楚马克思列宁主义语言和生活语言的区别，甚至，他讲的到底是不是马克思列宁主义语言还是个疑问。作者的用意不仅仅在于嘲讽这样滑稽可笑的现象，还在于说明，在这样的语言背后“上”人的工作态度和作风。语言只是一个阶层、时代和灵魂的镜子，“上”人的存在是一个阶层和一个时代的悲哀。

一个鸡蛋的家当 /邓拓

简约朴实的文笔
对“浮夸风”盛行的时代的极大嘲讽
书生意气与政治家的眼光

说起家当，人们总以为这是相当数量的财富。家当的“当”字，本来应该写成“帑”字。帑是货币贮藏的意思，读音如“荡”字，北方人读成“当”字的同音，所以口语变成了“家当”。

我们平常说某人有了家当，就是承认他有许多家财，却不会相信一个鸡蛋能算得了什么家当！然而，庄子早就讲过有“见卵求富”的人，因此，我们对于一个鸡蛋的家当，也不应该小看它。

的确，任何巨大的财富，在最初积累的时候，往往是由一个很小的数量开始的。这正如集腋可以成裘、涓滴可以成江河的道理一样。但是，这并不是说，无论在什么情况下，你只要有了一个鸡蛋，就等于有了一份家当。事情决不可能这样简单和容易。

《公社的鱼池》（宣传画）

“捕条鲤鱼真难搬，用尽九牛二虎力，二人扶来三人托，拖上船来船挂沙。”鱼比人壮，这幅画夸张得十分惊人。这在“浮夸风”盛行的年代，比比皆是。

明代万历年间，有一位小说家，名叫江盈科。他编写了一部《雪涛小说》，其中有一个故事说：“一市人，贫甚，朝不谋夕。偶一日，拾得一鸡卵，喜而告其妻曰：我有家当矣。妻问安在？持卵示之，曰：此时，然须十年，家当乃就。因与妻计曰：我持此卵，借邻人伏鸡乳之，待彼雏成，就中取一雌者，归而生卵，一月可得十五鸡。两年之内，鸡又生鸡，可得鸡三百，堪易十金。我以十金易五牸，牸复生牸，

作者简介

邓拓（1912 ~ 1966），原名邓子健、邓云特，1912年出生于福建闽侯一个旧知识分子家庭。他从小就酷爱文学艺术。18岁时参加了左翼社会科学家联盟，同年加入中国共产党，积极从事革命活动。1937年秋，到达解放区后，历任《晋察冀日报》社长、晋察冀新华总分社社长等。新中国成立后先后任《人民日报》社长、总编辑和北京市委文教书记等职。

三年可得二十五牛。牸所生者，又复生牸，三年可得五十牛，堪易三百金矣。吾持此金以举债，三年间，半千金可得也。”

这个故事的后半还有许多情节，没有多大意义，可以不必讲它。不过有一点还应该提到，就是这个财迷后来说，他还打算娶一个小老婆。这下子引起了他的老婆“怫然大怒，以手击鸡卵，碎之”。于是这一个鸡蛋的家当就全部毁掉了。

你看这个故事不是可以说明许多问题吗？这个财迷也知道，家当的积累是需要不少时间的。因此，他同老婆计算要有十年才能挣到这份家当。这似乎也合于情理。但是，他的计划简直没有任何可靠的根据，而完全是出于一种假设，每一个步骤都以前一个假设的结果为前提。对于十年以后的事情，他统统用空想代替了现实，充分显出了财迷的本色，以致激起老婆生气，一拳头就把他的家当打得精光。更重要的是，他的财富积累计划根本不是从生产出发，而是以巧取豪夺的手段去追求他自己发财的目的。

如果要问，他的鸡蛋是从何而来的呢？回答是拾来的。这个事实本来就不光彩。而他打算把这个拾来的鸡蛋，寄在邻居母鸡生下的许多鸡蛋里一起去孵，其目的更显然是要混水摸鱼，等到小鸡孵出以后，他就将不管三七二十一，抱一个小母鸡回来。可见这个发财的第一步计划，又是连偷带骗的一种勾当。

接着，他继续设想，鸡又生鸡，用鸡卖钱，钱买母牛，母牛繁殖，卖牛得钱，用钱放债，这么一连串的发财计划，当然也不能算是生产的计划。其中每一个重要的关键，几乎都要依靠投机买卖和进行剥削，才能够实现的。这就证明，江盈科描写的这个“市人”，虽然“贫甚”，却不是劳苦的人民，大概是属于中世纪城市里破产的商人之流，他满脑子都是欺诈剥削的想法，没有老老实实地努力生产劳动的念头。这样的人即便挣到了一份家当，也不可能经营什么生产事业，而只会想找个小老婆等等，终于引起夫妻打架，不欢而散，那是必然的结果。

历来只有真正老实的劳动者，才懂得劳动产生财富的道理，才能够摒除一切想入非非的发财思想，而踏踏实实地用自己的辛勤劳动，为社会也为自己创造财富和积累财富。

作品赏析

本文具有独特的幽默味和极大的嘲讽力度，举重若轻，在当时是很具有胆识的杂文作品，是邓拓杂文中的压卷之作，也是后来不大有人赶得上的作品。在文章中，作者引用一个故事，说有一个人，拾得一个鸡蛋，胡想联翩，先是借别人的鸡孵出小鸡，然后辗转生利，又放高利贷，大发其财，遂成巨富，于是手之舞之，足之蹈之，于是“叭嗒”一声，鸡蛋落地，完事大吉。邓拓讲完故事后，只轻描淡写地点了两句：“历来只有真正老实的劳动者，才懂得劳动产生财富的道理，才能够摒除一切想入非非的发财思想，而踏踏实实地用自己的辛勤劳动，为社会也为自己创造财富和积累财富。”这是何等的笔力，真是一字千钧！把一篇文章写得简单很难，把一篇文章写得简单而明白更难，而要在简单明白中把握一个时代的政治话题，就不是寻常人所能了，那是对一个人的全面考验。之所以邓拓的这篇文字一直被看重，是因为本文确实具备了以上种种品质，这就是这篇看似平平的文章在那个时代经历了不寻常命运的根本原因所在。

精彩演讲词

魏晋风度及文章与药及酒之关系 /鲁迅

入选理由

思想深刻、文情并茂的学术演讲

巧用学术文体来达到批判政治现实的目的

鲁迅文章使用曲笔的另一种形式

中国文学史，研究起来，可真不容易，研究古的，恨材料太少，研究今的，材料又太多，所以到现在，中国较完全的文学史尚未出现。今天讲的题目是文学史上的一部分，也是材料太少，研究起来很有困难的地方。因为我们想研究某一时代的文学，至少要知道作者的环境、经历和著作。

汉末魏初这个时代是很重要的时代，在文学方面起一个重大的变化，因当时正在黄巾和董卓大乱之后，而且又是党锢的纠纷之后，这时曹操出来了——不过我们讲到曹操，很容易就联想起《三国志演义》，更而想起戏台上那一位花面的奸臣，但这不是观察曹操的真正方法。现在我们再看历史，在历史上的记载和论断有时也是极靠不住的，不能相信的地方很多，因为通常我们晓得，某朝的年代长一点，其中必定好人多；某朝的年代短一点，其中差不多没有好人。为什么呢？因为年代长了，做史的是本朝人，当然恭维本朝的人物了，年代短了，做史的是别朝的人，便很自由地贬斥其异朝的人物，所以在秦朝，差不多在史的记载上半个好人也没有。曹操在史上的年代也是颇短的，自然也逃不了被后一朝人说坏话的公例。其实，曹操是一个很有本事的人，至少是一个英雄，我虽不是曹操一党，但无论如何，总是非常佩服他。

董卓之后，曹操专权。在他的统治之下，第一个特色便是尚刑名。他的立法是很严的，因为当大乱之后，大家都想做皇帝，大家都想叛乱，故曹操不能不如此。曹操曾自己说过：“倘无我，不知有多少人称王称帝！”这句话他倒并没有说谎。因此之故，影响到文章方面，成了清峻的风格——就是文章要简约严明的意思。

此外还有一个特点，就是尚通脱。他为什么要尚通脱呢？自然也与当时的风气有莫大的关系。因为在党锢之祸以前，凡党中人都自命清流。不过讲“清”讲得太过，便成固执，所以在汉末，清流的举动有时便非常可笑了。

比方有一个有名的人，普通的人去拜访他，先要说几句话，倘这几句话说得不对，往往会遭倨傲的待遇，叫他坐到屋外去，甚而至于拒绝不见。

又如有一个人，他和他的姊夫是不对的，有一回他到姊姊那里去吃饭之后，便要将饭钱算回给姊姊。姊姊不肯要，他就于出门之后，把那些钱扔在街上，算是付过了。

个人这样闹闹脾气还不要

鲁迅与进步文学青年在一起

鲁迅是新文化运动的主将之一，一生著作近1000万字。他还十分关心和支持青年的文艺活动，帮助他们学习和战斗，因而成了进步青年爱戴的导师。

紧，若治国平天下也这样闹起执拗的脾气来，那还成什么话？所以深知此弊的曹操要起来反对这种习气，力倡通脱。通脱即随便之意。此种提倡影响到文坛，便产生多量想说甚么便说甚么的文章。

更因思想通脱之后，废除固执，遂能充分容纳异端和外来的思想，故孔教以外的思想源源引入。

总括起来，我们可以说汉末魏初的文章是清峻，通脱。在曹操本身，也是一个改造文章的祖师，可惜他的文章传的很少。他胆子很大，文章从通脱得力不少，做文章时又没有顾忌，想写的便写出来。

所以曹操征求人才时也是这样说，不忠不孝不要紧，只要有才便可以。这又是别人所不敢说的。曹操做诗，竟说是“郑康成行酒伏地气绝”。他引出离当时不久的事实，这也是别人所不敢用的。还有一样，比方人死时，常常写点遗令，这是名人的一件极时髦的事。当时的遗令本有一定的格式，且多言身后当葬于何处何处，或葬于某某名人的墓旁；操独不然，他的遗令不但没有依着格式，内容竟讲到遗下的衣服和伎女怎样处置等问题。

陆机虽然评曰“贻尘谤于后王”，然而我想他无论如何是一个精明人，他自己能做文章，又有手段，把天下的方士文士统统搜罗起来，省得他们跑在外面给他捣乱。所以他帷幄里面，方士文士就特别地多。

孝文帝曹丕，以长子而承父业，篡汉而即帝位。他也是喜欢文章的。其弟曹植，还有明帝曹睿，都是喜欢文章的。不过到那个时候，于通之外，更加上华丽。丕著有《典论》，现已失散无全本，那里面说：“诗赋欲丽”，“以气为主”。《典论》的零零碎碎，在唐宋类书中；一篇整的《论文》，在《文选》中可以看见。

后来有一般人很不以他的见解为然。他说诗赋不必寓教训，反对当时那些寓训勉于诗赋的见解，用近代的文学眼光看来，曹丕的一个时代可说是“文学的自觉时代”，或如近代所说的为艺术而艺术的一派。所以曹丕做的诗赋很好，更因他以“气”为主，故于华丽以外，加上壮大。归纳起来，汉末魏初的文章，可说是：“清峻、通脱、华丽、壮大。”在文学的意见上，曹丕和曹植表面上似乎是不同的。曹丕说文章事可以留名声于千载；但子建却说文章小道，不足论的。据我的意见，子建大概是违心之论。这里有两个原因：第一，子建的文章做得好，一个人大概总是不满意自己所做而羡慕他人所为的，他的文章已经做得很好，于是他便敢说文章是小道；第二，子建活动的目标在于政治方面，政治方面不甚得志，遂说文章是无用了。

曹操曹丕以外，还有下面的七个人：孔融、陈琳、王粲、徐乾、阮瑀、应玚、刘桢，都很能做文章，后来称为“建安七子”。七人的文章很少流传，现在我们很难判断；但，大概都不外是慷慨、华丽罢。华丽即曹丕所主张，慷慨就因当天下大乱之际，亲戚朋友死于乱者特多，于是为文就不免带着悲凉、激昂和慷慨了。

七子之中，特别是孔融，他专喜和曹操捣乱。曹丕《典论》里有论孔融的，因此他也被拉进“建安七子”一块儿去。其实不对，很两样的。不过在当时，他的名声可非常之大。孔融作文，喜用讥嘲的笔调，曹丕很不满意他。孔融的文章现在传的也很少，就他所有的看起来，我们可以瞧出他并不大对别人讥讽，只对曹操。比方曹操破袁氏兄弟，曹丕把袁熙的妻甄氏拿来归了自己，孔融就写信给曹操，说当初武王伐纣，将妲己给了周公了。操问他的出典，他说，以今例古，大概那时也是这样的。又比方曹操要禁酒，说酒可以亡国，非禁不可，孔融又反对，说也有以女人亡国的，何以不禁婚？

其实曹操也是喝酒的。我们看他的“何以解忧？惟有杜康”的诗句，就可以知道。为什么他的行为会和议论矛盾呢？此无他，因曹操是个办事人，所以不得不这样做；孔融是旁观的人，所以容易说些自由话。曹操见他屡屡反对自己，后来借故把他杀了。他杀孔融的罪状大概是不孝。因为孔融有下列的两个主张：

第一，孔融主张母亲和儿子的关系是如瓶之盛物一样，只要在瓶内把东西倒了出来，母亲和儿子的关系便算完了。第二，假使有天下饥荒的一个时候，有点食物，给父亲不给呢？孔融的答案是：倘若父亲是不好的，宁可给别人——曹操想杀他，便不惜以这种主张为他不忠不孝的根据，把他杀了。倘若曹操在世，我们可以问他，当初求才时就说不忠不孝也不要紧，为何又以不孝之名杀人呢？然而事实上纵使曹操再生，也没人敢问他，我们倘若去问他，恐怕他把我们也杀了！

与孔融一同反对曹操的尚有一个祢衡，后来给黄祖杀掉了。祢衡的文章也不错，而且他和孔融早是"以气为主"来写文章的了。故在此我们又可知道，汉文慢慢壮大起来，是时代使然，非专靠曹操父子之功的。但华丽好看，却是曹丕提倡的功劳。

这样下去一直到明帝的时候，文章上起了个重大的变化，因为出了一个何晏。

何晏的名声很大，位置也很高，他喜欢研究《老子》和《易经》。至于他是怎样的一个人呢？那真相现在可很难知道，很难调查。因为他是曹氏一派的人，司马氏很讨厌他，所以他们的记载对何晏大不满。因此产生许多传说，有人说何晏的脸上是搽粉的，又有人说他本来生得白，不是搽粉的。但究竟何晏搽粉不搽粉呢？我也不知道。

但何晏有两件事我们是知道的。第一，他喜欢空谈，是空谈的祖师；第二，他喜欢吃药，是吃药的祖师。

此外，他也喜欢谈名理。他身子不好，因此不能不服药。他吃的不是寻常的药，是一种名叫"五石散"的药。

"五石散"是一种毒药，是何晏吃开头的。汉时，大家还不敢吃，何晏或者将药方略加改变，便吃开头了。五石散的基本，大概是五样药：石钟乳、石硫黄、白石英、紫石英、赤石脂；另外怕还配点别样的药。但现在也不必细细研究它，我想各位都是不想吃它的。从书上看起来，这种药是很好的，人吃了能转弱为强。因此之故，何晏有钱，他吃起来了；大家也跟着吃。那时五石散的流毒就同清末的鸦片的流毒差不多，看吃药与否以分阔气与否的。现在由隋巢元方做的《诸病源候论》的里面可以看到一些。据此书，可知吃这药是非常麻烦的，穷人不能吃，假使吃了之后，一不小心，就会毒死。先吃下去的时候，倒不怎样的，后来药的效验既显，名曰"散发"。倘若没有"散发"，就有弊而无利。因此吃了之后不能休息，非走路不可，因走路才能"散发"，所以走路名曰"行散"。比方我们看六朝人的诗，有云："至城东行散"，就是此意。后来做诗的人不知其故，以为"行散"即步行之意，所以不服药也以"行散"二字入诗，这是很笑话的。

走了之后，全身发烧，发烧之后又发冷。普通发冷宜多穿衣，吃热的东西。但吃药后的发冷刚刚要相反：衣少，冷食，以冷水浇身。倘穿衣多而食热物，那就非死不可。因此五石散一名寒食散。只

建安七子

"建安七子"即以曹操、曹丕、曹植父子为核心的邺下文人集团。最早提出"七子"之说的是曹丕，七人大体上代表了建安时期除曹氏父子而外的优秀作者。其诗作崇尚风骨，多悲凉慷慨之气，抒发救国安邦、忧国忧民之志。

有一样不必冷吃的，就是酒。

吃了散之后，衣服要脱掉，用冷水浇身；吃冷东西；饮热酒。这样看起来，五石散吃的人多，穿厚衣的人就少；比方在广东提倡一年以后，穿西装的人就没有了。因为皮肉发烧之故，不能穿窄衣。为预防皮肤被衣服擦伤，就非穿宽大的衣服不可。现在有许多人以为晋人轻裘缓带，宽衣，在当时是人们高逸的表现，其实不知他们是吃药的缘故。一班名人都吃药，穿的衣都宽大，于是不吃药的也跟着名人，把衣服宽大起来了！

还有，吃药之后，因皮肤易于磨破，穿鞋也不方便，故不穿鞋袜而穿屐。所以我们看晋人的画像和那时的文章，见他衣服宽大，不鞋而屐，以为他一定是很舒服，很飘逸的了，其实他心里都是很苦的。

更因皮肤易破，不能穿新的而宜于穿旧的，衣服便不能常洗。因不洗，便多虱。所以在文章上，虱子的地位很高，“扪虱而谈”，当时竟传为美事。比方我今天在这里演讲的时候，扪起虱来，那是不大好的。但在那时不要紧，因为习惯不同之故。这正如清朝是提倡抽大烟的，我们看见两肩高耸的人，不觉得奇怪。现在不行了，倘若多数学生，他的肩成为一字形，我们就觉得很奇怪了。

此外可见服散的情形及其他种种的书，还有葛洪的《抱朴子》。

到东晋以后，作假的人就很多，在街旁睡倒，说是“散发”以示阔气。就像清时尊读书，就有人以墨涂唇，表示他是刚才写了许多字的样子。故我想，衣大、穿屐、散发等等，后来效之，不吃也学起来，与理论的提倡实在是无关的。

又因“散发”之时，不能肚饿，所以吃冷物，而且要赶快吃，不论时候，一日数次也不可定。因此影响到晋时“居丧无礼”——本来魏晋时，对于父母之礼是很繁多的。比方想去访一个人，那么，在未访之前，必先打听他父母及其祖父母的名字，以便避讳。否则，嘴上一说出这个字音，假如他的父母是死了的，主人便会大哭起来——他记得父母了——给你一个大大的没趣。晋礼居丧之时，也要瘦，不多吃饭，不准喝酒。但在吃药之后，为生命计，不能管得许多，只好大嚼，所以就变成“居丧无礼”了。

居丧之际，饮酒食肉，由阔人名流倡之，万民皆从之，因为这个缘故，社会上遂尊称这样的人叫作名士派。

吃散发源于何晏，和他同志的，有王弼和夏侯玄两个人，与晏同为服药的祖师。有他三人提倡，有多人跟着走。他们三个人多是会做文章，除了夏侯玄的作品流传不多外，王何二人现在我们尚能看到他们的文章。他们都是生于正始的，所以又名曰“正始名士”。但这种习惯的末流，是只会吃药，或竟假装吃药，而不会做文章。

东晋以后，不做文章而流为清谈，由《世说新语》一书里可以看到。此中空论多而文章少，比较他们三个差得远了。三人中王弼二十余岁便死了，夏侯何二人皆为司马懿所杀。因为他二人同曹操有关系，非死不可，犹曹操之杀孔融，也是借不孝做罪名的。

二人死后，论者多因其与魏有关而骂他，其实何晏值得骂的就是因为他是吃药的发起人。这种服散的风气，魏、晋，直到隋、唐还存在着，因为唐时还有“解散方”，即解五石散的药方，可以证明还有人吃，不过少点罢了。唐以后就没有人吃，其原因尚未详，大概因其弊多利少，和鸦片一样罢。

晋名人皇甫谧作一书曰《高士传》，我们以为他很高超。但他是服散的，曾有一篇文章，自说吃散之苦。因为药性一发，稍不留心，即会丧命，至少也会受非常的苦痛，或要发狂；本来聪明的人，因此也会变成痴呆。所以非深知药性，会解救，而且家里的人多深知药性不可。晋朝人多是脾气很坏、高傲、发狂、性暴如火的，大约便是服药的缘故。比方有苍蝇扰他，竟至拔剑追赶；就是说话，也要胡胡涂涂地才好，有时简直是近于发疯。但在晋朝更有以痴为好的，这大概也是服药的缘故。

魏末，何晏他们之外，又有一个团体新起，叫作“竹林名士”，也是七个，所以又称“竹林七贤”。正始名士服药，竹林名士饮酒。竹林的代表是嵇康和阮籍。但究竟竹林名士不纯粹是喝酒，嵇康也兼服药，而阮籍则是专喝酒的代表。但嵇康也饮酒，刘伶也是这里面的一个。他们七人中差不多都反抗

高逸图 唐 孙位

这是残存的《竹林七贤图》。图中只剩下了四贤：从左到右，分别是惯作青白眼的阮籍、嗜酒的刘伶、善发谈端的王戎、介然不群的山涛。人物重视眼神刻画，线条细劲流畅，似行云流水。

旧礼教的。

这七人中，脾气各有不同。嵇阮二人的脾气都很大；阮籍老年时改得很好，嵇康就始终都是极坏的。

阮年青时，对于访他的人有加以青眼和白眼的分别。白眼大概是全然看不见眸子的，恐怕要练习很久才能够。青眼我会装，白眼我却装不好。

后来阮籍竟做到"口不臧否人物"的地步，嵇康却全不改变。结果阮得终其天年，而嵇竟丧于司马氏之手，与孔融何晏等一样，遭了不幸的杀害。这大概是因为吃药和吃酒之分的缘故：吃药可以成仙，仙是可以骄视俗人的；饮酒不会成仙，所以敷衍了事。

他们的态度，大抵是饮酒时衣服不穿，帽也不戴。若在平时，有这种状态，我们就说无礼，但他们就不同。居丧时不一定按例哭泣；子之于父，是不能提父的名，但在竹林名士一流人中，子都会叫父的名号。旧传下来的礼教，竹林名士是不承认的。即如刘伶——他曾做过一篇《酒德颂》，谁都知道——他是不承认世界上从前规定的道理的，曾经有这样的事，有一次有客见他，他不穿衣服。人责问他；他答人说，天地是我的房屋，房屋就是我的衣服，你们为什么进我的裤子中来？至于阮籍，就更甚了，他连上下古今也不承认，在《大人先生传》里有说："天地解兮六合开，星辰陨兮日月颓，我腾而上将何怀？"他的意思是天地神仙，都是无意义，一切都不要，所以他觉得世上的道理不必争，神仙也不足信，既然一切都是虚无，所以他便沉湎于酒了。然而他还有一个原因，就是他的饮酒不独由于他的思想，大半倒在环境。其时司马氏已想篡位，而阮籍的名声很大，所以他讲话就极难，只好多饮酒，少讲话，而且即使讲话讲错了，也可以借醉得到人的原谅。只要看有一次司马懿求和阮籍结亲，而阮籍一醉就是两个月，没有提出的机会，就可以知道了。

阮籍做文章和诗都很好，他的诗文虽然也慷慨激昂，但许多意思都是隐而不显的。宋的颜延之已经说不大能懂，我们现在自然更很难看得懂他的诗了。他诗里也说神仙，但他其实是不相信的。嵇康的论文，比阮籍更好，思想新颖，往往与古时旧说反对。孔子说："学而时习之，不亦说乎？"嵇康做的《难自然好学论》，却道，人是并不好学的，假如一个人可以不做事而又有饭吃，就随便闲游不喜欢读书了，所以现在人之好学，是由于习惯和不得已。还有管叔蔡叔，是疑心周公，率殷民叛，因而被诛，一向公认为坏人的。而嵇康做的《管蔡论》，就也反对历代传下来的意思，说这两个人是忠臣，他们怀疑周公，是因为地方相距太远，消息不灵通。

但最引起许多人的注意，而且于生命有危险的，是《与山巨源绝交书》中的"非汤武而薄周孔。"司马懿因这篇文章，就将嵇康杀了。非薄汤武周孔，在现时代是不要紧的，但在当时却关系非小。汤武是以武定天下的；周公是辅成王的；孔子是祖述尧舜，而尧舜是禅让天下的。嵇康都说不好，那么，教司马懿篡位的时候，怎么办才是好呢？没有办法。在这一点上，嵇康于司马氏的办事上有了直接的影响，因此就非死不可了。嵇康的见杀，是因为他的朋友吕安不孝，连及嵇康，罪案和曹操的杀孔融差不多。魏晋是以孝治天下的，不孝，故不能不杀。为什么要以孝治天下呢？因为天位从禅让，即巧取豪夺而来，若主张以忠治天下，他们的立脚点便不稳，办事便棘手，立论也难了，所以一定要以孝治天下。但倘只是实行不孝，其实那时倒不很要紧，嵇康的害处是在发议论；阮籍不同，不大说关于伦理上的话，所以结局也不同。

但魏晋也不全是这样的情形，宽袍大袖，大家饮酒。反对的也很多。在文章上我们还可以看见裴的《崇有论》，孙盛的《老子非大贤论》，这些都是反对王何们的。在史实上，则何曾劝司马懿杀阮籍有好几回，司马懿不听他的话，这是因为阮籍的饮酒，与时局的关系少些的缘故。

然而后人就将嵇康阮籍骂起来，人云亦云，一直到现在，一千六百多年。季札说："中国之君子，明于礼义而陋于知人心。"这是确的，大凡明于礼义，就一定要陋于知人心的，所以古代有许多人受了很大的冤枉。例如嵇阮的罪名，一向说他们毁坏礼教。但据我个人的意见，这判断是错的。魏晋时代，崇尚礼教的看来似乎很不错，而实在是毁坏礼教，不信礼教的。表面上毁坏礼教者，实则倒是承认礼教，太相信礼教。因为魏晋时代所谓崇尚礼教，是用以自利，那崇奉也不过偶然崇奉，如曹操杀孔融，司马懿杀嵇康，都是因为他们和不孝有关，但实在曹操司马懿何尝是著名的孝子，不过将这个名义，加罪于反对自己的人罢了。于是老实人以为如此利用，亵渎了礼教，不平之极，无计可施，激而变成不谈礼教，不信礼教，甚至于反对礼教——但其实不过是态度，至于他们的本心，恐怕倒是相信礼教，当作宝贝，比曹操司马懿们要迂执得多。现在说一个容易明白的比喻罢，譬如有一个军阀，在北方——在广东的人所谓北方和我常说的北方的界限有些不同，我常称山东山西直隶河南之类为北方——那军阀从前是压迫民党的，后来北伐军势力一大，他便挂起青天白日旗，说自己已经信仰三民主义了，是总理的信徒。这样还不够，他还要做总理的纪念周。这时候，真的三民主义的信徒，去呢，不去呢？不去，他那里就可以说你反对三民主义，定罪，杀人。但既然在他的势力之下，没有别法，真的总理的信徒，倒会不谈三民主义，或者听人假惺惺的谈起来就皱眉，好像反对三民主义模样。所以我想，魏晋时所谓反对礼教的人，有许多大约也如此。他们倒是迂夫子，将礼教当作宝贝看待的。

还有一个实证，凡人们的言论、思想、行为，倘若自己以为不错的，就愿意天下的别人，自己的朋友都这样做。但嵇康阮籍不这样，不愿意别人来模仿他。竹林七贤中有阮咸，是阮籍的侄子，一样的饮酒。阮籍的儿子阮浑也愿加入时，阮籍却道不必加入，吾家已有阿咸在，够了。假若阮籍自以为行为是对的，就不当拒绝他的儿子，而阮籍却拒绝自己的儿子，可知阮籍并不以他自己的办法为然。至于嵇康，一看他的《绝交书》，就知道他的态度很骄傲的，有一次，他在家打铁——他的性情是很喜欢打铁的——钟会来看他了，他只打铁，不理钟会。钟会没有意味，只得走了。其时嵇康就问他："何所闻而来，何所见而去？"钟会答道："闻所闻而来，见所见而去。"这也是嵇康杀身的一条祸根。但我看他做给他的儿子看的《家诫》——当嵇康被杀时，其子方十岁，算来当他做这篇文章的时候，他的儿子是未满十岁的——就觉得宛然是两个人。他在《家诫》中教他的儿子做人要小心，还有一条一条的教训。有一条是说长官处不可常去，亦不可住宿；官长送人们出来时，你不要在后面，因为恐怕将来官长惩办坏人时，你有暗中密告的嫌疑。又有一条是说宴饮时候有人争论，你可立刻走开，免得在旁批评，因为两者之间必有对与不对，不批评则不象样，一批评就总要是甲非乙，不免受一方见怪。还有人要你饮酒，即使不愿饮也不要坚决地推辞，必须和和气气的拿着

鲁迅先生的卧室和书房

杯子。我们就此看来，实在觉得很稀奇：嵇康是那样高傲的人，而他教子就要他这样庸碌。因此我们知道，嵇康自己对于他自己的举动也是不满足的。所以批评一个人的言行实在难，社会上对于儿子不像父亲，称为"不肖"，以为是坏事，殊不知世上正有不愿意他的儿子像他自己的父亲哩。试看阮籍嵇康，就是如此。这是，因为他们生于乱世，不得已，才有这样的行为，并非他们的本态。但又于此可见魏晋的破坏礼教者，实在是相信礼教到固执之极的。 不过何晏王弼阮籍嵇康之流，因为他们的名位大，一般的人们就学起来，而所学的无非是表面，他们实在的内心，却不知道。因为只学他们的皮毛，于是社会上便很多了没意思的空谈和饮酒。许多人只会无端的空谈和饮酒，无力办事，也就影响到政治上，弄得玩"空城计"，毫无实际了。在文学上也这样，嵇康阮籍的纵酒，是也能做文章的，后来到东晋，空谈和饮酒的遗风还在，而万言的大文如嵇阮之作，却没有了。刘勰说："嵇康师心以遣论，阮籍使气以命诗。"这"师心"和"使气"，便是魏末晋初的文章的特色。正始名士和竹林名士的精神灭后，敢于师心使气的作家也没有了。

到东晋，风气变了。社会思想平静得多，各处都夹入了佛教的思想。再至晋末，乱也看惯了，篡也看惯了，文章便更和平。代表平和的文章的人有陶潜。他的态度是随便饮酒，乞食，高兴的时候就谈论和做文章，无忧无怨。所以现在有人称他为"田园诗人"，是个非常和平的田园诗人。他的态度是不容易学的，他非常之穷，而心里很平静。家常无米，就去向人家门口求乞。他穷到有客来见，连鞋也没有，那客人给他从家丁取鞋给他，他便伸了足穿上了。虽然如此，他却毫不为意，还是"采菊东篱下，悠然见南山"。这样的自然状态，实在不易模仿。他穷到衣服也破烂不堪，而还在东篱下采菊，偶然抬起头来，悠然的见了南山，这是何等自然。现在有钱的人住在租界，雇花匠种数十盆花，便做诗，叫作"秋日赏菊效陶彭泽体"，自以为合于渊明的高致，我觉得不大像。

陶潜之在晋末，是和孔融于汉末与嵇康于魏末略同，又是将近易代的时候。但他没有什么慷慨激昂的表示，于是便博得"田园诗人"的名称。但《陶集》里有《述酒》一篇，是说当时政治的。这样看来，可见他于世事也并没有遗忘和冷淡，不过他的态度比嵇康阮籍自然得多，不至于招人主意罢了。还有一个原因，先已说过，是习惯。因为当时饮酒的风气相沿下来，人见了也不觉得奇怪，而且汉魏晋相沿，时代不远，变迁极多，既经见惯，就没有大感触，陶潜之比孔融嵇康和平，是当然的。例如看北朝的墓志，官位升进，往往详细写着，再仔细一看，他已经经历过两三个朝代了，但当时似乎并不为奇。

据我的意思，即使是从前的人，那诗文完全超于政治的所谓"田园诗人"、"山林诗人"，是没有的。完全超出于人间世的，也是没有的。既然是超出于世，则当然连诗文也没有。诗文也是人事，既有诗，就可以知道于世事未能忘情。譬如墨子兼爱，杨子为我。墨子当然要著书；杨子就一定不著，这才是"为我"。因为若做出书来给别人看，便变成"为人"了。

由此可知陶潜总不能超于尘世，而且，于朝政还是留心，也不能忘掉"死"，这是他诗文中时时

陶渊明田园图

提起的。用别一种看法研究起来，恐怕也会成一个和旧说不同的人物罢。自汉末至晋末文章的一部分的变化与药及酒之关系，据我所知的大概是这样。但我学识太少，没有详细的研究，在这样的热天和雨天费去了诸位这许多时光，是很抱歉的。现在这个题目总算是讲完了。

作品赏析

鲁迅的这篇演讲展现了他广博的历史知识和鲜明的战斗立场，文辞生动、幽默而犀利。鲁迅后来说过："在广州之谈魏晋事，盖实有慨而言。"在本文中，他列举了曹操和司马懿作为政治流氓的代表人物，他们的政治行为一方面是随意杀人；另一方面，是行为和议论相矛盾。魏晋以孝治天下，孔融和嵇康都是以"不孝"为罪名被杀的。"为什么要以孝治天下呢？因为天位从禅让，即巧取豪夺而来，若主张以忠治天下，他们的立脚点便不稳，办事便棘手，立论也难了，所以一定要以孝治天下。"而"曹操与司马懿何尝是著名的孝子，不过将这个名义，加罪于反对自己的人罢了"。这便是政治流氓的"德治"。鲁迅在文章中使用许多传统的戏剧旁白或插科打诨的幽默的话语形式，把魏晋时代同现时代联系起来，并不断暗示读者，给现实政治以最有力的批判。

北大之精神

/马寅初

中国近现代教育思想史上的重要文献之一

文白夹杂而晓畅明白的演讲语言

正义的立场和无畏的独立批判精神

今日为母校二十九周年纪念，令人发生深切之印象。现学校既受军阀之摧残而暂时消灭，但今天之纪念会，仍能在杭州举行，聚昔日师友同学至二百数十人之多，可见吾北大形质暂时虽去，而北大之精神则依然存在。

回忆母校自蔡先生执掌校务以来，力图改革，五四运动，打倒卖国贼，做人民思想之先导。此种虽斧钺加身毫无顾忌之精神，国家可灭亡，而此精神当永久不死。然既有精神，必有主义，所谓北大主义者，即牺牲主义也。服务于国家社会，不顾一己之私利，勇敢直前，以达其至高之鹄的。

苟有北大之牺牲精神，无论举办何事，则结果之良好，俱可期而待。今以浙江一省而论之，如以北大牺牲精神，移办政府与党务，则不出一年，必可为全国之模范省。盖浙江现时之地位，较他省优良之点甚多：财政之统一一也。浙江之财政厅，尚能统辖全省财政，较之江苏、安徽、福建等省，俱远过之。江苏因为孙传芳之战事未了，所统一者仅长江以南之一部分。安徽在前数月间虽征收税吏，俱归二三军队首领所委派。福建即菜担妓女，亦俱贴印花，其财政上之紊乱，可以想见。至湖广江西等省，更无须深论矣。金融之平稳二也。全省无滥发纸币，引起金融之扰乱。军队之统一三也。教育之优良完全四也。此次革命军兴，全省所受之损失不大五也。既具此五种之优点，苟政治能上轨道，办事人员俱抱北大精神而徐图改革，则将来之浙江，必较今日可以远胜万倍。

虽然，欲图改革，必须自环境之改造入手。重心不在表面，而在人心。今日国家社会之所以每况愈下，根本原因，在于吏治之不良，道德之堕落。如寅初回浙未久，而请寅初代谋统捐局长者，不知凡几。且有欲寅初推荐往禁烟局者，彼辈之心理，以为寅初现正在反对禁烟局，则寅初推荐之人员，禁烟局不敢不留用。际此生活困难之时，在政界谋事，果属生活问题，情尚可原。然来寅初处谋事之人，甚至预先说价，必须月薪至若干元以上，或有其他不正当之收益者而后可。是故中国大半人民，虽其私人道德，亦有甚好者，但脑筋中实无一"公"字之印象。故公家观念之薄弱，已达极点。而对一己之升官发财，譬诸厕所之苍蝇，群相密集。故无论何界，苟有一人稍有地位，则其亲戚朋友，全体联

作者简介

马寅初（1882 ~ 1982），中国现当代著名的经济学家、人口学家、教育家，浙江嵊州人。1901 年入天津北洋大学（1951 年更名天津大学），1906 年赴美国留学，1915 年回国，任北洋政府财政部职员。1916 年任国立北京大学经济系教授兼系主任，1919 年出任首任教务长。1920 年，出任国立东南大学附设上海商科大学（现上海财经大学）教授兼教务主任。1927 年后任浙江省政府委员、南京国民政府立法院立法委员、立法院经济委员会委员长、财政委员会委员长等职。1948 年当选第一任中央研究院院士。1949 年任中华人民共和国政务院财政经济委员会副主任、浙江大学校长。1951 年出任北京大学校长，1960 年 1 月 4 日因发表《新人口论》被迫辞去校长职务。1979 年 9 月任北京大学名誉校长，兼中国人口学会名誉会长。

马寅初像

带而为其属下，家庭观念之深切，世无其右。当知吾人对于国家社会之义务，应以人民之幸福为前提，不当以个人弥补亏空或物质享受为目的。北大昔日既为群众之导师，今而后当如何引导人民，打破家庭观念，而易以团体观念；打破家庭主义，而易以国家主义，恢复人生固有之牺牲精神。否则，若仅有表面之革命，恐虽经千百次，于国家于社会仍无补于事也。

且中国人民之心理，对公家事，若不相干，可以不负责任。如寅初此次反对鸦片，时有人以“在此种社会何必做恶人”之语，来相劝勉。若寅初家中妇女，如作此语，寅初本可不加深责。然此种浅薄之语，竟发诸现在之官吏与夫东西留学生之口。呜呼！一人公正之勇气能有几何，今不以努力助鼓励，而反以冷水浇头，人心至此，可深浩叹！中国人以“不”字为道德，如不嫖，不赌，不饮酒，不吸烟，果属静止之道德，然缺乏相当之努力，与夫牺牲之精神，以尽人生应有之义务。虽方趾圆颅，实类似腐尸。西人谓 life is activity，否则，反不如截发入山，做和尚之为愈，何必在世上忧忧哉。

是故以北大之精神，牺牲于社会，对于全国，或以范围过大，尚须相当时日。若仅浙江一省，

北京大学旧照

北京大学前身为京师大学堂，是戊戌变法存留下来的唯一成果。民国初蔡元培任北大校长，以“兼容并包”为办学思想，一时北大风气大开，人才济济，马寅初就是在北大执教的杰出人才之一。

则改造之目的，诚可立而待也。欲使人民养成国家观念，牺牲个人而尽力于公，此北大之使命，亦即吾人之使命也。举凡战胜环境，改造人心，驱除此等奄奄待毙不负责任之习俗，诸君当与寅初共勉之！

作品赏析

1927年12月19日，在杭州北大同学会举行的纪念校庆二十九周年集会上，刚刚脱离北大的经济系教授马寅初发表了这篇演讲，题为《北大之精神》。这篇演讲全面阐述了北大精神就是可为了国家与社会“虽斧钺加身毫无顾忌”的牺牲精神，同时，作者以犀利的语言无情地揭露了造成“国家社会之所以每况愈下”的“根本原因，即在于吏治之不良，道德之堕落”，那些为一己之私升官发财的现象就像“厕所之苍蝇，群相密集”，马寅初对这样的官吏表示了极大的愤慨和深恶痛绝。伸张正义，鞭挞邪恶是这篇演讲的最大特点，这些邪恶的东西都是与北大精神背道而驰的，也是北大人应该拒绝和坚决予以揭露和批判的。马寅初的演讲一贯富于激情，正义凛然，充满强烈的感情，具有极强的感染力。马寅初的演讲非常讲究辞采，表达手法多样，论述严谨有力，虽然文白夹杂，却仍然简洁明了，流利晓畅，显示出过人的语言能力。

庶民的胜利 /李大钊

中国近现代政治思想史上的重要文献之一

语言犀利，论述精辟独到

高瞻远瞩的政治判断和非凡的演讲气度

我们这几天庆祝战胜，实在是热闹得很。可是战胜的，究竟是哪一个？我们庆祝，究竟是为哪个庆祝？我老老实实讲一句话，这回战胜的，不是联合国的武力，是世界人类的新精神。不是哪一国的军阀或资本家的政府，是全世界的庶民。我们庆祝，不是为哪一国或哪一国的一部分人庆祝，是为全世界的庶民庆祝。不是为打败德国人庆祝，是为打败世界的军国主义庆祝。

这回大战，有两个结果：一个是政治的，一个是社会的。

政治的结果，是“大……主义”失败，民主主义战胜。我们记得这回战争的起因，全在“大……主义”的冲突。当时我们所听见的，有什么“大日耳曼主义”咧，“大斯拉夫主义”咧，“大塞尔维主义”咧，“大……主义”咧。我们东方，也有“大亚细亚主义”、“大日本主义”等等名词出现。我们中国也有“大北方主义”、“大西南主义”等等名词出现。“大北方主义”、“大西南主义”的范围以内，又都有“大……主义”等等名词出现。这样推演下去，人之欲大，谁不如我。于是两大的中间有了冲突，于是一大与众小的中间有了冲突，所以境内境外战争迭起，连年不休。

“大……主义”就是专制的隐语，就是仗着自己的强力蹂躏他人、欺压他人的主义。有了这种主义，人类社会就不安宁了。大家为抵抗这种强暴势力的横行，乃靠着互助的精神，提倡一种平等自由的道理。这等道理，表现在政治上，叫作民主主义，恰恰与“大……主义”相反。欧洲的战争，是“大……主义”与民主主义的战争。我们国内的战争，也是“大……主义”与民主主义的战争。结果都是民主主义战胜，“大……主义”失败。民主主义战胜，就是庶民的胜利。社会的结果，是资本主义失败，劳工主义战胜。原来这回战争的真因，乃在资本主义的发展。国家的界限以内，不能涵容他的生产力，所以资本家的政府想靠着大战，把国家界限打破，拿自己的国家做中心，建一世界的大帝国，成一个经济组织，为自己国内资本家一阶级谋利益。俄、德等国的劳工社会，首先看破他们的野心，不惜在大战的时候，起了社会革命，防遏这资本家政府的战争。联合国的劳工社会，也都要求和

1919年5月7日，在各界声援下被捕的学生获释

第一次世界大战结束后，中国以战胜国的身份，在巴黎和会中，提出把德国在山东的权益交还中国等要求。但是遭到了列强的拒绝，青岛主权及山东权益被交给日本。5月4日下午，北京13所大学的学生，在天安门前集会，反对巴黎和约，掀起全国性质的反帝爱国运动。

平，渐有和他们各国的同胞取同一行动的趋势。这亘古未有的大战，就是这样告终。这新纪元的世界改造，就是这样开始。资本主义就是这样失败，劳工主义就是这样战胜。世间资本家占最少数，从事劳工的人占最多数。因为资本家的资产，不是靠着家族制度的继袭，就是靠着资本主义经济组织的垄断，才能据有。这劳工的能力，是人人都有的，劳工的事情，是人人都可以做的，所以劳工主义的战胜，也是庶民的胜利。

民主主义、劳工主义既然占了胜利，今后世界的人人都成了庶民，也就都成了工人。我们对于这等世界的新潮流，应该有几个觉悟：第一，须知一个新生命的诞生，必经一番苦痛，必冒许多危险。有了母亲诞孕的劳苦痛楚，才能有儿子生命。这新纪元的创造，也是一样的艰难。这等艰难，是进化途中所必须经过的，不要恐怕，不要逃避的。第二，须知这种潮流，是只能迎，不可拒的。我们应该准备怎么能适应这个潮流，不可抵抗这个潮流。人类的历史，是共同心理表现的记录。一个人心的变动，是全世界人心变动的征兆。一个事件的发生，是世界风云发生的先兆。1789年的法国革命，是19世纪中各国革命的先声。1917年的俄国革命，是20世纪中世界革命的先声。第三，须知此次和平会议中，断不许持“大……主义”的阴谋政治家在那里发言，断不许有带“大……主义”臭味，或伏“大……主义”根蒂的条件成立。即或有之，那种人的提议和那种条件，断归无效。这场会议恐怕必须有主张公道破除国界的人士占列席的多数，才开得成。第四，须知今后的世界，变成劳工的世界。我们应该用此潮流为使一切人人变成工人的机会，不该用此潮流为使一切人人变成强盗的机会。凡是不做工吃干饭的人，都是强盗。强盗和强盗夺不正的资产，不是强盗，便是乞丐，总是希图自己不做工，抢人家的饭吃，讨人家的饭吃。到了世界成一大工厂，有工大家做，有饭大家吃的时候，如何能有我们这样贪惰的民族立足之地呢？照此说来，我们要想在世界上当一个庶民，应该在世界上当一个工人。诸位呀！快去做工呵！

作品赏析

1918年11月，第一次世界大战以德国战败而告结束，15日，北京大学在天安门前举行演讲大会，李大钊发表了这篇演讲。这篇演讲高瞻远瞩、主题鲜明、条理清晰、论证有力，具有非凡的气度。在演讲中，李大钊充分展现了其善于发现问题、分析和探讨问题的能力，他在演讲中一针见血地提出问题：欧战的胜利究竟是谁的胜利？尖锐犀利，他运用马克思唯物史观分析了战争的根源、性质和结果，在分析问题时具有极强的逻辑性，并且得出一个光明的结论，即“全世界庶民”的胜利，并进一步为中国的革命指出了新的方向。他在演讲中说：“劳工主义的战胜，也是庶民的胜利。”“民主主义、劳工主义既然占了胜利，今后世界的人人都成了庶民，也就都成了工人。”李大钊指出这是历史的潮流，而俄国的十月革命则是这个潮流的先兆，是20世纪无产阶级被压迫民族革命的先声，中国人民也应该顺应这个历史潮流，走俄国革命的道路。李大钊的这一主张对中国近现代历史具有非常重要的意义，对无产阶级登上历史舞台起到了极其重要的启迪作用。李大钊在演讲中使用了设问、排比等修辞手法，形成一种排山倒海的气势，而语气斩钉截铁，毫不含糊，使听众信服。

泰戈尔/徐志摩

对泰戈尔真诚而热烈的注解
感情真挚、深厚，语言优美
高超的演讲技巧，气度非凡

我有几句话想在这个机会对诸君讲，不知道你们有没有耐心听。泰戈尔先生快走了，在几天内他就离别北京，在一两个星期内他就告辞中国。他这一去大约是不会再来的了。也许他永远不能再到中国。

他是六十七岁的老人，他非但身体不强健，他并且是有病的。去年秋天他还发了一次很重的骨痛热病。所以他要来到中国来，不但他的家属，他的亲戚朋友，他的医生，都不愿意他冒险，就是他的欧洲朋友，比如法国的罗曼·罗兰，也都有信去劝阻他。他自己也曾经踌躇了好久，他心里常常盘算他如期到中国来，他究竟能不能给我们好处，他想中国人自有他们的诗人、思想家、教育家，他们有他们的智慧、天才、心智的财富与营养，他们更用不着外来的补助与戟刺，我只是一个诗人，我没有宗教家的福音，没有哲学家的理论，更没有科学家实利的效用，或是工程师建设的才能，他们要我去做什么，我自己又为什么要去，我有什么礼物带去满足他们的盼望！他真的很觉得迟疑，所以他延迟了他的行期。

但是他也对我们说到冬天完了，春风出动的时候（印度的春风比我们的吹得早），他不由得感觉了一种内迫的冲动，他面对着逐渐滋长的青草与鲜花，不由得抛弃了，忘却了他应尽的职务，不由得解放了他歌唱的本能，和着新来的鸣雀，在柔软的南风中开怀地讴吟，同时他收到我们催请的信，我们青年的诚意与热心，唤起了老人的勇气。他立即定夺了他东来的决心。他说趁我暮年的肢体不曾僵透，趁我衰老的心灵还能感受，绝不可错过这最后唯一的机会，这博大、从容、礼让的民族，我幼年时便发心朝拜，与其将来在黄昏寂静的境界中萎衰的惆怅，何如利用这夕阳未暝时的光芒，了却了我晋香人的心愿？

他所以决意的东来，他不顾亲友的劝阻，医生的警告，不顾他自己的高年与病体，他也撇开了在本国迫切的任务，跋涉了万里的海域，他来到中国。

自从四月十二日在上海登岸以来，可怜老人不曾有过一天半天完整的休息，旅行的劳顿不必说，单就公开的演讲以及较小集会时的谈话，至少也有了三四十次！他的演讲，我们知道，不是教授们的讲义，不是教士们的讲道，他的心府不是堆积货品的栈房，他的辞令不是教科书的喇叭。他是灵活的泉水，一颗颗颤动的圆珠从他心

徐志摩、林徽因与泰戈尔的合影

1924年3月21日，应梁启超、蔡元培之邀，泰戈尔率领由国际大学教授、梵文学者沈漠汉，国际大学艺术学院院长、现代孟加拉画派大画家南达拉波斯等一行6人组成的访华团，开始中国之行。徐志摩陪同任翻译，并与之建立了深厚的友情。

里兢兢地泛登水面，都是生命的精液；他是瀑布的吼声，在云间，青林中，石罅里，不住地啸响；他是百灵的歌声，他的欢欣、愤慨、响亮的谐音，弥漫在天际的晴空。但是他是倦了，终夜的狂歌已经耗尽了子规的精力，东方的曙色亦照出他点点的新血染红了蔷薇枝上的白露。

老人是疲乏了。这几天他睡眠也不得安宁。他已经透支了他有限的精力。他差不多是靠散拿吐瑾过日的，他不由得不感觉风尘的厌倦，他时常想念他少年时在恒河边沿拍浮的清福，他想望椰村的清阴与曼果的甜瓤。

但他还不仅是身体的疲劳。他也感觉心境的不舒畅。这是很不幸的。我们做主人的只是深深的负歉。他这次来华，不为游历，不为政治，更不为私人的利益，他熬着高年，冒着病体，抛弃自身的事业，备尝行旅的辛苦，他究竟为的是什么？他为的只是一点看不见的情感。说远一点，他的使命是在修补中国与印度两民族间中断千余年的桥梁，说近一点，他只是想感召我们青年真挚的同情。因为他是信仰生命的，他是尊崇青年的，他是歌颂青春于清晨的，他永远指点着前途的光明。悲悯的是当初释迦牟尼正果的动机，悲悯也是泰戈尔先生不辞辛苦的动机。现代的文明只是骇人的浪费，贪淫于残暴，自私与自大，相猜与相忌，飓风似的倾覆了人道的平衡，产生了巨大的毁灭。芜秽的心田里只是误解的蔓草，毒害同情的种子，更没有收成的希冀。在这个荒惨的境地里，难得有少数的丈夫，不怕阻难，不自馁怯，肩上扛着的铲除误解的大锄，口袋里满装着新鲜人道的种子，不问天时是阴是雨是晴，不问是早晨是黄昏是黑夜，他只是努力地工作，清理一方泥土，施殖一方生命，同时口唱着嘹亮的新歌，鼓舞在黑暗中将次透露的萌芽，泰戈尔先生就是这少数中的一个。他是来广布同情的，他是来消除成见的。我们亲眼见过他慈祥的阳春似的表情，亲耳听过他从心灵底里迸裂出的大声，我想只要我们的良心不曾受恶毒的烟煤熏黑，或是被恶浊的偏见污抹，谁也不曾感觉他赤诚的力量，魔术似的，为我们生命的前途开辟一个神奇的境界，点燃了理想的光明？所以我们也懂得他的深刻的懊怅与失望，如其他知道部分的青年不但不能容纳他的灵感，并且成心地诬蔑他的热忱。我们固然奖励思想的独立，但我们绝不敢附和误解的自由。他生平最满意的成绩就在于他永远能得到青年的同情，无论在德国，在丹麦，在美国，在日本，青年永远是他最忠心的朋友。他也曾经遭受种种的误解与攻击，政府的猜疑与报纸的诬毁与守旧派的讥评，不论如何的谬妄与剧烈，从不曾扰动他优容的大量，他的希望，他的信仰，他的爱心，他的至诚，完全地托付于青年。我的须，我的发是白的，但我的心却永远是青的，他常常地对我们说，只要青年是我的知己，我理想的将来就有着落，我乐观的明灯永远不致暗淡。他不能相信纯洁的青年也会坠落在怀疑、猜忌、卑琐得泥涸。他更不能信中国遭受意外的待遇。他很不自在，他很感觉异样的怆心。

他是病了，他在北京不再开口了，他快走了，他从此不再来了。但是同学们，我们也得平心的想想，老人到底有什么罪，他有什么负心，他有什么不可容赦的犯案？公道是死了吗，为什么听不见你的声音？

他们说他是守旧，说他是顽固。我们能相信吗？他们说他是"太迟"，说他是"不合时宜"，我们能相信吗？他自己是不能信，真的不能信。他说这一定是滑稽家的反调。他一生所遭逢的批评只是太新，太早，太激进，太激烈，太革命的，太理想的，他六十年的生涯只是不断的奋斗与冲锋，他现在还只是冲锋与奋斗。但是他们说他是守旧，太迟，太老。他顽固奋斗的对象只是暴烈主义，资本主义，帝国主义，武力主义，杀灭性灵的物质主义；他主张的只是创造的生活，心灵的自由，国际的和平，教育的改造，普爱的现实。但他们说他是帝国政策的间谍，资本主义的助力，亡国奴的流民，提倡裹脚的狂人！肮脏是在我们的政策与暴徒的心里，与我们的诗人又有什么关联？昏乱是在我们冒名的学者与文人的脑里，与我们的诗人又有什么关联？我们何妨说太阳是黑的，我们何妨说苍蝇是真理？同学们，听信我的话，像他这样伟大的声音我们也许一辈子再不会听着的了。留神目前的机会，预防将来的惆怅！他的人格我们只能到历史上去搜寻比拟。他的博大的温柔的灵魂我敢说永远是人类记忆里的一次寻迹。他的无边际的想象与辽阔的同情使我们想起惠德曼；他的博爱的福音与宣传的热心使我们记起托尔斯泰；他的坚忍的意志与艺术的天才使我们想起造摩西像的密琪朗其罗；他的诙谐与智慧使我们想象当年的苏格拉底与老聃；他的人格的和谐与优美使我们想念暮年的葛德；他的慈祥的纯爱的抚摩，他的为人不道厌的努力，他的磅礴的大声，有时竟使我们唤起救主的心像；他的光彩，他的音乐，他的雄伟，使我们想念奥林匹克山顶的大神。他是不可侵凌的，不可逾越的，他是自然界的一个神秘的现象。他是三春和暖的南风，惊醒树枝上的新芽，增添处女颊上的红晕。他是普照的阳光，他是一派浩瀚的大水，从来不可追寻的渊源，在大地的怀抱中终古地流着，不息地流着，我们只是两岸的居民，凭借这慈恩的天赋，灌溉我们的田稻，舒解我们的消渴，洗净我们的污垢。他是喜马拉雅积雪的山峰，一般的崇高，一般的纯洁，一般的壮丽，一般的高傲，只有无限的青天枕藉他银白的头颅。

印度文学巨匠泰戈尔

人格是一个不可错误的实在，荒歉是一件大事，但我们是饿惯了的，只认鸠形与鹄面是人生本来的面目，永远忘却了真健康的颜色与彩泽。标准的低降是一种可耻的堕落；我们只是踞坐在井底的青蛙。但我们更没有怀疑的余地。我们也许端详东方的初白，却不能非议中天的太阳。我们也许见惯了阴霾的天时，不耐这热烈的光焰，消散天空的云雾，暴露地面的荒芜，但同时在我们心灵的深处，我们岂不也是感觉一个新鲜的影响，催促我们生命的跳动，唤醒潜在的想望，仿佛是武士望见了前峰烽烟的信号，更不踌躇地奋勇前向？只有接近了这样超逸的纯粹的丈夫，这样不可错误的实在，我们方始相形地自愧我们的口不够阔大，我们的嗓音不够响亮，我们的呼吸不够深长，我们的信仰不够坚定，我们的理想不够莹澈，我们的自由不够磅礴，我们的语言不够明白，我们的情感不够热烈，我们的努力不够勇猛，我们的资本不够充实……

我自信我不是恣滥不切事理的崇拜，我如其曾经应用浓烈的文字，这是因为我不能自制我浓烈的感想。但我最急切要声明的是，我们的诗人，虽则常常遭受神秘的徽号，在事实上却是最清明，最有趣，最诙谐，最不神秘的生灵。他是最通达人情的，最近人情的。我盼望有机会追写他日常的生活与谈话。如其我是犯疑的，如其我也是性近神秘的（有好多朋友这么说），你们还有适之先生的见证，他也说他是最可爱最可亲的一个人；我们可以相信适之先生绝对没有“性近神秘”的嫌疑！所以无论他怎样的伟大与深厚，我们的诗人还只是有骨有血的人，不是野人，也不是天神。唯其是人，尤其是最富情感的人，所以他到处要求人道的温暖与安慰，他尤其要我们中国青年的同情与情爱。他已经为我们尽了责任，我们不应，更不忍辜负他的期望。同学们，爱你的爱，崇拜你的崇拜，是人情不是罪孽，是勇敢不是懦怯。

作品赏析

这篇演讲感情真挚、深厚，语言优美，声情并茂。精美的象征和比喻是诗人擅用的技巧。在这篇演讲里，象征、比喻俯拾即是。“他是灵活的泉水，一颗颗颤动的圆珠从他心里兢兢地泛登水面，都是生命的精液；他是瀑布的吼声，在云间，青林中，石罅里，不住地啸响；他是百灵的歌声，他的欢欣、愤慨、响亮的谐音，弥漫在天际的晴空。但是他是倦了，终夜的狂歌已经耗尽了子规的精力，东方的曙色亦照出他点点的新血染红了蔷薇枝上的白露。”全用诗语、喻语，极尽铺排华丽之能事。

徐志摩也善用排比，“只有接近了这样超逸的纯粹的丈夫，这样不可错误的实在，我们方始相形地自愧我们的口不够阔大，我们的嗓音不够响亮，我们的呼吸不够深长，我们的信仰不够坚定，我们的理想不够莹澈，我们的自由不够磅礴，我们的语言不够明白，我们的情感不够热烈，我们的努力不够勇猛，我们的资本不够充实……”排山倒海的连珠炮，雷霆万钧，气度非凡，淋漓尽致地展现了徐志摩内心情感的喷发。

最后一次演讲

/闻一多

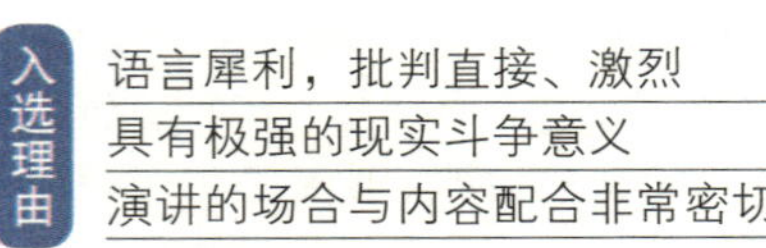

入选理由

语言犀利，批判直接、激烈

具有极强的现实斗争意义

演讲的场合与内容配合非常密切

这几天，大家晓得，在昆明出现了历史上最卑污、最无耻的事情！李先生究竟犯了什么罪，竟遭此毒手？他只不过用笔写写文章，用嘴说说话，而他所写的、所说的，都无非是一个没有失掉良心的中国人的话！大家都有一支笔，有一张嘴，有什么理由拿出来讲啊！有事实拿出来讲啊！为什么要打要杀，而且不敢光明正大地来打来杀，而偷偷摸摸地来暗杀，这成什么话？

今天，这里有没有特务？你站出来！是好汉的站出来！你出来讲！凭什么要杀死李先生？杀死了人，又不敢承认，还要诬蔑人，说什么“桃色事件”，说什么共产党杀共产党，无耻啊！无耻啊！这是某集团的无耻，恰是李先生的光荣！李先生在昆明被暗杀，是李先生留给昆明的光荣，也是昆明人的光荣！

去年“一二・一”昆明学生为了反对内战，遭受屠杀，那算是青年的一代，献出了他们最宝贵的生命！现在李先生为了争取民主和平，而遭受了反动派的暗杀，我们骄傲一点说，这就是像我们这样大年纪的一代，我们的老战友，献出了最宝贵的生命。这两桩事发生在昆明，这算是昆明无限的光荣！

反动派暗杀李先生的消息传出后，大家听了都悲愤痛恨。我心里想，这些无耻的东西，不知他们是怎么想法？他们的心理是什么状态？他们的心怎样长的？其实很简单，他们这样疯狂地来制造恐怖，正是他们自己在慌啊！在害怕啊！所以他们制造恐怖，其实是他们自己在恐怖啊！特务们，你们想想，你们还有几天，你们完了，快完了！你们以为打伤几个，杀死几个，就可以了事，就可以把人民吓倒了吗？其实广大的人民是打不尽的，杀不完的，要是这样可以的话，世界上早没有人了。你们杀死一个李公朴，会有千百万个李公朴站起来！你们将失去千百万人民！你们看着我们人少，没有力量。告诉你们，我们的力量大得很！多得很！看今天来的这些人，都是我们的人，都是

作者简介

闻一多（1899 ~ 1946），原名闻家骅，湖北浠水人。1912 年考入清华学校。1922 年赴美留学，先后入芝加哥美术学院、科罗拉多大学美术系学习，同时创作了大量爱国思乡的诗歌。1925 年诗人回国，任北京艺术专科学校教务长。1927 年到武汉国民革命军政治部工作，同年任南京国立中山大学外文系主任。1928 年参与创建“新月社”，和徐志摩等创办《新月》杂志，同年出版诗集《死水》。此后诗人放弃诗歌创作，埋头钻研学术，先后任武汉大学、青岛大学文学院院长，清华大学中文系教授。抗战期间，诗人带领最后从北京离开的学生徒步前往云南，任西南联合大学中文系教授。1944 年加入中国民主同盟（简称民盟）。1946 年 7 月 15 日，诗人抗议国民党暗杀民盟成员李公朴，在李的追悼会上演说著名的《最后一次演讲》，回家途中遭国民党特务枪杀。

我们的力量！此外还有广大的市民，我们有这个信心：人民的力量是要胜利的，真理是永远存在的。历史上没有一个反人民的势力不被人民毁灭的！希特勒，墨索里尼，不都在人民之前倒下去了吗？翻开历史看看，你还站得住几天！你完了，快完了！我们的光明就要出现了。我们看，光明就在我们眼前，而现在正是黎明之前那个最黑暗的时候。我们有力量打破这个黑暗，争到光明！我们的光明，就是反动派的末日！

反动派故意挑拨美苏的矛盾，想利用这矛盾来打内战。任你们怎样挑拨，怎么样离间，美苏不一定打呀！现在四外长会议已经圆满闭幕了。这不是说美苏间已没有矛盾，但是可以让步，可以妥协，事情是曲折的，不是直线的。

李先生的血，不会白流的！李先生赔上了这条性命，我们要换来一个代价。"一二・一"四烈士倒下了，年轻的战士们的血，换来了政治协商会议的召开，现在李先生倒下了，他的血要换取政协的重开！我们有这个信心！

"一二·一"是昆明的光荣，是云南人民的光荣，云南有光荣的历史，远的如护国，这不用说了。近的如"一二・一"，都是属于云南人民的，我们要发扬云南光荣的历史！

反动派挑拨离间，卑鄙无耻，你们看见联大走了，学生放暑假了，便以为我们没有力量了吗？特务们，你们错了！你们看见今天到会的一千多青年，又握起手来了，我们昆明的青年绝不会让你们这样蛮横下去的！

反动派，你看见一个倒下去，可也看得见千百万个站起的？正义是杀不完的，因为真理永远存在！

历史赋予昆明的任务是争取民主和平，我们昆明的青年必须完成这任务！

我们不怕死，我们有牺牲的精神，我们随时像李先生一样，前脚跨出大门，后脚就不准备再跨进大门！

作品赏析

1946年2月，国民党制造重庆较场口惨案，李公朴与郭沫若等遭特务殴打致伤，引发了一场延及全国的反对国民党暴行的民主运动。此后，李公朴返回昆明为民主而奔走。昆明"整肃"期间，李公朴的名字已排在国民党特务暗杀名单第一位。许多朋友劝其离开以暂避，而其依然一副"死何惧之"的凛然正气。他说："既然要从事民主运动，就要抱着跨出了门就不准备再跨回来的决心！"7月11日雨夜，李公朴终于未能再跨回来，倒在国民党特务黑色的枪口之下。

这是一篇著名的演讲，浸透着烈士和正义者的鲜血，这次演讲因为暗杀的事情而起，而演讲结束后不久，演讲者闻一多即遭国民党反动派特务暗杀，在全国引起极大轰动。这篇演讲发表在李公朴先生的追悼会上，演讲的场合与内容配合非常密切，闻一多所讲之事是他所亲身经历，也是听众确切知道的，演讲者和听者都感同身受，所以演讲具有很强的说服力和感染力。演讲开门见山，直接说明事实和提出问题，言辞激烈，慷慨激昂，大义凛然，具有极强的战斗性和鼓动性。这是正面的直接的斗争，"今天，这里有没有特务？你站出来！是好汉的站出来！你出来讲！凭什么要杀死李先生？杀死了人，又不敢承认，还要诬蔑人，说什么'桃色事件'，说什么共产党杀共产党，无耻啊！无耻啊！"全篇的诘问和排山倒海的排比句，句句愤怒谴责，气势磅礴，其中"人民的力量是要胜利的，真理是永远存在的"，尤其"前脚跨出大门，后脚就不准备再跨进大门"等已经成为人们广为传诵的名句。

临终辩词

/［古希腊］苏格拉底

入选理由

历史上最著名的演讲之一
完美的语言和准确的修辞
哲学家的大智慧和大气魄

亲爱的雅典同胞们：

所剩的时间不多了，你们就要指责那些使雅典城蒙上污名的人，因为他们把那位智者苏格拉底处死。而那些使你们也蒙上污名的人坚称我是位智者，其实并不是。如果你们再等一段时间，自然也会看见一个生命终结的事情，因为我的年纪也不小，接近死亡的日子实在也不远了。但是我并不是要对你们说话，而是要对那些欲置我于死地的人说话。同胞们：或许你们会以为我被定罪是因为我喜好争辩，其实如果说我好辩的话，那么只要我认为对的话我或许还可以借此说服你们，并替自己辩护，尚可免除死刑，其实我并不是因好辩被判罪，而是被控竟敢胆大妄为向你们宣传异端邪说，其实那些只不过像平常别人告诉你们的话一样罢了。

但是我不以为，为了避免危险起见，就应该去做不值得一个自由人去做的事，也不懊恼我用现在这样的方式替自己辩护。我宁可选择死亡，也不愿因辩护得生存。因为不管是我还是任何其他的人，在审判中或打仗时，利用各种可能的方法来逃避死亡，都是不对的。在战时，一个人如想逃避死亡，他可以放下武器，屈服在敌人的怜悯之下，其他尚有许多逃避死亡之策，假如他敢做、敢说的话。

但是，雅典的同胞啊！逃避死亡并不难，要避免堕落才是难的，因它跑得比死要快。我，因为上了年纪，动作较慢，所以就被死亡赶上了；而控告我的人，他们都年轻力壮，富有活力，却被跑得较快的邪恶、腐败追上了。现在，我因被他们判处死刑而要离开这个世界；但他们却背叛了真理，犯了邪恶不公之罪。既然我接受处置，他们也应该接受裁决，这是理所当然之事。

下一步，我要向你们预言到底是谁判我的罪，及你们未来的命运如何：因为人在将死之际，通常就成了先知，此时我正处于这种情况。同胞们！我告诉你们是谁置我于死地吧！而在我死后不久，天神宙斯将处罚你们，比你们加害在我身上的更加残酷，虽然你们以为对自己的所作所为不需负责，但我敢保证事实正相反。控告你们的人会更多，而我此时在限制他们，虽然你们看不见；并且他们会更加凶猛，由于他们较年轻，而你们也将更愤怒。如果你们认为把别人处死就可以避免人们谴责你们，那你们就大错特错了。这种逃避的方式既不可能也不光荣，而另有一种较光荣且较简单的方法，即是不去抑制别人，而注意自己，使自己趋向最完善。对那些判我死刑的人，我预言了这么多，我就此告辞了。

但对于那些赞成我无罪的人，我愿意趁此时法官正忙着，我还没有赴刑场之际，跟你们谈谈到底发

作者简介

苏格拉底（公元前 469 ～前 399），出生于伯里克利统治的雅典黄金时期，自幼随父学艺，后来当过兵，曾经 3 次参战。在 40 岁左右苏格拉底出了名，并进入五百人会议。

苏格拉底与他的学生之一柏拉图及柏拉图的学生亚里士多德并称“希腊三贤”。苏格拉底一生未曾著述，其言论和思想多见于柏拉图和色诺芬的著作，他是柏拉图哲学路线的创始者。苏格拉底长期以教育为业，他的教学方式独特，他常常用启发、辩论的方式来进行教育。他重视伦理学，是古希腊第一个提出要用理性和思维去寻找普遍道德的人，是道德哲学的创始人。在欧洲哲学史上，他最早提出唯心主义的目的论。

大约公元前 399 年，苏格拉底因触犯了当时权贵的利益而被判死罪，在狱中被迫饮毒堇汁而死，终年 70 岁。

苏格拉底像

生了什么事。在我死前陪着我吧！同胞们！我们就要互道再见了！此时没有任何事情能阻碍我们之间的交谈，我们被允许谈话，我要把你们当成朋友，让你们知道刚刚发生在我身上的事是怎么一回事。公正的审判官们！一件奇怪的事发生在我身上，因为在平常，只要我将做错事，即使是最微小的琐事，我的守护神就会发出他先知的声音来阻止我；但是此时，任何人都看到了发生在我身上的事，每个人都会认为这是极端罪恶的事，但在我早上离家出门时，在我来此赴审判时，在我要对你们作演讲时，我都没有听到神的警告，而在其他场合，他都常常在我说话说到一半时就阻止我再说下去。现在，不管我做了什么，或说了什么，他都不来反对我。那么，这是什么原因呢？我告诉你们：发生在我身上的事，对我来讲反而是一种祝福；我们都把死视为是一种罪恶，那是不正确的，因为神的信号并没有对我发出这样的警告。

再者，我们更可由此归纳出，死是一种祝福，具有很大的希望。因为死可以表示两回事：一者表示死者从此永远消灭，对任何事物不再有任何感觉；二者，正如我们所说的，人的灵魂因死而改变，由一个地方升到另一个地方。如果是前者的话，死者毫无知觉，就像睡觉的人没有做梦，那么死就是一种奇妙的收获。假如有人选择一个夜晚，睡觉睡得很熟而没做什么梦，然后拿这个夜晚与其他的晚上或白天相比较，他一定会说，他一生经过的白日或夜晚没有比这个夜晚过得更好、更愉快的了。我想不只是一个普通人会这样说，即使是国王也会发现这点的。因此，如果死就是这么一回事的话，我说它是一种收获，因为，一切的未来只不过像一个无梦的夜晚罢了！

反之，如果死是从这里迁移到另一个地方，这个说法如果正确，那么所有的死人都在那里，审判官啊！那又有什么是比这个更伟大的幸福呢？因为假如死者到了阴府，他就可以摆脱掉那些把自己伪装成法官的人，而看到真正的法官在黄泉当裁判，像弥诺斯（希腊神话人物，冥府判官之一，决定鬼魂未来的命运，惩罚犯罪者的灵魂。）、剌达曼堤斯、埃阿科斯、特里普托勒摩斯，及其他一些半神半人，跟他们活着的时候一样。难道说这种迁移很可悲吗？而且，还可见到像俄耳甫斯、穆赛俄斯、赫西俄德及荷马等人。如果真有这回事，我倒真是希望自己常常死去，对我来讲，寄居在那儿更好，我可以遇见帕拉墨得斯、忒拉蒙的儿子埃阿斯及任何一个被不公平处死的古人。拿我的遭遇与他们相比，将会使我愉快不少。

苏格拉底之死 1787年 雅克-路易·达维特 法国

苏格拉底因坚持自己的信念将被判处鸩刑，但他神色安然，面无惧色。他手指更高的天国，表明那是他的最终归宿。苏格拉底的死是对雅典的一种抗议，他必须在法律上忠诚才能在精神上反抗。就在他死的那天他留给我们的遗言是：“尽可能少去想苏格拉底，更多地去探索真理吧！”

但最大的快乐还是花时间在那里研究每个人，像我在这里做的一样，去发现到底谁是真智者，谁是伪装的智者。判官们啊！谁会失去大好机会不去研究那个率领大军对抗特洛亚城的人？或是俄底修斯？或是西绪福斯？或是其他成千上万的人？不管是男是女，我们经常会提到的人。跟他们交谈、联系，问他们问题，将是最大的快慰。当然了，那里的法官是不判人死刑的，因为住在那里的人在其他方面是比住在这里的人快乐多了，所以他们是永生不朽的。

因此，你们这些判官们，要尊敬死，才能满怀希望。要仔细想想这个真理，对一个好人来讲，没有什么是罪恶的，不管他是活着还是死了，或是他的事情被神疏忽了。发生在我身上的事并非偶然。对我来讲，现在死了，即是摆脱一切烦恼，对我更有好处。由于神并没有阻止我，我对置我于死地的人不再怀恨了，也不反对控告我的人，虽然他们并不是因这个用意而判我罪，控告我，只是想伤害我。这点他们该受责备。

然而，我要求他们做下面这些事情：如果我的儿子们长大后，置财富或其他事情于美德之上的话，法官们，处罚他们吧！使他们痛苦，就像我使你们痛苦一样。如果他们自以为了不起，其实胸中根本无物时，责备他们，就像我责备你们一样。如果他们没有做应该做的事，同样地责罚他们吧！如果你们这么做，我和儿子们将自你们的手中得到相同的公平待遇。

已到了我们要分开的时刻了——我将死，而你们还要活下去，但也唯有上帝知道我们中谁会走向更好的国度。

作品赏析

古希腊伟大的哲学家苏格拉底死于雅典的民主，对于了解雅典的民主运行方式和程序的人来说，这一点很容易理解。公元前399年，雅典法庭以“传播异端”和“腐蚀青年”罪将苏格拉底判处死刑。本文是苏格拉底在雅典法庭上所做的临终演讲，他在法庭上慷慨陈词，或反诘原告，为自己辩护，或抨击现实政治，或表达自己的人生哲学，都表现出超于常人的大气魄和大智慧。在演讲中，苏格拉底的主题集中在两个问题上，一是那些控诉他和判他死刑的人是邪恶的已经堕落了的雅典文明的践踏者，在谈论这些问题的时候苏格拉底基本采用诘问的方式；二是死亡问题，苏格拉底认为“死是一种祝福，具有很大的希望”。他无畏地选择了死亡，以此来表示对统治者的蔑视和对真理的坚定信念，在这一部分，苏格拉底更多地直抒胸臆。苏格拉底的演讲充满了理性思辨和智慧的光芒，修辞和语言都非常精彩。

论雅典之所以伟大

/［古希腊］伯里克利

古希腊政治文明的重要文献

朴素的语言表述和完美精确的修辞

对古希腊雅典民主制度的直接阐述

我们为有这样的政体而感到喜悦。我们不羡慕邻国的法律，因为我们的政体是其他国家的楷模，而且是雅典的独创。

我们这个政体叫作民主政体。它不是为少数人，而是为全体人民。无论能力大小，人人都享有法律所保障的普遍平等，并在成绩卓著时得享功名，担任公职的权利不属于哪个家族，而是贤者方可为之。

作者简介

伯里克利（约公元前 495 ～前 429），古代雅典政治家。由于出身贵族，而且家庭极其富有，所以自幼就接受了良好的教育。他的青年时代是在希腊同盟抗击波斯侵略者的战火中度过的。公元前 472 年，伯里克利出资承办了著名悲剧家埃斯库罗斯《波斯人》一剧的演出，开始初露头角。公元前 466 年前后，他追随雅典民主派的首领埃菲阿尔特斯，成为雅典民主派的重要代表人物，埃菲阿尔特斯被雅典贵族派刺杀后，他成为雅典民主派和国家政权的重要领导人。从公元前 443 年起，他连续 15 年当选为雅典最重要的官职——首席将军，完全掌握了国家政权。在执政期间，他全面推进了雅典的繁荣和强盛，这段时期，在历史上被称为“伯里克利的黄金时代”。

家境贫寒不成其为障碍。无论何人，只要为祖国效力，都可以不受阻碍地从默默无闻到步步荣升。我们可以畅通无阻地从一个职位走向另一个职位；我们无所顾忌地共享亲密无间的日常生活；我们既不会为邻人的我行我素而烦恼，也不全面露不豫之色——这有伤和气，却无补于事。这祥，我们一方面自由而善意地与人交往，另一方面又不敢以任何理由触犯公益，因为我们遵从法庭和法律，特别是那些保护受害者的法律，以及那些虽未成文，但违反了即为耻辱的法律。另外，为了陶冶身心，我国法律还规定了十分频繁的节假日。赛会和祭祀终年不断，届时美不胜收，蔚为大观，欢愉的气氛驱散了忧郁。我们的雅典如此伟大，致使宇内各地的产品云集于此。这些精美产品和国内产品一样，给雅典人带来了习以为常的乐趣。

伯罗奔尼撒战争绘画　公元前5世纪

这场战争从公元前431年开始，到公元前404年结束，打了27年。因为是以斯巴达为首的伯罗奔尼撒同盟首先进攻，所以被称为伯罗奔尼撒战争。这场战争使希腊的经济遭到严重破坏，各大城邦无论战胜或战败，都没有力量恢复过去的繁荣。

我们在军事政策上也胜过敌人，我们的方针与敌人的方针截然不同。雅典向世界敞开大门。我们并不担心敌人会窥得那些从不隐藏的秘密，使我们蒙受损失，也从不以此为由，把前来寻求进步和猎奇的外国人驱逐出境。比较而言，我们不大依靠战备和谋略，而是信赖公民们与生俱来的爱国热忱和行动。在教育方面，某些国家的人从小就接受严酷的训练，以便在成年后承受辛劳；我们雅典人的生活尽管温文尔雅，却能像他们一样勇敢地面对任何战争危险。

在生活方式上，我们既文雅，又简朴，既培育着哲理，又不至于削弱思考。我们以乐善好施而非自我吹嘘来显本自己的富有，承认贫困并不可耻，无力摆脱贫困才确实可耻。我们既关心个人事务，又关心国家大事；即便那些为生活而奔忙的人，也不乏足够的参政能力。因为唯独雅典人才认为，不参与国事乃平庸之辈，而不止是懒汉。我们能作出最准确的判断，并善于捕捉事情的隐患。我们不认为言论会妨碍行动，而认为在未经辩论并充分作好准备之前，不应贸然行动。这是雅典人与众不同的优点：行动时我们勇气百倍，行动前却要就各项措施的利弊展开辩论。有些人的勇气来自无知，深思熟虑后却成了懦夫。毫无疑问，那些深知战争的灾患与和平的甜美，因而能临危不惧的人，才称得上具有最伟大的灵魂。

我们在行善方面也与众多的民族不同。我们不是靠接受承诺，而是靠承担义务来维护友谊。根据感恩图报之常理，施惠人对受惠人拥有优势；后者由于欠了前者的情，不得不扮演比较乏味的角色，他觉得报答之举不过是一种偿还，而不是一项义务。只有雅典人才极度乐善好施，但不是出于私利，

雅典卫城遗址

伯里克利先后兴建了帕特隆神庙、雅典卫城正门、赫维斯托斯神庙、苏尼昂海神庙、埃列赫特伊昂神殿等千古不朽的造型艺术杰作。

而是纯属慷慨。综述未尽之言，我只想加上一句：我们雅典总的来说是希腊的学校，我们之中的每一个人都具备了完美的素质，都有资格走向沸腾的生活的各个方面，都有最优雅的言行举止和最迅速的办事作风。

至于你们这些幸存者，你们可以为改善命运而祈祷，但也应把保持这种英勇抗敌的精神和激情视为己任。不要仅凭高谈阔论来判定这样做的利弊。因为每一个夸夸其谈的人，都能把众所周知的道理和奋勇抗敌的益处诉说一遍。你们要把祖国日益壮大的景象系在心上，并为之着迷。等你们真正领悟到了雅典的伟大，你们再扪心自问，雅典之伟大乃是由那些刚毅不拔，深知己任，在战斗中时刻有着荣誉感的将士们缔造的。一旦他们的努力不能成功，需要他们以大无畏气概来报效祖国，他们不认为这是耻辱，因而作出了最崇高的奉献。他们就这样为国捐躯了。他们中的每个人都将千古流芳。他们的陵墓将永放光华，因为这不仅是安葬英灵的墓穴，而且是铭刻英名的丰碑。无论何时，只要谈到荣誉或实践荣誉，人们就会提到他们，他们永垂不朽。

作品赏析

演讲开宗明义地阐述了古希腊民主制度的伟大和其法律制度的优越性，概括地讲述了雅典法律的动机和效果，军事上的优越现状以及涉及教育、生活、伦理道德等方面的雅典人的生存状况，并自信地宣称：“我们所遗留下来帝国的标志和纪念物是巨大的。不但现代，而且后世也会对我们表示赞叹。”这一部分内容既具有政治宣传的动机，也为下文做出铺垫，这些大篇幅的交代正是那些为之而英勇牺牲的将士做出奉献的价值和意义所在。接着他指出，雅典的伟大正是那些有着荣誉感的将士实践的结果，“以至于谈到荣誉或实践荣誉，人们就会提到他们”。这篇演说的逻辑性正体现在这里。古希腊民主制度对人类政治文明的影响是显而易见的。伯里克利的演讲语言平实朴素，但是非常讲究修辞，充满了逻辑力量和使人信服的态度，洋溢着一种民主政治氛围下庄严而自豪的感情。

在沃姆斯国会上的讲话

/［德国］马丁·路德

宗教历史上的重要文献之一
恰当有分寸的表达和缜密的论述
坚持正义和真理的大无畏精神

在这幅16世纪的肖像画中，那位身材魁伟、表情坚定的人是萨克森选侯约翰·弗雷德里克一世。他身后是他庇护的宗教改革者，最左边即是马丁·路德。

最尊贵的皇帝陛下、各位显赫的亲王殿下和仁慈的国会议员们：

遵照你们的命令，我今天谦卑地来到你们面前。看在仁慈上帝的分上，我恳求皇帝陛下和各位显赫的亲王殿下，聆听我为千真万确的正义事业进行辩护。请宽恕我，要是我由于无知而缺乏宫廷礼仪，那是因为我从未受过皇帝宫廷的教养，而且是在与世隔绝的学府回廊里长大的。

昨天，皇帝陛下向我提出了两个问题。第一个问题是：我是否就是人们谈到的那些著作的作者；第二个问题是：我是想撤回还是捍卫我所讲的教旨。关于第一个问题，我已经做了回答，我现在仍坚持这一回答。

关于第二个问题，我已经撰写了一些主题截然不同的文章。在有些著作中，我既是以纯洁而明晰的精神，又是以基督徒的精神论述了宗教信仰和《圣经》，对此，甚至连我的对手也丝毫找不出可指责的内容。他们承认这些文章是有益的，值得虔诚的人们一读。教皇的诏书虽然措词严厉（指利奥十世 1520 年 6 月签发的《斥马丁·路德谕》，限路德 60 天内取消自己的论点，否则施以重罚。路德当众烧毁诏书，与教廷公开决裂。），但又不得不承认这一点。因此，如若我现在撤回这些文章，那我是做些什么呢？不幸的人啊！难道众人之中，唯独我必须放弃敌友一致赞同的这些真理，并反对普天

作者简介

马丁·路德像

马丁·路德（1483 ~ 1546），出生于德国萨克森州的埃斯勒本，两岁那年举家迁往曼斯费尔德。18 岁时，马丁·路德进入爱尔福特大学攻读法律，四年后获硕士学位。1505 年，22 岁的马丁·路德进入圣奥古斯丁修道院当修士。1512 年，他获得维登堡大学的神学博士学位，并成为该校的一名教授。1517 年万圣节前夕，教皇派人到德国大量兜售“赎罪券”，宣称只要交钱上帝就会免除其罪行。马丁·路德对教皇的做法非常不满，于是写了《九十五条论纲》张贴在维登堡卡斯尔教堂的大门上，引起了强烈反响，由此拉开了德国宗教改革的序幕。1519 年，马丁·路德在莱比锡与天主教神学家艾克进行了一场大辩论，他借机宣传自己的宗教改革主张。为了避免遭到教会的迫害，他隐居到瓦特堡，从事《圣经》的德文翻译工作。1546 年 2 月，因病去世，被葬于维登堡大教堂墓地。

宗教改革时期，路德派与天主教正在讨论一些分歧的观点

宗教改革时期，德国的政治舞台上形成了三派势力：保守派支持罗马教廷，反对宗教改革；温和改革派支持路德，主张没收教产，取消教会特权、等级制和烦琐的崇拜仪式，要求建立一个摆脱教皇控制的国家教会，但反对暴力；激进改革派在宗教改革的旗帜下要求变革整个社会制度。

下自豪地予以认可的教义吗？

其次，我曾写过某些反对教皇制度的文章。在这些著述中，我抨击了诸如以谬误的教义、不正当的生活和丑恶可耻的榜样，致使基督徒蒙受苦难，并使人们的肉体和灵魂遭到摧残的制度。这一点不是已经由所有敬畏上帝的人流露出的忧伤得到证实了吗？难道这还未表明，教皇的各项法律和教义是在纠缠、折磨和煎熬虔诚的宗教徒的良知吗？难道这还未表明，神圣罗马帝国臭名昭著的和无止境的敲诈勒索是在吞噬基督徒们的财富，特别是在吞噬这一杰出民族的财富吗？

如若我收回我所写的有关那个主题的文章，那么，除了是在加强这种暴政，并为那些罪恶昭著的不恭敬言行敞开大门外，我是在做些什么呢？那些蛮横的人在怒火满腔地粉碎一切反抗之后，会比过去更为傲慢、粗暴和猖獗！这样，由于我收回的这些文章，必须会使现在沉重地压在基督徒身上的枷锁变得更难以忍受——可以说使教皇制度从而成为合法，而且，由于我撤回这些文章，这一制度将得到至尊皇帝陛下以及帝国政府的确认。天哪！这样我就像一个邪恶的斗篷，竟然被用来掩盖各种邪恶和暴政。

第三点，也是最后一点，我曾写过一些反对某些个人的书籍，因为这些人通过破坏宗教信仰来为罗马帝国的暴政进行辩护。我坦率地承认，我使用了过于激烈的措辞，这也许与传教士职业不相一致。我并不把自己看作是一个圣徒，但我也不能收回这些文章。因为，如果我这样做了，就定然是对我的对手们不敬上帝的言行表示认可，而从此以后，他们必然会乘机以更残酷的行为欺压上帝的子民。

然而，我只不过是个凡夫俗子，我不是上帝，因此，我要以耶稣基督为榜样为自己辩护。耶稣说："如若我说了什么有罪的话，请拿出证据来指证我。"（《圣经·新约全书·约翰福音》第 18 章第 23 节）我是一个卑微、无足轻重、易犯错误的人，除了要求人们提出所有可能反对我教义的证据来，我还能要求什么呢？

因此，至尊的皇帝陛下，各位显赫的亲王，听我说话的一切高低贵贱的人士，我请求你们看在仁慈上帝的分上，用先知和使徒的话来证明我错了。只要你们能使我折服，我就会立刻承认我所有的错误，首先亲手将我写的文章付之一炬。

我刚才说的话清楚地表明，对于我处境的危险，我已认真地权衡轻重，深思熟虑，但是我根本没有被这些危险吓倒，相反，我极为高兴地看到今天基督的福音仍一如既往，引起了动荡和纷争。这是上帝福音的特征，是命定如此。耶稣基督说过："我来，并不是叫地上太平，乃是叫地上动刀兵。"（《圣经·新约全书·马太福音》第 10 章第 34 节）上帝的意图神妙而可敬可畏。我们应当谨慎，以免因制止争论而触犯上帝的圣诫，招致无法解脱的危险，当前灾难以至永无止境的凄凉悲惨。我们务必谨慎，使上天保佑我们高贵的少主查理皇帝不仅开始治国，且国祚绵长。我们对他的希望仅次于上帝。我不妨引用神谕中的例子，我不妨谈到古埃及的法老、巴比伦诸王和以色列诸王。他们貌似精明，想建立自己的权势，却最终导致了灭亡。“上帝在他们不知不觉中移山倒海。”（《圣经·旧约全书·约伯记》第9章第5节）

我之所以这样讲，并不表示诸位高贵的亲王需要听取我肤浅的判断，而是出于我对德国的责任感，因为国家有权期望自己的儿女履行公民的责任。因此，我来到陛下和诸位殿下尊前，谦卑地恳求你们阻止我的敌人因仇恨而将我不该受的愤怒之情倾泻于我。

既然至尊的皇帝陛下、诸位亲王殿下要求我简单明白，直截了当地回答，我遵命作答如下：我不能屈从于教皇和元老院而放弃我的信仰，理由是他们错误百出，自相矛盾，犹如昭昭天日般明显。如果找出《圣经》中的道理或无可辩驳的理由使我折服，如果不能用我刚才引述的《圣经》文句令我满意信服，如果无法用《圣经》改变我的判断，那么，我不能够，也不愿意收回我说过的任何一句话，因为基督徒是不能说违心之言的。这就是我的立场，我没有别的话可说了。愿上帝保佑我。阿门！

作品赏析

路德的演说在语言上修辞非常谨慎，但是充满了毋庸置疑的正义感，演讲直接针对问题，非常有条理地回答了德皇向他提出的两个问题，并重点针对第二个问题做了阐释，其核心主题是他坚持自己的论点的理由，在自己的立场上，路德认为，他不能收回自己论点是因为它们是“敌友一致赞同的真理”和“普天下自豪地予以认可的教义”。也就是说，他不能够背叛自己认定的真理；路德认为自己所写的反对教皇制度的文章是抨击“诸如以谬误的教义、不正当的生活和丑恶可耻的榜样，致使基督徒蒙受苦难，并使人们的肉体和灵魂遭到摧残的制度”，如果他收回有关这些主题的文章，就会成为“邪恶的斗篷”；路德认为自己写过反对某些个人的文字，是因为这些个人“通过破坏宗教信仰来为罗马帝国的暴政进行辩护”，如果收回这些文章就等于对不敬上帝的人的言行表示认可，他坚持自己的论点是在充分意识到自己处境危险的基础上做出的选择，但是他缜密理性的演说表明他的立场是坚定不移的，不可动摇的。

在接受宗教裁判所审判时的演说

/［意大利］布鲁诺

科学文明史上的重要文献之一

简洁准确的陈述和激情飞扬的语言

坚持真理的坚定信念和强大意志力

整个说来，我的观点有如下述：存在着由无限威力创造的无限宇宙。因为，我认为，有一种观点是跟上帝的仁慈和威力不相称的，那种观点认为，上帝虽具有除创造这个世界之外还能创造另一个和无限多个世界的能力，但似乎仅只创造了这个有限的世界。

总之，我庄严宣布，存在着跟这个地球世界相似的无数个单独世界。我同毕达哥拉斯一样认为，地球是个天体，它好像月亮，好像其他行星，好像其他恒星，它们的数目是无限的。所有这些天体构成无数的世界，它们形成无限空间中的无限宇宙，无数世界都处于它之中。由此可见，有两种无限——宇宙的无限大和世界的无限多，由此也就间接地得出对那种以信仰为基础的真理的否定。

其次，我还推定，在这个宇宙中有一个包罗万象的神，由于它，一切存在者都在生活着、发展着、运动着，并达到自身的完善。

我用两种方式来解释它。第一种方式是比作肉体中的灵魂：灵魂整个地处在全部之中，并整个地处在每一部分之中。这如我所称呼的，就是自然，就是上帝的影子和印迹。

另一种解释方式，是一种不可理解的方式。借助于它，上帝就其实质、现有的威力说，存在于一切之中和一切之上，不是作为灵魂，而是以一种不可解释的方式。

至于说到第三种方式的上帝之灵，我不能按照对它应有的信仰来理解它，而是根据毕达哥拉斯的观点来看待它，这种观点跟所罗门对它的理解是一致的。即：我把它解释为宇宙的灵魂，或存在于宇宙中的灵魂，像所罗门的箴言中所说的："上帝之灵充满大地和那包围着万有的东西。"这跟毕达哥拉斯的学说是一致的，维吉尔在《伊尼德》第六歌中对这一学说作了说明：

苍天与大地，太初的万顷涟漪，
那圆月的光华，泰坦神的耀眼火炬，
在其深处都有灵气哺育。
智慧充溢着这个庞然大物的脉络，
推动它运行不息……

按照我的哲学，从这个被称作宇宙之生命的灵气，然后产生出每一个事物的生命和灵魂。每一事物都具有生命和灵魂，所以，我认为，它是不配的，就像所有的物体按其实体说是不配的那样，因为死亡不是别的，而是分解和化合。这个学说大概是在《传道书》中讲到太阳之下没有任何新事物的地方阐述的。

真理面前半步也不后退。

前进，我亲爱的菲洛泰奥，愿任何东西也不能迫使你放弃宣传你那美妙的学说，无论是无知之徒的粗野咒骂，无论是苟安庸碌之辈的愤慨，无论是教条主义者和达官贵人的愤怒，无论是群氓的胡闹，无论是社会舆论的令人震惊，无论是撒谎者和心怀嫉妒者的诽谤，这些都损害不了你在我心目中的崇高形象，决不会使我离开你。

顽强地坚持下去，我的菲洛泰奥，坚持到底不要灰心丧气，不要退却，哪怕那笨拙无知、拥有重权的高级法庭用种种阴谋来陷害你，哪怕它妄图使用一切可能的手段来抵制那美好的意图、你那种种著作的胜利。

作者简介

布鲁诺（1548~1600），出生在意大利那不勒斯附近诺拉城一个没落的小贵族家庭。11 岁时，父母将他送到了那不勒斯的一所私立人文主义学校就读。后来，布鲁诺进入了多米尼克僧团的修道院，第二年转为正式僧侣。10 年后，他获得了神学博士学位。

布鲁诺阅读丰富，哥白尼的"日心说"极大地吸引了他，并引发了他对自然科学的兴趣以及对宗教神学的怀疑。他写了一些批判《圣经》的论文，并从日常行为上表现出对基督教圣徒的厌恶。布鲁诺的言行触怒了教廷，他被革除教籍。但他依然坚持自己的观点，毫不动摇。他仍然继续宣传自己的宇宙观，写下了 10 来部批判教会的书。

布鲁诺在欧洲广泛宣传他的新宇宙观，引起了罗马宗教裁判所的恐惧。1952 年，罗马教徒把他诱骗回国，并逮捕了他。1600 年 2 月 17 日凌晨，在罗马的鲜花广场，布鲁诺被处以火刑。

布鲁诺像

布鲁诺被视为异端分子活活烧死

布鲁诺在罗马狱中受审讯长达8年，种种辩护都无效，罗马教廷给他的唯一出路是公开、无条件否定自己的学说，但遭到他的坚决拒绝，最后他被判处火刑，临刑前舌头被夹住，足见他的言论有多大的威慑力。

你放心吧，这样的一天总是会到来的。那时所有的人都会明白我所明白的东西，那时所有的人都会承认：对于每一个人来说，同意你的见解并颂扬你是容易做到，就像要比得上你却难于做到一样；所有的人，凡不是从头坏到脚的人，终有一天会在良心驱使之下给予你应得的赞扬。要知道，打开理性的眼睛的，归根到底是内心的教师，因为我们理解思想上的财富并不是从外部，而是从内部，从自身的精神得到的。在所有人的心灵中都有健全理智的颗粒，都有天赋的良心，它耸立于庄严的理性法庭之上，对善与恶、光明与黑暗进行评判并作出公正的判决。你那良好事业的最忠诚最卓越的捍卫者之所以能从每一个人意识的深处终于点燃起起义之火，要归功于这样的判决。

而那不敢与你交朋友的人，那些胆怯地顽固维护自己的卑鄙无知的人，那些坚持充当赤裸裸的诡辩派与真理不共戴天的敌人的人，他们将在自己的良心中发现审判官和刽子手，发现为你复仇的人；这位复仇者将能更加无情地在他们自己的思想深处惩罚他们，使他们再也无法向自己隐藏这些观点。当敌人给予你的打击被击退的时候，让一大群奇怪而凶恶的爱夫门尼德（希腊神话中的复仇女神，专在地狱中折磨人的灵魂）把他包围起来，让其狂怒倾泻在敌人的内心动机上，并用自己的牙齿将他折磨至死。

前进！继续教导我们去认识关于天空、关于行星与恒星的真理，给我们讲解在无限多的天体中一个与另一个究竟有什么不同，在无限的空间中无限的原因与无限的作用为什么不仅是可能的，而且也是必然的。教导我们什么是真正的实体、物质和运动，谁是整个世界的创造者，为什么任何有感觉的事物都由同一要素和本原组成。给我们宣讲关于无限宇宙的学说，彻底推翻这些假想的天穹和天域——它们似乎应把这么多的天空和自然领域划分开来。教导我们讥笑这些有限的天域以及贴在其上的众星。让你那些所向披靡的论据万箭齐发，摧毁群氓所相信的、第一推动者的铁墙和天壳，打倒庸俗的信仰和所谓的第五本质，赐给人们关于地球规律在一切天体上的普遍性以及关于宇宙中心的学说，彻底粉碎外在的推动者和所谓各层天域的界限。给我们敞开门户，以便我们能够通过它一览广漠无垠的统一的星球世界。告诉我们其他世界是如何像我们这个世界那样，在以太的海洋里疾驰的。给我们讲解所有世界的运动，如何由它们自身内部灵魂的力量来支配。并教导我们，在以这些观点为指导去认识自然的道路上，坚定不移地阔步前进。

作品赏析

1592年，坚持“日心说”的布鲁诺被骗回威尼斯，不久即遭逮捕。本文是他被捕后在宗教裁判所里接受审判时发表的演说，他的演说充满激情和骄傲，表明了他在真理面前的无比自信和坚强信念：“真理面前半步也不后退。”这种信念用来支持自己所发现的真理，同时表明自己对真理的态度，布鲁诺用排比的手法列举了所有对真理的戕害，他的呼告式的抒情文采飞扬，充满乐观的信念和热烈的激情。暴风雨式的表白显示着他斗争的激情和意志，这大段的严正的表白正是漫长而蒙昧的中世纪暗夜中一道强烈的智慧闪光，使我们感到人类的文明因为他们的存在而不愧为人类的文明。

地球在转动

/［意大利］伽利略

入选理由

科学文明史上的重要文献之一

平实的语言风格和演讲姿态

强烈的理性色彩和科学严谨的求知精神

昨天我们决定在今天碰头，把那些自然规律的性质和功用谈清楚，并且尽量地谈得详细一点。关于自然规律，到目前为止，一方面有拥护亚里士多德和托勒密立场的人提出的那些，另一方面还有哥白尼体系的信徒提出的那些。由于哥白尼把地球放在运动的天体中间，说地球是像行星一样的一个球，所以我们的讨论不妨从考察逍遥学派攻击哥白尼这个假设不能成立的理由开始，看看他们提出些什么论证，论证的效力究竟多大。

在我们的时代，的确有些新的事情和新观察到的现象，如果亚里士多德现在还活着的话，我敢说他一定会改变自己的看法。这一点我们从他自己的哲学论述方式上，也会很容易地推论出来，因为他在书上说天不变等等，是由于没有人看见天上产生过新东西，也没有看见什么旧东西消失。言下之意，他好像在告诉我们，如果他看见了这类事情，他就会作出相反的结论；他这样把感觉经验放在自然理性之上是很对的。如果他不重视感觉经验，他就不会根据没有人看到过天有变化而推断天不变了。

如果我们是在讨论法律上或者古典文学上的一个论点，其中不存在什么正确和错误的问题，那么也许可以把我们的信心寄托在作者的信心、辩才和丰富的经验上，并且指望他在这方面的卓越成就能使他把他的立论讲得娓娓动听，而且人们不妨认为这是最好的陈述。但是自然科学的结论必须是正确的、必然的，不以人们的意志为转移的，我们讨论时就得小心，不要使自己为错误辩护；因为在这里，任何一个平凡的人，只要他碰巧找到了真理，那么一千个狄摩西尼和一千个亚里士多德都要陷于困境。所以，辛普利邱，如果你还存在着一种想法或者希望，以为会有什么比我们有学问得多、渊博得多、博览得多的人，能够不理会自然界的实况，把错误说成真理，那你还是断了念头吧。

亚里士多德承认，由于距离太远很难看见天体上的情形，而且承认，哪一个人的眼睛能更清楚地描绘它们，就能更有把握地从哲学上论述它们。现在多谢有了望远镜，我已经能够使天体离我们比离亚里士多德近三四十倍，因此能够辨别出天体上的许多事情，都是亚里士多德所没有看见的；别的不谈，单是这些太阳黑子就是他绝对看不到的。所以我们要比亚里士多德更有把握地对待天体和太阳。

某些现在还健在的先生们，有一次去听某博士在一所有名的大学里演讲，这位博士听见有人把望远镜形容一番，可是自己还没有见过，就说这个发明是从亚里士多德那里学来的。他叫人把一本课本拿来，在书中某处找到关于天上的星星为什么白天可以在一口深井里看得见的理由。这时候那位博士就说："你们看，这里的井就代表管子；这里的浓厚气体就是发明玻璃镜片的根据。"最后他还谈到光线穿过比较浓厚和黑暗的透明液体使视力加强的道理。

作者简介

伽利略（1564 ~ 1642），出生于意大利的比萨城。1581 年，进入著名的比萨大学攻读医学。1590 年，伽利略在比萨塔上给人们演示了著名的自由落体实验。此后，伽利略名声大振，被聘为帕多瓦大学的数学教授。1609 年，他成功研制出人类历史上第一架天文望远镜。1610 年，伽利略把他的发现写成《星际使者》一书。1616 年，罗马教廷审讯伽利略，要他放弃关于地球和星宿异端学说。1632 年，伽利略出版了其最著名的著作《关于两种世界体系之间的对话》。他在书中用大量科学事实证实了哥白尼"日心说"的正确性，遭到罗马教廷的迫害。1633 年，受到不断迫害的伽利略，被迫公开声称反对哥白尼学说，他的余生一直处于囚禁状态。

伽利略像

实际的情形并不完全如此。你说说，如果亚里士多德当时在场，听见那位博士把他说成是望远镜的发明者，他是不是会比那些嘲笑那位博士和他那些解释的人，感到更加气愤呢？你难道会怀疑，如果亚里士多德能看到天上的那些新发现，他将改变自己的意见，并修正自己的著作，使之能包括那些最合理的学说吗？那些浅薄到非要坚持他曾经说过的一切话的鄙陋的人，难道他不会抛弃他们吗？怎么说呢？如果亚里士多德是他们所想象的那种人，他将是顽固不化、头脑固执、不可理喻的人，一个专横的人，把一切别的人都当作笨牛，把他自己的意志当作命令，而凌驾于感觉、经验和自然界本身之上。给亚里士多德戴上权威和王冠的，是他的那些信徒，他自己并没有窃取这种权威地位，或者据为己有。由于披着别人的外衣藏起来比公开出头露面方便得多，他们变得非常怯懦，不敢越出亚里士多德一步；他们宁可随便地否定他们亲眼看见的天上那些变化，而不肯动亚里士多德的一根毫毛。

1633年4月，伽利略站到了被告席上，但他自始至终坚持自己的信念，他的《关于两种世界体系之间的对话》对两种不同的哲学思想作了调和的阐述：一种是建立在亚里士多德思想基础上的托勒密学说，另一种是有争议的哥白尼理论体系学说。

作品赏析

这篇演讲重在说理，浓烈的理性色彩是其显著特点。伽利略演讲成功的根本在于他抓住了要害，就是“如果亚里士多德活着，会不会改变自己的观点”，他首先从亚里士多德的论述中提炼了其认知方法：“把感觉经验放在自然理性之上。”这是一个很巧妙的角度，既然亚里士多德采用这样的认知方法，并且是科学的，那么就可以拿来说明目前的问题。在此基础之上，伽利略还指出了文学艺术等人文社会科学与自然科学在认知方式上的必然区别，他坚信亚里士多德的科学方法和科学态度，而盲目信奉亚里士多德的具体学说的教条者则并没有实际上继承亚里士多德的科学的认知方法和态度。伽利略从各个角度反复论证，并且重要论述了他对亚里士多德人品和学品的认识。

我对这部宪法很满意

/［美国］富兰克林

入选理由

美国政治历史上的重要文献之一

热情的演讲情绪和智慧的演讲手法

幽默、恳切的言辞和在政治上求真务实的作风

我得承认我对目前的宪法并不完全赞成。可是，诸位先生，我可不敢说我以后还会不赞成它，因为，我活得这么久，我经历过许多事，这些事都必须在以后借更好的资料或更周密的考虑，来改变甚至是不容易更改的意见，而这些意见我一度认为是对的，现在才发现它的错误。因此，我活得越久，就越易怀疑自己对别人的判断是否正确。说真的，大多数的人和大多数宗教教派一样，都认为自己才

作者简介

富兰克林（1706～1790），美国物理学家、发明家、政治家、社会活动家。父亲以制造蜡烛和肥皂为生，共有10个孩子，富兰克林排行第八。他只上了两年学便辍学回家。12岁时，他到哥哥经营的一家小印刷所当学徒，自此他当了近10年的印刷工人。1723年，富兰克林离开波士顿，先后到费城和伦敦的印刷厂当工人,后来还在费城开了一家自己的印刷所。1730年,他创办了《宾夕法尼亚报》。他还与别人共同创办了“共读社”，这个会社就是宾夕法尼亚大学的前身。1746年，富兰克林开始研究电学，并取得了很大的成就。除了电学外，他还在数学、光学、热学、声学、海洋学、植物学等方面取得了不少成就，并有大量发明。北美独立战争爆发后，他作为北美殖民地的代表与英国政府进行谈判；代表宾夕法尼亚州参加了第二届大陆会议；并参与《独立宣言》的起草工作。1787年，被任命为宪法起草委员会的成员，参与制定美国宪法。1788年，他辞去所有公职，安度晚年。两年后，在费城与世长辞，享年84岁。

1787年美国宪法制定时的情景。中间手执拐杖坐着的便是富兰克林。

拥有全部真理，别人都跟他们大相迥异，这简直是大错特错！斯蒂尔是位新教徒，他有一次在祝圣礼上对教众说，他们两个教会都各自相信自己的教条是颠扑不破的，还是英格兰的教条绝不会有错。可是，虽然有许多人就跟相信自己的教派一样，认为自己是绝不会有错的，但是却没有人能够像一位法国小姐在与她姐姐有点小争执中，很自然地说出这句话：“除了我之外，我所交谈的人都认为他们是对的。”

如同我这样感触，各位先生，我得同意宪法是有其缺点的——假使这句话不错——因为我认为我们必须有个一般的政府，假使宪法能好好执行，它就会为公众带来福祉；而且我更相信，这个宪法可能会认真执行数年，而且当人民只需要专制政府而不需要别的政府时，它最后也会变成专制政府。同样的，我也怀疑我们所举办的任何大会是否能缔造出较好的宪法来；这是因为您得召集一些人，集思广益，可是不可避免的，您也集结了他们所有的成见，他们的私情，他们意见的谬误，他们地方的利益和他们自私的想法。像这样的一个大会，会产生出完美的结果么？

因此，先生们，我如果发现这部宪法接近完美，我将会大感惊异。我也认为这部宪法也会使我们的敌人大吃一惊。因为我们的敌人正乐于听到我们的国策顾问们也像建造巴贝尔城的人一样，因意见不同而内部混乱。他们也乐于见到我国濒于分裂，以便达到他们扼住我们命运的目的。所以，先生们，我对这部宪法很满意，因为我们没有更好的了，同时也因为我确定不了它不是最好的。若有人指责它的错误，我也拿来贡献给国家。我绝不会把这些意见泄漏出去的。它们生于斯，也应死于斯。假使我们一个人能为关心这部宪法，而说出他们指责的意见，并尽力找出和您有同感的同志，我们可以阻止您的意见被广泛探知，以免在国外和在我们之间，由于我们的意见不一致，而失去它对于国家利益的重大贡献。一个政府在追求和保障人民的幸福上，是否有成绩，是否有效率，大部分要依靠人民是否为政府着想，以及政府人员本身的才智和团结一致。因此，我希望，为了我们自己，作为一个民众的立场，也为了我们的繁荣，我们应该热诚一致，使宪法也能臻于我们影响力所及的地方，并要把握将来的目标，努力去寻求能使宪法贯彻到底的方法。

总而言之，先生们，我总是希望与会的人们当中具有对宪法仍持反对意见的人，在这种情况下，他会跟我一样，怀疑我们的反对意见是否真的可以成立，而且为了表示我们的意见一致，我希望他也签他的大名于这个法定文件上。

作品赏析

这篇演讲是富兰克林在1787年起草和讨论美国宪法的独立大会上发表的。演讲充满哲理、机智和风趣。演讲在技巧运用方面，最大特点就是开宗明义，故作惊人之语。富兰克林在演讲中劈头就说“我得承认我对目前的宪法并不完全赞成”，使听众为之感到震惊，以激发其兴趣，吸引其对下文的关注。

演讲见解深刻，分析深入，语言表达准确、幽默，构思巧妙。开头表示自己的见解后，紧接着，演讲者以自己思维认识的发展例子和宗教历史上的例证及个人认识的局限，进一步阐述自己的观点：“宪法是有其缺点的。”临近结束时，才峰回路转，说出自己的中心意思：“先生们，我对这部宪法很满意，因为我们没有更好的了，同时也因为我确定不了它不是最好的。”由批评到充分肯定，先是云遮雾障，后来云开雾散，拨云现天。这样的演说，构思角度新颖绝妙，一波三折，大落大起，充满新鲜感和新奇性，容易引起听众的极大注意。

哲学史概说

/［德国］康德

哲学史上的重要文献之一
极具思辨色彩的演说方式
将深奥的知识理论通俗地传达给听众

哲学由希腊人传到罗马人那里以后，就不再扩展了，因为罗马人老是停留在学生阶段。

西塞罗在思辨哲学方面是柏拉图的学生，在道德学方面是斯多葛主义者。爱比克泰德、安托尼都属于斯多葛派，塞内卡是这一派的最著名代表。在罗马人中间，除了留下《博物志》的年轻的普林尼之外，没有自然学者。

文化终于在罗马人那里消失，野蛮兴起了，直至6~7世纪，阿拉伯人才开始致力于科学，使亚里士多德（研究）重新繁荣起来。现在，科学又在西方抬头了，尤其是亚里士多德的威望，人们以一种奴隶的方式追随他。11世纪和12世纪出现了经院哲学家，他们注释亚里士多德，无尽无休地玩弄机巧。人们所从事的无非是纯粹的抽象。经院哲学的这种似是而非的论究方式在改革时代被排挤掉了。折中主义者出现在哲学领域，他们是这样一批自己思维者，这些人不委身于任何学派，而去寻找真理，并

作者简介

康德（1724 ~ 1804），出生于哲学思想发达的德国。1732年，康德进入哥尼斯堡的腓特烈公学。1745年，康德获得哥尼斯堡大学的哲学学士学位。1755年，康德被母校哥尼斯堡大学聘为讲师，他一边给学生上课，一边从事学术研究，陆续发表了一系列重要著作。刚开始时，康德主要研究天文学，1770年以后，康德开始转向研究哲学。经过十几年的艰苦钻研，他出版了一系列涉及领域广阔、有独创性的伟大著作，创立了德国古典哲学体系。

1786年，62岁的康德出任哥尼斯堡大学的校长。由于他在哲学上取得的巨大成就，柏林科学院、彼得堡科学院、科恩科学院和意大利托斯卡那科学院先后选举他为院士。

康德像

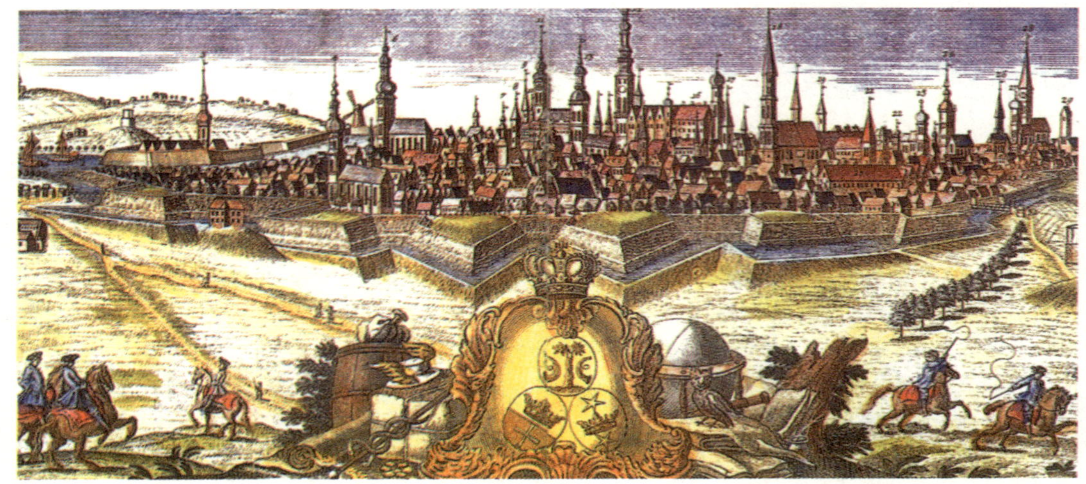

16世纪的哥尼斯堡

在1946年以前，加里宁格勒市被称为哥尼斯堡，属德国管辖。自1225年建成城市后，哥尼斯堡就处于东普鲁士境内，居民大多属日耳曼族和立陶宛族。德国大哲学家康德生前一直居住在该城。该市从1544年就有了自己的大学，但是直到康德在这里出现，这座城市才成为欧洲哲学研究的前沿。

且一旦找到，就予以接受。

近代哲学革新，一部分归功于对自然界的大量研究，一部分归功于数学和自然科学的结合。通过研究这些科学，在思维中形成的秩序业已扩展到原来世界智慧的特殊分支和部分以外。近代第一位，也是最伟大的自然研究者，是维鲁拉姆的培根。培根在研究中踏上了经验的道路，注意到观察和实验对于揭示真理的重要性和必要性。不过，思辨哲学的革新究竟是从哪里开始的，这还很难说。在这方面，笛卡儿的功绩不容忽视，因为通过提出真理的标准（他以知识的清楚和自明来建立这种标准），他对赋予思维以明晰性作出了很多贡献。

但是，我们时代最伟大、功勋最卓著的哲学改革者，要推莱布尼茨和洛克。洛克试图分析人类知性，指出哪些心灵的力量及其作用后于这种或那种知识。虽然洛克为更深入彻底地研究心灵本性提供了便利，但是他并没有完成自己的研究工作，他的处理方法也是独断的。

这种非常错误的、哲学思考的独断方法，为莱布尼茨和沃尔夫所特有。它带有如此之多的欺骗性，以致有必要弃而不用，代之以另一种批判的思考方法。后一方法在于研究理性本身的活动方式、分析人类全部知识能力，并考察这些能力所能达到的界限。

自然哲学在我们时代极为繁荣。在那些自然研究者中间，牛顿享有极高名望。近代哲学家不能自诩享有卓越的永久声誉，因为这里仿佛一切都在流动。一个人所建立的，另一个人加以拆除。

在道德哲学领域，比起古人我们并未走得更远。在形而上学方面，对形而上学真理的研究，我们似乎陷入迷惘状态。现在对于这门科学表现出某种冷淡，因为人们好像引以为荣地把关于形而上学的研究，轻蔑地说成纯粹无谓的思虑。然而形而上学却是本来的、真正的哲学！

我们的时代是批判的时代，必须从我们时代的批判的尝试来看哲学，特别是形而上学将会成为什么。

作品赏析

这篇学术演讲思辨色彩浓重，思想深刻，观点鲜明，语言表达准确。演讲者宣讲了自己的“批判哲学”，批判的对象是人的理性认识能力。他不愿盲目相信理性的力量，要对它加以检查、清理、衡量，看看它到底有多大能力，它的活动到底能达到多大的范围。这就是“批判的思考方法”。

演讲态度认真，语气坚定。这篇简短的讲演，不仅是康德批判哲学的宣言，而且我们也可从中看出，他的庞大的哲学体系此时已孕育在胸。有两个概念很重要，即思辨哲学与道德哲学；他后来的哲学体系正是从思辨哲学始到道德哲学终。为了探讨人的认识能力，他写了《纯粹理性批判》；为了探讨人的道德意志，他写了《实践理性批判》；作为二者的桥梁，他晚年又写了《判断力批判》。

由于着重在传达信息、阐明事理，因此，这篇演讲在方法的运用上，采取点面结合、纵横交叉的方法。概说两千余年的哲学史，他以论代史，只点出有代表性的哲学家略加评说。其结构，从古希腊至中世纪是纵观，跳跃性更大；至近、现代则横视，逐一评说思辨哲学、自然哲学、道德哲学领域，以显示他的“批判”的现实性。内容丰富，讲述清晰，准确无误，说明性与说服力强。

华盛顿就职演说

/［美国］华盛顿

美国政治历史上的重要文献之一

总统就职演讲中的经典之作

朴素而智慧幽默的语言和强大的情感力量

参议院和众议院的同胞们，本月14日收到根据两院指示送达给我的通知。阅悉之余，深感惶恐。我一生饱经忧患，唯过去所经历的任何焦虑均不如今日之甚。一方面，因祖国的召唤，要我再度出山，对祖国的号令，我不能不肃然景从。然而，退居林下，系我一心向往并已选定的归宿。我曾满怀奢望，也曾下定决心，在退隐之地度过晚年。对此退隐的居所，除喜爱之外，已经习惯；看到自己的健康，因长期操劳，随着时光的流逝而日益衰退之时，对之更感需要和亲切。另一方面，祖国委我以重托，其艰巨与繁剧，即使国内最有才智和最有阅历的人士，亦将自感难以胜任，何况我资质鲁钝，又从未担任过政府行政职务，更感德薄能鲜，难当重任，处于此种思想矛盾中，但我一直认真致力于正确估量可能影响我执行任务的每一种情况，以确定我的职责，这是我所敢断言的。我执行任务时，如因往事留有良好的记忆而使我深受其影响，或因我的当选使我深感同胞对我高度信任，并为此种感情所左右，以致对自己从未担负过的重任过少考虑自己能力的微薄及缺乏兴趣，我希望，我的动机将减轻我的错误，国人在判断错误的后果时，也会适当考虑所以产生此种偏颇的根源。

1789年就职典礼日的早晨，纽约市熙熙攘攘的街景

美国是世界上第一个实行总统制的国家，因此美国第一届总统乔治·华盛顿就职时没有任何先例可循。这次就职典礼简单而庄严，它既满足了美国人民对华盛顿的敬仰和崇拜之情，也适应了美国当时的经济状况，没有过分铺张。

既然这就是我在响应公众召唤就任现职时所抱有的想法，在此举行就职仪式之际，如不虔诚地祈求上帝的帮助时极欠允当，因为上帝统治着全宇宙，主宰世界各国，神助能弥补凡人的任何缺陷。愿上帝赐福，保佑美国民众的自由与幸福，及为此目的而组成的政府，并保佑他们的政府在行政管理中顺利完成其应尽的职责，在向公众和个人幸福的伟大缔造者谢恩之际，我确信我所表述之意愿同样是诸位

作者简介

华盛顿(1732～1799),出生于美国弗吉尼亚州,1753年开始军旅生涯。1758年,他当选为弗吉尼亚议员。

1773年,波士顿倾茶事件爆发,华盛顿积极投入到反对英国在北美殖民统治的斗争中。1774年,第一届大陆会议召开,华盛顿支持通过了不惜以武力抵抗为最后手段的决议。1775年4月19日,英军同美洲殖民地民兵在莱克星顿发生枪战,北美独立战争开始。同年5月10日,在费城举行了第二届大陆会议,决定任命华盛顿为大陆军总司令。被推举为制宪会议主席,主持制定了沿用至今的美国宪法,在美国建立了民主共和制。1788年3月4日,第一届国会在纽约开幕,选举团全票选举华盛顿为美利坚合众国第一任总统。此后,华盛顿又担任了一届总统。

1799年12月14日,华盛顿在家乡平静地去世。

华盛顿塑像

战争结束后,美国人民为纪念华盛顿的功绩,立了这座塑像,以表示对他的敬仰之情。

及全国同胞的意愿。美国民众尤应向冥冥之中掌管人间一切的神力感恩和致敬。美国民众在取得独立国家地位的过程中,每前进一步,似乎都有天佑的征象。联邦政府制度的重要改革甫告完成;虽然性质不同的集团为数众多,但均能心平气和,互谅互让,经过讨论,卒底于成。若非我们虔诚的感恩得到回报,若非过去似乎已经呈现出预兆,使我们可以预期将来的赐福,这种方式是无法与大多数国家组建政府时采取的方式相比的。在目前这一紧急关头,产生这些想法,确系深有所感而不能自已。我相信你们与我会有同感,即没有任何一个政府像我们这个新的自由政府这样,从一开始就诸事顺利。

根据设立行政机构条款的规定,总统有责"将他认为必要和有益的措施提请你们考虑"。现在和你们会见的这一场合,我无法详细谈论这个问题,我只想提一提我国的伟大宪法,我们就是根据宪法的规定举行这次会议的。宪法为诸位规定了权力范围,也指出了诸位应该注意的目标。在今天这次大会上,我将不向诸位提出某些具体的建议,而是颂扬被选出来考虑和采纳这部宪法的代表们的才能、正直和爱国热忱。这样才更适合这次会议的气氛,我的感情也驱使我这样做。我从诸位这些高尚品德中,看到了最可靠的保证,一方面是,地方偏见或感情以及党派的分歧,都不能转移我们统观全局和一视同仁的视线。我们的视线是理应照顾各方面的大联合和各方面的利益的。所以,在另一方面,我们国家的政策将建筑在纯正不移的个人道德原则的基础上,这个自由政府将以它能博得公民的热爱与全世界的尊重等特点而显示出它的优越性。

我对祖国的热爱激励我以满怀愉悦的心情展望未来。这是因为,在我国的体制和发展趋势中,出现了又有道德又有幸福,又尽义务又享利益;又有公正和宽仁的方针政策作为切实准则,又有社会繁荣昌盛作为丰硕成果的不可分割的统一:这已是无可争辩的事实。这也因为,我们已充分认识,上帝决不会将幸福赐给那些把他所规定的秩序和权利的永恒准则弃之如粪土的国家。这还因为,人们已将维护神圣的自由火炬和维护共和政体命运的希望,理所当然地、意义深远地、也许是最后一次地,寄托于美国民众所进行的这一实验上。

作品赏析

这篇演讲是华盛顿的首次就任总统的演说词,作为第一任美国总统,华盛顿的这篇演说开美国总统就职演说之先河。赢得人民的拥戴,接受总统的职务,心情应该是振奋和激昂的,但是华盛顿演讲中流露出的却是一种沉重的任重道远的责任感和交织着信念与焦虑的复杂心情。华盛顿是一个伟大的政治家,他在演说中阐释重大问题，表明对政府的基本立场和政治理想都显示出一个新生国家和时代的政治高度。这篇就职演说词语言朴素平实、情感真实，但是思想深刻，见解高远，显然所有的话都经过深思熟虑的，演讲者的真挚情感和严肃的态度使得演讲给人以强烈的震撼，并从中得到极大的鼓舞和感动。华盛顿的演讲涉及许多对国家和社会的重大看法，这些看法都倾注着演讲者本人长期花费心血的思索，包含着极大的热情和责任感，而在这些问题中，宪法是当时人们关注的焦点，也就是，一个国家，能不能真正维护好自己的宪法，关系到这个新生国家的前途和命运，华盛顿对这个问题高度重视，所以他特别提到“我们伟大的宪法”，并指出：“上帝决不将幸福赐给那些把他所规定的秩序和权利永恒的准则弃之如粪土的国家。”这种坚定的信念同样给听众以无限的信心。华盛顿向来口才极好，言谈富于幽默感，加上在美国民众中的崇高威望，其演讲必然对民众产生极大的感染力。

不自由，毋宁死/［美国］帕特里克·亨利

敏锐的政治眼光

饱满的爱国激情叙说铁的事实

热烈激昂的情绪，铿锵有力的说辞

议长先生：

我比任何人更钦佩刚刚在议会上发言的先生们的爱国精神和才能。但是，对同一事物的看法往往因人而异。因此，尽管我的观点与他们截然不同，我还是要毫无保留地、自由地予以阐述，并且希望不要因此而被认为是对先生们的不敬。现在不是讲客气的时候，摆在议会代表们面前的问题关系到国家的存亡。我认为，这是关系到享受自由还是蒙受奴役的大问题，而且正由于它事关重大，我们的辩论就必须做到各抒己见。只有这样，我们才有可能弄清事实真相，才能不辜负上帝和祖国赋予我们的重任。在这种时刻，如果怕冒犯别人而闭口不言，我认为就是叛国，就是对比世间所有国君更为神圣的上帝的不忠。

议长先生，对希望抱有幻觉是人的天性。我们易于闭起眼睛不愿正视痛苦的现实，并倾听海妖惑人的歌声，让她把我们化作禽兽。在为自己而艰苦卓绝的斗争中，这难道是有理智的人的作为吗？难

在帕特里克·亨利的这篇演讲发表三星期后，也就是1775年4月18日，在莱克星顿公有草地上，身着红制服的英军向殖民地民兵开火，从而拉开了北美独立战争的序幕。

作者简介

帕特里克·亨利（1736 ~ 1799）是美国独立战争时期一个显赫的人物。1763 年，他以律师的身份凭借激昂的演讲，赢得了“教区牧师的起因”案件的胜诉，引起了英国政府的震惊。1765 年，亨利进入弗吉尼亚殖民地的立法机关议院 。同年，他提出了弗吉尼亚邮票法案决议。1775 年 3 月 23 日，亨利作了敦促市民议院对英国殖民统治者采取反抗的报告。美国独立战争期间，为保卫弗吉尼亚，亨利做出了不懈的努力。战争结束后，亨利对宪法的修正也做出了很大的贡献。从 1776 年开始，他连续担任了两届弗吉尼亚第一州长。晚年与华盛顿总统政见不合，拒绝在新政府中供职。

1799 年，亨利去世，享年 63 岁。

1765年，英国政府在殖民地通过《印花税法案》，掀起轩然大波。图为帕特里克·亨利在弗吉尼亚下议院发表激烈的演讲，抨击该法案。

道我们愿意成为对获得自由这样休戚相关的事视而不见、充耳不闻的人吗？就我来说，无论在精神上有多么痛苦，我仍然愿意了解全部事实真相和最坏的事态，并为之做好充分准备。

我只有一盏指路明灯，那就是经验之灯。除了过去的经验，我没有什么别的方法可以判断未来。而依据过去的经验，我倒希望知道，10 年来英国政府的所作所为，凭什么足以使各位先生有理由满怀希望，并欣然用来安慰自己和议会？难道就是最近接受我们请愿时的那种狡诈的微笑吗？不要相信这种微笑，先生，事实已经证明它是你们脚边的陷阱。不要被人家的亲吻出卖吧！请你们自问，接受我们请愿时的和气亲善和遍布我们海陆疆域的大规模备战如何能够相称？难道出于对我们的爱护与和解，有必要动用战舰和军队吗？难道我们流露过决不和解的愿望，以至为了赢回我们的爱，而必须诉诸武力吗？我们不要再欺骗自己了，先生们。这些都是战争和征服的工具，是国王采取的最后论辩手段。我要请问先生们，这些战争部署如果不是为了迫使我们就范，那又意味着什么？哪位先生能够指出有其他动机？难道在世界的这一角，还有别的敌人值得大不列颠如此兴师动众，集结起庞大的海陆武装吗？不，先生们，没有任何敌人了。一切都是针对我们的，而不是别人。他们是派来给我们套紧那条由英国政府长期以来铸造的铁链的。我们应该如何进行抵抗呢？还靠辩论吗？先生，我们已经辩论了 10 年了。难道还有什么新的御敌之策吗？没有了。我们已经从各方面经过了考虑，但一切都是枉然。难道我们还要苦苦哀告，卑词乞求吗？难道我们还有什么更好的策略没有使用过吗？先生，我请求你们，千万不要再自欺欺人了。为了阻止这场即将来临的风暴，一切该做的都已经做了。我们请愿过，我们抗议过，我们哀求过；我们曾拜倒在英王御座前，恳求他制止国会和内阁的残暴行径。可是，我们的请愿受到蔑视，我们的抗议反而招致更多的镇压和侮辱，我们的哀求被置之不理，我们被轻蔑地从御座边一脚踢开了。事到如今，我们怎么还能沉迷于虚无缥缈的和平希望之中呢？没有任何希望的余地了。假如我们想获得自由，并维护我们多年以来为之献身的崇高权利，假如我们不愿彻底放弃我们多年来的斗争，不获全胜，决不收兵。那么，我们就必须战斗！我再重复一遍，我们必须战斗！我们只有诉诸武力，只有求助于万军之主的上帝。

议长先生，他们说我们太弱小了，无法抵御如此强大的敌人。但是我们何时才能强大起来？是下周，还是明年？难道要等到我们被彻底解除武装，家家户户都驻扎英国士兵的时候？难道我们犹豫迟疑、无所作为就能积聚起力量吗？难道我们高枕而卧，抱着虚幻的希望，呆到敌人捆住了我们的手脚，就能找到有效的御敌之策了吗？先生们，只要我们能妥善地利用自然之神赐予我们的力量，我们就不弱小。一旦300万人民为了神圣的自由事业，在自己的国土上武装起来，那么任何敌人都无法战胜我们。此外，我们并非孤军作战，公正的上帝主宰着各国的命运，他将号召朋友们为我们而战。先生们，战争的胜利并非只属于强者。他将属于那些机警、主动和勇敢的人们。何况我们已经别无选择。即使我们没有骨气，想退出战斗，也为时已晚。退路已经切断，除非甘受屈辱和奴役。囚禁我们的枷锁已经铸成。叮当的镣铐声已经在波士顿草原上回响。战争已经不可避免——让它来吧！我重复一遍，先生们，让它来吧！

企图使事态得到缓和是徒劳的。各位先生可以高喊：和平！和平！但根本不存在和平。战斗实际上已经打响。从北方刮来的风暴把武器的铿锵回响传到我们的耳中。我们的弟兄已经奔赴战场！我们为什么还要站在这里袖手旁观呢？先生们想要做什么？他们会得到什么？难道生命就这么可贵，和平就这么甜蜜，竟值得以镣铐和奴役作为代价？全能的上帝啊，制止他们这样做吧！我不知道别人会如何行事；至于我，不自由，毋宁死！

作品赏析

著名革命家帕特里克·亨利的这篇讲演《不自由，毋宁死》发表于弗吉尼亚州第二届议会，当时北美殖民地正面临历史性的抉择。本篇演讲直接指出了武装争取独立的必要性，对美国独立战争的爆发产生过重要的积极影响，这篇演讲以热烈激昂的情绪和对事实的分析，在揭露殖民者对殖民地的各种手段的事实之后得出一个无可辩驳的结论，唯有以生命的代价获得真正的独立和自由，才是殖民地摆脱压迫和奴役，获得真正和平幸福生活的途径。紧接着帕特里克·亨利铿锵有力地说："对希望抱有幻觉是人的天性。我们易于闭起眼睛不愿正视痛苦的现实，并倾听海妖惑人的歌声，让她把我们化作禽兽。在为自己而艰苦卓绝的斗争中，这难道是有理智的人的作为吗？难道我们愿意成为对获得自由这样休戚相关的事视而不见、充耳不闻的人吗？就我来说，无论在精神上有多么痛苦，我仍然愿意了解全部事实真相和最坏的事态，并为之做好充分准备。"一旦有了这样一种冲锋陷阵的大无畏精神，则后面所谈的一系列问题就不至于成为纸上谈兵。在会上，亨利热血沸腾地疾呼："难道生命就这么可贵，和平就这么甜蜜，竟值得以镣铐和奴役作为代价？"他的喊声未落，独立战争的第一枪就在三个星期后打响了。

杰斐逊就职演说

/［美国］杰斐逊

美国总统就职演讲中的经典之作
平民总统的平民姿态
朴实无华的语言和真挚情感

朋友们、同胞们：

我应召担任国家的最高行政长官。值此诸位同胞集会之时，我衷心感谢大家寄予我的厚爱。诚挚地说，我意识到这项任务非我能力所及，其责任之重大，本人能力之浅薄，自然使我就任时感到忧惧交加。一个沃野千里的新兴国家，带着丰富的工业产品跨海渡洋，同那些自恃强权、不顾公理的国家进行贸易，向着世人无法预见的天命疾奔——当我冥思这些超凡的目标，当我想到这个可爱的国家，其荣誉、幸福和希望都系于这个问题和今天的盛典，我就不敢再想下去，并面对这宏图大业自惭形秽。确实，若不是在这里见到许多先生在场，使我想起无论遇到什么困难，都可以向宪法规定的另一高级机构寻找智慧、美德和热忱的源泉，我一定会完全心灰意懒。因此，负有神圣的立法职责的先生们和各位有关人士，我鼓起勇气期望你们给予指引和支持，使我们能够在乱世纷争中同舟共济，安然航行。

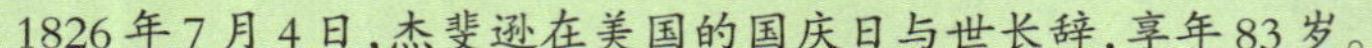

作者简介

杰斐逊（1743 ~ 1826），出生于弗吉尼亚州的一个贵族家庭，受过良好的教育。1769 年，他成功竞选为弗吉尼亚议会议员，开始走上政坛。1773 年，他与 P. 亨利发起成立弗吉尼亚通讯委员会，积极投入反英斗争。1775 年 5 月，北美殖民地第二届大陆会议在费城召开，杰斐逊作为弗吉尼亚代表参加了这次具有重大历史意义的会议。在会上，杰斐逊当选为“独立宣言起草委员会”的首席委员，执笔起草《独立宣言》。

1800 年，杰斐逊当选为美国第三任总统，4 年后连任，被誉为美国的“民主之父”。1809 年，杰斐逊离任后，退居蒙蒂塞洛私邸。他晚年致力于科学研究和发展教育事业。1812 ~ 1825 年，他筹建了著名的弗吉尼亚大学。

1826 年 7 月 4 日，杰斐逊在美国的国庆日与世长辞，享年 83 岁。

杰斐逊像

在我们过去的意见交锋中，大家热烈讨论，各扬其长，以至于有时情况相当紧张，忽略了这些行为可能对那些不惯于自由思想和自由言论的人施加了一些影响。但如今这种意见争执的结果已由全国的民意作出决定，而且根据宪法的规定予以公布，所有的意志当然会在法律的意志下，彼此妥善安排，并且为共同的幸福团结一致共同努力。大家当然也不会忘记那个神圣的法则，这就是虽然在任何情况下多数人的意见会被采纳，但是那些意见，必须合理而正当，而且其他的少数人也拥有同样的权利，平等地受到法律的保护。如果予以侵犯，那无异于高压手段。

因此，让我们一心一意地团结起来！让我们恢复和谐与友爱的社会！因为如果没有和谐和友爱，那么自由，甚至于生活的本身，就将成为枯燥而无味的事情。让我们仔细想想，那些使人类长期流血、受苦的宗教偏见，已被我们驱逐于国土之外。如果我们让政治上的偏见存在，使之成为与宗教上的不宽容一样专制与邪恶，并造成痛苦与流血的迫害，那么我们的努力便会付之东流。

当旧世界经历痛苦和激变时，当盛怒的人们挣扎着想通过流血和战争寻找他们失去已久的自由时，那种波涛般的激动，甚至会冲击到遥远而和平的彼岸，这些都不足为奇的了。它会引起某些人颇深的感慨与恐惧，而某些人却不会。因此，对安全的衡量，不同人就会有不同的意见。但是，并非每一个意见上的差异都是原则上的差异，只是在同一原则上，我们有不同的说法罢了。我们都是共和党成员，我们也都是联邦主义者。如果我们当中有人想解散这一联邦，或改变它的共和形式，那就让他们不受干扰，以便使其有言论自由的保障。这样错误的意见能被容忍，而我们则可根据理智加以判断并作出抉择。

托马斯·杰斐逊是帕兰朵的忠实信徒，他十分欣赏古代建筑，所以他让人在蒙蒂塞洛建造了一座别墅，这座别墅成为美国新古典主义建筑的最杰出的代表。

我知道，事实上，有些正直的人士担心共和政府无法强大，恐怕这个政府不够强大。但是一个最诚实的爱国者，在成功试验的大潮中，难道会因一种理论和空想的疑惧，就以为这个政府，这个全世界最高的希望，可能缺乏力量维护自己，从而放弃这个到目前为止带给我们自由和安全的政府吗？我相信不会。相反，我相信这是世界上最强大的政府。我相信，在这个政府之下，无论何人，一经法律的召唤，就会按照法律的要求，将公共秩序所受到的侵犯视为个人的事。有些人可能会认为，人自己管自己都是不可靠的，那么，难道受别人的管束就很可靠吗？或者说，在国王的管理下，我们就能发现天使吗？就让历史来回答这个问题吧！

因此，让我们以勇气和信心，追寻我们自己的联邦与共和的原则，并热爱我们的联邦和代议制政府。由于大自然和大洋仁慈的阻隔，我们得以幸免于地球另一区域毁灭性的灾害；我们品格高尚，不能容忍他人的堕落；我们拥有幅员广阔的国土，足以容纳千万代的子孙。我们充分意识到，在发挥自己的才能，争取我们的劳动所得，博取同胞对我们的行为而不是我们的出生背景的尊敬与信心等方面，我们都享有同等的权利。我们有良好的宗教，虽然各以不同的形式自称和实践，但出发点都是教育人们诚实、坦白、自制、感恩和爱他人。我们承认和崇拜万能的上帝，由于他的支配管理，使这里的人们享受着幸福而且直到永远。有了这所有的恩赐，还有什么比这更能使我们成为一个幸福和繁荣的民族呢？同胞们！还有一点，那就是我们仍需要一个睿智和廉洁的政府，它能制止人们互相伤害，使人们自由地从事自己的工作并进行改善，而且不剥夺任何人以劳动所赚取的报酬。这是一个良好的政府所要具备的，也是我们达到幸福圆满所必需的条件。

起草《独立宣言》的委员会成员们站在主席约翰·汉考克面前，站立者中左数第四人为杰斐逊

1776年6月7日，大陆会议代表提出北美各殖民地脱离英国的决议案，并选出托马斯·杰斐逊、约翰·亚当斯和本杰明·富兰克林等人组成的委员会，起草《独立宣言》。杰斐逊起草了《独立宣言》的第一稿，富兰克林等人又进行了润色。7月4日《独立宣言》获得通过，并分送十三州的议会签署及批准。

同胞们，我即将开始履行职责，它包括了一切对你们而言珍贵而有价值的东西。此时你们应当了解，什么是我们政府所坚持的主要原则，以及接下来制定政策的依据。我将把这些原则，尽量简要地加以讲述，只讲一般原则，而不涉及其所有的限制。不论其地位、观点、宗教的或政治的派别，所有人一律公正和平等；与所有国家和平相处，相互通商，并保持真诚的友谊，但不与任何国家结盟；维护各州政府的一切权利，使其成为处理内政方面最胜任的行政机构，并成为抵抗反共和势力的坚强堡垒；维护联邦政府在宪法上的地位，作为对内安定与对外安全保障的最后依靠；注意维护人民的选举权——对于革命战争中由于缺乏和平手段所产生的权利滥用的弊端，要以一种温和而安全的方式予以矫正；绝对服从多数人的决议，是共和制的重要原则，如果为推翻这项决议而施以强制手段，就是独裁统治的主要原则和直接根源；维持一支训练有素的民兵，作为和平时期和战争初期的最好依靠，直到正规军来接替；民权高于军权；节省公共开支，以减轻公民负担；诚实偿付我们的债务，以郑重维持人民对政府的信心；鼓励农业，并促进商业发展，协助农业；传播知识，并在公共理性的审判席上控诉一切弊端；保障宗教自由及出版自由，并根据人身保障法保障民众自由；公正地选出陪审员以从事审判和判决。这些原则在革命和改革时期，已成为我们的指明灯，为我们指引前进的道路。

先哲的智慧和英雄们的鲜血，都是为了这些理想的实现。它们应当是我们政治信仰的信条，公民教育的范本，检验我们工作的试金石。如果我们因为一时的错误想法或过分警觉而背弃了这些原则，就应当赶快调整脚步，重返这唯一通向和平、自由与安全的大道。

同胞们！我现在开始担负起你们所委派给我的职务。根据以往在其他任职中所获得的经验，我已觉察到这是所有任务中最艰巨的一项。我知道，一个不尽完美的人，当其卸任时，很少能够得到他在任时所享有的声望与荣誉。我不敢要求大家对我也能像过去对我们的第一位也是最伟大的革命元勋一样抱以高度的信任，他卓越的功绩使他深受全国人民的爱戴，他的英名在历史上享有最崇高的地位。我仅要求大家给我相当的信任，使我在处理你们全体的事务时，能够满怀信心并力求完美。由于判断失误，我将时常出现差错。即使我的想法是对的，那些不是站在统筹全局的立场上看问题的人，也会认为我是错的。我希望大家能宽容我所犯的错误，那绝不是有意的；也希望大家能支持我，以修正他人因未能从大局着眼而对我产生的误解。从大家的投票结果来看，我知道我过去的表现已获得大家的赞许，使我感到莫大的安慰。未来我所渴望的是，如何使那些已经给我嘉许的人，继续保持着良好的印象；对其他人，如何在自己力所能及的情况下，尽最大的努力，以博得他们对我的好感与尊敬。同时，我要为所有同胞的幸福与自由而努力。

最后，仰承诸位善意的恩惠，我将尽忠职守，一旦大家感觉到在你们权力范围内可做好更好的选择，我便准备辞去此职。同时，祈求主宰宇宙命运的神灵，使我们的行政机构日臻完善，并且给我们一个良好的开端，使大家能享受和平与昌盛。

作品赏析

杰斐逊去宣誓就职的那天，他仍像往常去上班一样，跟几个朋友同事走在一起，也不坐马车，穿过两条烂泥街道，向国会走去。他认为自己不过是个受雇于人民做事的打工仔，多余的排场毫无必要，因此他总是尽量把总统形象平民化，被人们称为平民总统。他的就职演说真诚、朴素、谦虚、坦白，同时具有政治家的胸有成竹，充满资产阶级民主思想。他在演讲中强调“各种意见的分歧并不就是原则的分歧”，“我们都是共和党人，我们都是民主党人”，并提出了一系列符合当时时代潮流的“杰斐逊民主”的施政原则。从演讲中可以注意到杰斐逊在自由问题上花了大量的篇幅，他不遗余力地对听众阐明了他对民主的理解和对有关民主具体实施的建议和设想。作为美利坚合众国的第一代政治家，杰斐逊同他的战友一样注意维护宪法的权威性和有效实施，这在使得美国的自由民主得以薪火相传的过程中具有非同寻常的意义。真诚和谨慎的品质及政治上的现实能力使得杰斐逊的演说同样出色并感染听众，赢得信任。

莎士比亚纪念日的讲话

/［德国］歌德

入选理由

慷慨激昂、文采飞扬的少年之作

感性和理性完美结合的天才式的演讲诗篇

论述莎士比亚的重要文献材料

我觉得我们最高尚的情操是：当命运已经把我们带向正常的消亡时，我们仍希望生存下去。先生们，对我们的心灵来说，这一生是太短促了，理由是：每一个人，无论最低贱或最高尚，无论是最无能或最尊贵，只有在他厌烦了一切之后，才对人生产生厌倦；同时没有一个人能达到他自己的目的，尽管

作者简介

歌德（1749 ～ 1832），18 世纪后期 19 世纪初德国著名诗人、欧洲启蒙运动后期最伟大的作家、德国狂飙突进运动的主将。生于法兰克福一个富裕市民家庭。先后在莱比锡大学、斯特拉斯堡大学学法律。1775 年后到魏玛做官。1786 年到意大利专心研究自然科学，从事绘画和文学创作。1788 年回魏玛任剧院监督。主要作品有书信体小说《少年维特之烦恼》、长篇小说《威廉·迈斯特》、诗剧《浮士德》、长篇叙事诗《赫尔曼与窦绿台》等。

他渴望着这样做，因为他虽然在自己的旅途上一直很幸运，往往能亲眼看到自己所向往的目标，但终于还是掉入只有上帝才知道是谁替他挖好的坑穴，并且被看成一文钱不值。

一文钱不值啊！我！我就是我自己的一切，因为我只有通过我自己才能了解一切！每个有所体会的人都这样喊着，他阔步走过这个人生，为彼岸无尽头的道路做好准备。当然各人按照自己的尺度。这一个带着最结实的旅杖动身，而另一个却穿上了七里靴，并赶过前面的人，后者的两步就等于前者一天的进程。不管怎样，这位勤奋不倦的步行者仍是我们的朋友和伙伴，尽管我们对他的阔步表示惊讶与钦佩，尽管我们跟随着他的脚印并以我们的步伐去衡量着他的步伐。

歌德，德国最伟大的诗人，也是自文艺复兴以来，世界文坛上的文学大师。其文学贡献广及各种文体，最为世人熟知的作品是《浮士德》。

先生们，请踏上这一征途！对这样的一个脚印的观察，比起呆视那国王入城时带来的千百个驾从的脚步更会激动我们的心灵，更会开阔。

今天我们来纪念这位最伟大的旅行者，同时也为自己增添了荣誉，在我们身上也蕴藏着我们所公认的那些功绩的因素。

你们不要期望我写出许多像样的话来！心灵的平静不适合作为节日的盛装，同时现在我对莎士比亚还想得很少；在我的热情被激发起来之后，我才能臆测出，并感受出最高尚的。我读到他的第一页，就使我这一生都属于他了；当我首次读完他的一部作品时，我觉得好像原来是一个先天的盲人，这时的一瞬间，一只神奇的手赋予了我双目的视力。我认识到，他很清楚地领会到我的生活是被无限地扩大了，一切对于我都是新鲜的，陌生的，还未习惯的光明刺痛着我的眼睛。我慢慢学会看东西，这要感谢天资使我具有了识别能力！我现在还能清楚地体会到我所获得的是什么东西。

我没有踌躇过一刹那，去放弃那遵循格律的戏剧。地点的一致对我犹同牢狱般的可怕，情节的统一和时间的一致是我们想象力的沉重桎梏。我跳到了自由的空气里，这才感到自己的手和脚。现在，当我认识到那些讲究规格的先生们从他们的巢穴里给我硬加上了多少障碍时，以及看到有多少自由的心灵还被围困在里面时，如果我再不向他们宣战，再不每天寻找机会以击碎他们的堡垒的话，那么我的心就会愤怒得碎裂。

莎士比亚故居

莎士比亚于1564年4月23日出生于伦敦市近郊的斯特拉福。1616年他去世之后，景仰他的人便开始造访此镇。1847年政府通过公共募款活动，买下了莎翁出生时的这座宅邸，从此这里便成为献给这位英国最伟大剧作家的文学圣地。

法国人用作典范的希腊戏剧，按其内在的性质和外表的状况来说，就是这样的：让一个法国侯爵效仿那位亚尔西巴德却比高乃依追随索福克勒斯要容易得多。

形象开始是一段敬神的插曲，然后悲剧庄严隆重地以完美的单纯朴素，向人民大众展示出先辈们的各个惊心动魄的故事情节，在各个心灵里激动起完整的、伟大的情操：因为悲剧本身就是完整的，伟大的。

在什么样的心灵里啊！

希腊的！我不能说明这意味着什么，但我感觉出这点。为简明起见，我在这里根据的是荷马、索福克勒斯及忒俄克里托斯，他们教会我去感觉。

同时，我还要连忙接着说：小小的法国人，你要拿希腊的盔甲来做什么？它对你来说是太大了，而且太重了。

因此所有的法国悲剧本身就变成了一些摹仿的滑稽诗篇。不过那些先生们已从经验里知道，这些悲剧如同鞋子一样，只是大同小异，它们中间也有一些乏味的东西，特别是经常都在第四幕里，同时他们也知道这该又是如何按照格律来进行的。这方砚就无需多花笔墨了。

我不知道是谁首先想出把这类政治历史大事题材搬上舞台的。对这方面有兴趣的人，可以借此机会写一篇论文，加以评论。这发明权的荣誉是否属于莎士比亚，我表示怀疑，总而言之，他把这类题材提高到至今似乎还是最高的程度，眼睛向上看是很少的，因此也很难设想，会有一个人能比他看得更远，或者甚至能比他攀登得更高。

莎士比亚，我的朋友啊！如果你还活在我们当中的话，那我只会和你生活在一起；我是多么想扮演配角匹拉德斯，假如你是俄来斯特的话！而不愿在德尔福斯庙宇里做一个受人尊敬的司祭长。

先生们，我想停笔，明天再继续写下去：因为现在滋长在我内心里的这种心情，你们也许不容易体会到。莎士比亚的戏剧是个美妙的万花镜，在这里面，世界的历史由一根无形的时间线索串连在一起，从我们眼前掠过。他的构思并不是通常所谈的构思；但他的作品都围绕着一个神妙的点，在这里我们从愿望出发所想象的自由，同在整体中的必然进程发生冲突。可是我们败坏了的嗜好是这样迷糊住了我们的眼睛，我们几乎需要一种新的创作，来使我们从这暗影中走出来。

这幅名为《歌德的诞生》的寓意画，象征了真正的德国文学的降临。

所有的法国人及受其传染的德国人，甚至于维兰也在这件事情上和其他一些更多的事情一样，做得不太体面。连向来以攻击一切崇高的权威为职业的伏尔泰在这里也证实了自己是个十足的台尔西特。如果我是尤利西斯的话，那他的背脊定要被我的王笏打得稀烂！

这些先生当中的大多数人对莎士比亚的人物性格表示特别反感！

我却高呼：自然，自然！没有比莎士比亚的人物更自然的了！

这样一来，于是乎他们一起来扭住我的脖子。

松开手，让我说话！

他与普罗米修斯竞争着，以对手作榜样，一点一滴地刻画着他的人物形象，所不同的是赋予了巨人般的伟大——正因为如此，我们才认不出他们是我们的兄弟——然后以他的智力吹醒了他们的生命。他的智力从各个人物身上表现出来，因此大家看出他们之间的亲属关系。

我们这一代凭什么敢于对自然加以评断？我们从什么地方来了解它？我们从幼年起在自己身上感到的以及在别人身上所看到的，这一切都是被束缚住的和矫揉造作的东西。我常常站在莎士比亚面前，内心感到惭愧，因为有时发生这样的情形：在我看了一眼之后，我就想到，要是我的话，一定会把这些处理成另外一个样子！接着我便认识到自己是个可怜虫，从莎士比亚描绘出的是自然，而我所塑的人物却都是肥皂泡，是由虚构狂所吹起的。

虽然我还没有开过头，可是我现在却要结束了。

那些伟大的哲学家们关于世界所讲的一切，也适用于莎士比亚；我们所称之为恶的东西，只是善的另外一个面，对善的存在是不可缺少的，与之构成一个整体，如同热带要炎热，拉伯兰要上冻，以致产生了一个温暖的地带一样，莎士比亚带着我们去周游世界；而我们这些娇生惯养、无所见识的人遇到每个飞蝗却都要惊叫起来：先生，它要吃我们呀！

先生们，行动起来吧！请你们替我从那所谓高尚嗜好的乐园里唤醒所有的纯洁心灵，在那里，他们饱受着无聊的愚昧，处于半睡半醒的状态，他们内心里虽充满激情，可是骨头里却缺少勇气，他们还未厌世到致死的地步，便是又懒到无所作为，所以他们就躺在桃金娘和月桂树丛中，过着他们的萎靡生活，虚度光阴。

作品赏析

这篇是歌德于 1771 年 10 月 4 日在德国法兰克福的莎士比亚命名日纪念大会上的演讲，当时歌德只有 22 岁。看看这个慷慨激昂、文采飞扬的少年之作，它几乎使许多过往者和后来者羞愧难当。歌德的演讲完全是针对诗和莎士比亚的，他在演说中表现出使人信服的对莎士比亚在学识上和美学领悟上的把握，这是最难得的。这篇演讲交织着理性的学识和感性的慷慨情绪，表达了歌德对莎士比亚的高度认同和无限热爱，作者的表达盛满充沛的诗意，事实上它就是一首完美的诗，一个即将形成的美学和艺术哲学的宣言，作者在极力称颂莎士比亚，高度赞扬他的艺术成就，同时，以莎士比亚本身为参照，批判了法国小市民粗浅的所谓悲剧或喜剧的艺术，作者有机会把这次演讲当成一次美学斗争，文章开头即劈头盖脸、无可置疑地说出："我觉得我们最高尚的情操是：'当命运看来已经把我们带向正常的消亡时，我们仍希望生存下去。'"歌德这样说当然有他的目的，接下来他肯定了莎士比亚的生命和创造所造就的伟大激情和生命的意蕴，并且以莎士比亚作为武器，来批判一种世俗萎缩的灵魂处境和它的衍生物——"所有的法国的悲剧本身就变成了一些模仿的滑稽诗篇。"而歌德宣称："没有比莎士比亚的人物更自然的了。"高呼着："松开手，让我说话。"一个属于思想和艺术斗争的时代便开始了。

对于路易十六判刑的意见

/［法国］罗伯斯庇尔

世界政治史上的重要文献之一

逻辑严密的论述所造成的不可辩驳的效果

气势磅礴、所向无敌的演说气势

一个共和国里被废位的国王是危险的源泉：或者扰乱国家的安宁，破坏自由，或者两者同时进行……

为了巩固这个年轻的共和国，应该怎样做才是健全的政策呢？我们的目的应该是在人们心中深深铭刻对王室的蔑视，使国王的一切支持者感到恐怖。现在，如果我们把他的罪当作可以讨论的问题向

作者简介

罗伯斯庇尔（1758～1794），出生于法国阿图瓦省一个律师家庭。1769年进入巴黎著名的路易学院学习哲学和法律，受启蒙思想，尤其是卢梭思想的影响。1781年，获硕士学位，回阿图瓦省的阿腊斯城做律师。1789年，当选为阿腊斯城第三等级出席全国三级会议的代表。在1791年宪法制订过程中曾经反对积极公民和消极公民的划分，声名鹊起。1792年8月下旬，在国民公会选举中当选为代表。参加了对路易十六的审判，坚决主张处决路易十六。1793年5月31日至6月2日起义后建立起雅各宾专政，罗伯斯庇尔成为法国最有权力的人。1794年7月27日反对势力联合发动"热月政变"，罗伯斯庇尔被捕，企图自杀未遂，于次日被送上断头台。生前的著作和言论被辑为《罗伯斯庇尔全集》10卷。

罗伯斯庇尔像

当雅各宾派掌握政权后，罗伯斯庇尔成了雅各宾政府的领导人，采取了一系列措施以巩固革命政权。1793～1794年期间，罗伯斯庇尔发表了大批论文和演说，其中主要的23篇已编辑成册，即《革命法制和审判》一书。在该书中，罗伯斯庇尔从资产阶级革命民主主义出发，对专制制度及其法律进行了尖锐的批判。

世界提出来……你们就会发现，这里允许他继续威胁自由的真正秘密所在。

……

路易是不能加以审判的。他的罪已定了，否则我们也不会有共和国了。现在再建议我们开始审讯路易十六，那就等于倒退到君主专制或立宪专制上去。这是反革命的想法，因为这不折不扣是对革命本身的起诉……

审讯路易十六是王室向制宪会议提出的请求。如果为路易十六的律师提供讲坛，你们就为专制反对自由的斗争开辟了道路，使诬蔑和亵渎共和国成为名正言顺的事……你们在给予一切被打倒的集团以新的生命；你们鼓励他们，你们使被打倒的君主制取得新的力量，你们承认人们有权毫无阻碍地拥护或反对国王……

所有外国专制主义的嗜血匪帮都准备假路易十六之名对我们作战。路易在监狱的角落里同我们进行斗争，可是我们仍然在考虑他是不是有罪，仍然在考虑是不是可以把他当作敌人看待。我不认为共和国这个词可以等闲对待，我不认为共和国是为了让人对它开玩笑而存在的。现在所做的事是有利于王

1793年1月21日，路易十六作为"民族的叛徒"、"人类自由的敌人"而被送上断头台

1793年1月15日晚上，法国议会大厅里召开国民公会表决对国王路易十六的判刑问题。表决的方法叫"唱名表决"，被点到的议员逐个上台发表意见。当点到罗伯斯庇尔，他步伐矫健地步上台，以充满哲理的语言发表了自己的意见，坚决地投票赞成死刑。表决整整进行了两天三夜，大多数议员赞成判处死刑。

朝复辟的事。

有人说这次审讯是重大的事件，应该慎重处理。但是，恰恰是你们自己在给予这件事以巨大的重要性！这有什么重要性呢？有任何困难吗？没有！是因为所牵涉到的人物吗？在自由的眼中，他比谁都渺小。在人道的眼中，他比谁都有罪……你们难道是害怕伤害人民的情感吗？要知道，人民所害怕的只是他们的代表的怯懦和野心……你们害怕国王们联合起来反对你们吗？如果你们愿意被他们打败，只要让他们得到你们害怕他们的印象就行了。你们只要稍微表现出对废位的国王们的帮手和同盟的尊敬，你们就一定会被打败……也许你们害怕后代的议论吧？没有疑问，后代是会迷惑不解的。但是，他们迷惑不解的是我们的软弱，我们的偏见，我们的动摇。

国家要生存，路易就必须死。在内外都平静无事、我们获得自由和受人尊敬的时候，也许可以考虑宽大的处理办法。但是，在还没有获得自由的今天，在我们作了那样多的牺牲和战斗以后，严刑峻法还只适用于不幸者的今天，在暴君的罪行还成为争论题目的今天——在这样的时刻，不能有慈悲的想法；在这样的时刻，人民要求的是报复，打倒君主制取得新的力量，你们承认人们有权毫无阻碍地拥护或反对国王……

作品赏析

1792 年 9 月 31 日，国民公会召开。围绕处理路易十六的问题，吉伦特派和雅各宾派展开激烈的争论，吉伦特派极力拯救路易十六；而雅各宾派坚持要处死路易。罗伯斯庇尔的演讲就是在此期间发表的，在演讲中，罗伯斯庇尔一个直接的原则是“路易不是被告，你们不是法官;你们是政治家，是国民代表”，“你们的任务不是判定某人有罪或无罪，而是采取拯救社会的措施”。作为政治演讲，罗伯斯庇尔的措辞激烈，气势磅礴，观点鲜明，不容置辩，而且涉及事实非常具体：共和国和国王是势不两立的。罗伯斯庇尔滔滔不绝的演讲具有排山倒海、不可阻挡的气势，其中的逻辑论证无懈可击，分析透彻，使人折服，最终使国民公会的 726 名代表中半数以上的人赞成判处路易十六死刑。

捍卫自由 / [美国] 杰克逊

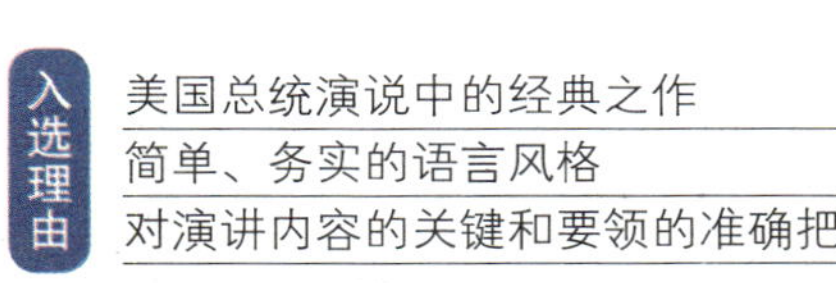

公民们：

在我即将承担一个自由的民族经过挑选所委派于我的艰巨职责时，我谨利用这一合乎惯例而又庄严的时刻来表达我被你们的信任所激起的感激之情，并接受我的职守所规定的责任。你们极大的关注使我深信，任何感谢之词都不足以报答你们所授予我的荣誉；同时又告诫我，我所能作出的最好的报答，就是将我微薄的能力热忱地奉献给为你们谋福利尽义务的事业。

作为联邦宪法的工具，在一段规定的时期内，执行合众国的法律，主管外交及联邦各州关系，管理税收，指挥武装部队，通过向立法机构传达意见，普遍保护并促进其利益等职责将移交给我。现在由我简要地解释一下我将赖以努力完成这一系列职责的行动准则是颇为适当的。

在实施国会的法律时，我将始终铭记总统权力的限制及范围，希望借以执行我的职能而不越权。在与外国的交往方面，我将致力于研究调停各种可能存在和可能产生的争端，以更多地表现出适合于一个大国的克制而不只是一个勇敢的民族所具有的敏感,在公正和体面的条件下维护和平及缔结邦交。

在我可能被要求执行的有关各州权利的措施里，我希望对我们合众国各个自主州的适当尊敬将能

作者简介

杰克逊像

杰克逊（1767 ~ 1845），是第一位出生在贫穷人家的总统。他的父母来自爱尔兰，在他出生前父亲就去世了。年轻时，他是一名优秀的骑手。后来，他开始学习法律，并向西移居到今天的田纳西州纳什维尔的一个边境小村庄。当田纳西州的居民组织起军队同印第安人的一支克里克人交战时，他当选为将军。他虽然没有受过什么军事训练，但事实证明，他是一名优秀的将领——他打败了克里克印第安人。第二年，即 1814 年，他被联邦军队任命为少将。在美英 1812 年战争中的最后一役中，他率领士兵在新奥尔良大败英军，成为整个国家的英雄。在 1828 年的选举中，杰克逊获得了压倒性的胜利。全国的仰慕杰克逊的普通民众前来聆听他的就职誓言。1832 年，他得以连任。他任内最著名的政绩，是要求废除美国中央银行。

激励我工作，我将小心翼翼，绝不混淆他们为自己保留的权利和他们赋予联邦政府的权力。

国家税收的管理——在所有的政府中这都是一件棘手的工作——是我们政府中最微妙和最重要的职责之一，它当然不会只引起我无足轻重的关注。从各个方面来考虑厉行节约，看来将大有裨益。我之所以热切希望能达到这个目标，是因为它既有利于偿清国债，而不必要的漫长期限是同真正的独立不相容的，也由于它将能抵制政府和个人恣意浪费的趋势，而政府的庞大开支是极易造成这种浪费的。国会明智地制定了关于公款的拨用和政府官员欠账偿付期限责任的规定，这将大大有助于达到这一良好的目的。

至于旨在充实国家纳税对象的适当选择，我以为构成宪法的公正、谨慎和互让的精神，要求农业、商业和制造业的巨大利益应当受到同样的关照（亚当斯于 1828 年签署了“可憎的关税率”法案，引起南方强烈不满。杰克逊竞选时曾对这一税率大加攻击，得到了南方支持。）也许这一原则唯一的例外在于，对其中任何一种于民族独立必不可缺的产品给以特殊的鼓励。

国内的进步以及知识的传播是极其重要的，它们将能受到联邦政府宪法条例的尽力鼓励。

考虑到常备军在和平时期对自由政府构成的危险，我将不寻求扩大现在的编制，我也不会无视政治经验提供的有益教训，即军方必须隶属于文官政府。我国海军要逐步增强，让它的战旗在遥远的海域飘扬，显示出我们航海的技术和武器的声誉；我们的要塞、军火库和码头要得到维持，我们的两个兵种在训练和技术上要采用先进的成就等等，这些都有审慎的明文规定，恕我在此不絮谈其重要性。但是我们的国防堡垒是全国的民兵，在我国目前的才智和人口的状况下，它一定会使我们坚不可摧。只要我们的政府为民众谋福利，按他们的意志进行管理；只要它保障我们人身和财产的权利，保护信仰自由和出版自由，它定将值得捍卫；只要它值得捍卫，一支爱国的民兵将以坚不可摧的盾来护卫它。我们

安德鲁·杰克逊（马背上用望远镜指挥者）指挥新奥尔良保卫战

1814年5月，当英军准备向新奥尔良发起进攻时，杰克逊已成为美国正规军少将，指挥包括路易斯安娜在内的第七军区，他的职责是阻止英军入侵新奥尔良。在这次战役中，杰克逊略占上风。

可能会遭受部分的伤害和偶尔的屈辱，但是成百万掌握作战方法的武装的自由人绝不会被外国敌人所征服。因此，对任何以加强国家的这个天然屏障为目标的正义制度，我都乐于尽力给以支持。

对我们境内的印第安部落，我真诚地永久希望遵循一项公正和宽容的政策，我们将对他们的权利和要求给予人道的和周到的考虑，而这种权利和要求是同我国政府的习惯和人民的感情相一致的。

最近表露出来的公众情绪已经在行政任务表里铭刻了改革的任务，字字清晰，不容忽视。这项任务特别要求纠正那些使联邦政府的保护同选举的自由发生冲突的滥用职权的弊端，并抵制那些扰乱合法的任命途径和将权力交给或继续留在不忠实和不称职的人的手中的情况。

红鹰酋长在帐篷内向杰克逊投降

杰克逊于1814年3月27日率领2000士兵与8000克里克人在马蹄湾交仗。作战中，杰克逊指挥灵活，并派出他的盟军和志愿军骑兵堵死印第安人的退路，同时猛攻敌军的工事。美军大获全胜后，大开杀戒，彻底消灭了印第安人，甚至连杰克逊也承认“残杀惨不忍睹”。

在执行这样大致阐述过的任务时，我将努力选择这样一些人，他们的勤勉和才干将确保他们在各自的岗位上有效和忠实地进行合作，为了推进这项公职，我将更多地仰赖政府官员的廉正和热忱，而不在于他们的数量。

我对自己的资格缺乏自信，也许这是正确的，这将教导我对我杰出的前任留下的公德的榜样无比敬仰，对那些缔造和改革我国制度的伟人们的光辉思想敬慕不已。这种缺乏自信同样促使我希望得到与政府并列的各个部门的教诲和帮助，以及广大公民们的宽容和支持。

我坚定地仰赖着上帝的仁慈，它的天佑保护了我们的民族于襁褓之中，迄今为止在各种盛衰荣枯之中维护我们的自由，这将激励我奉献热忱的祈祷，愿上帝继续给我们可爱的国家以神佑和美好的祝福。

作品赏析

本文是杰克逊 1829 年发表的就职演说。其最大的特点在于简单务实，语言简练，所谈的事情无一例外都是与国家和政府以及民众生活密切相关的事情，看上去像是一篇例行公事的演说。杰克逊在阐明自己对将拥有的权力的认识之后，面面俱到地说明了自己在外交、州与联邦政府之间的权力分配关系、国家的税收管理、文化教育、军队建设、与少数民族关系、政治改革等方面的打算，其中税收管理和军队建设以及政府改革在演讲中被着重强调，杰克逊表明自己将“从各个方面来考虑厉行节约”，在税收对象的原则上将坚持“公正、谨慎和互让的精神”，“对其中任何一种于民族独立必不可缺的产品给予特殊的鼓励”。显然地，这些问题都不是泛泛而谈，而是具有现实意义和针对性。杰克逊对国防表示出极大的信心，他阐明了自己对国家和军队关系的认识：“只要我们的政府为民众谋福利、按他们的意志进行管理；只要它保障我们人身和财产的权利，保护信仰和出版的自由，它定将值得捍卫；只要它值得捍卫，一支爱国的民兵将以坚不可摧的盾来护卫它。”杰克逊在演讲中还表明了政务改革的决心，这个决心同样通过简短的言语来表达。这篇演讲看似简单朴实，但是细读会发现其中蕴含的严谨和实际的力量。

在米兰的演说/［法国］拿破仑

入选理由

政治演讲中的经典佳作

将感性和理性融入激情的演讲手法

慷慨激昂、鼓舞人心的演说情绪

士兵们：

你们像山洪一样从亚平宁高原上迅速地猛冲下来。你们战胜并消灭了一切阻挡你们前进的敌人。

从奥地利暴政下解放出来的皮埃蒙特，表现了与法国和平友好相处的天然感情。

米兰是你们的，在全伦巴迪亚上空，到处都飘扬着共和国的旗帜。

帕尔马公爵和莫德纳公爵能够保留政治生命，完全归功于你们的宽宏大量。号称能够威胁你们的敌军，再也找不到更多的可以凭借的障碍物，来抵挡你们的勇气了。波河、提契诺河和阿达河不再阻挡你们前进了。意大利这些所谓了不起的堡垒看来都是不经一击的，你们像征服亚平宁山脉一样迅速地征服了它们。

你们取得这样多的胜利使祖国充满喜悦。你们的代表们规定了节日，以表示对你们胜利的庆贺，共和国所有的公社都在庆祝这个节日。你们的父亲、母亲、妻子、姊妹以及你们所有心爱的人，都为你们的胜利而欢欣鼓舞，他们都以自己是你们的亲人而感到自豪！

是的，士兵们！你们做了许多事情。可是，这是不是说你们再没有什么事可做了呢？人们在谈到我们时会不会说，我们善于取得胜利，却不善于利用胜利呢？后代会不会责备我们，说我们在伦巴迪亚碰上了卡普亚呢？不过我已经看见你们在拿起武器，懦夫般的休养生活已经使你们烦恼啦！你们为荣誉而花去的时光，也就是为了自己的幸福而花去的时光。总而言之，让我们前进吧！目前我们还需要急行军，我们必须战胜残敌，我们要给自己戴上桂冠，必须报复敌人给我们的侮辱！

让那些准备在法国挑起内战的人等着吧！让那些卑鄙地杀死我们的驻外使节和烧毁我们土伦军舰的人等着吧！复仇的时刻到了。

作者简介

拿破仑（1769～1821），出生在科西嘉岛的阿雅克修城。15岁那年进入巴黎陆军学校学习，毕业后成为一名炮兵少尉。

1793年，拿破仑奉命参加土伦战役，因战功卓著被破格提升为准将。1796年3月初，年仅26岁的拿破仑被任命为法国意大利军司令官。他统率数万大军直驱意大利，取得了一系列的辉煌胜利。1798年5月，拿破仑挥师东下，远征埃及。1799年，拿破仑率亲信离开埃及，返回巴黎。11月9日，发动雾月政变成功，成为第一执政官。1804年，加冕称帝，即拿破仑一世，法国进入了法兰西第一帝国时期。

1807年10月，拿破仑发动了征服伊比利亚半岛的战争，并占领葡萄牙和西班牙的大部分。1809年5月12日，拿破仑打败奥军主力，随后占领维也纳、罗马等地。1812年，拿破仑集兵50万远征俄罗斯，但最终大败而归。1814年的莱比锡战役中拿破仑又败给了反法同盟，被流放到意大利的厄尔巴岛。1815年，拿破仑成功逃出流放地，返回法国，再次登上皇帝宝座。但在滑铁卢战役中法军惨败，拿破仑第二次退位，流放到圣赫勒拿岛。1821年5月5日，拿破仑在岛上病逝，终年52岁。

拿破仑像

图为法奥洛迪战役中最惊心动魄的一环——强渡阿达河桥。1796年5月10日下午6点，拿破仑一声令下，渡河战役打响。拿破仑亲自冲锋陷阵，借1.6万奥军指挥失利及法军上下士气高涨之机，一举拿下阿达河桥，为法国意大利军团战事的进一步扩展打下了坚实的基础。

但是，要叫老百姓放心。我们是一切老百姓的朋友，特别是布鲁图家族、西庇阿家族和一切我们奉为典范的大人物的后裔的忠实朋友。恢复卡皮托利小山上的古迹，在那儿恭敬地竖起一些能使古迹驰名的英雄雕像。唤醒罗马人，使他们摆脱几百年的奴役造成的昏沉欲睡的状态。这些将是你们的胜利果实，这些果实将在历史上创造一个新的时代。不朽的荣誉将归于你们，因为你们改变了欧洲这一最美丽地方的面貌。

自由的、受全世界尊敬的法国人民正在给全欧洲带来光荣的和平，这种和平将补偿它在六年中所忍受的一切牺牲。那时你们回到自己的家乡，你们的同胞就会指着你们说：他是在意大利方面军服过役的！

作品赏析

本篇演讲是 1796 年 5 月 15 日拿破仑和他的军队进驻米兰后他对士兵发表的演说，拿破仑的演说非常富于激情，具有极大的鼓动性和号召力，他在演说中高度赞扬了士兵们在战争中英勇的表现和所建立的卓越功勋："你们战胜并消灭了一切阻挡你们前进的敌人。""号称能够威胁你们的敌军，再也找不到更多的可以凭借的障碍物，来抵挡你们的勇气了。"这些华丽壮美的语言充分体现了拿破仑在演讲和修辞方面的天赋，"他们都以自己是你们的亲人而感到自豪。"拿破仑在演讲中对前景胜利的期许和对前景的展望极大地鼓舞了士兵，更加激发了他们无畏的战斗精神和坚强的战斗力量。"人们在谈到我们时会不会说，我们善于取得胜利，却不善于利用胜利呢？"这样的反问实际上更大地起到了激励的作用，"让我们前进吧！目前我们还需要急行军，我们必须战胜残敌，我们要给自己戴上桂冠，必须报复敌人给我们的侮辱！"拿破仑的这篇演讲大量使用呼告和排比，充满战斗的激情和意志力。

关于音乐的创作

/［德国］贝多芬

入选理由
- 关于音乐的经典演讲之一
- 将哲理融入激情的演讲
- 人格魅力的充分体现

有关于我的创作的一切情由，在我的感觉中都是那么神秘而不可捉摸。但我急于要说明的是，当一个主题被自然地放在了前面时，我的旋律就从热情的源泉，不择地涌现出来；我追踪它，再次热情地抓住它，我眼看着它飞逝而去，在一团变幻激情中消失得无影无踪，然后我又激情满怀，再次捕捉到了它，要我同它分离是不可能的，我只有急急忙忙地将它转调，加以展开，最后，我还是把它占有了——这就是一部交响曲啊！音乐，尽管变化多端，它归根到底是精神生活与感官生活之间的调解者。我想同歌德谈谈这个问题，他会理解我吗？

把我的意思告诉歌德吧，跟他说，要他听听我的交响曲，他就会同意我这样说是对的。我们不知道认识究竟能给我们带来什么。被包裹着的种子只有在潮湿、带电荷温暖的土壤中才会发芽、思考和表现自己，音乐便是这种带电的土壤。在音乐中，我们的头脑可以思考，可以生活和建设一切。哲学便是头脑带电本质的结晶。哲学的目标是寻求基本原理的基础；头脑是需要借助于哲学才能达到崇高境界的，虽然头脑并不能超越产生它的东西，但它在超越的过程中却会得到幸福。所以，每种现实的艺术创造都是独立的，而且比艺术家本人更有力量，它通过艺术的表现回向神圣。艺术创造和艺术家也只有回向神圣，才能证明神圣的东西在他身上获得了调解。万物都带电，它刺激头脑去创造音乐，

作者简介

贝多芬（1770～1827），德国作曲家，维也纳古典乐派代表人物之一。出生于莱茵河畔波恩城的一个音乐世家，自幼从父学音乐。1792年起在维也纳定居，进行音乐创作和教学。26岁听力发生障碍，晚年全聋，但仍然坚持创作。在欧洲音乐史上，他集古典派之大成，开浪漫派先河。其作品展现出慑人的活力、罕见的高贵情操以及完美的技巧，他创作的九部交响乐，两首弥撒曲，还有不胜列举的序曲、协奏曲、奏鸣曲和弦乐四重奏曲，都深深影响了后来作曲家的风格。他为人类留下了一笔宝贵财富，对世界音乐的发展也产生了巨大的影响，因而被世人尊称为“乐圣”。

创造流动性的、不断往外涌现出来的东西。

我的本性也是带电的，我一定要改变我的智慧不易外露的习惯，为了表达我的智慧我可以做到心里是怎样想的，口头上就怎么说，写信告诉歌德，问问他是否明白我所说的意思。

作品赏析

贝多芬的音乐天赋是他的酒鬼老爸发掘出来的。他老爸当时的动机纯粹是希望把“乐圣”训练成神童莫扎特第二，好利用他来赚钱。因此孩童时代的贝多芬常为了练琴挨鞭子，也常常边流泪边弹琴。

贝多芬生性热情，崇尚自由。他曾对拿破仑有所期待，还写了一首曲子打算献给拿破仑，这首曲子就是大家熟知的第三交响曲——《英雄》。可是，当曲子完成时，他却听到拿破仑自立为帝的消息，他生气地把献词撕毁，而且说了一句很有名的话：拿破仑也不过是一个普通人而已。

第七和第九交响曲曲谱及贝多芬的助听器

贝多芬弥留之际，问老朋友胡梅尔：“胡梅尔，我果真是个天才吗？”当然，毋庸置疑，他是。

贝多芬十分喜欢把他的诗学思想贯穿于艺术创作之中，他通过自己的创作，反映了那个时代伟大的人民运动和最进步的思想。他以时代和个人的命运为主题，通过深刻的哲理和感人的艺术形象的结合，写出了一系列不朽的作品。他的作品中包含了大量的当时德国古典文化哲学的基调，所以，他在演讲中说：“每种现实的艺术创造都是独立的，而且比艺术家本人更有力量，它通过艺术的表现回向神圣。艺术创造和艺术家也只有回向神圣，才能证明神圣的东西在他身上获得了调解。”贝多芬的艺术创作，也的确是在一种“回向神圣”的崇高信念的指导下进行的。正像他所说的，音乐的爆发是从内心“热情的源泉，不择地涌现出来”，他可以“热情地抓住它”，正是这种对音乐的狂热崇拜与他深浸其中的头脑感悟，使他的“自白”具有丰富的人生与诗学精神。

超人的天赋和对生命与艺术的深刻体验所构成的深邃的艺术与人生哲理思想，使贝多芬焕发出独特的气质，浪漫主义的乐观情怀使人们感受到他的演讲所富有的深远的意义和感召的力量。

哲学开讲词

/［德国］黑格尔

一个睿智者对一个民族的日常审查

近代灵魂关心的开端

最简约朴素的言语触及最根本的问题

诸位先生：

我所讲授的对象是哲学史。而今天我又是初次来到本大学，所以请诸位让我首先说几句话，就是我感到特别愉快，恰好在这个时机我能够在大学里面重新恢复我讲授哲学的生涯。因为这样的时候似乎业已到来，即可以期望哲学重新受到注意和爱好，这门几乎消沉的科学可以重新扬起它的呼声，并且可以希望这个对哲学久已不闻不问的世界又将倾听它的声响。时代的艰苦使人对于日常生活中平凡的琐屑兴趣予以大大的重视，现实上很高的利益和为了这些利益而作的斗争，曾经大大地占据了精神上一切的能力和力量以及外在的手段，因而使得人们没有自由的心情去理会那较高的内心生活和较纯洁的精神活动，以致许多较优秀的人才都为这种艰苦环境所束缚，并且部分地被牺牲在里面。因为世界精神太忙碌于现实，所以它不能转向内心，回复到自身。现在现实的这股潮流既然已经打破，日耳曼民族既然已经从最恶劣的情况下开辟出道路，且把它自己的民族性——一切有生命的生活的本源——拯救过来了：所以我们可以希望，除了那吞并一切兴趣的国家之外，教会也要上升起来，除了那为一切思想和努力所集中的现实世界之外，天国也要重新被思维到，换句话说，除了政治的和其他与日常现实相联系的兴趣之外，科学、自由合理的精神世界也要重新兴盛起来。

我们将在哲学史里看到，在其他欧洲国家内，科学和理智的教养都有人以热烈和敬重的态度在从事钻研，唯有哲学，除了空名字外，却衰落了，甚至到了没有人记起，没有人想到的情况，只有在日耳曼民族里，哲学才被当作特殊的财产保持着。我们曾接受自然的较高的号召去做这个神圣火炬的保持者，如同雅典的优摩尔披德族是爱留西的神秘信仰的保持者，又如萨摩特拉克岛上的居民是一种较高的崇拜仪式的保存者与维持者，又如更早一些，世界精神把它自己最高的意识保留给犹太民族，俾使它自己作为一个新精神从犹太民族里产生出来。但是像前面所提到的时代的艰苦和对于重大的世界事变的兴趣，都曾阻遏了我们深彻地和热诚地去从事哲学工作，分散了我们对于哲学的普遍注意。这样一来坚强的人才都转向实践方面，而浅薄空疏就支配了哲学，并在哲学里盛行一时。我们很可以说，德国自有哲学以来，哲学这门科学的情况看起来从来没有像现在这样坏过。空洞的词句、虚骄的气焰从来没有这样飘浮在表面上，而且以那样自高自大的态度在这门科学里说出来做出来，就好像掌握了一切的统治权一样。为了反对这种浅薄思想而工作，以日耳曼人的严肃性和诚实性来工作，把哲学从它所陷入的孤寂境地中拯救出来——去从事这样的工作，我们可以认为是接受我们时代的较深精神的号召。让我们共同来欢迎这一个更美丽的时代的黎明。在这时代里，由此向外驰骋的精神将回复到它自身，得到自觉，为它自己固有的王国赢得空间和基地，在那里人的性灵将超脱日常的兴趣，而虚心接受那真的、永恒的和神圣的事物，并以虚心接受的态度去观察和把握那最高的东西。

我们老一辈的人是从时代的暴风雨中长成的，我们应该赞美诸君的幸福，因为你们的青春正是落在这样一些日子里，你们可以不受扰乱地专心从事于真理和科学的探讨。我曾经把我的一生贡献给科学，现在我感到愉快，因为我得到这样一个地方，可以在较高的水准，在较广的范围内，与大家一起工作，使较高的科学兴趣能够活跃起来，并帮助引导大家走进这个领域。我希望我能够值得并赢得诸君的信赖。但我首先要求诸君只须信赖科学，信赖自己。追求真理的勇气和对于精神力量的信仰是研究哲

黑格尔像

作者简介

黑格尔（1770 ~ 1831），出生于德国斯图加特市一个政府公务员家庭，从小接受了良好的正规教育。18岁时，他进入图宾根神学院学习哲学和神学。

1800年，黑格尔来到当时德国哲学和文学的中心耶拿，与大学时的同学谢林共同创办了《哲学评论》杂志。1801年，黑格尔发表他的第一篇哲学论文《费希特和谢林哲学体系的差异》，开始引起哲学界的关注。同年他被耶拿大学聘为哲学讲师，5年之后升为教授。1808年，他来到纽伦堡，在一所中学当了8年校长。

1816年秋天，黑格尔受聘为海德堡大学的哲学教授。次年，他把讲课提纲编辑成《哲学全书》。1818年，黑格尔被普鲁士王国任命为柏林大学的教授。1829年，被任命为柏林大学校长和政府代表。

1831年11月14日，黑格尔在柏林病逝，享年61岁。

1830年的柏林莱比锡大街

这座普鲁士的首都在当时是欧洲最美丽的城市之一，但是在知识方面的影响却很有限，直到黑格尔来到这里才发生了改观。

学的第一个条件。人既然是精神，则他必须而且应该自视为配得上最高尚的东西，切不可低估或小视他本身精神的伟大和力量。人有了这样的信心，没有什么东西会坚硬顽固到不对他展开。那最初隐蔽蕴藏着的宇宙本质，并没有力量可以抵抗求知的勇气；它必然会向勇毅的求知者揭开它的秘密，而将它的财富和宝藏公开给他，让他享受。

作品赏析

这篇演讲是黑格尔于1816年10月28日在海德堡大学讲授哲学史的开讲词，是黑格尔极负盛名的一篇关于哲学的演讲词。其内容主要是对哲学史的一个概括的导引。对于大多数人来讲，哲学是枯燥的，但是对于真正的大师而言，他懂得并且能够用简单通俗的语言解释给大众来听。当然，在这篇演讲中，黑格尔并没有完全深入到具体的哲学阐释中去，他只是作一个简单的概括和引导，但是他的语言非常生动，在严谨的表述中充满对哲学这门学科的热情和信念。黑格尔用通俗朴素的语言首先说明了哲学的社会人生价值，“科学、自由合理的精神世界也要重新兴盛起来”。黑格尔从哲学的探究和维护出发，赞美了日耳曼民族，号召他们来做一样工作，“在这时代里，由此向外驰骋的精神将回复到它自身，得到自觉，为它自己固有的王国赢得空间和基地，在那里人的性灵将超脱日常的兴趣，而虚心接受那真的、永恒的和神圣的事物，并以虚心接受的态度去观察和把握那最高的东西”。尽管从言语方式上来讲，谈论哲学并不能完全回避逻辑严密的概念和判断，但是在本篇演讲里，我们得到的对黑格尔的印象却是一个谈笑风生的、随意自如的人，他使一个相对枯燥的事物变得不再使人望而生畏。

让更多的人获得幸福

/［英国］欧文

入选理由

政治思想史上的重要文献之一

观察、分析、判断和结论并重

智慧、才情、思想在短篇幅里的全面展现

今天我到这里来，不是为了满足无聊和无用的虚荣心。我来到大家面前，是为了完成一项庄严而极其重要的任务。我所重视的，不是要博得大家的好感和未来的名望。这两项在我看来都没有什么价值。支配我行动的唯一动机，是希望看到你们和全体同胞到处都能实际享受到大自然所赋予我们享受的极其丰厚的幸福。这是我终身抱定、至死不移的愿望。

世人如果具有智慧的话，在以往许多世代中早就会发现：人们一向追求的这种恩惠，这种非财富所能购买的天赐，一直是掌握在世人手中，甚至连那些历来最不受尊敬的人也能具有这种幸福。幸福的条件虽然遍地皆是，但愚昧却挡住了我们的视线，它用荒谬绝顶的精神环境重重围住这些条件，这种环境严密万分，而且牢牢地挡住了任何大胆的冒险者，因此连世代积累的经验也一直未能突破它的重重阴影。

这种黑暗环境的统治虽然有无数奇形怪状的毒蛇猛兽防卫着，但终于成为过去了。

经验将它的形迹深深地印在以往的时代中，并毫不疲倦、毫无恐惧、毫不松懈地在它那正义的道路上坚持到底。当敌人睡着的时候，它在前进；当敌人没有注意它的行动时，它在悄悄地往前爬。它前进时虽然步步艰巨而又危险，但终于使敌人惊慌失措、狼狈不堪地看到它跨到外层的障碍上来了。一切黑暗势力马上开始了凶险可怖的活动，准备对这个胆大妄为的来犯者实行报复。

但经验是真知与灼见之母，因而它的一切举止都是明智而又坚定的。以往它一直把自己的伟大和力量隐藏起来，现在它突然展示出它那万能的真理之镜，镜上闪耀出这样神圣的光辉，使得黑暗的全体妖魔看了以后都在这种耀眼逼人的光芒下惊骇退缩，而这种光芒却一下就刺中了他们的心房。这些妖魔完全绝望地溃逃了，甚至现在还在慌忙地向四面八方逃跑，永远离开我们的住处，让我们

作者简介

欧文（1771 ~ 1858），生于威尔士蒙哥马利郡牛顿城一个手工业者家庭，10 岁辍学当学徒，19 岁成为曼彻斯特一家纱厂经理，1800 年以后在苏格兰新拉纳克管理一个巨大的纺纱企业。1815 年他积极参加了争取制定缩短工作日和禁止使用童工的工厂立法的斗争。1817 年他又提出组织“合作村”安置失业者的方案，1820 年左右，这个“方案”发展成一套完整的合作社会主义思想体系。1824 年他在美国印第安纳州买下 1214 公顷土地建立“新和谐”移民区进行实验，但实验以失败告终。1832 年他在伦敦建立全国公平劳动交换商场，试图通过劳动交换商场来避免中间剥削。1834 年又发起成立全国产业大联合，这实际上是建立全国性工会组织的最初尝试。但全国公平劳动交换商场和全国产业大联合都在 1834 年先后失败。

欧文像

1858 年 11 月 17 日逝世。

欧文的主要著作有《致拉纳克郡的报告》、《新道德世界书》、《人类思想和实践中的革命》等。

能充分地享受完整的团结、真正的美德、持久的和平和实际的幸福。

朋友们，今天我希望你们都投到“经验”这位胜利的领导者的旗帜下面来。请不要为这一建议而感到惊恐。由于原先曾受到这位永无过失的教师的教导，我甚至在目前就要更前进一步。现在我要向你们说：你们将在今天这个日子里被迫归于经验的旗帜之下，今后你们将永远无法背离它，而今天这个日子后世也将永志不忘。这位领导者的统治和管辖，将使你们感到十分公平和正确，你们将不会感到任何压迫。在经验的城池中绝不会有饥饿和贫困的危机。由于愚昧和迷信而兴建的监狱，将永远敞开大门，监狱的刑具将留作经验的应得的战利品。在它的永无差错的规律下，你们的体力和智力都将得到发展，你们将得到良好的教育和工作，这一切对于你们自己和旁人都将是有用的、愉快的和有利的，因而使你们再也不想离开你们的正义道路。

19世纪英国工业发展迅速

欧文在历史上第一次揭示了无产阶级贫困的原因，从生产力的角度提出公有制与大生产的紧密关系，并在他所领导的新拉纳克棉纺厂做社会主义的实验，通过实践的方式实验社会主义。

在发生怀疑时候，事实总是随时准备提供证据的。事实说：大不列颠与爱尔兰联合帝国现在所遭受的苦难、贫困和悲惨状况比以往许多世纪曾经实际遭受的都更为严重。

大不列颠与爱尔兰联合帝国从来没有过这样多得不可胜数的条件可以使全体人民解除这种苦难、堕落和危险。

我国当政者还没有提出任何合理办法，对成千上万在贫困中挣扎的人进行一劳永逸的实际救济，他们的家却不必要地成了危害人权和各种苦难的渊薮。

这些当政者没有其他方面的帮助，对这个问题便无法具有充分的权力和实际的知识来适当地运用国家丰盈有余的条件，使人民摆脱愚昧和邪恶，而这两者又是一切现存祸害的来源。

这种权力和实际知识的帮助，只能由社会上各地区最善于思考、最为明智和最有教养的那部分人明确表示的舆论提供。

事实也证明，舆论应当提出以下各点：

1. 一个国家如果供养一大部分劳动阶级过着无所事事的贫困生活或者从事无谓的工作，就永远不能富强。

2. 任何国家如果存在着偏见和贫困，而仅有的教育又坏到不堪设想的程度，那就必然会使人民的道德败坏。

3. 在这些人民中如果酒店林立，公开赌博的诱惑一应俱全，那么他们就必然会变得低能无用，或是作恶、犯罪和危害他人。

4. 这样一来，就必然要使用强制手段并使用严峻、残酷和不公平的惩罚。

5. 接着人民就会对当政者产生不满、怨恨和各种反抗情绪。

6. 政府如果允许和纵容一切恶习、坏事和犯罪行为的诱因存在，而又大谈宗教，大谈改善贫民和劳动阶级的生活状况，大谈提高他们的道德，那就简直是在嘲笑人们没有常识了。

7. 这种行动和教化是欺骗群众的无聊和愚蠢的办法，现在群众已不再受这些言行欺骗了，将来这种矛盾百出和无意义的废话也骗不了任何人。

8. 如果让这类条件保存下去，而又希望国家进步，那就像是看到天下江河日夜奔向海洋，还在等待海洋干涸一样愚蠢而无远见。

9. 如果要消除这些祸害，并养成良好的习惯，培养有价值的知识和建立永久的幸福，那就必须把陷于贫困、邪恶、犯罪、苦难和不良习惯之中而又聚在一起的广大群众逐步加以隔离，分成若干可以管理的部分，分配到全国去。

10. 如果改善低级阶层以至整个社会的状况，就绝对必须拟定办法使劳动阶级的子女受到良好的教育，以有利的方式雇用他们，并为他们提供一切生活必需品和有益的享用品。

11. 我们必须作出安排，使劳动阶级在稳健和公平的法律下通过自己节制有度的劳动获得这一切幸福。在广大人民的品行和知识提高时，这种法律就将相应地扩大他们的自由。

12. 现在着手进行这种安排的经验和条件都已具备；这种变革丝毫不会损及任何人，相反，它会使每个人，从最受压迫和最卑下的人直到国家的最高统治者，都将从这种变革中获得实际的和持久的利益。

事实还说明，现代有学识而无经验的人，如果认为目前行将公开提出的关于消除贫穷、邪恶和犯罪行为的计划会产生、增加和延续贫穷的现象，那他们就完全想错了。

这些先生们把聪明机智的人所能提出的一切反对意见都提到公众面前来了，我个人十分感谢。我所希望的是整个计划能受到充分的考察和研究，使它的直接效果和最间接的后果没有一点不为世人所知。它将经受住最强烈和最稳定的光芒的照射，否则我就不会为它做辩护了。

在这里我要请问这些先生们：

如果对儿童从最小的时候起，就小心地好好加以培养，这会不会是产生、增加并延续贫穷现象的做法呢？

如果用正确和精密的实际知识来教导儿童，这会不会是产生、增加并延续贫穷现象的做法呢？

如果使儿童获得健康，养成仁慈的性情和其他良好习惯，并使他们养成积极而愉快的工作作风，这会不会是产生、增加并延续贫穷现象的做法呢？

假如在劳动阶级中教导每一个男人，使他们学会园艺、农业以及至少另一种行业、工业或职业的实际业务和有关知识；假如我们教导每一个妇女，使她学会用最好的方法看管小孩、培养儿童并操持所有的日常家务，使自己和旁人都生活得舒适；假如我们还教导妇女，使她们学会园艺以及某种有用的、轻松的、合乎健康的工业劳动的实际操作和有关知识，请问这个计划中的这些部分或其中任何一部分会不会是产生、增加并延续贫穷现象的做法呢？

假如消除了愚昧、忿怒、报复和其他一切邪恶情欲的根源，这会不会是产生、增加并延续贫穷现

欧文的一些信徒正在进行工人社区的尝试

欧文是英国著名的空想社会主义的代表人物，与当时法国的圣西门和傅立叶被人合称为三大空想社会主义者。他尖锐地批判了以私有制为基础的资本主义制度，主张建立以财产公有制为基础的工农合作社。

象的做法呢？

如果把一个国家的全体人民培养得节制有度、勤勉而有道德，这会不会是产生、增加并延续贫穷现象的做法呢？

如果以精诚团结和互相合作的精神使大家结合在一起，并使任何人都没有一点点不信任的感情，这会不会是产生、增加并延续贫穷现象的做法呢？

如果使世界的财富增加3倍、10倍以至于100倍，这会不会是产生、增加并延续贫穷现象的做法呢？

我还可以对这些先生们提出许多其他问题，他们的答案也许不会像答复刚才提出的问题那样现成，但我只要提出一个就够了。

他们能提出什么办法使我国人民摆脱全国举目皆是的愚昧、贫困和堕落的现象呢？这些现象如果不迅速加以制止，就必然很快会使所有的阶层淹没在一片混乱和毁灭的景象中。

我有这种看法，而且它在我的心目中就像我现在看到大家一样清楚。这样我难道还能袖手旁观、无动于衷吗？难道我应当讲究毫无意义的形式和习惯而闭口不言吗？不，就我目前所能获得的知识来说，假定我为了任何一种个人打算而不设法让大家听到迄今仍然微弱的真理之声，那我岂不是成了人类的头号罪魁了吗？这种真理之声已经像方舟上的鸽子一样飞出去，再也不会回来了。

这一真理在前进中永不停步，直到它走遍和充塞世界各地为止。它的影响将驱散和消灭一切瘴疠和一切污秽邪恶的东西。朋友们，它将使我国和其他一切国家变成理性动物的乐园。

作品赏析

在这篇演讲中，欧文阐述了他的社会政治理想：让更多的人获得幸福。欧文的空想社会主义在某种程度上是成熟的，虽然他本人后来做过几次建立这样一个理想社会的实践，均以失败告终。在这篇演讲中我们可以看到，欧文对他所设想的社会主义极富热情，他对社会的观察和分析也是非常认真详细的，而且给出的解决方案也是非常具体的。他在演讲中所阐述的问题非常具有针对性，他开篇即指出“大不列颠与爱尔兰联合帝国现在所遭受的苦难、贫困和悲惨状况比以往许多世纪曾经实际遭受的都更为严重”，并且实际上的贫困和堕落却正在发展，而且将继续发展。欧文指出，当政者在这些问题面前是平庸和无能的。接着，他非常有条理地列举了大量问题产生的具体原因和解决途径，这些论述都非常具有现实依据和切实可行性。但是，欧文并没有找到根本的导致问题产生的社会制度根源所在，他的观察、分析、判断和设想过分依赖福利和教育，并且寄希望于现有政府，这就是他被称为空想社会主义者的原因。从演讲本身来说，欧文才思敏捷，知识渊博，大量的排比和反问形成排山倒海的磅礴气势，对当时的社会现实和政治现状给予了猛烈的抨击。

在贵族院的演说

/［英国］拜伦

充满激情和正义的著名演说
暴风雨似的语言表述方式
恰当地运用了最有力的批判角度和方法

你们把这些人叫作贱民，放肆、无知而危险的贱民；你们认为似乎只有砍掉他的几个多余的脑袋才能制服这个“Bellua multotum Capitum”，你们是否还记得你们在好多方面都有赖于这种贱民？这些贱民正是在你们田地上耕作、在你们家里伺候，并且组成你们海军和陆军的人。

……

但在这个时候，即成千成百陷入迷途而又惨遭不幸的同胞正在极端困苦与饥饿中挣扎的时候，你

身着阿尔巴尼亚服饰的拜伦

们那种远施于国外的仁慈，看来现在应该推及国内了。

……

抛开不谈新法案中显而易见的欠缺公道和完全不切实际，难道你们现有的法典中判处刑罚的条文还不够多么？

……

你们打算怎样实施这个新法案？你们能够把全郡同胞都关到监狱里去么？你们是否要在每块土地上都装上绞刑架，像挂上稻草人那样绞死活人？既然你们一定要贯彻这项措施，你们是否准备十个人中必杀一个？是否要宣布该郡处于戒严状态，把周围各地都弄得人烟稀少满目荒凉？这些措施，对饥饿待毙走投无路的人民来说，又算得什么？难道那些快要饿死的、在你们的刺刀面前拼命的困苦到极点的人，会被你们的绞架吓退么？当死成为一种解脱时，而看来这是你们所能给出的唯一解脱，死能够迫使他们俯首听命么？

作品赏析

1809年，拜伦承袭了在贵族院的议席。1812年，他在议会中发表了第一次演说，为那些被判处死刑的纺织工人辩护。他强烈谴责英国政府迫害工人的反动政策，指责议员们投票赞成和法国打仗，指出只要用这笔战争费用的十分之一便足够救济工人们了。但议员老爷们却想用监禁与绞刑把工人们镇压下去。为此，拜伦写了一首著名的讽刺诗《"制压捣毁机器法案"制订者颂》。他愤怒地质问道："在这哀鸿遍野、到处一片呻吟的时候,为什么人命不值一双袜子,而捣毁机器竟至骨折身亡？"以后拜伦又在议会发表了两次演说。本篇是拜伦在1812年2月27日，在贵族院讨论通过惩治机器破坏罪法案时发表的演说。在这篇演说里，拜伦对上层社会展开了暴风雨式的诘问和批判，充满热烈的激情和斗争精神，连续的排比和责问揭露了大量的血腥和残酷事实。拜伦的立场非常鲜明,不容置疑,凛然的正气激荡着贵族院,当然,也给他自己带来了麻烦。不久，拜伦就明白了，议会不过是掩饰大资产阶级和封建地主阶级暴力统治的遮羞布，它不会为人民做一点好事的，于是他决意和它分道扬镳。由于他卓越的诗歌创作有力地支持了法国大革命后席卷全欧的民主民族革命运动，并在一定程度上批判了资本主义社会的种种弊端，他成为欧洲文学界的一面光辉旗帜。

生命的最后一刻

/［美国］约翰·布朗

入选理由

演讲中的精品佳作

形式不同于一般演讲，但主题非常鲜明

演说整体具有很强的论辩性质

如果法庭允许的话，我有几句话要说。

首先，除了我始终承认的，即我的解放奴隶计划之外，我否认其他一切指控。我确实有意完全消灭奴隶制。如去年冬天我曾做过的，当时我到密苏里，在那里双方未放一枪便带走了奴隶，通过美国，最后把他们安置在加拿大。我计划着扩大这行动的规模。这就是我想做的一切。我从未图谋杀人、叛

作者简介

约翰·布朗（1800 ~ 1859），出生在美国康涅狄格州托林顿一个白人农民家庭。1834 年，布朗组织了一个废奴主义团体。1854 年，南方种植园奴隶主派遣武装匪徒窜犯堪萨斯，激起了美国人民的反对。布朗派他的 5 个儿子前往当地参加战斗，不久布朗自己也赶去了，并在达奇亨利渡口歼灭了一批敌人，从此，布朗的名字传遍各地。

1859 年 10 月 16 日晚，布朗在哈帕斯渡口发动武装起义。18 日，经过最后一场激烈战斗，布朗率领的起义军终因寡不敌众而失败了。1859 年 12 月 2 日，布朗英勇就义。

国、毁坏私有财产或鼓励、煽动奴隶造反、暴动。

我还有一个异议，那就是：我受这样的处罚是不公平的。我在法庭上所承认的事实已经得到相当充分的证明，我对于证人提供的大部分事实的真实和公允是很钦佩的。但是，假如我的作为，是代表那些富人、有权势者、有才智者，即所谓大人物的人，或者是代表他们的朋友——无论是其父母、兄弟、姐妹、妻子、儿女，或其中任何人的利益，并因此而受到我在这件事上所受到的痛苦和牺牲，那就会万事大吉。这法庭上的每个人都认为，我的行为不但不应受罚，而且值得奖赏。

约翰·布朗成为美国废除奴隶制度的一面旗帜

布朗起义虽然失败了，但它大大推动了废奴运动的发展；布朗虽然牺牲了，但他却鼓舞了更多的人加入废奴运动的行列。布朗起义是美国1861 ~ 1865年内战的先声，它加速了美国内战的爆发。

我想，这法庭也承认上帝的法律是有效的。我看到这里有一本你们吻过的书，我想是《圣经》或至少是《新约全书》。它教导我：要人怎样待我，我也要怎样待人；它还教导我：记着缧绁中的人们，就如同和他们被监禁在一起一样。我努力遵循这训条行事。我说，我还太年轻，不能理解上帝是会偏袒人的。我相信，我一直坦率地为上帝穷苦子民所做的事，并没有错，而且是正确的。现在，在这个奴隶制的国度里，千百万人的权利全被邪恶、残暴和不义的法制所剥夺，如果认为必要，我应当为了贯彻正义的目的付出我的生命，把我的鲜血、我子女的鲜血和千百万人的鲜血流在一起，我请求判决，那就请便吧！

请让我再说一句。

我对在这次审讯中所受到的处置感到完全满意。考虑到各种情况，它比我所料想的更为宽大。但是，我不认为我有什么罪。我开始时就已经说过什么是我的意图，什么不是我的意图。我从未想过要去破坏别人的生活、要去犯叛国罪、去煽动奴隶造反或发动全面起义。我从未鼓动任何人去这样做，却总是打消任何这种想法。

请还允许我说一句那些与我有关的人们所说的话。我听到他们中有人说我引诱他们与我联合，但事实恰恰相反。我这样说并非要伤害他人，而是深为他们的软弱感到遗憾。他们与我的联合没有一个人不是出于自愿的，而且他们中大部分是自费与我联合的。他们中间有很多人直到来找我的那天，我从未与他们见过面，也没有与他们交谈过，这就是为了我已经阐明的目的。

现在，我的话已经说完了。

作品赏析

美国独立后，北部各州先后废除黑人奴隶制。但南部诸州由于棉花种植业的迅速发展，种植园奴隶制不断扩大，威胁着美国人民的民主权利。19 世纪 20 年代前后，废奴运动的组织在美国开始出现。

废奴运动领袖约翰·布朗 1859 年 10 月 16 日在弗吉尼亚州发动武装起义，遭到奴隶主的残酷镇压，布朗受伤后被俘。同年 11 月 2 日，州法院以“谋反罪”判处他绞刑。本篇演说是他被判处死刑后在法庭上即兴发表的。

本篇演说的最大特点是突破了一般演讲的程式，没有什么开场白，也没有严谨的结构，各段落之间似乎没有什么逻辑上的必然联系，每段各陈述和论证一个问题。但是阅读全篇，就会发现，布朗通篇都是在用事实设辩，以谴责敌人滥杀无辜为主旨，无情地揭露了在“公允”论辩后面的政治偏见和阶级私利，断然否认法庭强加给他的一切“叛国”指控，演说在这样的一个主题下浑然成为一个整体。演说的语言朴实无华，用词准确犀利，具有很强的论辩性质。演说的最后，布朗以双方都承认的权威理论《圣经》设辩：“我看到这里有一本你们吻过的书，我想是《圣经》或至少是《新约全书》。”“要人怎样待我，我也怎样待人。”布朗通过这样的引证严正地指控法庭的非正义和不公正，充分地发挥了引证法在辩论中的作用。整篇辩护演讲层层深入，表现了一位废奴领袖为真理和正义而献身的大无畏精神。

巴尔扎克葬词

/［法国］雨果

入选理由

一个文学天才对另一个文学天才的盖棺论定

诗一般优美的演讲语言

浪漫主义的激情造成极强的感染力

各位先生：

方才入土的人是属于那些有公众悲痛送殡的人。在我们今天，一切虚构都消失了。从今以后，众目仰望的不是统治人物，而是思维人物。一位思维人物不存在了，举国为之震动。今天，人民哀悼的，是死了有才的人；国家哀悼的，是死了有天才的人。

各位先生，巴尔扎克的名字将打入我们的时代，给未来留下光辉的线路。

巴尔扎克先生参与了 19 世纪以来在拿破仑之后的强有力的作家一代，正如 17 世纪一群显赫的作家，涌现出黎希留之后一样（黎希留，法王路易十三的宰相，执政期间注意网罗人才使他们服务于王权。“17 世纪一群显赫的作家”是指法国 17 世纪古典主义作家高乃依、拉辛、莫里哀和拉封丹等，他们在黎希留之后共同促成了法国 17 世纪古典主义文学的兴盛。)，就像文化发展中，出现了一种规律，促使精神统治者承继了武力统治者一样。

在最伟大的人物中间，巴尔扎克是第一等的人；在最优秀的人物中间，巴尔扎克是最高的一个。他的理智是壮丽的，成就不是眼下说得尽的。他的全部书仅仅形成了一本书：一本有生命的、有光亮的、深刻的书，我们在这里看见我们的整个现代文化走动、来去，带着我说不清楚的、和现实打成一片的惊惶与恐怖的感觉。一部了不起的书，他题作喜剧，其实就是题作历史也没有什么，这里有一切形式与一切风格，超过塔席特，上溯到徐艾陶诺（塔希特、徐艾陶诺：罗马帝国时期的历史学家。)；经过博马舍，上溯到拉伯雷；一部又是观察又是想象的书，这里有大的真实、亲切、家常、琐碎、粗鄙，但是骤然之间就是现实的帷幕撕开了，留下一条宽缝，立时露出最阴沉和最悲壮的理想。

愿意也罢，不愿意也罢，同意也罢，不同意也罢，这部庞大而又奇特的作品的作者，就在自己不

本图描绘了“欧拉尼事件”的场面。因雨果浪漫主义剧作《欧拉尼》的上演，引发了古典主义拥护者和浪漫主义拥护者之间的大打出手，甚至前来为雨果助威的巴尔扎克头上也挨了一棵白菜根。不过，演出仍以喝彩声及雷鸣般的掌声大获全胜。

知道的时候，加入了革命作家的强大行列。巴尔扎克笔直地奔到目的地，抓住了现代社会脉搏。他从各方面揪过来一些东西，有虚象，有希望，有呼喊，有假面具。他发掘恶习，解剖热情。他探索人、灵魂、心、脏腑、头脑与各个人有的深渊。巴尔扎克由于他天赋的自由而强壮的本性，由于理智在我们的时代所具的特权，身经革命，更看出了什么是人类的末日，也更了解了什么是天意，于是面带微笑，心胸爽朗，摆脱开了那些令人望而生畏的研究，不像莫里哀，陷入忧郁；也不像卢梭，起憎世之心。

这就是他在我们中间的工作。这就是他给我们留下来的作品，高大而又坚固的作品，金刚岩层雄伟的堆积——纪念碑！从今以后，他的声名在作品的顶尖熠熠发光。伟大人物给自己安装基座，未来负起安放雕像的责任。

他的去世惊呆了巴黎。他回到法兰西有几个月了。他觉得自己快要死了，希望再看一眼祖国，就像一个人出远门之前，要吻抱一下自己的亲娘一样。

他的一生是短促的，然而也是饱满的——作品比岁月还多。

唉！这强有力的、永不疲倦的工作者，这哲学家，这思想家，这诗人，这天才，在我们中间，过着暴风雨的生活，充满了斗争、争吵、战斗，一切伟大人物在每一个时代遭逢的生活。今天，他安息了。他走出了纷扰与仇恨。他在同一天步入了光荣，也步入了坟墓。从今以后，他和祖国的星星在一起，熠耀于我们上空的云层之上。

你们站在这里，有没有羡慕他的心思？

各位先生，面对着这样一种损失，不管我们怎样悲痛，就忍受一下这些重大打击吧。打击再伤心、再严重，也先接受下来再说吧。在我们这样一个时代，不时有伟大的死亡刺激充满了疑问与怀疑论的心灵，因而对宗教发生动摇。这也许是适宜的，这也许是必要的。上天使人民面对着最高的神秘，对死亡加以思维，知道自己做的是什么。死亡是伟大的平等，也是伟大的自由。

上天知道自己做的是什么，因为这是最高的教训。一个崇高的心灵，气象万千，走进另一个世界，他本来扇着天才的看得见的翅膀，久久停在群众的上空，忽而展开人看不见的另外的翅膀，骤然投入了不可知。这时候个个人心所能有的，只是庄严和严肃的思想。

不，不是不可知！不，我在另一个沉痛的场合已经说过了，我就不疲倦地再说一遍吧：不，不是夜晚，而是光明！不是结束，而是开始！不是空虚，而是永生！你们中间有谁嫌我这话不对吗？这样的棺柩，表明的就是不朽。面对着某些显赫的死者，人更清清楚楚地感到这种神圣的命运，走过大地为了受难、为了洗净自己。大家把这种理智叫作人，还彼此说：那些生时是天才的人，死后就不可能不是神灵！

作品赏析

巴尔扎克1850年8月18日逝世，8月20日，在拉歇斯神甫公墓举行了隆重的葬礼。雨果面对冒雨前来送葬的人们发表了这篇演讲，它是一个文学天才对另一个先行离开的文学天才的盖棺论定，于法国而言，那是一个文学和思想双重幸运的年代。在巴尔扎克墓前，雨果穷尽了赞美之词，但是我们丝毫没有感到夸张，“从今以后，众目仰慕的不是统治人物，而是思维人物。一个思维人物不存在了，举国为之震动。今天，人民哀悼的，是死了有才的人；国家哀悼的，是死了有天才的人。”雨果对巴尔扎克的全部赞美之词是建立在他对巴尔扎克的全部理解之上的，它是一个伟大灵魂对另一个伟大灵魂的理解：“他的全部的书仅仅形成了一本书：一本有生命的、有光亮的、深刻的书，我们在这里看见我们的整个现代文化走动、来去，带着我说不清的、和现实打成一片的惊惶与恐怖的感觉。”雨果认为巴尔扎克的著作是“一部了不起的书”，“有一切形式与一切风格”，“一部既是观察又是想象的书，这里有大的真实、亲切、家常、琐碎、粗鄙，但是骤然之间就是现实的帷幕撕开了，留下一条宽缝，立时露出最阴沉和最悲壮的理想”。“他的作品比岁月还多。”对于演讲本身来讲，雨果不愧是浪漫主义的天才人物，他敏锐的洞察力使他在巴尔扎克的葬礼上迅速地捕捉了时代变化的脉搏，他的语言是激动和无法节制的，爆发着诗性的智慧和激情。

林肯就职演说

［美国］林肯

美国总统演讲中的经典之作

张扬着自由和民主精神

真挚、朴素的演讲语言和智慧的演讲技巧

合众国民们：

按照一个与政府本身同时产生的惯例，我来到你们面前发表简短的讲话，并遵照合众国宪法对总统在“就职前”必须宣誓的规定，当着你们的面宣誓。

我想，我现在不必讨论那些并不特别令人忧虑或激动的行政问题。

南方各州人民似乎担心，共和党一旦执政，将会危及他们的财产、和平与个人安全。这种担心从来就没有什么合理的根据。实际上，足以说明相反事实的充分证据却一直存在着，并且随时可以

作者简介

林肯（1809～1865），出生在肯塔基州一个农民家庭。1830年，林肯在伊利诺伊州发表了第一次政治演说，开始走上仕途。1834年，他被选为该州的州议员。1844年，他成功当选为国会议员，来到首都华盛顿。1854年，林肯加入了主张废除奴隶制的共和党，并很快成为该党的领袖。1860年，他以共和党候选人的身份当选为美国第十六任总统。

内战初期，由于联邦政府没有进行充分的战争准备，加上军事指挥的失利，屡次被南方同盟打败。为了扭转不利局面，林肯在1862年先后颁布了《宅地法》和《解放黑奴宣言》，并进行了军事上的改革。1865年4月9日南方同盟向联邦政府投降，持续4年之久的内战结束，美国重新恢复了统一。

战争的胜利并没有消除南方奴隶主对林肯的仇恨。1865年4月14日，林肯在华盛顿的福特剧院遇刺，时年56岁。

林肯像

进行检查。这种证据在现在向你们讲话的这个人的几乎所有发表过的演说中都可以找到。我只引述其中的一篇，我曾宣布——

“我无意直接或间接地干涉各蓄奴州的奴隶制度。我认为我没有那样做的合法权利，而且也没有那样做的意向。”

提名并选举我的那些人完全知道我作过这一声明和许多类似的声明，而且我从未宣布撤回这些声明；不仅如此，他们还把一个鲜明有力的决议列入竞选政纲，并为我所接受，作为彼此都应遵守的准则，我现在读一读这个决议：

这幅19世纪的木版画描绘了弗吉尼亚州的奴隶们在向富有的种植园主及其家人鞠躬问候的情形。奴隶制的存在已严重阻碍了资本主义在美国的发展。

维护各州的各种权利不受侵犯，特别是每一个州完全根据自己的判断决定并管理其内部机构的权利不受侵犯，这对我们政治结构的完善与持久所依赖的权力平衡是必不可少的；我们谴责非法使用武力侵犯任何一个州或准州的领土，不论其凭借何种借口，都是最严重的罪行。

我现在重申这些看法，我这样做只是提请公众注意有关这一情况的最确实的证据，即任何地区的财产、和平与安全都不会受到即将掌权的政府的危害。我还要补充一下，所有各州如果合法提出要求，政府都乐于给予符合宪法和法律的保护，而不论其出于什么原因——不分地区都一样愉快地对待。

关于从劳务或劳役中逃亡出来的人的引渡问题，人们有着许多争论。我现在要读的这个条款和宪法其他条款一样清楚：

“凡依一州法律应在该州服劳务或劳役者逃往他州时，不得依后者任何法律或法规解除该项劳务或劳役，而应依享有该项劳务或劳役的当事人的要求予以引渡。”

毫无疑问，制定这一条款的那些人的意图在于要求归还我们所说的逃奴；而立法者的意图就成了法律。所有国会议员都宣誓拥护全部宪法——包括这一条款和其他任何条款。对于把符合该条款所列条件的奴隶“予以引渡”的主张，他们的誓言是一致的。那么，如果他们能心平气和地进行努力，难道就不能以几乎同样的一致来草拟并通过一项法律，以便使那个一致的誓言同样有效吗？

关于这一条款究竟应由联邦政府抑或由州政府来执行，现在存在某些分歧。如果奴隶要被遣还事宜，这对该奴隶或其他人来说并没有什么差别。难道会有人仅因在履行誓言的方式上存在无关紧要的争议就愿意违背誓言吗？

应该不应该把文明的、人道的法学中保证自由的所有规定都列入与这个问题有关的任何法律，以便使一个自由人在任何情况下都不会沦为奴隶？与此同时，可以不可以通过法律使宪法中关于保证“每州公民在其他各州均应享有公民的一切特权和豁免权”的条款得以实施？

我今天正式宣誓时，并没有保留意见，也无意以任何苛刻的标准来解释宪法和法律；尽管我不想具体指明国会通过的哪些法案是适合施行的，但我确实要建议，所有的人，不论处于官方还是私人的地位，都得遵守那些未被废止的法令，这比泰然认为其中某个法案是违背宪法的而去触犯它，要稳当得多。

自从第一任总统根据我国宪法就职以来已经 72 年了。在此期间，有 15 位十分杰出的公民相继主持了政府的行政部门。他们在许多艰难险阻中履行职责，大致说来都很成功。然而，虽有这样的先例，我现在开始担任这个按宪法规定任期只有短暂 4 年的同一职务时，却处在巨大而特殊的困难之下。联邦的分裂，在此以前只是一种威胁，现在却已成为可怕的行动。

从一般法律和宪法角度来考虑，我认为由各州组成的联邦是永久性的。在各国政府的根本法

林肯（左三）召开废除奴隶制的部长内阁会议

废奴运动是一次资产阶级性质的民主运动，在美国人民争取民主的斗争史上占有重要地位。1861～1865年的美国南北战争，最终以暴力推翻了南方的奴隶制。

中，永久性即使没有明确规定，也是不言而喻的。我们有把握说，从来没有哪个正规政府在自己的组织法中列入一项要结束自己执政的条款。继续执行我国宪法明文规定的条款，联邦就将永远存在，毁灭联邦是办不到的，除非采取宪法本身未予规定的某种行动。

再者：假如合众国不是名副其实的政府，而只是具有契约性质的各州的联盟，那么，作为一种契约，这个联盟能够毫无争议地由缔约各方中的少数加以取消吗？缔约的一方可以违约——也可以说毁约——但是，合法地废止契约难道不需要缔约各方全都同意吗？

从这些一般原则往下推，我们认为，从法律上来说，联邦是永久性的这一主张已经为联邦本身的历史所证实。联邦的历史比宪法长久得多。事实上，它在1774年就根据《联合条款》组成了。1776年，《独立宣言》使它臻于成熟并持续下来。1778年，《邦联条款》使联邦愈趋成熟，当时的13个州都信誓旦旦地明确保证联邦应该永存。最后，1787年制定宪法时所宣布的目标之一就是"建设更完善的联邦"。

但是，如果联邦竟能由一个州或几个州按照法律加以取消的话，那么联邦就远不如制宪前完善了，因为它丧失了永久性这个重要因素。

根据这些观点，任何一个州都不能只凭自己的决议就能合法地脱离联邦；凡为此目的而作出的决议和法令在法律上都是无效的，任何一个州或几个州反对合众国当局的暴力行动都应根据情况视为叛乱或革命。

因此，我认为，根据宪法和法律，联邦是不容分裂的；我将按宪法本身明确授予我的权限，就自己能力所及，使联邦法律得以在各州忠实执行。我认为这仅仅是我分内的职责，我将以可行的方法去完成，除非我的合法主人——美国人民，不给予我必要的手段，或以权威的方式作出相反的指示。我相信大家不会把这看作是一种威胁，而只看作是联邦已宣布过的目标：它一定要按照宪法保卫和维护它自身。

进行这项工作不需要流血或诉诸暴力，除非强加于国家当局，流血和暴力绝不会发生。委托给我的权力将被用来保持、占有和掌握属于政府的财产和土地，征以普通税和关税；但是，除了为达到这些目的所必需进行的工作外，将不会对人民有任何侵犯，不会对任何地方的人民或在他们之间使用武力。在国内任何地方，如果对联邦的敌意非常强烈而普遍，致使有能力的当地公民不能担任联邦公职，在那种地方就不要企图强使引起反感的外地人去担任那些职务。尽管政府握有强制履行这些职责的合法权利，但那样做会激怒大众，它几乎是行不通的，所以我认为目前还是放弃履行这些职责为好。

邮件，除非被人拒收，将继续投递至联邦各地。我们要尽力使各地人民获得最有助于冷静思考和反省的充分的安全感。这里表明的方针必将得到贯彻，除非当前的一些事件和经验表明需要我们作适当的修正或改变。对任何事件和变故，我都将根据实际存在的情况，抱着和平解决国家困难并恢复兄弟般同情与友爱的观点和希望，以最慎重的态度加以处理。

某些地区有人企图破坏联邦，并且爱用各种借口去实现这一点，对此我既不肯定也不否认；但若真有这样的人，对他们我什么话都不必讲。然而，对于真心热爱联邦的那些人，我能不说点什么吗？

在开始讨论关系到我国的政体、它所带来的一切利益、美好的往事以及未来的希望都面临着毁灭这样一个严重问题之前，先弄清我们究竟为什么要这样做，难道不是一种明智的做法吗？当你想要逃避的灾难可能并不真正存在时，你还会不顾一切地去冒险吗？你如果是走向一个比你所躲避的灾难更大的不幸，你还甘愿冒风险去犯这么大的错误吗？

大家都声称，如果宪法所规定的各项权利都能得到保证，就愿意留在联邦内。那么，宪法明文规定的权利是否真有哪一项被否定了呢？我认为没有。幸运得很，人脑的构造使得任何一方都不敢那样做。你们能找出一个例子来说明宪法中明文规定的条款有哪一条曾被否定掉吗？如果多数人只靠数目上的力量就去剥夺少数人应该享受的任何一项明文规定的宪法权利，就道德观点而言，这就可以证明进行革命是有理的；如果那是一项重要的权利，当然应该进行革命。但是我们的情况并非如此。少数人和个人的一切重要权利都得到宪法中所列的各种肯定和否定、保证和禁止的明确保障，在这方面从未引起过任何争议。但是，任何组织法都不能在制定时就针对实际行政工作中可能出现的每一个问题都提出专门适用的条款。对于一切可能发生的问题，没有那样的先见之明，也没有任何篇幅适当的文献容得下那么多明文规定。逃避劳役的人应由联邦政府抑或由州政府遣还？宪法未作明确规定。国会可以禁止各个准州的奴隶制吗？宪法未作明确规定。国会应保护各个准州的奴隶制吗？宪法未作明确规定。

从这类问题中产生了我们有关宪法的各种争议，由于这些争议我们分成了多数派和少数派。如果少数派不能默然同意多数派，多数派就得默然同意少数派，否则政府就不能存在下去。别无其他选择，因为要使政府能继续存在，就必须有这一方或那一方默然同意对方。在这种情况下，如果少数派宁愿退出联邦而不肯默然同意多数派，他们就创立了一个导致自我分裂和毁灭的先例，因为他们本身也有多数少数之分，一旦多数派拒绝接受少数派的控制，他们自己的少数派便会退出。举例来说，正如我们现在这个联邦的某些部分日前要求退出一样，一个新联盟的任何部分一二年后为什么就不可以任意退出呢？一切怀有分裂情绪的人正在接受着这样的熏陶。

在想要组成一个新联盟的各个州之间，是否有着完全一致的利益，足以使它们和睦相处而不会重新发生退出联盟的事呢？很明显，退出联邦的中心思想实质上是无政府主义。一个接受宪法所规定的检查和限制，并经常按照公众舆论和情绪的审慎变化而转变的多数派，乃是自由人民的唯一真正的统治者。凡拒绝接受它的人，必然走向无政府主义或者专制主义。完全一致的意见是不可能有的。由少数人实行统治，并作为一种永久的办法，是完全不能接受的；因此，如果否定少数服从多数这条原则，那么剩下的就只有某种形式的无政府主义或专制主义了。

我没有忘记某些人认为各种有关宪法的问题应由最高法院进行裁决的主张，我也不否认这样的裁

攻克新奥尔良

美国内战期间，南北双方力量对比悬殊，北方有23个州2200万人口， 南方只有7个州900万人口。 南方之所以敢挑起战争，是因为早就从军事上做好了准备，军队素质高，军火工业发达，并得到英法等国的援助。在经受了战争初期的失败和阵痛之后，北方军队开始了有力的反扑，随着战争形势的不断发展，北方慢慢地掌握了主动权。

南方联军总司令罗伯特·李将军（左）与格兰特（右）在投降仪式上

应李的要求，格兰特允许南军军官保留佩剑，投降仪式在“令人敬畏的平静中”进行，“就像在悼念死者”。在这场历时四年的战争中，北方最终取得了胜利，资本主义在美国得以全面迅速地发展。

决在任何案例中对诉讼各方以至诉讼的目的都具有约束力，同时它们在所有类似案例中也值得受到政府其他各部门的高度尊重与考虑。尽管在某一特定案例中，这样的裁决可能明显有误，但随之而来的不良后果却只限于这个案例，且有被驳回的可能，而绝不会成为其他案例可借鉴的先例，因而同采取其他措施所产生的后果相比，这还是比较可以接受的。与此同时，诚实的公民必须承认：如果政府在那些影响到全体人民的重大问题上的政策也得由最高法院的裁决来确定的话，那么，个人之间的普通诉讼案件一经裁定，人民就不再享有自主权，因为到了那种程度，人民实际上已经将政府交给了那个显赫的法庭。上述看法不是对法院和法官的攻讦。他们无可推卸的责任便是裁定以正当方式提交给他们的案件，如果别人想把他们的裁决转用于政治目的，那绝不是他们的过错。

我国一部分地区认为奴隶制是正确的，应该得到扩展，而另一部分地区认为它是错误的，不应得到扩展。这就是唯一的实质性争论。在人民的道德观念并不完全支持法律的社会里，宪法中有关逃亡奴隶的条款和禁止贩卖外籍奴隶的法律都得和其他任何法律一样严格执行。人民中的大多数能够遵行这两项枯燥的法律义务，但每一项都被少数人触犯。我认为这是无法完全纠正的。这两种情况在上述两种地区分离之后还会更糟。如外籍奴隶贩卖，现在没有完全遭到禁止，最终会在一个地区不受限制地恢复起来；而逃亡奴隶，另一地区现在只是部分地遣返，那时就根本不会遣返。

以自然条件而言，我们是不能分开的。我们无法把各地区彼此挪开，也无法在彼此之间筑起一堵无法逾越的墙垣。夫妻可以离婚，不再见面，互不接触，但是我们国家的各地区就不可能那样做。它们仍得面对面地相处，它们之间还得有或者友好或者敌对的交往。那么，分开之后的交往是否可能比分开之前更有好处，更令人满意呢？外人之间订立条约难道还比朋友之间制定法律容易吗？外人之间执行条约难道还比朋友之间执行法律忠实吗？假定你们进行战争，你们不可能永远打下去；在双方损失惨重，任何一方都得不到好处之后，你们就会停止战斗，那时你们还会遇到诸如交往条件之类的老问题。

这个国家及其机构，属于居住在这个国家里的人民。一旦他们对现存政府感到不能容忍，就可以行使他们的宪法权利去改组政府，或者行使革命权利去解散或推翻政府。我当然知道：许多可贵的、爱国的公民渴望宪法能得到修改。尽管我未提出修改宪法的建议，但我完全承认人民对整个这一问题所具有的合法权力，他们可以施行宪法本身所有的两种方式中的任何一种；在目前情况下，我应该赞同而不是反对公平地为人民提供对此采取行动的机会。我愿大胆补充说明：在我看来，采取会议的形式是可行的，因为它可以让人民自己提出修正案，而不是只让人民去采纳或反对别人所提出的某些方案，那些人不是专为这一目的而被推选出来的，那些方案也并非恰恰就是人民想要接受或拒绝的。我知道，国会已经通过一项宪法修正案——但我尚未看到那项修正案，其大意是：联邦政府永远不得干涉各州的内部制度，包括对应服劳役者规定的制度。为了避免对我所说的话产生误解，我放弃不谈某些特定修正案的打算，而只是提出：鉴于这样一项条款现在已意味着属于宪法中的条款，我不反对使它成为明确的、不可改变的规定。

总统的一切权力来自人民，但人民没有授权给他为各州的分离规定条件。如果人民有此意愿，那他们可以这样做，而作为总统来说，则不可能这样做。他的责任是管理交给他的这一届政府，并将它完整地移交给他的继任者。

为什么我们不能对人民所具有的最高的公正抱有坚韧的信念呢？世界上还有比这更好或一样好的希望吗？在我们目前的分歧中，难道各方都缺乏相信自己正确的信心吗？如果万能的主将以其永恒的真理和正义支持你北方这一边，或者支持你南方这一边，那么，那种真理和那种正义必将通过美国人民这个伟大法庭的裁决而取得胜利。

就是这些美国人民，通过我们现有的政府结构，明智地只给他们的公仆很小的权力，使他们不能为害作恶，并且同样明智地每隔很短的时间就把那小小的权力收回到自己手中。只要人民保持美德和警惕，无论怎样作恶和愚蠢的执政人员都不能在短短 4 年的任期内十分严重地损害政府。

我的同胞们，大家平静而认真地思考整个这一问题吧。任何宝贵的东西都不会因为从容对待而丧失。假使有一个目标火急地催促你们随便哪一位采取一个措施，而你绝不能不慌不忙，那么那个目标会因从容对待而落空；但是，任何好的目标是不会因为从容对待而落空的。你们现在感到不满意的人仍然有着原来的、完好无损的宪法，而且，在敏感问题上，你们有着自己根据这部宪法制定的各项法律；而新的一届政府即使想改变这两种情况，也没有直接的权力那样做。那些不满意的人在这场争论中即使被承认是站在正确的一边，也没有一点正当理由采取鲁莽的行动。理智、爱国精神、基督教义以及对从不抛弃这片幸福土地的上帝的信仰，这些仍然能以最好的方式来解决我们目前的一切困难。

不满意的同胞们，内战这个重大问题的关键掌握在我手中。政府不会对你们发动攻击。你们不当挑衅者，就不会面临冲突。你们没有对天发誓要毁灭政府，而我却要立下最庄严的誓言：“坚守、维护和捍卫合众国宪法”。

我不愿意就此结束演说。我们不是敌人，而是朋友。我们一定不要成为敌人。尽管情绪紧张，也决不应割断我们之间的感情纽带。记忆的神秘琴弦，从每一个战场和爱国志士的坟墓伸向这片广阔土地上的每一颗跳动的心和家庭，必将再度被我们奏响！

《解放黑奴宣言》发表后的华盛顿一片欢腾

美国内战期间，林肯政府于1862年9月22日颁布解放黑人奴隶的宣言。它宣布：自1863年1月1日起，凡叛乱诸州的奴隶，“从现在起永远获得自由”；政府和军队“将承认和保障他们的自由”；获得自由的人，除非必要，“应避免使用任何暴力”；合乎条件的人，“可以参加联邦军队”。《宣言》大大激发了人民群众和黑人奴隶的革命积极性，扭转了战争的形势。

作品赏析

作为共和党人领袖的林肯，在1860年当选为美国总统，但是他面临的困难也是空前的，因为当时南方和北方的关系已经十分紧张，内战不可避免。林肯在首任总统仪式上发表的就职演说也着重地谈论了与此相关的问题，使得这篇演讲的主题无比沉重，它关系到一个国家的存亡。在这篇张扬着自由和民主精神的演说中，林肯开篇即阐明了国家政府与人民的关系，指出“人民有改组或推翻政府的绝对权力”，“在目前情况下，我应该赞同而不是反对公平地为人民提供对此采取行动的机会”。这是一个前提，这个前提是为了说明“人民没有授权给他（总统）为各州的分离制造条件”。在关键的历史时期，林肯需要民众的支持，所以他强调:“如果全能的主以其永恒的真理和公正支持北方这一边，或者支持南方这一边，那么，真理和公正必将通过美国人民这个伟大法庭的裁决而取得胜利。”林肯是非常善于演讲的，作为一个国家的总统，他即使深知内战无法避免，也还坚持在演讲中呼吁和平解决问题。这是一种负责的态度。他在演讲中反复说理，用极其真诚的态度来对待听众，其中倾注着对民族、国家和人民的感情，使演讲达到非常良好的效果。

只有民主的波兰才能获得独立

/［德国］马克思

马克思主义重要文献之一
高明的演讲手段和技巧的使用
强烈的革命热情和深邃的思想见解

先生们！

历史上常常有惊人的相似之处。1793年的雅各宾党人成了今天的共产主义者。1793年俄罗斯、奥地利、普鲁士瓜分波兰的时候，这三个强国就以1791年的宪法为借口，据说这个宪法具有雅各宾党的原则因而遭到一致的反对。

1791年的波兰宪法到底宣布了什么呢？充其量也不过是君主立宪罢了，例如宣布立法权归人民代表掌握，宣布出版自由、信仰自由、公开审判、废除农奴制等等。所有这些当时竟被称为彻头彻尾的雅各宾原则！因之，先生们，你们看到了吧，历史已经前进了。当年的雅各宾原则，在现在看来，即使说它是自由主义的话，也变成非常温和的了。

三个强国的时代并驾齐驱。1846年，因为把克拉柯夫归并给奥地利而剥夺了波兰仅存的民族独立，它们把过去曾称为雅各宾原则的一切东西都说成是共产主义。

克拉柯夫革命的共产主义到底是什么呢？是不是由于这革命的目的是光复波兰民族，因而就是共产主义的革命呢？要是这么说，欧洲同盟为拯救民族而反对拿破仑的战争何尝不可以说成共产主义的战争，而维也纳会议又何尝不可以说成是由加冕的共产主义者所组成的呢？也许由于克拉柯夫革命力图建立民主政府，因而就是共产主义的革命吧？可是，谁也不会把共产主义意图妄加到伯尔尼和纽约的百万豪富身上去。

共产主义否认阶级存在的必要性，它要消灭任何阶级，消除任何阶级的差别。而克拉柯夫革命家只希望消除阶级间的政治差别：他们要给不同的阶级以同等的权利。

到底在哪一点上说克拉柯夫的革命是共产主义的革命呢？

作者简介

马克思像

马克思（1818 ~ 1883），生于普鲁士特利尔城的一个律师家庭。

1842 年 4 日起，他开始为《莱茵报》撰稿，随后又担任了该报的主编，并使这份报纸越来越鲜明地倾向于革命民主主义。普鲁士政府对《莱茵报》的观点十分恼火，1843 年查封了该报。马克思遂迁居巴黎，在那里结识了众多的工人运动领袖，并开始研究法国的社会主义思潮和英国的古典政治经济学。1844 年 8 月，恩格斯到巴黎专程拜访马克思，两人倾心交谈了十天，从此开始创立科学世界观的伟大合作。

1845 年法国根据普鲁士政府的要求，将马克思逐出巴黎。马克思迁居到比利时的布鲁塞尔，恩格斯也来到这里。两人于 1846 年在布鲁塞尔建立了共产主义通讯委员会，给各国、各地区的工人运动领导人写了大量信件，帮助他们与各种社会主义流派划清界线。1847 年 11 月 29 日，马克思和恩格斯主持召开了共产主义者同盟第二次代表大会，并受大会委托起草同盟的纲领。1848 年 2 月，《共产党宣言》发表，成为无产阶级的思想指南和行动纲领，标志着马克思主义的诞生。

1849 年，马克思被比利时反动政府驱逐，流亡至伦敦。1867 年，马克思出版了一生中最重要的著作《资本论》的第一卷。长期的贫困生活和过度的劳累，严重损害了马克思的健康。1883 年 3 月 14 日下午，马克思在他的安乐椅上与世长辞。

也许是由于这一革命要粉碎封建的锁链，解放封建劳役的所有制，使它变成自由的所有制，现代的所有制吧？

要是对法国的私有主说：“你们可知道波兰的民主主义者要求的是什么吗？波兰民主主义者企图采用你们目前的所有制形式。”那么，法国的私有主会回答说：“你们干得很好。”但是，要是和基佐先生一同再去向法国私有主说：“波兰人要消灭的是你们 1789 年革命所建立的、而且如今依然在你们那里存在的所有制。”他们定会叫喊起来：“原来他们是革命家，是共产主义者！必须镇压这些坏蛋！”在瑞典，废除行会和同业公会，实行自由竞争现在都被称为共产主义。《辩论日报》还更进一步，它说：“剥夺二十万选民出卖选票的收益，这就意味着消灭收入的来源。消灭正当获得的财产，这就意味着是一个共产主义者。”毋庸置疑，克拉柯夫革命也希望消灭一种所有制。但这究竟是怎么样的所有制呢？这就是在欧洲其他地方不可能消灭的东西，正如在瑞士不可能消灭分离派同盟一样，因为两者都已不再存在了。

谁也不会否认，在波兰，政治问题是和社会问题联系着的。它们永远是彼此不可分离的。

但是，最好你们还是去请教一下反动派吧！难道在复辟时期，他们只和政治自由主义及作为自由主义必然产物的伏尔泰主义这一沉重的压力战斗吗？

一个非常有名的反动作家坦白承认，不论德·梅斯特尔或是博纳德的最高的形而上学，最终都可以归结为金钱问题，而任何金钱问题难道不就是社会问题吗？复辟时期的活动家们并不讳言，如要回到美好的旧时代的政治，就应当恢复美好的旧的所有制，封建的所有制，道德的所有制。大家知道，不纳什一税，不服劳役，也就说不上对君主政体的忠诚。

让我们再回顾一下更早的时期。在 1789 年，人权这一政治问题本身就包含着自由竞争这一社会问题。

在英国又发生了什么呢？从改革法案开始到废除谷物法为止的一切问题上，各政党不是为改变财产关系而斗争又是为了什么呢？他们不正是为所有制问题、社会问题而斗争吗？

就在这里，在比利时，自由主义和天主教的斗争不就是工业资本和大土地所有制的斗争吗？

难道这些讨论了 17 年之久的政治问题，实质上不正是社会问题吗？

因而不论你们抱什么观点，自由主义的观点也好，激进主义的观点也好，甚至贵族的观点也好，

全世界无产者联合起来

工业革命的到来，使欧洲出现了一个饱受苦难的工人阶级，而马克思则成了所有无产者的代言人。马克思的人文关怀是超越了阶级局限的，是对人类的命运和前途的关怀，是人类解放的思想。

你们怎么能责难克拉柯夫革命把政治问题和社会问题联系在一起呢?

领导克拉柯夫革命运动的人深信，只有民主的波兰才能获得独立，而如果不消灭封建权利，如果没有土地运动来把农奴变成自由的私有者，即现代的私有者，波兰的民主是不可能实现的。要是你们使波兰贵族去代替俄罗斯专制君主，那只不过是使专制主义改变一下国籍而已。德国人就是在对外的战争中也只是把一个拿破仑换成了三十六个梅特涅的。

即使俄罗斯的地主不再压迫波兰的地主，骑在波兰农民脖子上的依旧是地主，诚然，这是自由的地主而不是被奴役的地主。这种政治上的变化丝毫也不会改变波兰农民的社会地位。

克拉柯夫革命把民族问题和民主问题以及被压迫阶级的解放看作一回事，这就给整个欧洲作出了光辉的榜样。

虽然这次革命暂时被雇用凶手的血手所镇压，但是现在它在瑞士及意大利又以极大的声势风起云涌。在爱尔兰，证实了这一革命原则是正确的，那里狭隘的民族主义政党已经和奥康奈尔一起死亡，而新的民族政党首先就要算是改革派和民主派的政党了。

波兰又重新表现了主动精神，但这已经不是封建的波兰，而是民主的波兰，从此波兰的解放将成为欧洲所有民主主义者的光荣事业。

作品赏析

这篇演讲的开头非常简洁有力，直接提出一个显而易见又发人深省的问题：反动派常常把一切革命的举动都称为共产主义，那么到底什么是共产主义?在这篇演说中，马克思借用了大量反面的事实和说辞，并一一予以反驳，而且分析了在人民的心中记忆犹新的克拉柯夫人民起义的性质和意义，进一步有力地阐述了共产主义的本质，高度概括地分析了所有政治制度和经济制度的本质，实际上都是财产问题、所有制问题。语言激烈，逻辑严密，充满极强的感染力和激烈的斗争精神。历史的、现实的、正面和反面的、世界各国的材料在马克思的演说中都是信手拈来，加以深刻的分析，充分显示了他的博学和睿智，马克思的语言风趣幽默，但是非常具有锋芒和战斗力，尖锐地提问、反问以及深邃的思考都能达到振聋发聩的效果。

在马克思墓前的讲话

/［德国］恩格斯

演讲史上的经典之作

真挚感人的情感语言

中肯理性的结论性评述

3 月 14 日下午两点三刻，当代最伟大的思想家停止思想了。让他一个人留在房里总共不过两分钟，等我们再进去的时候，便发现他在安乐椅上安静地睡着了——但已经是永远地睡着了。

这个人的逝世，对于欧美战斗着的无产阶级，对于历史科学，都是不可估量的损失。这位巨人逝世以后所形成的空白，在不久的将来就会使人感觉到。

正像达尔文发现有机界的发展规律一样，马克思发现了人类历史的发展规律，即历来为繁茂芜杂的意识形态所掩盖着的一个简单事实：人们首先必须吃、喝、住、穿，然后才能从事政治、科学、艺术、宗教等等；所以，直接的、物质的生活资料的生产，一个民族或一个时代的一定的经济发展阶段，便构成为基础，人们的国家制度、法的观念、艺术以至宗教观念，就是从这个基础上发展起来的，因而，也必须由这个基础来解释，而不是像过去那样做得相反。

不仅如此，马克思还发现了现代资本主义生产方式和它所产生的资产阶级社会的特殊的运动规律。由于剩余价值的发现，这里就豁然开朗了，而先前无论资产阶级经济学家或者社会主义批评家所做的一切研究都只是在黑暗中摸索。

一生中能有这样两个发现，该是很够了。甚至只要能作出一个这样的发现，这已经是幸福的了。但是马克思在他所研究的每一个领域都有独到的发现，这样的领域是很多的，而且其中任何一个领域他都不是肤浅的研究的。

这位科学巨匠就是这样。但是这在他身上远不是主要的。在马克思看来，科学是一种在历史上起推动作用的、革命的力量。任何一门理论科学中的每一个新发现，即使它的实际应用甚至还无法预见，都使马克思感到衷心喜悦，但是当有了立即会对工业、对一般历史发展产生革命影响的发现的时候，他的喜悦就完全不同了。例如，他曾密切注意电学方面各种发现的发展情况，不久以前，他还注意了

作者简介

恩格斯像

恩格斯（1820 ~ 1895），出生于普鲁士莱茵省巴门市的纺织厂主家庭。1837 年中学未毕业即被迫经商。1841 年到柏林服兵役。1842 年 9 月在英国曼彻斯特一家纺织厂工作。

1844 年 8 月，恩格斯途经巴黎，拜访了马克思。1846 年初，与马克思在布鲁塞尔组织了共产主义通讯委员会。1847 年，加入德国流亡工人组织的正义者同盟。6 月，出席了同盟的第一次代表大会，就是后来的共产主义者同盟。1848 年 2 月，由他和马克思起草的《共产党宣言》问世。4 月与马克思回到德国，协助创办《新莱茵报》。1883 年马克思逝世后，集中精力整理马克思的《资本论》第二、三卷手稿，使之在 1885 年和 1894 年分别出版。

1889 年积极帮助、督促倍倍尔等人筹建第二国际。

1895 年 8 月 5 日在伦敦逝世。

马克思和恩格斯正在审阅新印的报纸

在马克思的领导和帮助下，《莱茵报》发行量增加了两倍，成为普鲁士的一家大报。

马赛尔·德普勒的发现。

因为马克思首先是一位革命家。以某种方式参加推翻资本主义社会及其所建立的国家制度的事业，参加赖有他才第一次意识到本身地位和要求，意识到本身解放条件的现代无产阶级的解放事业——这实际上就是他毕生的使命。斗争是他得心应手的事情，而他进行斗争的热烈、顽强和卓有成效，是很少见的。最早的《莱茵报》(1842年)、巴黎的《前进报》(1844年)、《德意志—布鲁塞尔报》(1847年)、《新莱茵报》(1848～1849年)、《纽约每日论坛报》(1852～1861年)，以及许多富有战斗性的小册子，在巴黎、布鲁塞尔和伦敦各组织中的工作，最后是创立伟大的国际工人协会。作为这一切工作的完成——老实说，协会的这位创始人即使别的什么也没有做，也可以拿这一成果引以自豪。

正因为这样，所以马克思是当代最遭嫉恨和最受诬蔑的人。各国政府——无论专制政府或共和政府——都驱逐他；资产者——无论保守派或极端民主派——都纷纷争先恐后地诽谤他、诅咒他。他对这一切毫不在意，把它们当作蛛丝一样轻轻抹去，只是在万分必要时才给予答复。现在他逝世了，在整个欧洲和美洲，从西伯利亚矿井到加利福尼亚，千百万革命战友无不对他表示尊敬、爱戴和悼念，而我敢大胆地说：他可能有过许多敌人，但未必有一个私敌。

他的英名和事业将永垂不朽！

作品赏析

1883年3月14日下午，当恩格斯走进马克思的房间时，发现马克思坐在安乐椅上，已经安详地、毫无痛苦地与世长辞了。噩耗传来，全世界无产者为之悲痛。3月17日，马克思生前的亲密战友、学生及亲属来到伦敦郊区的海格特公墓，把他和夫人燕妮合葬在一起，为他举行了简朴而庄严的葬礼。在葬礼上，恩格斯以极其悲痛和崇敬的心情发表了这篇演讲。

作为马克思的亲密战友，恩格斯对马克思是最熟知了解的，他们之间的友谊也是别人不大能体会的。恩格斯在演讲的开头并没有简单直接地报告马克思去世的消息，而是满含深情地使用了一个描述性的日常情形，体现了他们之间亲密无间的关系。在通篇演讲中，恩格斯并没有直接使用陈述悲痛的字眼，然而他的情感是非常使人信服并且打动听众的。恩格斯在评价马克思的历史贡献时也是非常客观的，他列举了马克思的具体学术成果并且进一步分析了其意义，同样使人信服。在这里，恩格斯还使用了形象的语言，讲述马克思对待来自各方面的嫉恨和诬蔑“毫不在意”，“把它们当作蛛丝一样轻轻抹去”，简单的几句话，就将马克思的形象生动地表现出来了，使听众认识到马克思是一个胸怀博大和无畏的战斗者。恩格斯的演说显然是非常成功的，这个成功一方面是因为他与马克思之间非同一般的关系，另一方面是因为他毋庸置疑的才华。